社会保障文丛

U0814272

养老保险统筹层次收入再分配系数研究

国家自然科学基金研究报告

穆怀中 等著

中国劳动社会保障出版社

图书在版编目(CIP)数据

养老保险统筹层次收入再分配系数研究/穆怀中等著. —北京：中国劳动社会保障出版社，2013

(社会保障文丛)

ISBN 978-7-5167-0526-1

Ⅰ.①养…　Ⅱ.①穆…　Ⅲ.①养老保险-研究-中国　Ⅳ.①F842.67

中国版本图书馆 CIP 数据核字(2013)第 227503 号

中国劳动社会保障出版社出版发行

(北京市惠新东街 1 号　邮政编码：100029)

*

北京京华虎彩印刷有限公司印刷装订　　新华书店经销

787 毫米×1092 毫米　16 开本　24.5 印张　1 插页　356 千字

2013 年 9 月第 1 版　　2013 年 9 月第 1 次印刷

定价：52.00 元

读者服务部电话：(010) 64929211/64921644/84643933

发行部电话：(010) 64961894

出版社网址：http://www.class.com.cn

前　言

《养老保险统筹层次收入再分配系数研究》是国家自然科学基金项目（70973048）“养老保险统筹层次收入再分配系数研究”的研究成果。

养老保险统筹层次收入再分配系数是测量养老保险统筹模式收入再分配效应的重要指标，是养老保险全国统筹模式选择的核心依据，在国家提出逐步实现养老保险全国统筹目标背景下，本研究具有重要的理论价值和应用价值。

本课题研究由养老保险统筹层次收入再分配理论、模型与方法、全国统筹收入再分配系数实证分析、财政补贴适度水平、异地接转收入再分配效应和全国统筹方案选择及其对策建议九大部分构成，其主要内容概括为：“一核心”“两类型”“四模式”“六方案”“两检验”“一对接”。在养老保险统筹层次生存公平劳动公平、养老保险适度水平等理论观点基础上，提炼出养老保险统筹层次收入再分配核心系数模型，依据分层平均递进规律设计全国统筹“四模式”，发现统筹层次、收入差距与收入再分配系数之间的联动收敛规律，并根据“双检验”（帕累托检验和适度水平检验）和“一对接”（与省级统筹合理对接）原则，确定收入再分配系数对接的最佳模型是模式Ⅲ。模式Ⅲ原型即为分层平均统筹类型，模式Ⅲ变形即为分比例统筹类型，两者共同构成全国统筹“两类型”。依据“两类型”“四模式”设计全国统筹“六方案”：全国平均工资模式；（全国平均工资＋个人指数化工资）/2 模式；（全国平均工资＋省平均工资＋个人指数化工资）/3 模式；15％中央统筹模式；10％中央统筹模式和个人指数化工资模式。依据收入再分配系数、财政补贴水平、异地接转统筹差额及与省级统筹平稳对接，确立全国统筹分比例统筹模式（方案5）为最优选择，并提出相关政策建议。

本项目主要围绕以下内容展开研究：

1. 以养老保险统筹层次收入再分配系数为主线构建了养老保险统筹层次收入再分配理论框架。

基础养老保险统筹层次的收入再分配原理，是养老保险统筹层次选择、养老保险统筹模式设计以及养老保险统筹层次收入再分配系数研究的基本理论依据，也是政府部门制定养老保险统筹方案的重要逻辑线路和政策依据。

（1）养老保险统筹层次收入再分配功能理论

养老保险统筹层次收入再分配功能定位，是养老保险全国统筹层次整体框架设计的总体理论逻辑基础。基础养老保险统筹层次收入再分配功能原理表现在养老保险统筹层次收入再分配“广度系数”；养老保险统筹层次收入再分配“深度系数”；养老保险统筹层次“收入差距缩小系数”；养老保险统筹层次收入再分配“劳动负担系数”。这些系数具有养老保险统筹层次总体宏观功能分析性质，称之为养老保险统筹层次收入再分配“宏观功能分析系数”。

（2）养老保险统筹层次收入差距与收入再分配系数联动理论

“缩小收入差距系数”是养老保险统筹层次收入再分配功能系数的“核心要素”，养老保险统筹层次收入再分配系数在其基础上推演而成，是分析研究养老保险统筹层次收入再分配作用的微观核心系数。

在同一时点上，既定收入差距条件下，不同统筹模式与其收入再分配系数的联动为“横向联动”；在不同时点上，随着时间序列收入差距逐渐缩小，同一统筹模式与其收入再分配系数的联动为“纵向联动”。养老保险统筹层次收入再分配系数在全国统筹模式与收入差距双向联动下趋于收敛。

（3）养老保险统筹层次收入再分配生存公平和劳动公平理论

生存公平是公民享有满足基本生存需要的权利，生存公平理论要素成为微观适度给付水平下限设定的标准。劳动公平是劳动者拥有的公平劳动机会和公平劳动报酬的权利，劳动公平理论要素与生命周期理论和代际转移理论相联系，综合构成了养老金给付微观适度水平上限和宏观适度水平上下限的理论依据。

（4）养老保险统筹层次给付适度水平检验理论

养老保险统筹层次给付适度水平分为宏观适度水平和微观适度水平。

养老保险统筹层次微观适度水平依据居民收入和消费两个指标设立，

恩格尔系数和居民收入30%作为基础养老保险全国统筹给付适度水平上限和下限的测定标准，并构成其适度区间。

养老保险统筹层次宏观适度水平依据国内生产总值GDP、养老保险支出等宏观经济指标设立，选择老年人口比重与现实劳动生产分配系数的乘积作为养老保险宏观适度水平下限的测定标准，选择老年人口比重与目标期劳动生产要素分配系数的乘积作为养老保险宏观适度水平上限的测定标准，并构成适度区间。

2. 以“一核心”“四序列”收入再分配系数模型为主体构建养老保险统筹层次收入再分配数理模型和研究方法。

养老保险统筹层次收入再分配系数是测量养老保险全国统筹缩小收入差距程度的核心指标，用以度量基础养老金分配前后的福利差异或高收入群体向低收入群体福利转移的程度，本项目数理模型和研究方法以此为核心。

（1）养老保险统筹层次收入再分配宏观功能系数模型

依据养老保险统筹层次收入再分配宏观功能理论构建收入再分配宏观功能系数模型包括养老保险统筹层次收入再分配“广度系数”、养老保险统筹层次收入再分配“深度系数”、养老保险统筹层次收入再分配“缩小收入差距系数”和养老保险统筹层次收入再分配“劳动负担系数”。

（2）养老保险统筹层次收入再分配核心系数模型

宏观功能系数中的“缩小收入差距系数”具有核心性质，在此基础上依据养老保险统筹层次收入差距与收入再分配系数联动理论构建养老保险统筹层次收入再分配系数模型，主要包括核心系数模型、四序列分系数模型、财政补贴分系数模型和异地结转分系数模型。

（3）养老保险统筹层次收入再分配检验方法

以养老保险统筹层次给付适度水平等检验理论为基础，构建养老保险统筹层次收入再分配检验方法，包括适度水平检验法、基尼系数法、帕累托检验法和卡尔多-希克斯检验法。

3. 依据城镇企业职工养老保险制度及计发办法，以养老保险统筹层次深度系数、收入差距缩小系数、基尼系数三个再分配测量系数验证基础养老金不同统筹层次收入再分配效应，发现养老保险统筹层次收入再分配与缴费年限长短、地区间工资缴费基数高低、地区间相对工资增长率快慢、地区间相对物价指数高低之间存在内在互动机理。

（1）养老保险统筹层次提升的收入再分配效应

养老保险统筹层次引发的收入再分配效应可以通过收入再分配深度系数、收入差距缩小系数和基尼系数三个方面体现。通过对辽宁、甘肃、河南、四川、广东和黑龙江等省份具体测算分析，养老保险统筹层次提升实现了低收入群体养老金福利改进、缩小地区间和群体间收入差距的政策目标。

（2）基于地区价格指数的统筹层次收入再分配效应评价

基于地区间价格指数测算统筹层次真实养老金收入再分配效果，发现统筹层次提升设计方案如果在未考虑地区间物价水平差异时，虽然缩小了地区间收入差距，但降低了高工资高物价水平地区基础养老金福利分配水平，损害了基础养老金分配效率。

（3）基础养老金统筹层次收入再分配的内在互动机理

统筹层次提升带来的参保者基础养老金待遇的变动是由于存在着新老统筹范围社会平均工资、相对增长率、相对物价差异造成的。选用合理的统筹层次提升计发方案是平衡地区间工资分配差距、初次分配增速差异的重要手段。

4. 以养老保险统筹层次收入再分配四序列分系数模型为基础设定全国统筹方案，引入养老保险宏微观适度水平检验，完善并发展帕累托检验和卡尔多-希克斯检验在养老保险统筹收入再分配中的应用，并根据“双检验、一对接”原则选择养老保险全国统筹方案。

（1）养老保险全国统筹计发方案设计

从养老保险统筹层次收入再分配核心系数模型及四序列分系数模型逻辑推演出分层平均统筹类型，综合考虑“全国平均工资、省平均工资和个人工资”不同的参数设置，再将模式Ⅲ发展变形得到分比例统筹模式的两个方案，形成养老保险全国统筹的“两类型、四模式、六方案”。

（2）养老保险全国统筹模拟给付水平及收入再分配效应

全国统筹各方案模拟给付水平的深度系数、缩小收入差距系数、基尼系数调节力度的强弱排序为方案1＞方案4＞方案2＞方案5＞方案3＞方案6。全国统筹5个方案均实现了地区间初次收入分配的矫正，具有更高的收入再分配效果。

（3）养老保险全国统筹给付水平的适度性检验

根据宏微观适度性检验结果，全国统筹各方案不仅缩减了地区间的初次分配差距，还在更大程度上促进养老金给付水平走向宏微观适度水平；全国统筹更能保障各地区退休老年人口作为社会成员享受到的基本生存条件。

（4）基于“双检验”“一对接”养老保险全国统筹方案选择

按照“两检验，一对接”原则，方案3和方案5均处于“较易对接、中等帕累托福利改进、较佳卡尔多—希克斯福利改进”，是次优选择。

5. 根据养老保险统筹层次收入再分配基本原理，采用养老保险全国统筹收入再分配系数测算全国统筹“二类型”“四模式”“六方案”的收入再分配效果，发现养老保险统筹层次与收入差距联动收敛规律。

（1）养老保险全国统筹收入再分配系数基本原理及拓展

依据全国统筹“两类型”“四序列”演化成“六方案”测算收入再分配系数。不同的全国统筹模式对应着不同的收入再分配系数，体现着不同程度的收入再分配效果以及对生存公平和劳动公平的不同侧重。

（2）养老保险全国统筹收入再分配系数测算

全国统筹前后不同地区基础养老金待遇存在着贡献与获得关系。全国统筹收入再分配系数呈现出方案1方案2与方案4方案3与方案5方案6逐渐缩小趋势。统筹层次提升带来地区间初次分配差异的进一步调整，更大程度上确保生存公平。

（3）养老保险统筹层次收入再分配系数与收入差距横向联动

在既定的收入差距条件下，同一时点上随着养老保险全国统筹模式分层平均要素和分比例平均要素的增加，*SR*逐渐减小，表现为收入再分配系数与收入差距之间的“横向联动”关系。

（4）养老保险统筹层次收入再分配系数与收入差距纵向联动

随着经济的发展和收入差距的缩小，即使采取同一种养老保险全国统筹模式，其收入再分配系数也会随收入差距的变动而变动。养老保险全国统筹模式收入再分配系数与收入差距在不同时点上，随着时间序列收入差距逐渐缩小，同一统筹模式收入再分配系数与收入差距存在着“纵向联动”。

（5）养老保险统筹层次收入再分配系数收敛

当地区间初次分配差异以及物价差异逐渐趋于0时，收入再分配系数呈现出自动收敛的特征。地区差异是实现统筹层次提升收入再分配的先决条件。随着经济发展和收入差距缩小，各模式会逐渐沿着收入再分配系数缩小的趋势和路径向模式Ⅳ收敛，这是在更高收入层次上的回归。

6. 依据养老保险全国统筹财政补贴分析框架，提出分比例统筹类型及其他方案收支缺口补贴、分层平均统筹类型福利损失梯度补贴方案，并通过建立养老保险财政支出适度水平模型对全国统筹财政补贴适度性进行检验。

（1）养老保险全国统筹财政补贴分析框架

养老保险全国统筹财政补贴主要分为两部分，一是分比例统筹类型及其他方案收支缺口财政补贴，二是分层平均统筹福利损失梯度补贴。养老保险全国统筹不同方案收支缺口财政补贴是指当社会统筹基金累计盈余不能支付年度收支缺口时，国家财政对社会统筹缺口的补助。分层平均全国统筹类型福利损失补贴是指国家财政对全国统筹高养老金水平地区养老金给付受损者的补助。

（2）养老保险财政支出适度水平模型及测算

根据世界发达国家财政社会保障支出经验，国家财政总支出用于社会保障支出一般约为40%，社会保障财政总支出用于养老保险支出一般约为50%。同时，基于人口结构的再分配原理，城镇养老保险财政支出占养老保险财政总支出比重以不超过城镇老年人口占全国老年人口比重为限度。根据以上假设，我们分别构建了城镇养老保险财政支出适度水平总系数、中央分系数与地方分系数模型，用来进行养老保险全国统筹财政补贴水平适度性检验。利用全国财政支出及人口预测数据，模拟了城镇养老保险财政支出适度水平系数，从2010年的8.82%逐步上升到2050年的14.06%。

（3）养老保险全国统筹财政补贴水平适度性及方案选择

将养老保险分比例统筹及其他方案收支缺口财政补贴与分层平均统筹福利损失梯度补贴相结合，模拟出全国统筹财政总补贴水平，并对其进行养老保险财政支出适度性检验。在2035年之前全国统筹各方案补贴水平都在适度区间，补贴水平从大到小排列：方案1＞方案2＞方案3＞方案6＝方案4＝方案5；在2035年之后，只有方案4和方案5一直处在适度区间，方案4的财政补贴水平大于方案5。

7. 通过测算养老保险异地接转统筹差额、养老保险收入再分配异地接转分系数、养老保险异地接转收入再分配调节力度等指标评价全国统筹“两类型”“四模式”和“六方案”的异地接转收入再分配效果。

养老保险异地接转统筹差额体现的是养老保险微观福利水平的改进，是一种绝对值的变化。养老保险统筹层次收入再分配异地接转系数和收入再分配力度体现的是收入再分配效果的变化，是一种相对值的变化。两种变动共同形成了养老保险异地接转的收入再分配效应。

（1）城乡流动人口养老保险异地接转收入再分配效果

城乡流动人口包括农民工和个体工商户，不同统筹方案其收入再分配效果递进关系为全国平均工资模式＞15%分比例统筹模式＞10%分比例统筹模式＞（全国平均工资＋个人工资）/2 模式＞（全国平均工资＋省平均工资＋个人工资）/3 模式＞省平均统筹模式，即方案 1＞方案 4＞方案 5＞方案 2＞方案 3＞方案 6。

（2）城际流动人口养老保险异地接转收入再分配效果

城际流动人口为城镇之间流动的企业职工，不同统筹方案其收入再分配效果递进关系为全国平均工资模式＞15%分比例统筹模式＞（全国平均工资＋个人工资）/2 模式＞10%分比例统筹模式＞（全国平均工资＋省平均工资＋个人工资）/3 模式＞省平均统筹模式，即方案 1＞方案 4＞方案 2＞方案 5＞方案 3＞方案 6。

全国平均工资统筹模式的收入再分配效果最好，收入再分配力度最大，但是与现实省级统筹模式差距太大，对接比较困难，虽然实现了生存公平最大化，但是不能确保劳动公平。两大类型比较而言，分比例统筹类型优于分层平均统筹类型，其中替代率 10%中央统筹模式对于城乡流动人口收入再分配效果好而且财政负担小是最优选择，替代率 10%中央统筹类型对于城际流动人口收入再分配效果稍差但是财政负担相对较小是次优选择。

8. 根据养老保险全国统筹“双标准、一对接”的路径选择原则，基于收入再分配系数、财政补贴水平及省级统筹平稳对接效果，确立了分比例全国统筹方案，并提出实现养老保险全国统筹的政策建议。

（1）养老保险全国统筹路径选择

收入再分配系数和财政补贴水平是具有内在联动关系的全国统筹路径选择“双标准”，收入再分配系数高低决定了养老保险全国统筹的收支缺口和福利损失梯度补贴水平。鉴于现阶段养老保险基金缺口造成的财政压力，养老保险全国统筹宜采用低财政补贴水平、适中收入再分配系数的起步模式。全国统筹模式与省级统筹模式对接难易程度是全国统筹路径选择的“一对接”原则。全国统筹模式与省级统筹模式的差异决定了统筹层次提升的制度转换成本，进而决定了能否顺利实行养老保险全国统筹。综合低财政补贴水平、适中收入再分配系数和与省级统筹平稳对接的路径选择标准，养老保险全国统筹宜采用分比例统筹方案，将基础养老金替代率10%拿到中央账户实行全国统筹，将基础养老金替代率20%留存地方账户实行省级统筹。随着地区间工资收入差距的缩小和财政支付能力的提升，逐渐提高基础养老金全国统筹中央账户的比例。

(2) 养老保险全国统筹政策建议

本项目通过对养老保险全国统筹“两类型、四模式、六方案”的设计与实证分析，提出养老保险全国统筹的政策建议：一是实行养老保险分比例全国统筹方案，以基础养老金10%替代率全国统筹水平起步，逐步提高全国统筹中央账户的比例；二是实现与现行养老保险省级统筹平稳对接，保持基础养老金20%替代率省级统筹管理，逐步降低省级统筹地方账户的比例；三是建立养老保险统筹模式收敛机制，随着工资收入差距的缩小自动收敛于全国平均工资统筹类型。四是提高养老保险全国统筹财政补贴能力，优化国家财政支出结构，加大财政对社会保障事业投入力度；五是健全养老保险全国统筹配套措施，完善养老金全国统筹异地接转办法和全国统筹集中统一管理体制。

本书作为我主持的国家自然科学基金项目的研究成果，是我和所指导的博士们集体智慧的结晶。闫琳琳博士以此为博士论文选题进行了深入的研究。宋丽敏副研究员、沈毅博士、陈曦博士、王玥博士、宋学磊硕士、杨枢硕士、张文晓硕士、林萍萍硕士围绕本项目研究内容进行了相关的探索，同时完成了大量的数据查询整理、文献资料收集、数量统计分析、书稿排版校对等工作。在此向为本项目付出辛勤劳动和智慧的所有研究者表示诚挚的感谢！

感谢妻子和女儿对我的理解与奉献！

在此书出版之际，感谢国家自然科学基金委对本项目的资助！

最后还要感谢我的同行们对我的长期支持与鼓励，本书恳请各位学术同仁和读者赐教。

穆怀中

2013年7月于沈阳

目　录

Contents

第一章
养老保险统筹层次收入再分配理论

基础养老保险统筹及全国统筹层次的实施，具有养老保险给付收入再分配性质和功能。基础养老保险统筹层次的收入再分配原理，是养老保险统筹层次选择、养老保险统筹模式设计以及养老保险统筹层次收入再分配系数研究的基本理论依据，也是政府部门制定养老保险统筹方案的重要逻辑线路和政策依据。

基础养老保险统筹层次收入再分配原理和理论，包括养老保险统筹层次收入再分配功能理论；养老保险统筹层次收入再分配生存公平和劳动公平理论；养老保险统筹层次收入差距与收入再分配系数联动理论；养老保险统筹给付适度水平检验理论。

一、养老保险统筹层次收入再分配功能理论

养老保险统筹有两大功能，一是有利于劳动者流动更大范围的养老保险待遇的异地结转；二是有利于劳动者之间在更大范围的收入再分配。这里主要分析基础养老保险统筹层次收入再分配功能。

（一）养老保险统筹层次界定

养老保险统筹是由社会保险管理机构在一定范围内（统筹层次上）统一征集和给付养老保险基金，统一调剂使用养老基金的生活管理制度。养老保险统筹层次是统一征缴养老基金，统一调剂使用基金，并确保基金的收支平衡的养老保险管理范围和层次。养老保险统筹层次的高低，是社会管理机制和水平成熟与否的标志，也是基本养老保险社会化水平高低的重要体现。

养老保险统筹层次，通常依照行政区划来界定。按照统筹层次高低，可以划分为全国统筹、省级统筹、县市级统筹以及企业统筹，全国统筹是养老保险基金统筹的最高层次。中国养老保险基金统筹的目标是全国统筹。我们也是在全国统筹层次上研究基础养老保险统筹层次收入再分配原理和理论。

基础养老保险统筹的基本标准，可以概括为“六个统一”：统筹范围内执行统一的制度和政策；统筹范围内执行统一缴纳基本养老保险费的比例；统筹范围内统一统筹项目、统筹计发办法和调整办法；统筹范围内养老基金统一调剂使用，统收统支；统筹范围内统一编制和实施养老保险基金预算；统筹范围内执行统一养老保险业务管理规程。

（二）养老保险统筹层次收入再分配功能理论要素

基础养老保险统筹层次收入再分配功能原理表现在养老保险统筹层次收入再分配“广度系数”；养老保险统筹层次收入再分配“深度系数”；养老保险统筹层次“收入差距缩小系数”；养老保险统筹层次收入再分配“劳动负担系数”。这些系数都是从养老保险统筹层次收入再分配功能角度展开的研

究，具有养老保险统筹层次总体宏观功能分析性质，所以称之为养老保险统筹层次收入再分配“宏观功能分析系数”。

1. **养老保险统筹层次收入再分配“广度系数” 原理**

养老保险收入再分配广度系数，是参与收入再分配的人群占特定项目范围人口总体的比重。养老保险统筹层次越高其收入再分配范围越大，参与收入再分配的人群比重越大，其收入再分配广度系数越高。

我国基础养老保险统筹层次从市级统筹到省级统筹再到全国统筹，参与统筹的人口占全国劳动人口的比重逐渐提高，养老保险统筹范围逐渐扩大，其收入再分配的广度系数也在逐渐上升。

养老保险统筹层次收入再分配广度系数的上升，意味着基础养老保险统筹层次收入再分配功能范围在逐渐扩大，收入再分配功能逐渐加强。

2. **养老保险统筹层次收入再分配“深度系数” 原理**

养老保险收入再分配深度系数，是参与收入分配的收入最低人群提高收入水平的幅度，其测量指标是最低收入人群提高收入水平的金额占特定统筹层次项目人口平均收入的比重。收入最低人群收入水平提高的幅度大，收入再分配深度就强，收入再分配深度系数就高，反之则低。

养老保险统筹层次提升过程中，参与养老保险的最低收入人群由于社会统筹层次的提高而获得的养老金水平随之提高，表明养老保险收入再分配深度在逐渐提高，其收入再分配系数也随之提高。

一般规律是，在收入差距较大的条件下，养老保险统筹层次由省级统筹提高到全国统筹，最低收入人群由此更能享受到全国最发达地区经济发展的成果，能够获得更高水平的养老金收入，养老金统筹收入再分配深度系数会提高。

3. **养老保险统筹层次收入再分配“缩小收入差距系数” 原理**

养老保险统筹层次收入再分配缩小收入差距系数，是参与养老保险的最高收入人群与最低收入人群的收入差距缩小的程度，其测量指标是二者收入差距缩小的标准差系数。

养老保险统筹层次提升过程中，参与养老保险的最高收入人群与最低收入人群的收入差距随之缩小，表明养老保险统筹的收入再分配功能在加强，养老保险统筹缩小收入差距功能在提高，养老保险统筹缩小收入差距系数在减小。

与养老保险统筹层次收入再分配深度系数原理相联系，在全国收入差距大于省内收入差距条件下，养老保险统筹提升到全国统筹层次，在相同统筹模式框架内，养老保险统筹层次收入再分配缩小收入差距幅度会更大，其收入差距系数会缩小。

4. **养老保险统筹层次收入再分配“劳动负担系数” 原理**

在现收现付模式下，老年人的养老金给付是由当期劳动者缴费提供的，因此老年人养老保险给付水平因统筹层次的提升而发生的上升和下降，直接涉及当期劳动者负担的轻重。在劳动人口既定条件下，老年人养老金因统筹层次提升而提高，当期劳动者的缴费负担或税负责任就会加重。

养老保险统筹层次收入再分配“劳动负担系数”，是当期劳动者养老金缴费占工资总额的比重。现在，劳动者养老金缴费比重在工资总额的20%左右。养老保险全国统筹后，养老金给付平均水平提高，劳动负担系数就会上升。针对当前劳动者养老金缴费水平已经较高的现实状况，尽量使养老保险统筹模式的设计结果不提高劳动者负担系数，如果有暂时的提高和波动，可以通过财政补贴方式得以解决和缓解。

（三）养老保险统筹层次收入再分配应用价值定位

养老保险统筹层次收入再分配程度及其选择，是我们研究和设计养老保险统筹模式的重要理论依据之一。

在选择养老保险统筹模式过程中，如果加大养老金统筹的收入再分配力度，就选择后面研究提出的养老保险统筹模式1；如果选择较低收入再分配力度，可以选择后面研究提出的养老保险统筹模式3；如果选择中性养老保险统筹收入再分配力度，可以选择后面研究提出的养老保险统筹模式2。

在设计养老保险统筹财政补贴方案过程中，如果要使高收入地区的养老金给付水平不因养老保险全国统筹层次的实施而降低，缓慢平滑实施养老保险统筹收入再分配策略，可以对高收入地区养老金领取者按较低调整指数增长，国家和地方财政选择后面研究提出的“福利损失补贴”方案。

在制定养老保险统筹异地结转政策过程中，如果着力于城乡收入再分配功能强化，可以选择缴费15年的农民工养老保险领取者全额异地接转方案，缴费不满15年的农民工养老保险领取者系数折算异地接转方案，而不采取缴费不满15年的农民工养老保险领取者不予接转方案。

养老保险统筹层次收入再分配功能定位，是养老保险全国统筹层次整体框架设计的总体理论逻辑基础。

二、养老保险统筹层次收入差距与收入再分配系数联动理论

养老保险统筹层次收入再分配，既有整体宏观的收入再分配作用，也有重点核心的收入再分配作用。在养老保险统筹层次收入再分配宏观功能系数分析结构中，缩小收入差距功能具有核心性质，缩小收入差距系数也是养老保险统筹层次收入再分配功能分析的“微观核心系数”。所以，研究养老保险统筹层次收入再分配系数，需要进一步重点研究分析收入差距与养老保险统筹收入再分配微观核心系数之间的联动关系并寻找二者之间的相互作用规律。

（一）收入差距和收入再分配系数内涵界定

养老保险统筹收入再分配目标就是缩小收入差距，促进社会和谐发展。

收入差距是收入分配参与者之间最高收入与最低收入的差额。收入差距有劳动者之间的收入差距，有退休人员之间的收入差距等。收入差距的测定指标有基尼系数、全距和标准差系数等。收入差距适中有利于激励劳动者的生产积极性和提高劳动生产率。收入差距过大容易导致利益群体之间的冲突和引起社会不稳定。

退休人员的收入差距表现在两个方面，一是与在职劳动者的收入差距，二是退休者之间的收入差距。这两种收入差距表现为个人收入差距和地区收入差距。养老保险全国统筹层次收入再分配主要是从解决地区养老保险收入差距入手，逐渐解决退休者个人收入差距。退休人员与在职劳动者的收入差距过大，表明退休人员不能享受到当期经济发展成果。退休人员之间的收入差距过小，表明养老金的给付模式和养老保险统筹层次的收入再分配功能弱。所以，收入差距大小既是确定养老保险统筹层次收入再分配强度的前提条件，也是建立和发挥养老保险统筹层次收入再分配功能的目的。

依据收入差距的大小，确定养老保险收入再分配功能定位，并建立相应的养老保险统筹层次收入再分配测定系数。

养老保险统筹层次收入再分配测定系数，是在特定统筹层次范围内养老金领取者之中高收入群体向低收入群体转移分配养老金的数额占本人收入的比重。转移分配的养老金份额比重系数高，养老保险统筹层次收入再分配功能发挥的就强。反之则弱。所以，养老保险统筹层次收入再分配测定系数，是分析研究养老保险统筹层次收入再分配作用的重要指标。

（二）统筹层次收入差距与收入再分配系数联动理论要素

养老保险统筹层次收入再分配以缩小收入差距为目标，收入差距大，养老保险统筹层次收入再分配系数就高，收入差距小，养老保险统筹层次收入再分配系数就低。这是养老保险统筹层次收入再分配系数与收入差距联动的基本逻辑关系。这种逻辑关系进一步演化为具体的联动理论要素。

1. 养老保险全国统筹模式与收入差距联动

依据分层平均法则，可以将养老保险全国统筹模式分为：全国平均工资模式；（全国平均工资＋个人指数化平均工资）/2 模式；（全国平均工资＋省平均工资＋个人指数化平均工资）/3 模式等。

依据养老保险统筹模式与收入差距联动的逻辑关系，可以依据收入差距的不同状况选择不同的养老保险统筹模式。当收入差距较大时，依据逐渐加大收入再分配力度的原则，养老保险全国统筹起步期可以选择（全国平均工资＋省平均工资＋个人指数化平均工资）/3 模式；当收入差距缩小时，养老保险全国统筹模式可以选择（全国平均工资＋个人指数化平均工资）/2 模式；当收入差距很小时，养老保险全国统筹模式可以选择全国平均工资模式。依据收入差距的大小，养老保险全国统筹模式与之联动。

在此模式序列基础上生成了“分层平均统筹类型”和“分比例统筹类型”①，这两种全国统筹类型都是上述统筹序列模式的应用选择。

2. 养老保险统筹收入再分配系数与养老保险全国统筹模式联动

养老保险全国统筹的不同模式具有不同的收入再分配功能及不同的收入再分配系数。全国平均工资模式，养老保险全国统筹收入再分配程度最大，其收入再分配系数最高；（全国平均工资＋个人指数化平均工资）/2 模式，养老保险全国统筹收入再分配程度次大，其收入再分配系数次高；（全国平均工资＋省平均工资＋个人指数化平均工资）/3 模式，养老保险全国统筹收入再分配程度适中，其收入再分配系数适中。随着养老保险全国统筹模式分层平均要素的增加，养老保险全国统筹收入再分配程度逐渐减弱，其收入再分配系数逐渐缩小。养老保险统筹收入再分配系数与养老保险全国统筹模式分层平均要素的多少联动。

这种联动是在同一时点上，既定收入差距条件下，不同统筹模式与其收入再分配系数的联动，称之为“横向联动”。

3. 养老保险全国统筹模式收入再分配系数与收入差距缩小联动

随着经济的发展和收入差距的缩小，即使采取同一种养老保险全国统筹模式，其收入再分配系数也会随收入差距的变动而变动。一般规律是：收入差距越小同一种养老保险全国统筹模式收入再分配系数也越小。

（全国平均工资＋省平均工资＋个人指数化平均工资）/3 模式，在全国平均工资≠省平均工资≠个人指数化平均工资条件下，养老保险统筹模式收入再分配系数较高；在全国平均工资＝省平均工资≠个人指数化平均工资条件下，养老保险统筹模式收入再分配系数降低；假设在全国平均工资＝省平

① 分层平均统筹类型，是按国家省市和个人的工资分层平均给付养老金的模式。分比例统筹类型，是按替代率 10%或 15%中央统筹的养老保险统筹类型。

均工资＝个人指数化平均工资条件下，养老保险统筹模式收入再分配系数降为零。所以养老保险全国统筹模式收入再分配系数与收入差距缩小联动。

这种联动是在不同时点上，随着时间序列收入差距逐渐缩小，同一统筹模式与其收入再分配系数的联动，称之为“纵向联动”。

4. 随着收入差距的逐渐缩小，不同养老保险全国统筹模式收入再分配系数收敛趋势

依据分层平均法则和逻辑演进关系，养老保险全国统筹可以在上述三种模式的基础上再增加一种按“个人指数化平均工资”或“个人工资”发放模式，该模式是收入差距较小条件下实施的一种养老金发放模式。我国在计划经济条件下，退休人员工资的发放就是采取这种模式。随着收入差距的逐渐缩小，上述三种养老保险统筹模式收入再分配系数相近并趋同，收敛于这种“个人指数化平均工资”或“个人工资”发放模式。

随着经济的发展和收入差距的逐渐缩小，全国平均工资模式、（全国平均工资＋个人指数化平均工资）/2 模式、（全国平均工资＋省平均工资＋个人指数化平均工资）/3 模式呈现相近并趋同的收入再分配系数收敛趋势。当其他条件不变，收入差距缩小，全国平均工资＝省平均工资时，（全国平均工资＋省平均工资＋个人指数化平均工资）/3 模式与（全国平均工资＋个人指数化平均工资）/2 模式的收入再分配系数相近并趋同，（全国平均工资＋省平均工资＋个人指数化平均工资）/3 模式收敛为（全国平均工资＋个人指数化平均工资）/2 模式。当收入差距再进一步缩小，全国平均工资＝省平均工资≈个人平均工资时，（全国平均工资＋个人指数化平均工资）/2 模式与全国平均工资模式和个人平均工资模式收入再分配系数相近并趋同，（全国平均工资＋个人指数化平均工资）/2 模式进一步收敛为个人平均工资模式。

这种联动既综合了同一时点的横向联动，又综合了时间序列的纵向联动，是横向联动与纵向联动的综合，反映了横向联动与纵向联动相互作用的总发展趋势。

（三）统筹层次收入差距与收入再分配系数联动应用价值定位

养老保险统筹层次收入再分配系数，是确定养老保险全国统筹模式的重要依据。在特定收入差距的基础上，研究确定出合理的养老保险统筹层次收入再分配系数，再依据养老保险统筹层次收入再分配合理系数，选择与之相对应的养老保险全国统筹模式。在养老保险全国统筹的发展过程中，初始期可以主要依据其横向联动关系选择，过渡期可以主要依据纵向联动关系选择，目标期可以主要依据其纵向联动和横向联动关系的综合作用及其收敛趋势选择。这是养老保险统筹层次收入差距与养老保险统筹层次收入再分配系数联动理论的应用价值定位。

依据其横向联动关系，在初始期可以根据当前收入差距较大的现实状况，选择收入再分配系数适中的养老保险统筹模式，以便与原有的退休制度养老金和现行省级统筹养老金发放水平相衔接，避免形成太大的待遇差距和制度衔接不当产生的社会矛盾和退休群体的不稳定。

依据其纵向联动关系，在过渡期可以根据收入差距的逐渐缩小，选择收入再分配系数较大的养老保险统筹模式，或者根据收入差距的逐渐缩小和养老保险统筹模式的自动收敛规律，选择和自动过渡到相对应的合理养老保险统筹模式。这样可以既保证了养老保险统筹层次提升过程中的新老制度平稳过渡，又能保证养老保险统筹收入再分配功能的合理实现。

依据其横向联动和纵向联动关系的综合作用及其收敛趋势，在目标期可以根据收入差距的缩小和收入再分配系数收敛趋势的发展状况，逐渐选择或自动过渡到相对应的合理养老保险统筹模式，如实现在收入差距很小条件下的按个人平均工资或全国平均工资发放模式。

三、养老保险统筹层次收入再分配生存公平和劳动公平理论

养老保险全国统筹方案设计和政策制定，要依据收入再分配功能和收入

再分配系数来科学选择。在进行选择过程中，不能以收入分配力度越大越合理作为方案设计和政策制定的依据。合理的收入再分配尺度，应该是养老保险统筹给付的合理上限和下限。养老保险统筹层次收入再分配中的生存公平和劳动公平，是研究确定其收入再分配合理上下限的重要理论依据。

（一）生存公平和劳动公平内涵界定

生存公平是公民享有满足基本生存需要的权利，当人人都实现了生存需要满足时，社会就达到了生存公平。我们可以用恩格尔系数作为测定生存公平的经济标准。当公民收入和消费达到了恩格尔系数水平时，社会就实现了生存公平。

劳动公平是劳动者拥有的公平劳动机会和公平劳动报酬的权利。劳动公平包括两个方面，一是劳动者拥有公平的劳动机会，二是劳动者享有公平的劳动报酬，多劳多得，少劳少得。

（二）养老保险统筹层次收入再分配生存公平理论要素

生存公平是养老保险统筹收入再分配中微观适度给付水平下限设定的标准。生存公平不仅是基础养老保险统筹给付适度水平下限的设定标准，也是基本养老保险总体给付适度水平下限的设定标准。

基础养老保险的最低目标是保生存，如果达不到保生存的目的，基础养老保险也就失去了“基础”的性质和“保险”的功能。因此，实现生存公平是基础养老保险微观适度水平下限的核心要素和本质标准。

（三）养老保险统筹层次收入再分配劳动公平理论要素

劳动公平是养老保险统筹收入再分配中微观适度给付水平上限设定的标准。按照劳动公平原则，基础养老保险全国统筹给付水平应该与其劳动期的劳动贡献和收入水平挂钩，也应该与现在劳动者的劳动收入水平挂钩。因此，养老保险统筹给付微观适度水平上限应该是退休者退休前劳动工资收入水平和现在劳动者劳动收入水平的综合，其测定模型是（退休者退休前劳动工资收入＋现在劳动者劳动工资收入）/2×60％。

劳动公平理论要素与生命周期理论和代际转移理论相联系，综合构成了养老金给付微观适度水平上限和宏观适度水平上下限的理论依据。

养老保险给付宏观适度水平上下限的设定，依据老年人口比重（O）与养老保险替代率（R）和劳动生产要素分配系数（H）乘积获得。其中，老年人口比重作为退休人员获得适度养老金给付水平宏观上下限的依据，是养老保险生命周期理论的应用；养老保险替代率作为退休人员获得适度养老金给付水平宏观上下限的依据，是养老保险生命周期理论和代际转移理论的综合应用；劳动生产要素分配系数作为退休人员获得适度养老金给付水平宏观上下限的依据，是养老保险代际转移理论要素的应用。生命周期理论要素在养老保险统筹给付适度水平上下限设定中的应用，体现了退休人员退休前后生命周期中的劳动公平。代际转移理论要素在养老保险统筹给付适度水平上下限设定中的应用，体现了退休人员和当前劳动者之间代际转移中的劳动公平。

（四）统筹层次收入再分配生存公平和劳动公平应用价值定位

养老保险统筹层次收入再分配尺度的把握，需要有一个适度上下限的标准，以便可以进行定量和定性分析，同时有利于制定可操作性的政策标准。生存公平和劳动公平及其测定指标，对我们设定养老保险统筹给付适度水平上下限和采取合理的收入再分配政策具有应用价值。

养老保险统筹给付，在资金存在缺口和养老保险遵缴率较低的情况下，可以在全国统筹初期以生存公平原则为主，以保生存为初级目标。

当资金缺口逐渐填补和养老保险遵缴率上升之后，可以在全国统筹中期依据劳动公平原则适度提高养老保险全国统筹给付标准，并可以考虑实施差额给付方案，对劳动贡献大的养老金领取者实施激励性养老金给付。

四、养老保险统筹层次给付适度水平检验理论

养老保险统筹层次收入再分配的合理系数，要通过养老保险统筹层次给

付适度水平检验来确定。养老保险统筹层次给付适度水平分为宏观适度水平和微观适度水平。

（一）养老保险统筹层次给付适度水平内涵界定

养老保险统筹层次微观适度水平是一个区间概念，它由微观适度上限和微观适度下限和适度区间构成。

养老保险统筹层次微观适度水平是以居民收入和消费两个指标为依据设立的。鉴于居民收入和消费较国内生产总值 GDP 宏观指标而言具有微观指标的性质，我们把依据它设立的养老保险统筹层次给付适度水平称之为微观适度水平。

养老保险统筹层次微观适度水平下限是以生存公平为依据，保障老年人的生存权利，选择居民消费恩格尔系数作为其适度下限的测定标准。这一适度下限的测定标准既是养老保险总水平的测定标准，也是基础养老保险全国统筹给付适度水平下限的测定标准。

养老保险统筹层次微观适度水平上限是以劳动公平为依据，其给付标准不能高于在职劳动者的可支付收入水平，选择养老保险给付合意替代率60％作为养老保险给付适度水平上限的测定标准，其中依据中国养老保险“统账结合”模式，基础养老金占养老金给付的 50％，由此选择居民收入30％作为基础养老保险全国统筹给付适度水平上限的测定标准。这样，居民消费恩格尔系数和居民收入 60％分别作为养老保险给付适度水平上限和下限的测定标准并构成其适度水平区间。其中，恩格尔系数和居民收入 30％作为基础养老保险全国统筹给付适度水平上限和下限的测定标准，并构成其适度区间。

依据国内生产总值 GDP 宏观经济指标把养老保险给付金额占 GDP 的比重作为养老保险宏观适度水平测定指标。

养老保险统筹给付适度水平的上下限都是以劳动公平为依据，结合养老保险生命周期原理和代际转移原理，选择老年人口比重与现实养老保险替代率和现实劳动生产分配系数的乘积作为养老保险宏观适度水平下限的测定标准，选择老年人口比重与合意养老保险替代率和合意劳动生产要素分配系数的乘积作为养老保险宏观适度水平上限的测定标准，并以此为上限和下限构成其适度区间。基础养老保险全国统筹给付宏观适度水平上限和下限，依据养老保险统账结合模式中基础养老金保险替代率和个人账户替代率各占30％的标准，选择养老保险总宏观适度水平上下限的各50％作为其宏观适度水平上下限的测定标准，并构成其适度区间。

养老保险全国统筹宏观适度水平和微观适度水平是相互关联并随着经济发展和劳动生产要素分配系数的提高而不断趋近的。养老保险全国统筹给付水平从微观适度水平下限起步，逐渐趋近于微观适度水平上限，然后再进一步趋近于宏观适度水平下限，进而进入宏观适度水平区间。

（二）养老保险统筹层次给付适度水平理论要素

养老保险全国统筹给付适度水平是检验养老保险统筹层次收入再分配系数及养老保险全国统筹模式选择合理性的重要标准。养老保险全国统筹给付适度水平进入适度水平区间表明该统筹模式和收入再分配系数具有合理性，超出适度水平区间就要通过养老金调整指数进行合理化调整，使其沿着适度区间合理并可持续发展。

1. 养老保险统筹层次微观给付适度水平及检验

养老保险全国统筹后原有省级统筹的给付水平将会发生变化，有的地区养老保险给付水平因此而提高，有的地区养老保险给付水平因此而降低，并且不同的全国统筹模式下养老保险给付水平还会有更高或更低的变化。与此相对应，收入再分配系数也因此而提高或下降。这些变化是否合理，需要进行养老保险统筹给付微观适度水平检验。

养老保险全国统筹给付微观适度水平上下限检验表明：养老保险全国统筹方案 1、方案 2、方案 3、方案 4、方案 5 给付水平均进入微观适度区间，微观适度化比率为 100％；方案 6 有 4 个省份未进入微观适度区间，微观适度化比率为 87.1％，微观非适度均值为 3.43 元。从微观适度性地区分布来看，方案 1—5 实现了基础养老金给付微观适度性改进。

2. 养老保险统筹层次宏观给付适度水平及检验

养老保险全国统筹给付宏观适度水平是一种目标检验也是一种发展趋势检验。在当前，我国劳动生产要素分配系数较低的情况下，养老保险全国统筹宏观适度水平还不能达到宏观适度下限水平，所以，养老保险全国统筹宏观适度水平目标的实现有赖于国民经济的可持续发展和初次收入分配改革，有赖于提高劳动者初次分配比重等措施的实施。

养老保险全国统筹给付宏观适度水平上下限检验表明：养老保险全国统筹各方案均未完全进入宏观适度区间；方案1、方案2中6个省份未进入宏观适度区间，宏观适度化比例为80.65%；方案3中7个省份未进入适度区间，宏观适度化比率为77.42%；方案4和方案5中9个省份未进入宏观适度区间，宏观适度化比例为70.97%；而方案6中12个省份未进入宏观适度区间，宏观适度化比率为61.29%。从宏观适度性的地区分布来看，方案1—5实现了基础养老金给付宏观适度性改进。

养老保险全国统筹给付适度水平上限是一个目标概念，不提倡养老金给付超上限的极度分配方式。养老金统筹给付水平进入宏观适度下限之后将会沿着适度上限和适度下限区间波动发展，低于适度下限和超过适度上限都表明养老金统筹给付收入再分配模式和水平具有非可持续性发展特征。

（三）养老保险统筹层次给付适度水平应用价值定位

养老保险全国统筹适度水平检验是选择养老保险统筹收入再分配合理系数及合意模式的理论依据。

依据发达地区养老保险给付水平较高的现实状况，同时依据其全国统筹给付水平不超出微观适度上限原则，可以选择养老保险全国统筹后不降低原养老保险省级统筹给付水平，实行较低的养老保险给付调整指数，使其在较慢的增长中逐渐与合意全国统筹给付水平拟合，其资金可采取中央财政福利损失补贴方法。

依据中部中等发达地区养老保险给付水平持中的现实状况，同时依据其全国统筹给付水平不超出微观适度上限原则，可以选择养老保险全国统筹后按中等养老金调整指数方案平稳调整养老金增长策略，使其在微观适度区间内稳定发展。

依据西部欠发达地区养老保险给付水平较低的现实状况，同时依据全国统筹给付水平不超出微观适度上限原则可以选择养老保险全国统筹后按高养老金调整指数方案，使其进入微观适度区间并健康发展。

养老保险全国统筹宏观适度水平可以作为养老保险全国统筹给付长远发展目标，通过综合经济发展策略和收入分配制度综合改革逐步得以实现。

此外，基尼系数理论、帕累托福利改进理论和卡尔多-希克斯改进理论，也是我们分析养老保险统筹层次收入再分配的重要理论要素和检验标准。这两种理论在有关专业理论书籍中都有详细分析，在此不加赘述。

五、养老保险统筹层次收入再分配系数理论逻辑框架

养老保险统筹层次收入再分配理论要素是相互联系相互补充的逻辑框架，有着内在的必然联系和紧密的逻辑关系，其结合在一起共同说明养老保险统筹层次收入再分配的原则和依据，为接下来的养老保险统筹层次收入再分配系数数理模型的建立，为养老保险统筹类型的选择，为养老保险统筹给付异地结转和财政补贴原则及方式的制定，提供了理论支撑和选择标准。

养老保险统筹层次收入再分配系数理论逻辑框架，包括立足于养老保险统筹层次收入再分配宏观功能系数分析的养老保险统筹层次收入再分配功能理论；立足于养老保险统筹层次收入再分配微观核心系数分析的养老保险统筹层次收入差距与收入再分配系数联动理论；立足于养老保险统筹层次收入再分配微观给付水平上下限分析的养老保险统筹层次收入再分配生存公平劳动公平理论；立足于养老保险统筹层次收入再分配给付适度水平区间分析的养老保险统筹层次收入再分配适度水平检验理论。这些理论的支撑研究范围和内在逻辑结构总框架见图 1—1。

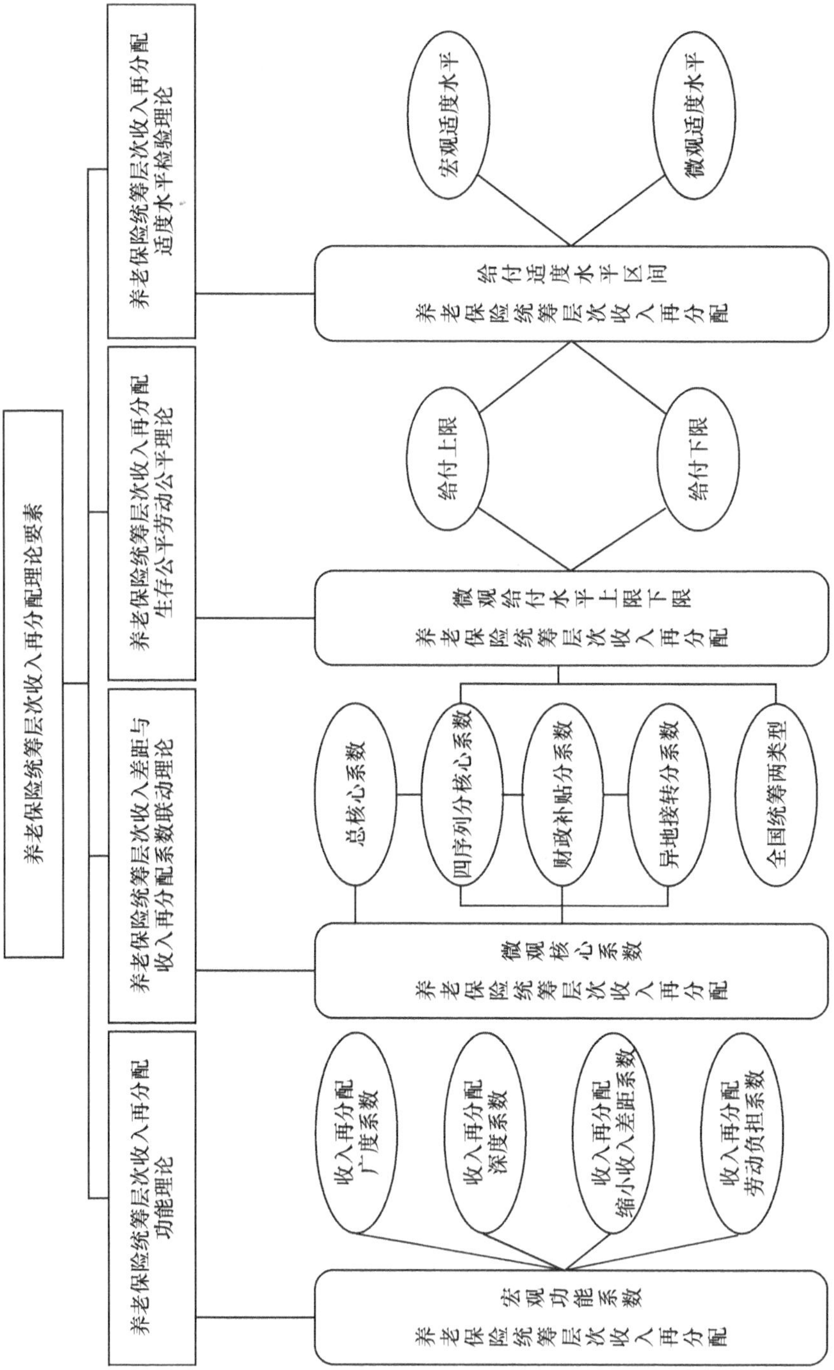

图 1—1　养老保险统筹层次收入再分配研究方法及技术路线

第二章
养老保险全国统筹类型及收入再分配系数研究方法

基本养老保险全国统筹有助于实现全国范围的收入再分配，有利于养老保险互济功能的充分发挥，有利于缩小区域之间的收入差距。本章将依据养老保险统筹层次收入再分配原理构建养老保险统筹层次收入再分配核心系数模型及四序列分系数模型，并分析收入差距与统筹模式联动中的收入再分配系数收敛趋势。此外，根据养老保险统筹层次收入再分配宏观功能理论建立收入再分配“广度系数”模型、“深度系数”模型、“缩小收入差距系数”模型和“劳动负担系数”模型，并提出养老保险统筹层次收入再分配的检验方法和技术路线。

一、养老保险全国统筹类型

养老保险统筹层次是养老保险社会化水平和市场经济发育程度的标志。一般来说，养老保险的统筹层次由低到高分为县级统筹、市级统筹、省级统筹和全国统筹四个层次，养老保险的统筹层次越高，越有利于政府在更大范围内调剂余缺，平衡地区差异。养老保险的全国统筹是指在一个国家范围内统一基本养老保险制度、统一基本养老保险缴费基数和比例、统一基本养老保险待遇政策、统一管理和使用基金、统一业务规程和信息系统，任何人都可以在全国范围内自由流动，并在异地缴费和退休，这是养老保险统筹的最高层次和终极目标。基本养老保险全国统筹有利于解决地区分割、中央财政补贴与地区基金结余并存、劳动力流动必须以牺牲养老保险待遇为代价等问题。然而，我国目前地区间收入差距较大，还不能一步实现这种统收统支的完全统筹模式，需要实行省级统筹向全国统筹的自然过渡模式，如分层平均统筹类型和分比例统筹类型。

（一）分层平均统筹类型

目前我国各省、自治区、直辖市已实现基本养老保险省级统筹，但是统筹层次仍然过低，在一定程度上限制了劳动力的合理流动和养老保险互济功能的充分发挥。省级统筹模式以省平均工资和个人指数化工资的均值作为基础养老金的计发标准，养老金给付水平主要取决于工资收入的省际差异和个人差异，若在此基础上加入全国平均工资水平，则养老金给付水平不仅考虑了地区和个人工资差异，还兼顾了劳动者退休之后的养老生存权利。

分层平均统筹类型是省级统筹向全国统筹平稳过渡的统筹模式。分层平均统筹类型具体内涵是：基础养老金以“全国平均工资、省平均工资和个人工资的均值”为基数发放，全国平均工资、省（市）平均工资和个人工资三个层次对养老金给付水平影响程度相同（各为 1/3）。与省级统筹模式相比，分层平均统筹类型的个人工资水平对养老金给付的影响程度下降了，由原来的 1/2 减小到 1/3。

分层平均统筹类型与省级统筹模式相比更加符合生存公平原则。这种个人、省和全国工资逐级分层削减的模式进一步削弱了个体差异的影响，有利于实现退休人员之间更高层次的收入再分配，实现劳动公平基础上的生存公平。此外，分层平均统筹类型不仅可以提高地区间养老金收入再分配力度，同时还能够减少高收入地区的利益损失。如果在地区间工资差距很大的情况下基本养老金按全国在岗职工平均工资发放，就可能引起大幅度地区间的收入再分配，造成经济发展水平较高地区的利益损失。按照全国、省和个人工资的均值统一征收和发放养老金，扩大了个体和地区差异的影响，减少了地方利益的损失，化解了全国统筹的阻力。

虽然分层平均统筹类型由省级统筹推演而成，符合逻辑演进规律，便于与省级统筹合理对接，但是这种统筹类型对财政体制有很大的依赖性，中央政府要承担所有的道德风险，财政负担较重。由于地方政府不再负担养老金缺口，因此会对养老金支付风险有所松懈，继而引发虚假上报工资水平、降低缴费率、弱化养老金征缴力度、甚至违规办理提前退休等一系列问题，进而影响养老金收入水平，加重养老保障制度的财政负担。

（二）分比例统筹类型

统收统支的完全统筹模式能够实现养老保险最高的公平、公正与社会再分配功能，是养老保险全国统筹的最终形式。然而，我国当前经济发展总体水平不高，地区间经济差距较大，各地区在经济不均衡发展过程中逐渐走向均衡。如果在这种情况下实行全国范围的完全统筹模式，会出现经济发达地区退休人员的养老金难以维持基本生活需要而落后地区退休人员养老金高于在岗职工工资水平的问题，这不仅会严重影响发达地区劳动者缴费的积极性，而且还会抑制落后地区在岗职工的劳动积极性，诱发提前退休行为的发生。而且就当前经济水平而言，尚不足以拿出充足资金来完全弥补双方的差距。因此，在完全统筹模式难以实现的情况下，采用全国统筹与省级统筹相结合的分比例统筹类型不失为权宜之计。

分比例统筹类型是一种由中央调剂金制度衍生而来的养老保险统筹类型，主要规则是按一定比例分配养老金给付水平，一部分拿到中央统收统支（替代率10%或15%），确保生存公平；另一部分留在地方实行省级统筹模式，确保劳动公平。这种模式的养老金计发基数部分统一又有所差别，全国统筹部分削减了地区之间的差距，而省级统筹部分则照顾了地区之间的差距，兼顾了劳动公平与生存公平，在一定范围内解决了负担不公、权益流失、障碍流动等现实问题。

分比例统筹类型是一种低成本、风险小、可操作的养老金统筹类型。首先，这种统筹类型的财政负担相对较小。养老金缺口一部分依靠中央财政支出解决，中央统筹部分（10%或15%替代率）通过统收统支余缺调剂保证困难地区基本养老金的支付，而另一部分则主要依靠省级财政支出来解决，地方政府根据自身的经济发展水平与财政收入状况对养老金缺口进行补贴。其次，分比例统筹类型比分层平均统筹类型更符合大数法则，一部分由全国统收统支减少了养老保险基金的风险源，改变了养老保险基金的分散管理与碎片化状态，提高了养老保险基金抗风险的能力。其次，这种统筹类型是省级统筹与中央调剂金制度的一种融合，既突出中央的调剂功能又强调各省的分担责任，而且不需要对目前养老基金管理体制进行大的改变，减少了改革成本，具有更强的可操作性。

分比例统筹类型能够与现有制度顺利转轨与衔接，解决地区之间养老保险负担畸轻畸重、养老保险待遇参差不齐的现实问题，提高欠发达地区和低收入者的养老金水平，且成本由中央和地方按比例分担。这种统筹类型不仅能够减小省级统筹的不公平程度，而且能为将来更高层次的全国统筹打下坚实的基础。

分层平均统筹类型和分比例统筹类型各有利弊，未来养老保险全国统筹类型选择哪一种还需要通过收入再分配系数、养老保险适度性水平、帕累托福利改进程度、卡尔多-希克斯标准和省级统筹对接可行性等诸多检验标准来确定。

二、养老保险统筹层次收入再分配核心系数模型

养老保险统筹层次收入再分配既有宏观总体的收入再分配作用，也有重点核心的收入再分配作用。在养老保险统筹层次收入再分配宏观功能系数中，缩小收入差距系数是核心要素，因此，本课题将在“缩小收入差距系数”的基础上建立收入再分配核心系数模型，重点分析收入差距和全国统筹模式联动下的收入再分配系数收敛趋势，并在此基础上确定养老保险全国统筹模式类型。

（一）收入再分配总核心系数模型

收入再分配指在初次分配基础上进一步完成的收入分配活动。我国现行城镇企业职工养老保险制度主要表现为代际收入再分配和代内收入再分配。在现收现付制养老保险计划下，在职人员负担退休人员的养老费用，而现有在职一代的退休费用则由下一代劳动者负担，体现了养老保险制度中劳动者代际间的收入再分配。而代内收入再分配是指高低收入者之间的收入再分配，这是现收现付的同代劳动者收入再分配功能的体现。收入差距是收入分配参与者最高收入和最低收入的差额，养老保险统筹层次越高，越能够在更大范围内实现基金的调剂功能，收入再分配功能越强，退休人员之间收入差距缩小幅度越大，因此，检验养老保险统筹层次收入再分配功能应重点考察不同统筹模式下退休人员基础养老金的变动情况，由此构建养老保险统筹层次收入再分配系数（SR），即在特定统筹层次范围内养老金领取者之中高收入群体向低收入群体转移分配养老金的数额占本人养老金的比重，见公式2—1。

$$SR=\frac{\omega_{个人}-\omega_{统筹}}{\omega_{个人}} \tag{2—1}$$

其中，$\omega_{个人}$为个人养老金，以个人工资水平为计发基数；$\omega_{统筹}$为统筹养

老金，以统筹模式对应的统筹工资水平为计发基数，缴费每满 1 年给付 1%，缴费年限 h 是统筹工资的替代率系数，个人养老金与统筹养老金给付水平见公式 2—2。

$$\omega_{统筹}=\overline{W_{全国}}\times h\% \quad \omega_{个人}=W_{个人}\times h\%, \quad h\geqslant 15 \tag{2—2}$$

将式 2—2 代入式 2—1，由于缴费年限确定的替代率系数可以上下约掉，因此收入再分配系数 SR 转换成公式 2—3：

$$SR=\frac{(W_{个人}-W_{统筹})}{W_{个人}} \tag{2—3}$$

其中 $W_{个人}$ 和 $W_{统筹}$ 分别为个人工资水平与统筹工资水平。

养老保险统筹层次收入再分配系数（见公式 2—3）是个体工资和计发工资基数差额与个体工资的福利比值，是衡量基础养老金收入再分配效果的核心指标，用以度量基础养老金分配前后的福利差异或高收入群体向低收入群体福利转移的程度。若 SR 值为正，个人缴费工资高于计发工资基数，高收入群体为基础养老金收入再分配做出贡献，称之为养老保险统筹层次收入再分配“贡献系数”；若 SR 值为负，即为个人缴费工资低于计发工资基数，低收入群体通过转移支付获得额外的养老金收入，称之为养老保险统筹层次收入再分配“获得系数”。可见，对于个体而言，SR 数值的正负，反映着福利的流出和流入、贡献与获得，SR 数值的绝对值体现基础养老金对缩小收入差距所起的作用。若 $SR=0$，统筹工资基数与个体缴费工资水平无差异，没有收入再分配效果。

全国统筹收入再分配系数能够体现全国统筹前后的福利分配差异，分析全国统筹条件下福利流入流出与贡献获得的改变，也可以测量全国统筹缩小初次分配差距的程度大小。养老保险统筹层次收入再分配系数体现了缴费工资与计发工资基数之间的经济福利差异，是分析研究养老金给付差距的重要工具，对于养老金收入再分配效果的检验具有重要的理论价值和应用价值。

（二）收入再分配四序列分系数模型

依据分层平均法则和逻辑演进关系，可以将养老保险全国统筹模式设计为：全国平均工资模式；（全国平均工资＋个人指数化工资）/2 模式；（全国平均工资＋省平均工资＋个人指数化工资）/3 模式；个人指数化工资模式。四种模式不同的养老金计发基数形成了不同形式的养老保险统筹层次收入再分配系数。

1. 养老保险统筹层次收入再分配系数序列基本框架

养老金统筹层次收入再分配系数是衡量个体工资与统筹工资差距的核心要素和指标，也是测量不同统筹层次工资差距变动的要素和指标，可以用来测算不同统筹模式的收入再分配效果。

模式Ⅰ：全国平均工资模式

模式Ⅰ的基础养老金以全国职工平均工资为基数发放，发放比例按累计工作年限计算，这种养老金给付水平只与劳动者的工作年限有关，与地区经济发展水平无关，各地养老金待遇水平无差异，其收入再分配系数见公式2—4。

$$SR=\frac{W_{个人}-\overline{W_{全国}}}{W_{个人}} \tag{2—4}$$

这种全国统一的基础养老金缴费基数设定消除了地区之分、省际差异和个人差别，大大提高了欠发达地区和低收入者的养老金水平，养老保险统筹收入再分配力度最大（表现为 SR 值最大），这时无论劳动者个人缴费工资多少，所有劳动者均按照全国平均工资计发养老金，这一模式充分考虑了劳动者退休之后养老生存权利公平，即“生存公平最大化”。

模式Ⅱ：（全国平均工资＋个人指数化工资）/2 模式

模式Ⅱ在模式Ⅰ的基础上加入了个人工资，养老金以全国职工平均工资和个人工资的均值为基数发放，养老金给付水平取决于全国平均工资和个人工资水平，两者的权重相同（各为 0.5），其收入再分配系数见公式 2—5。

$$SR=\frac{W_{个人}-\frac{\overline{W_{全国}}+W_{个人}}{2}}{W_{个人}} \tag{2—5}$$

模式Ⅱ中基础养老金缴费基数不再是全国统一的平均工资水平，全国平均收入工资水平和个人工资水平均对养老金给付水平有影响，在一定程度上缩小了养老金收入差距，养老保险统筹收入再分配效果次大。这种模式既考虑了劳动者退休之后养老生存权利，又兼顾了个人缴费工资对养老金给付的影响，实现了生存公平兼顾劳动公平。

模式Ⅲ：（全国平均工资＋省平均工资＋个人指数化工资）/3 模式

模式Ⅲ在模式Ⅱ的基础上又加入了各省平均工资水平，基础养老金以全国职工平均工资、省平均工资和个人工资水平的均值为基数发放，三者对养老金给付水平的影响程度相同（各为$\frac{1}{3}$），其收入再分配系数见公式 2—6。

$$SR=\frac{W_{个人}-\frac{\overline{W_{全国}}+\overline{W_{省}}+W_{个人}}{3}}{W_{个人}} \tag{2—6}$$

模式Ⅲ采用中央、省（市）和个人三者工资加总除以 3 的给付标准，基础养老金计发在个人工资水平和全国平均工资水平的基础上进一步考虑了各省平均工资水平的差异，体现了省际和个人两个层面的收入差距，收入再分配效果在模式Ⅱ的基础上进一步递减。与此同时，这种模式充分考虑了各层缴费工资差异对养老金给付的影响，更多地体现了劳动公平，因此实现了劳动公平兼顾生存公平。

模式Ⅳ：个人指数化工资模式

模式Ⅳ曾是全国计划经济时期养老金的给付方法，这种模式以个人工资水平作为养老金的给付标准，基础养老金计发基数为退休前一年个人工资水平，其收入再分配系数见公式 2—7。

$$SR=\frac{W_{个人}-W_{个人}}{W_{个人}} \tag{2—7}$$

基础养老金给付完全按照个人缴费基数计发，没有考虑各省乃至全国平均工资水平对养老金给付水平的影响，因此没有任何收入再分配效果（表现为 $SR=0$）。然而，这一模式充分考虑了劳动者贡献对养老金给付的影响，完全体现了多劳多得、少劳少得的劳动对等原则，即实现了劳动公平最大化。

综上，不同的养老保险全国统筹模式形成了不同的收入再分配系数，体现了不同程度的收入再分配效果以及对生存公平和劳动公平的侧重程度，收入再分配四序列分系数模型如表 2—1。

表 2—1　　养老保险统筹层次四序列分系数模型

模式序号	统筹模式	收入再分配系数模型	收入再分配程度	收入再分配原理
Ⅰ	$\overline{W_{全国}}$	$SR=\frac{W_{个人}-\overline{W_{全国}}}{W_{个人}}$	最大	生存公平最大化
Ⅱ	$\frac{\overline{W_{全国}}+W_{个人}}{2}$	$SR=\frac{W_{个人}-\frac{\overline{W_{全国}}+W_{个人}}{2}}{W_{个人}}$	次大	生存公平兼顾劳动公平
Ⅲ	$\frac{\overline{W_{全国}}+\overline{W_{省}}+W_{个人}}{3}$	$SR=\frac{W_{个人}-\frac{\overline{W_{全国}}+\overline{W_{省}}+W_{个人}}{3}}{W_{个人}}$	中	劳动公平兼顾生存公平
Ⅳ	$W_{个人}$	$SR=\frac{W_{个人}-W_{个人}}{W_{个人}}$	无	劳动公平最大化

通过表 2—1 可以看出，从模Ⅰ到模式Ⅳ，平均收入水平对养老金给付标准的影响越来越小，基础养老金收入再分配效果越来越差，表现为收入再分配系数 SR 值逐渐递减，其中模式Ⅰ完全按照平均原则分配基础养老金，收入再分配系数值最大，而模式Ⅳ的养老金给付仅仅考虑个人工资水平，平均收入对养老金给付无影响，收入再分配系数为 0，无任何收入再分配效果。

在地区间、群体间、个体间初次分配存在差异的情况下，收入再分配系数也反映了劳动公平与生存公平的分配模式。从模式Ⅰ到模式Ⅳ，逐渐增大了劳动贡献对养老金给付标准的影响，越来越侧重劳动公平，弱化生存公平。如模式Ⅳ完全体现的是劳动对等原则，收入再分配效果为 0，即实现了“劳动公平最大化”，而模式Ⅰ充分考虑老年人的生存权利，收入再分配力度最大，即实现了“生存公平最大化”。可见，随着统筹模式的调整，收入再分配效果与生存公平程度呈同向变动趋势，而与劳动公平程度呈反向变动趋势。

2. **收入差距与统筹模式联动收入再分配系数收敛**

养老保险统筹层次收入再分配的基本目标就是缩小收入差距，同等收入差距不同统筹模式下，收入再分配系数会随着统筹模式分层平均要素的增加而减小，称之为“横向联动”；同一统筹模式不同收入差距条件下，收入再分配系数会随着收入差距的缩小而减小，称之为“纵向联动”。

（1）统筹模式与收入再分配系数“横向联动”

在既定的收入差距条件下，同一时点不同统筹模式与收入再分配系数之间表现为“横向联动”，即随着养老保险全国统筹模式分层平均要素的增加，养老保险全国统筹收入再分配的程度逐渐减弱，收入再分配系数逐渐减小。在现行收入差距较大条件下（$\overline{W_{全国}}\neq\overline{W_{省}}\neq W_{个人}$），从模式Ⅳ到模式Ⅰ，养老保险统筹层次收入再分配系数逐渐增大，见表2—2。

表2—2　同等收入差距条件下不同统筹模式的养老保险统筹收入再分配系数

模式序号	统筹模式	收入再分配系数模型	收入差距	收入再分配系数
Ⅰ	$\overline{W_{全国}}$	$SR=\frac{W_{个人}-\overline{W_{全国}}}{W_{个人}}$	$\overline{W_{全国}}\neq\overline{W_{省}}\neq W_{个人}$	最大
Ⅱ	$\frac{\overline{W_{全国}}+W_{个人}}{2}$	$SR=\frac{W_{个人}-\frac{\overline{W_{全国}}+W_{个人}}{2}}{W_{个人}}$	$\overline{W_{全国}}\neq\overline{W_{省}}\neq W_{个人}$	次大
Ⅲ	$\frac{\overline{W_{全国}}+\overline{W_{省}}+W_{个人}}{3}$	$SR=\frac{W_{个人}-\frac{\overline{W_{全国}}+\overline{W_{省}}+W_{个人}}{3}}{W_{个人}}$	$\overline{W_{全国}}\neq\overline{W_{省}}\neq W_{个人}$	中
Ⅳ	$W_{个人}$	$SR=\frac{W_{个人}-W_{个人}}{W_{个人}}$	$\overline{W_{全国}}\neq\overline{W_{省}}\neq W_{个人}$	最小

在$\overline{W_{全国}}\neq\overline{W_{省}}\neq W_{个人}$的现实条件下，模式Ⅳ的个人工资水平与统筹养老金计发基数完全相同，无收入再分配效果，收入再分配系数为0，随着平均要素的不断增加，更大范围的平均工资权重不断增加，收入再分配的力度越来越大，收入再分配的系数值也逐渐增长，其中以全国平均工资水平为标准的模式Ⅰ收入再分配系数最大，而模式Ⅱ和模式Ⅲ的收入再分配系数适中。

（2）收入差距与收入再分配系数“纵向联动”

养老保险统筹层次收入再分配系数与收入差距表现为“纵向联动”关

系，即同一统筹模式的收入再分配系数随着收入差距的变动而变动。同一统筹模式下收入差距越大收入再分配系数越大，收入差距越小收入再分配系数就越小。随着地区间初次分配差距逐渐缩小，不同地区养老金给付差异将逐渐收敛，收入再分配效果也逐渐减小，以统筹模式Ⅲ为例，见表 2—3。

表 2—3　　收入差距较大条件下不同统筹模式的收入再分配系数

模式序号	统筹模式	收入再分配系数模型	收入差距	收入再分配系数
Ⅲ	$\frac{\overline{W_{全国}}+\overline{W_{省}}+W_{个人}}{3}$	$SR=\frac{W_{个人}-\frac{\overline{W_{全国}}+\overline{W_{省}}+W_{个人}}{3}}{W_{个人}}$	$\overline{W_{全国}}\neq\overline{W_{省}}\neq W_{个人}$	最大
Ⅲ	$\frac{\overline{W_{全国}}+\overline{W_{省}}+W_{个人}}{3}$	$SR=\frac{W_{个人}-\frac{\overline{W_{全国}}+\overline{W_{省}}+W_{个人}}{3}}{W_{个人}}$	$\overline{W_{全国}}=\overline{W_{省}}\neq W_{个人}$	中
Ⅲ	$\frac{\overline{W_{全国}}+\overline{W_{省}}+W_{个人}}{3}$	$SR=\frac{W_{个人}-\frac{\overline{W_{全国}}+\overline{W_{省}}+W_{个人}}{3}}{W_{个人}}$	$\overline{W_{全国}}=\overline{W_{省}}=W_{个人}$	小

在（全国平均工资＋省平均工资＋个人指数化工资）/3 模式下，当收入差距最大（$\overline{W_{全国}}=\overline{W_{省}}=W_{个人}$）时，收入再分配系数最大，收入再分配效果最好；随着收入差距逐渐缩小，基础养老金的计发基数与个人工资水平越来越接近，当$\overline{W_{全国}}=\overline{W_{省}}=W_{个人}$时，统筹养老金与个人养老金水平无差异，统筹模式Ⅲ的收入再分配效果消失，收入再分配系数为 0，这种变动规律也同样适用于其他模式。

（3）收入差距与统筹模式联动中的收入再分配系数收敛趋势

在收入差距变化过程中不同统筹模式的收入再分配系数呈收敛趋势。在$\overline{W_{全国}}\neq\overline{W_{省}}\neq W_{个人}$，$\overline{W_{全国}}=\overline{W_{省}}\neq W_{个人}$，$\overline{W_{全国}}=\overline{W_{省}}=W_{个人}$三种收入差距条件下，假定全国平均工资水平与个人工资相差 $\Delta_{全国}^{1}$，$\Delta_{全国}^{2}$，$\Delta_{全国}^{3}$，省平均工资与个人工资相差 $\Delta_{省}^{1}$，$\Delta_{省}^{2}$，$\Delta_{省}^{3}$，有 $\Delta_{全国}^{1}>\Delta_{全国}^{2}>\Delta_{全国}^{3}$，$\Delta_{省}^{1}>\Delta_{省}^{2}>\Delta_{省}^{3}$，则不同统筹模式和收入差距条件的收入再分配系数如表 2—4。

表 2—4　　收入差距与统筹模式联动中的收入再分配系数收敛趋势

模式序号	统筹模式	高收入差距及收入再分配系数		中收入差距及收入再分配系数		低收入差距及收入再分配系数	
		收入差距	SR1	收入差距	SR2	收入差距	SR3
Ⅰ	$\overline{W_{全国}}$	$\overline{W_{全国}}\neq\overline{W_{省}}\neq W_{个人}$	$\frac{\Delta^1{}_{全国}}{W_{个人}}$	$\overline{W_{全国}}=\overline{W_{省}}\neq W_{个人}$	$\frac{\Delta^2{}_{全国}}{W_{个人}}$	$\overline{W_{全国}}=\overline{W_{省}}=W_{个人}$	0
Ⅱ	$\frac{\overline{W_{全国}}+W_{个人}}{2}$	$\overline{W_{全国}}\neq\overline{W_{省}}\neq W_{个人}$	$\frac{1}{2}\frac{\Delta^1{}_{全国}}{W_{个人}}$	$\overline{W_{全国}}=\overline{W_{省}}\neq W_{个人}$	$\frac{1}{2}\frac{\Delta^2{}_{全国}}{W_{个人}}$	$\overline{W_{全国}}=\overline{W_{省}}=W_{个人}$	0
Ⅲ	$\frac{\overline{W_{全国}}+\overline{W_{省}}+W_{个人}}{3}$	$\overline{W_{全国}}\neq\overline{W_{省}}\neq W_{个人}$	$\frac{1}{3}\frac{\Delta^1{}_{全国}+\Delta^1{}_{省}}{W_{个人}}$	$\overline{W_{全国}}=\overline{W_{省}}\neq W_{个人}$	$\frac{1}{3}\frac{2\Delta^2{}_{全国}}{W_{个人}}$	$\overline{W_{全国}}=\overline{W_{省}}=W_{个人}$	0
Ⅳ	$W_{个人}$	$\overline{W_{全国}}\neq\overline{W_{省}}\neq W_{个人}$	0	$\overline{W_{全国}}=\overline{W_{省}}\neq W_{个人}$	0	$\overline{W_{全国}}=\overline{W_{省}}=W_{个人}$	0

同一种统筹模式下，收入再分配系数随着收入差距的缩小而逐渐减小，如模式Ⅰ在收入差距不断缩小（$\Delta^1_{全国}>\Delta^2_{全国}>\Delta^3_{全国}$）的情况下，收入再分配系数值也随之减小①，这一递减规律同样适用于模式Ⅱ和模式Ⅲ。同一种收入差距条件下，收入再分配系数随着分层要素的变动而逐渐减小，以高收入差距为例，从模式Ⅰ到模式Ⅳ，收入再分配系数逐渐收敛到0。② 当收入差距较大时模式Ⅰ（$\overline{W_{全国}}\neq\overline{W_{省}}\neq\overline{W_{个人}}$）的收入再分配系数最大③，它会沿着模式Ⅰ至模式Ⅳ和高收入差距至低收入差距两条路径不断收敛到0。可见，随着收入差距的缩小，不同统筹模式呈现相近并趋同的收入再分配系数收敛趋势。

3. 基于四序列的养老保险全国统筹类型收敛路径及类型选择

从省级统筹到全国统筹的对接，实际上也是收入再分配系数的对接。根据“双检验”（帕累托检验和适度水平检验）和“一对接”（与省级统筹合理对接）原则，收入再分配系数对接的最佳模型是模式Ⅲ，虽然模式Ⅰ和模式Ⅱ的收入再分配效果好，但是离现实的省级统筹模式较远，能够和省级统筹平稳对接、比较容易实现的对接模式是模式Ⅲ，而且按照适度水平检验和帕累托改进双标准检验，模式Ⅲ的养老金给付水平进入了适度区间，实现了帕累托改进，所以在起步阶段选择模式Ⅲ作为养老金全国统筹模式。

如果采用模式Ⅲ原型就是分层平均统筹类型，随着收入差距的不断缩小，分层平均统筹类型表现为从模式Ⅲ经模式Ⅱ向模式Ⅰ收敛，最后与模式Ⅳ趋同。如果采用模式Ⅲ的变形，按一定比例分配养老金给付水平，一部分拿到中央统收统支，另一部分实行省级统筹模式，便是分比例统筹类型，见公式2—8。

$$\alpha\,\overline{W_{全国}}+\beta\,\frac{\overline{W_{省}}+W_{个人}}{2} \qquad (2—8)$$

---

① $\frac{\Delta^1_{全国}}{W_{个人}}>\frac{\Delta^2_{全国}}{W_{个人}}>\frac{\Delta^3_{全国}}{W_{个人}}$

② 因为省级工资差距小于全国差距，即$\Delta^1_{全国}>\Delta^1_{省}$，因此$\frac{\Delta^1_{全国}}{W_{个人}}>\frac{1}{2}\frac{\Delta^1_{全国}}{W_{个人}}>\frac{1}{3}\frac{\Delta^1_{全国}+\Delta^1_{省}}{W_{个人}}>0$

③ 模式Ⅰ在高收入差距条件下的收入再分配系数为$\frac{\Delta^1_{全国}}{W_{个人}}$

分比例统筹类型有两种形式，一种是将养老金替代率的1/3（或10%替代率）拿到全国统筹，见公式2—9。

$$10\%\overline{W_{全国}}+20\%\frac{\overline{W_{省}}+W_{个人}}{2} \tag{2—9}$$

另一种形式是将养老金替代率的1/2（或15%替代率）拿到全国统筹，见公式2—10。

$$15\%\overline{W_{全国}}+15\%\frac{\overline{W_{省}}+W_{个人}}{2} \tag{2—10}$$

随着收入差距的缩小，分比例统筹类型也表现为从模式Ⅲ经模式Ⅱ向模式Ⅰ和模式Ⅳ收敛。不论是分层平均统筹类型还是分比例统筹模式，随着收入差距的缩小都最终收敛于模式Ⅳ。两种统筹类型的收敛路径如图2—1。

如果模型Ⅳ是在收入差距缩小，全国同期退休人员工资差距缩小时的一种收敛趋势模型，那时从数量计算上该模型计算结果与模型Ⅰ相近或相同，所以是一种从模式Ⅰ向模式Ⅳ的收入再分配效果相近或相同趋势收敛。在我国原计划经济时期，全国同期退休人员工资基本没有差别，所以当时就是按模型Ⅳ发放退休金，在全国统筹发展的目标期，随着经济发展和收入差距缩小，不同的统筹类型都会逐渐沿着收入再分配系数缩小的趋势和路径向模型Ⅳ收敛，这是在更高收入层次上的回归。

养老保险全国统筹研究路径整体概括为“两类型”“四模式”“六方案”。以省级统筹为基础设计全国统筹“两类型”包括分层平均统筹类型和分比例统筹类型。依据分层递减规律设计全国统筹“四模式”，包括模式Ⅰ即全国平均工资模式、模式Ⅱ即（全国平均工资＋个人指数化工资）/2模式、模式Ⅲ即（全国平均工资＋省平均工资＋个人指数化工资）/3模式、模式Ⅳ即个人指数化工资模式。根据“双检验”（帕累托检验和适度水平检验）和“一对接”（与省级统筹合理对接）原则，确定收入再分配系数对接的最佳模型是模式Ⅲ。模式Ⅲ原型就是分层平均统筹类型，模式Ⅲ变形，即按一定比例分配养老金给付水平，一部分拿到中央统收统支，另一部分实行省级统筹模式，便是分比例统筹类型，根据分配比例可分为10%中央统筹模式和15%中央统筹模式。以“两类型”“四模式”为基础设计全国统筹“六方

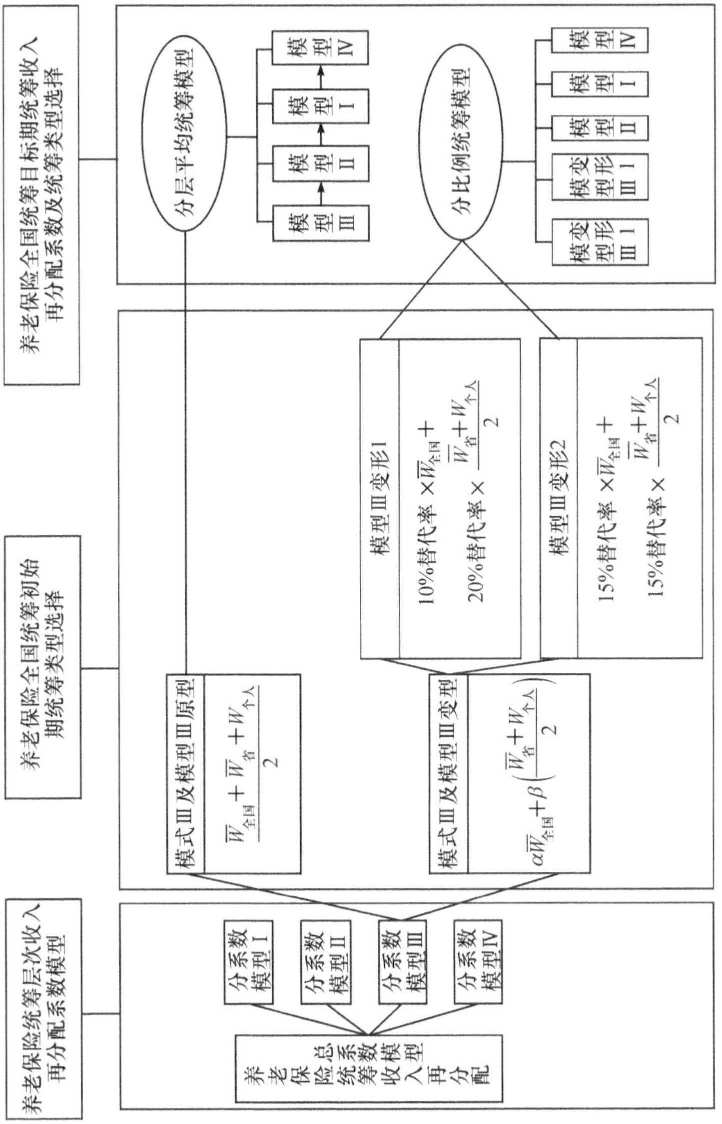

图2—1　养老保险统筹层次收入再分配系数模型及统筹类型选择路径

案”：方案1即全国平均工资模式；方案2即（全国平均工资+个人指数化工资）/2模式；方案3即（全国平均工资+省平均工资+个人指数化工资）/3模式；方案4即15%中央统筹模式；方案5即10%中央统筹模式，方案6即个人指数化工资模式，具体见表2—5。

表2—5　　养老保险全国统筹类型、模式与方案

模式序号	统筹模式	统筹方案	统筹类型
Ⅰ	全国平均工资	方案1	分层平均统筹类型
Ⅱ	（全国平均工资+个人工资）/2	方案2	分层平均统筹类型
Ⅲ	（全国平均工资+省平均工资+个人工资）/3	方案3	分层平均统筹类型
	15%中央统筹	方案4	分比例统筹类型
	10%中央统筹	方案5	分比例统筹类型
Ⅳ	个人指数化工资	方案6	分层平均统筹类型

在工资收入差距较大条件下，养老保险全国统筹收入再分配系数越大，越有利于实现生存公平与劳动公平，全国统筹实施方案要以收入再分配系数为选择依据。方案6是沿用计划经济时期工资趋同条件下的养老金计发办法，以个人工资为基数的养老金计发方案，不具有明显的收入再分配效应，是未来经济协调发展工资收入差距缩小时的理想方案，也是其他全国统筹方案自动收敛的目标模式。为了与其他全国统筹方案比较，在模拟方案6养老金时暂时消除掉省内工资差异，以省际工资差异作为全国统筹收入再分配起点方案，并转化为省平均工资统筹模式。我们在模拟全国统筹各方案收入再分配系数时只将其作为参照标准，不作为现阶段可操作模式，这里对其不进行单独讨论。

（三）收入再分配财政补贴分系数模型

养老金统筹层次收入再分配有两种分配渠道：一是以代际转移为中介的养老金领取者之间的收入再分配；二是国家财政补贴的收入再分配。国家财政补贴主要有两种形式，一种是针对全国统筹后养老金收支差额的补贴，另一种是针对福利受损地区的补贴，这种福利损失补贴水平与高收入地区慢

涨、低收入地区快涨的不同步增长方案相关，这种补贴额度会随着地区差距的缩小而逐渐减少。在两种财政补贴模式下，养老保险统筹层次收入再分配系数见公式 2—11。

$$SR_{补贴}=\frac{w_{个人}-(w_{统筹}+w_{补贴})}{w_{个人}} \tag{2—11}$$

其中 $SR_{补贴}$ 为福利损失分类梯度补贴法的收入再分配系数，$w_{补贴}$ 为人均养老金梯度补贴额，$w_{个人}$ 为以个人工资为计发基数的养老金给付水平。

财政补贴的收入再分配系数只与福利损失梯度补贴相关，与收支差额补贴无关，因为差额补贴是在统筹范围之内，其补贴的数额已经计入统筹养老金，在收入再分配总核心系数中已经体现，而福利损失梯度补贴是在统筹之外的特殊补贴，因此财政补贴的收入再分配系数取决于梯度补贴水平，高收入地区与低收入地区的养老金收入差距越大，给高收入地区的福利损失补贴就越多，财政补贴的收入再分配系数就大。

（四）收入再分配异地接转分系数模型

养老保险异地接转主要涉及的是省际流动人口，包括乡城流动人口和城际流动人口两类人群。实行全国统筹后，流动人口可以在异地接转携带基础养老金，与现行省级统筹模式相比，其养老金收入明显提高，收入再分配系数也会发生变化，收入再分配异地接转分系数用见公式 2—12。

$$SR_{接转}=\frac{(\alpha w_{个人}^{A}+\beta w_{个人}^{B})-(w_{统筹}^{A}+\beta w_{统筹}^{B})}{(\alpha w_{个人}^{A}+\beta w_{个人}^{A})} \tag{2—12}$$

其中 $w_{个人}^{A}$、$w_{个人}^{B}$ 分别表示流动人口在 A、B 两地的个人养老金收入水平，$w_{统筹}^{A}$、$w_{统筹}^{B}$ 为流动人口在 A、B 两地的统筹养老金水平，α、β 为流动人口在 A、B 两地缴费年限的比例。

如果劳动人口在经济落后的 A 地与经济发达的 B 地之间流动，各地缴费年限都不满 15 年，累计缴费年限达到 15 年，按现行计发办法，养老金给付按照缴费达到 10 年的地区工资标准发放养老金，如果在经济发达的 B 地缴费没达到 10 年流动人口的养老金收益就会受损。实行全国统筹后，由于养老金可以在异地自由接转，便携性大大提高，增加了统筹养老金收入水平，收入再分配力度加大，收入再分配系数也随之增大。

三、养老保险统筹层次收入再分配宏观功能系数模型

养老保险统筹层次收入再分配宏观功能主要表现在收入再分配范围、收入再分配深度、缩小收入差距程度与劳动者缴费负担变动四个方面，由此产生了收入再分配宏观功能的四个系数模型：收入再分配“广度系数”；收入再分配“深度系数”；“缩小收入差距系数”；劳动负担系数。

（一）收入再分配“广度系数”模型

养老保险统筹层次收入再分配“广度系数”是参与养老金统筹的人群占劳动力人口的比重，见公式2—13。

$$S_w = \frac{P_t}{P} \quad (2—13)$$

其中，P_t 为参与养老金统筹人数，P 为劳动力人口数。

养老保险统筹层次越高其收入再分配范围越广，收入再分配“广度系数”越大，随着养老保险统筹层次从市级统筹到省级统筹再到全国统筹，参与养老金统筹人口占劳动力人口的比重不断增加，收入再分配“广度系数”趋近于1。

（二）收入再分配“深度系数”模型

养老保险统筹层次收入再分配“深度系数”是参与收入分配的最低收入人群提高收入水平的幅度，其测量指标是最低收入人群提高的收入水平占特定统筹层次项目人均收入水平的比重，见公式2—14。

$$S_d = \frac{w_{低} - w_{统筹}}{\bar{w}} \quad (2—14)$$

其中 S_d 为养老保险统筹层次收入再分配“深度系数”，$w_{低}$ 为统筹前低收入人群养老金给付水平，$w_{统筹}$ 为统筹养老金给付水平，$\overline{w}$ 为人均养老金给付水平。

进一步分析，养老保险统筹模式与收入再分配“深度系数”之间有着内在联系，如表 2—6 所示。如果低收入人群的个人工资和全国平均工资水平的差距为 $\Delta_{全国}$，省平均工资的差距是 $\Delta_{省}$，则全国统筹模式Ⅰ即全国平均工资模式的低收入群体养老金增长幅度最高，其收入再分配“深度系数”最大；全国统筹模式Ⅱ即（全国平均工资＋个人指数化工资）/2 模式的收入再分配“深度系数”适中，全国统筹模式Ⅲ即（全国平均工资＋省平均工资＋个人指数化工资）/3 模式的收入再分配“深度系数”较低；全国统筹模式Ⅳ即个人指数化工资模式的收入再分配“深度系数”最低为 0，模式Ⅰ至模式Ⅳ的“深度系数”表现为逐渐收敛的过程。

表 2—6　不同统筹模式的养老保险统筹层次收入再分配“深度系数”

模式序号	统筹模式	收入再分配“深度系数”
Ⅰ	$\overline{W_{全国}}$	$\frac{\Delta_{全国}}{\overline{W}}$
Ⅱ	$\frac{\overline{W_{全国}}+W_{个人}}{2}$	$\frac{1}{2}\frac{\Delta_{全国}}{\overline{W}}$
Ⅲ	$\frac{\overline{W_{全国}}+\overline{W_{省}}+W_{个人}}{3}$	$\frac{1}{3}\frac{\Delta_{全国}+\Delta_{省}}{\overline{W}}$
Ⅳ	$W_{个人}$	0

注：“深度系数”为低收入人群养老金变动幅度，由于上下的缴费年限相同可以约掉，“深度系数”就变成了工资的增长幅度，当 $\Delta_{全国}>2\Delta_{省}$ 时，有 $\frac{\Delta_{全国}}{\overline{W}}>\frac{1}{2}\frac{\Delta_{全国}}{\overline{W}}>\frac{1}{3}\frac{\Delta_{全国}+\Delta_{省}}{\overline{W}}$

（三）收入再分配“缩小收入差距系数”模型

养老保险统筹层次收入再分配“缩小收入差距系数”是最高收入和最低

收入人群收入差距缩小的程度，见公式 2—15。

$$S_g = \frac{\sigma}{\overline{w}} = \frac{\sqrt{\sum_{i=1}^{n}(w_i - \overline{w})^2/(n-1)}}{\overline{w}} \tag{2—15}$$

其中，S_g 为养老保险统筹层次收入再分配“缩小收入差距系数”，w_i 为高低收入人群统筹前的养老金给付水平差额，$\overline{w}$ 为人均养老金给付水平。养老保险统筹层次提升过程中，参与养老保险的最高收入人群与最低收入人群的收入差距随之缩小，表明养老保险统筹的收入再分配功能在加强，养老保险统筹缩小收入差距功能在提高，养老保险统筹缩小收入差距系数在减小。

如果按全国平均工资水平发放养老金（模式Ⅰ），高低收入人群统筹后的养老金收入差距最小为 0，则“收入差距缩小系数”最大，为 $(w_{高} - w_{低})/\overline{w}$。从模式Ⅰ至模式Ⅳ，养老保险统筹力度越来越小，收入再分配效果也越来越不明显，收入再分配“缩小收入差距系数”不断减小，到模式Ⅳ高低收入群体的收入差距没有变化，其“收入差距缩小系数”为 0。可见，随着统筹层次的不断提升，即模式Ⅳ至模式Ⅰ，收入再分配“缩小收入差距系数”不断增大。

（四）收入再分配“劳动负担系数”模型

现收现付模式下，老年人口的养老金给付是由当期劳动者缴费提供的，养老金给付水平会随着统筹层次的提高而增长，当期劳动者的缴费负担就会加重。养老保险统筹层次收入再分配“劳动负担系数”是当期劳动者养老金给付占工资收入总额的比重，即为养老金劳动负担系数，见公式 2—16。

$$c = \frac{G}{w_{总}} \tag{2—16}$$

其中 G 为养老金给付水平，$w_{总}$ 为工资收入总额。

随着养老保险统筹层次的提升，人均养老金给付水平会有所增长，劳动负担系数就会上升。此外，随着未来人口老龄化程度的不断加深，养老金的制度赡养比也会大大提高，劳动人口负担日益沉重，因此未来的养老金缴费率会随着统筹层次的提升和人口老龄化水平的提高而相应变化。

四、养老保险统筹层次收入再分配检验方法

养老保险统筹层次收入再分配系数模型和收入再分配宏观功能系数模型主要测量的是收入再分配力度的大小，至于不同统筹类型收入再分配系数的合理性、适度性和福利改进程度等还需要通过其他方法检验，如养老金给付适度水平检验、帕累托检验和卡尔多-希克斯检验。

（一）适度水平检验法

养老保险给付适度水平的“度”是指保持养老保障水平质和量的限度、幅度，超过了这个限度就会对在职劳动者的劳动积极性和经济社会健康发展产生不利影响。养老保险统筹层次给付适度水平是一个区间概念，由适度上限、适度下限和适度区间构成，上限是最大合理性限度指标，下限是实际现实性指标。

对不同统筹类型基础养老金给付水平的转移和再分配适度性进行检验，既要考虑到在宏观经济发展水平上的适度性，又要考虑到微观保障劳动者“生存”公平的适度性，因此，养老保险给付适度水平分为宏观和微观两个层次，宏观养老保险水平是指养老保险总支出占国内生产总值的比重，微观养老保险水平是指养老金替代消费或收入的水平，两个层次适度上下限测定标准见表2—7。

表2—7　　农村养老保险适度水平测定标准

分类	养老保险统筹层次给付微观适度水平	养老保险统筹层次给付宏观适度水平
下限	恩格尔系数	老年人口比重 养老金现实替代率 现实劳动要素分配系数

续表

分类	养老保险统筹层次给付微观适度水平	养老保险统筹层次给付宏观适度水平
上限	养老金替代率（30%）	老年人口比重 养老金目标替代率 目标期劳动要素分配系数

微观养老保险给付适度水平是指按照生存公平和劳动公平原则，从生存需求出发，根据满足日常生活消费层次的程度，合理确定的养老保险给付水平。微观养老保险给付适度下限和适度上限分别用恩格尔系数和养老金合意替代率来度量。恩格尔系数是城镇居民日常生活消费中用于食品支出的比例，它体现人生存消费需要的最低层次，由此获得的养老保险统筹给付适度水平下限见公式 2—17。

$$S_{il} = E \times C \tag{2—17}$$

其中，E 为恩格尔系数，C 为城镇居民人均消费支出。

微观适度下限确定使用扩展线性支出系统模型度量老年人口基本生活需求，保障生活所必需的最低限度食品、衣着、居住、医疗保健、家庭用品及服务的消费水平，见公式 2—18。

$$V_i = P_i Q_i = P_i V_i + b_i (I - \sum P_j R_j) \tag{2—18}$$

其中，Pi 代表第 i 类商品（或服务）的消费价格；Qi 代表第 i 类商品（或服务）的消费量；V_i 代表第 i 类商品（或服务）的消费支出额；I 代表居民可支配收入额；R_j 代表在第 j 类消费中满足基本生活需求所需消费量；bi 代表边际消费倾向，表示在收入中扣除基本生活需求支出后，把剩余收入用于非基本需求中各类商品或服务的消费比重。

微观适度水平上限以养老金合意替代率为依据，体现人生存消费需要的较高层次。养老金替代率是人均给付养老金占在职劳动者平均工资水平的比例，目前养老金给付合意替代率为 60%，依据养老保险“统账结合”模式，基础养老金占养老金给付水平的 50%，因此采用 30%的目标替代率确定微观适度水平上限，见公式 2—19。

$$S_{ih} = 30\% \times C \tag{2—19}$$

养老保险全国统筹给付宏观适度水平是一种目标检验也是一种发展趋势

判断。养老保险适度水平数理模型来源于社会保障适度水平理论，养老保险适度水平模型由“养老负担保障系数”（Q）和“劳动要素分配系数”（H）构成，见公式2—20。

$$S=\frac{S_o}{G}=\frac{S_o}{W}\times\frac{W}{G}=Q\times H \tag{2—20}$$

其中，S代表养老保险水平系数，S_o代表养老保险支出总额，G代表国内生产总值，W代表职工工资收入总额，Q代表养老保障负担系数，它是养老保险支出占工资收入总额的比重，体现在职人员负担老年人口的水平，H为劳动要素分配系数。

其中，养老保险适度水平模型由老年人口比重，养老金替代率和劳动生产要素分配系数构成。数理模型的逻辑理论基础是养老保险生命周期理论，为了保证退休人员退休前后生命周期中的劳动公平，工资收入总额中分配给养老保险支出的份额不应超过老年人口比重（即老年人口占总人口的比例）[①]。此外，老年人所获得的养老金不应与在职劳动者相等，一般应在以老年人口比重分配工资收入份额的基础上，再以替代率为标准发放养老金，因此养老保险宏观适度水平演变为老年人口比重、养老金替代率和劳动生产要素分配系数的乘积，见公式2—21。[②]

$$S_a=O\times R\times H \tag{2—21}$$

其中，S_a为养老保险宏观适度水平，O代表60岁以上老年人口占总人口比重，R代表养老金替代率，即养老金金额占工资收入总额的比例，H代表劳动要素分配系数。

劳动生产要素分配系数是指工资收入总额占国内生产总值的比重，它作为养老金给付宏观适度水平的依据是养老保险代际转移理论要素的应用，体现了退休人员和当前劳动者之间代际转移中的劳动公平。依据柯布—道格拉斯生产函数原理和实际研究结果，劳动生产要素分配占国民财富的相对份额上限为75%[③]，因此，适度水平上限选择0.75的劳动生产要素分配系数；

---

① 穆怀中．社会保障适度水平研究．经济研究．1997，2：57

② 穆怀中．中国社会保障适度水平研究．沈阳：辽宁大学出版社，1998．145

③ 萨缪尔森．经济学（上册第12版），北京：中国发展出版社，1990．176

老年人口比重选择各地区的实际值；基础养老金替代率上限选择30%，下限为实际值。综合以上测定宏观和微观养老金给付适度水平的上下限公式见表2—8。

表2—8　　养老保险统筹层次给付适度水平

分类	养老保险统筹给付微观适度水平	养老保险统筹给付宏观适度水平
上限	$S_{ih}=R_{目标}\times C$	$S_{ah}=R_{目标}\times O\times H_{目标}$
下限	$S_{il}=E\times C$	$S_{al}=R_{现实}\times O\times H_{现实}$

说明：S_{ih}、S_{il}分别表示养老保险统筹给付微观适度上限和下限，S_{ah}、S_{al}分别表示养老保险统筹给付宏观适度上限和下限，C表示城镇人均消费水平，E表示城镇居民恩格尔系数，O表示老年人口比重，R表示养老金替代率，目标替代率为30%，H表示劳动要素分配系数，目标期的劳动要素分配系数为0.75。

（二）基尼系数检验法

收入分配不均是市场经济的一种常态，会影响经济增长对贫困减少的效果。基尼系数（Gini coefficient）是意大利经济学家基尼（1912）根据洛伦茨曲线提出的用以衡量社会收入分配平均程度的宏观经济指标，其初始形式为无替换的基尼平均差计算方法，见公式2—22。

$$G=\sum_{j=1}^{n}\sum_{i=1}^{n}|X_i-X_j|/n(n-1)$$

$$0\leqslant G\leqslant 2U \tag{2—22}$$

式中，G是基尼平均差，$|X_i-X_j|$是任何一对收入样本差的均值，n是样本容量，u是收入均值。基尼系数最大为“1”，最小为“0”。前者表示居民之间的收入再分配绝对不平均，即100%的国民收入被某一个人全部占有；而后者则表示居民之间的收入再分配绝对平均，即人与人之间收入完全平等，没有任何差异。但这两种情况只是在理论上的绝对化形式，基尼系数的实际数值介于0～1之间。

基尼系数表示按人口分布划分的收入差距对收入总体期望偏离的相对程度，但是绝对值的计算方法非常复杂，较难实现。若将此方法直接应用于分组收入的基尼系数测算中，必须要求分组数目足够多，否则会大大降低计算的准确性，因此，基尼系数非等分组法得到了广泛的应用，见式 2—23。

$$G=\sum_{i=1}^{n}W_iY_i+2\sum_{i=1}^{n}W_i(1-V_i)-1 \qquad (2—23)$$

其中，W_i 是按收入分组后人口数占总人口的比重，Y_i 是按收入分组后各组人口所拥有的收入占收入总额的比重，V_i是 Y_i 从 1 到 i 的累计数，如 $V_i=Y_1+Y_2+Y_3+\cdots+Y_i$。

然而，非等分组法测出的收入差距精确度也取决于组数的多少，在养老保险异地接转收入再分配测量时，只有八个典型省份，因此采用更容易实现的协方差法。

在未分组的情况下，设 n 个人的收入分别为 x_1、x_2、…、x_n，且 $x_1\leqslant x_2\leqslant\cdots\leqslant x_n$，$\mu$ 为平均收入，则

$$G=\frac{1}{2n^2\mu}\sum_{i=1}^{n}\sum_{j=1}^{n}n_in_j\mid x_i-x_j\mid=\frac{1}{n^2\mu}\sum_{i=1}^{n}\sum_{j=1}^{i}(x_i-x_j)$$

$$=\frac{1}{n^2\mu}\sum_{i=1}^{n}(ix_i-\sum_{j=1}^{i}x_j)=\frac{1}{n^2\mu}[\sum_{i=1}^{n}ix_i-\sum_{i=1}^{n}(n+1-i)x_i]$$

$$=\frac{1}{n^2\mu}[2\sum_{i=1}^{n}ix_i-n(n+1)\mu]=\frac{2}{n\mu}\left(\frac{1}{n}\sum_{j=1}^{i}ix_i-\frac{n+1}{2}\mu\right)$$

而 $\mathrm{cov}(x_b i)=\frac{1}{n}\sum_{i=1}^{n}(x_i-\mu)(i-\bar{i})=\frac{1}{n}\sum_{i=1}^{1}ix_i-\frac{n+1}{2}\mu$

因此，未分组（原始）离散数据的基尼系数协方差公式为 $G=\frac{2\mathrm{cov}\ (x_b i)}{n\mu}$。

如果将总体分为 K 组，第 i 组的人均收入和人口比重分别为 x_i 和 p_i，且 $x_1\leqslant x_2\leqslant x_3\leqslant\cdots\leqslant x_k$，$\mu$ 为总人均收入，则

$$G=\frac{1}{2\mu}\sum_{i=1}^{k}\sum_{j=1}^{k}p_ip_j\mid x_i-x_j\mid=\frac{1}{\mu}\sum_{i=1}^{k}\sum_{j=1}^{i}p_ip_j(x_i-x_j)$$

$$=\frac{1}{\mu}(\sum_{i=1}^{k}p_ix_i\sum_{j=1}^{i}p_j-\sum_{j=1}^{k}p_i\sum_{j=1}^{i}x_jp_j)$$

因为 $\sum_{i=1}^{k}p_i\sum_{j=1}^{k}x_jp_j=\sum x_ip_i(1-\sum_{j=1}^{k}p_j+p_i)$，代入上式可得：

$$G=\frac{1}{\mu}(2\sum_{i=1}^{k}p_ix_i\sum_{j=1}^{i}p_j-\sum_{j=1}^{k}x_jp_ip_j)$$

$$=\frac{1}{\mu}\left[2\text{cov}(x_b\sum_{j=1}^{i}p_j)+2E(x)E(\sum_{j=1}^{i}p_j)-\sum_{i=1}^{k}x_jp_ip_j\right]$$

又因为 $E(\sum_{j=1}^{i}p_j)=\sum_{i=1}^{k}p_i\sum_{j=1}^{i}p_j=\sum_{i=1}^{k}p_i(1-\sum_{j=1}^{i}p_j+p_i)$

所以 $2E(\sum_{j=1}^{i}p_j)=\sum_{i=1}^{k}p_i(1+p_i)=1+E(p_i)$，因而有

$$G=\frac{1}{\mu}[(2\text{cov}(x_i,\ \sum_{j=1}^{i}p_j)+\mu E(p_i)-\sum_{i=1}^{k}x_ip_ip_j0]$$

$$=\frac{1}{\mu}2\text{cov}(x_i,\ \sum_{j=1}^{i}p_j)-\text{cov}(x_i,\ p_i)$$

$$\frac{1}{\mu}2\text{cov}(x_i,\ \sum_{j=1}^{i}p_j)-\text{cov}(x_i,\ p_i) \tag{2—24}$$

公式 2—24 为分组数据的协方差公式，数据分组对总体基尼系数影响较大，但是协方差法比较容易实现，如果能够充分消除误差影响则具有很强的可行性和现实性，因此选择协方差法来测量我国养老保险统筹层次收入再分配的效应大小。

基尼系数是考察收入再分配均衡程度的重要经济统计指标，养老保险统筹层次再分配系数的高低可以用基尼系数来衡量，本课题主要选择两个基尼系数：一个是养老金给付水平的基尼系数；二是养老金给付水平与在职职工人数共同体现的基尼系数。基尼系数值越大，表明养老保险统筹层次收入再分配力度越小，基尼系数值越小，表明养老保险统筹层次收入再分配力度越大。

（三）帕累托检验法

基于福利经济学的序数效用论意大利经济学家帕累托提出了判断社会福利变化的标准：如果某种社会经济状况变化使某些人（或一个人）福利状况改善，而无其他任何人的福利状况恶化，则就认为整个社会福利状况改进，即帕累托改进（Pareto Improvement）。如果对于某种既定的资源配置状态，任意改变都不可能使至少有一个人的状态变好而又不使任何人的状况变坏，则称这种资源配置状态为帕累托最优状态。

任何体系中的经济分配是非帕累托效率的，就有帕累托改进的潜力，通过重新分配，至少可以改善一个分配对象的福利而不减少其他任何分配对象的福利。“帕累托法则”可以用来考察养老保险全国统筹对参保者的福利影响，如果在没有任何人处境变坏的情况下使某些人福利状况改善，则认为实现了“帕累托改进”。假设一个社会中只存在高收入水平与低收入水平的两类人，他们的效用函数分别为U_1、U_2，这两类人效用水平共同构成了社会福利函数。由于这两类人在占有的资源、追求的目标和所处的环境不同，他们的效用水平自然不同，假定两者权重相同，社会福利函数形式为：

$$W=W(U_1,U_2)=U_1+U_2 \tag{2—25}$$

设P_i为i类人所获得基础养老金，$U_i(P_i)$为i类人的养老金效用水平，U_P为社会养老金总效用水平，则可以构建基础养老金的社会福利函数：

$$SW_P=W(U_P)=W[U_1(P_1),U_2(P_2)]=U_1(P_1)+U_2(P_2) \tag{2—26}$$

基础养老金若实施全国统筹，两类人的基础养老金会由原来省级统筹的P_i变为全国统筹的P_i'，全国统筹后的养老金社会福利函数为：

$$SW_P'=W[U_1(P_1'),U_2(P_2')]=U_1(P_1')+U_2(P_2') \tag{2—27}$$

高收入群体用1表示，低收入群体用2表示，全国统筹后低收入群体的基础养老金与省级统筹相比会有所提高，即$P_2'\geqslant P_2$，如果$P_1'\geqslant P_1$，则此时社会福利水平增加，$U_1(P_1')\geqslant U_1(P_1)$，$U_2(P_2')\geqslant U_2(P_2)$，实现了帕累托改进。

全国统筹前后的基础养老金社会福利函数的差额可以反映出社会福利的增减程度。如果把基础养老金社会统筹的福利函数作为考察福利的标准，新政策的实施对两类人群而言，至少使高收入群体的福利没有受到损害，低收入群体的福利还得到了一定程度的提升，则实现了帕累托改进。此外，也可以依据宏微观适度化比率、非适度均值的指标分别从国民经济发展水平、劳动收入分配水平相适应程度和生活消费需求的满足程度来进行宏微观适度区间的判断。从宏微观适度化比例和非适度均值4个指标结果可以判断出全国统筹基础养老金给付水平对各省份来说是否实现了帕累托改进。

（四）卡尔多-希克斯检验法

卡尔多-希克斯的社会福利补偿标准是养老金计发再分配的基础理论依据。卡尔多（1939）提出一种检验社会状况变动“有人变好，有人变坏”的标准：假设受益者在充分补偿损失者后，其状况仍能有所改善，这就是社会福利的改进。后来希克斯又提出一个与此相似的姐妹标准：如果受损者不能从受益者以反对社会状况变化中获利就是社会福利改进。希克斯还提出另一个社会福利的补偿标准——“长期自然的补偿原则”：从长期来看，如果政府的一项政策能够提高全社会的生产效率，尽管在短期内某些人会受损，但经过较长时间后，所有人的情况都会由于社会生产率的提高而自然而然地获得补偿，这一标准即为卡尔多-希克斯社会福利补偿标准。

卡尔多-希克斯有效性检验标准与帕累托标准相比适用条件更宽泛，因为帕累托检验强调只要有一人利益受损，则整个社会变革就不可行，而在现实政策的作用中，一些人利益的增加很大程度上是建立在另一部分人利益受损的基础之上，帕累托改进很难实现；而后者以社会总财富的最大化为标准，认为只要使得社会收益最大，变革仍可进行，社会变革使得一类人群的境况变好，且能够弥补另一类境况变坏人群的损失后还有剩余，那么所有人群的总体福利增加，总效益得到了改进。

通过社会福利函数可以分析卡尔多-希克斯的补偿标准的条件。设 SW：$R^m \to R$ 为社会福利函数，$U=SW(u_1, u_2, \cdots, u_m)$ 为相应的社会效用函数。

假定个人效用发生了变化 $du=(du_1, du_2, \ldots, du_m)$，社会福利变为：$dU=\sum_{i=1}^{m} SW_i' du_i$。当 $dU>0$ 时，社会在用增加的福利补偿了那些福利减少的人以后还有剩余，说明社会福利增加了；而当 $dU<0$ 时，社会福利的增加不足以弥补个人福利的减少，因而社会福利将减少；当 $dU=0$ 时，那些效用增加的人所增加的效用，通过社会福利补偿正好弥补了那些福利减少的人所减少的效用，所以，社会福利的补偿标准由 $dU=0$ 来确定。

为了确定一个人的福利减少需要另一个人福利增加多少才能补偿的问

题，假定 i 的福利增加 du_i 才能正好弥补 k 的福利减少 du_k，于是$\frac{du_k}{du_i}$表示了 i 的福利增加一单位所能弥补的 k 的福利减少量，称$\frac{du_k}{du_i}$为 i 对 k 的边际补偿率，记作 MRC_{ik}。这就是说，除了 i 和 k 外，其他人的福利都不变，而 i 和 k 的福利变化没有导致社会福利发生变化。于是，可以得出 $dU = SW'_i du_i + SW'_k du_k$，即：

$$MRC_{ik} = -\frac{du_k}{du_i} = \frac{SW'_i}{SW'_k} \tag{2—28}$$

由公式 2—28 可知，i 对 k 的边际补偿率等于社会福利函数相应的偏导数之比。边际补偿率衡量社会福利补偿原则下的补偿标准。当 i 的福利增加时，如果 k 的福利损失低于补偿标准，社会福利就会增加；反之，如果 k 的福利损失高于补偿标准，那么社会福利就会减少。

假设社会中只存在高收入群体和低收入群体两类人，社会福利函数 SW_h，SW_1，$U_h = SW_h$（u_1，u_2，…，u_m）和 $U_l = SW_l$（u_1，u_2，…，u_m）为相应的效用水平函数。实施全国统筹之后，低收入人群的福利收益是以牺牲高收入人群的福利为代价。若不存在国家财政补贴，高收入人群的损失与低收入人群的损失相等 $-P_h = P_l$，没有实现总福利的改进，则两地社会函数分别变为：

$$SW'_h = SW_h - P_h$$

$$SW'_l = SW_l + P_l$$

$$MRC_{hl} = -P_h = P_l$$

如果对福利损失实施财政补贴 G，则高收入群体的福利损失额度减小为：

$$-P'_h = -P_h + G \tag{2—29}$$

只要国家财政补贴 G 大于 0，低收入群体的福利收益大于低收入群体的福利损失，福利损失低于补偿标准，社会总福利便会增加。

从图 2—2 中可以看出，如果从省级统筹过渡到全国统筹，社会福利水平从 1 点移动至 4 点，低收入人群 B 的收益（水平箭头表示）远远大于高收入人群 A 的损失（垂直箭头表示），B 弥补 A 的损失后仍然有一些剩余，这

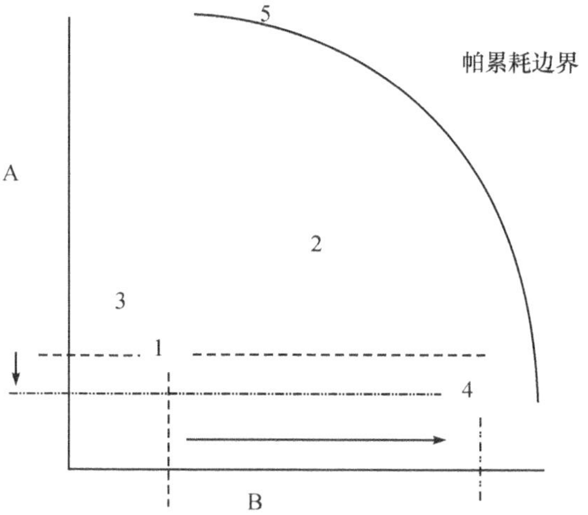

图 2—2　卡尔多-希克斯补偿标准

种变化就符合卡尔多-希克斯的检验标准。

如果一项制度安排提高了一些人的效用水平，而且受益者所得能够补偿受损者的所失且有剩余，那么整体的效益也实现了改进，这就是“卡尔多-希克斯改进（Kaldor-Hicks Improvement）”。在实施全国统筹之后，新政策使得受益者所得大于损失者的损失，新的政策就符合“卡尔多-希克斯改进”。

如果以适度区间为标准，全国统筹各类型都较原统筹层次实现了更理想的地区间福利资源重新配置。进一步引入各地区的离退休人数及所占比重深入分析全国各地区基础养老金给付总额，更明确地看出全国统筹带来的福利分配结果，卡尔多-希克斯改进可以对基础养老金给付福利进行评价。基础养老金全国统筹缩小了地区间的收入差距，解决了基础养老保险跨地区流转问题，能够解决社会个体及劳动力市场资源优化配置问题，可以长期有效地补偿转移支出者损失。从这种意义上讲，养老金全国统筹既是出于公平角度进行收入再分配，又可以通过新政策长期补偿受损地区的损失。可以说，养老金全国统筹可以为更多的老年人口提升福利水平，且老年人口享受的整体福利水平大于省级统筹，全国统筹还会给各地区带来劳动力流动自由接转等福利效应，因此，全国统筹符合卡尔多-希克斯检验标准。

五、养老保险统筹层次收入再分配数理模型与研究方法基本框架

综上，本章以养老保险统筹层次收入再分配理论为基础形成了养老保险统筹层次收入再分配系数模型与方法的分析框架，包括依据现实经济和制度条件提出的两大全国统筹类型（分层平均统筹类型与分比例统筹类型）；依据养老保险统筹层次收入再分配宏观功能理论构建的四个收入再分配宏观功能系数模型（“广度系数”、“深度系数”、“缩小收入差距系数”和“劳动负担系数”）；依据养老保险统筹层次收入差距与收入再分配系数联动理论构建的养老保险统筹层次收入再分配微观核心系数模型（包括总核心系数模型、四序列分系数模型、财政补贴分系数模型和异地结转分系数模型）；以养老保险统筹层次给付适度水平理论等检验理论为基础，构建养老保险统筹层次收入再分配检验方法，如适度水平检验法、基尼系数法、帕累托检验法和卡尔多-希克斯检验法。养老保险统筹层次收入再分配系数模型与方法的总体框架见图2—3。

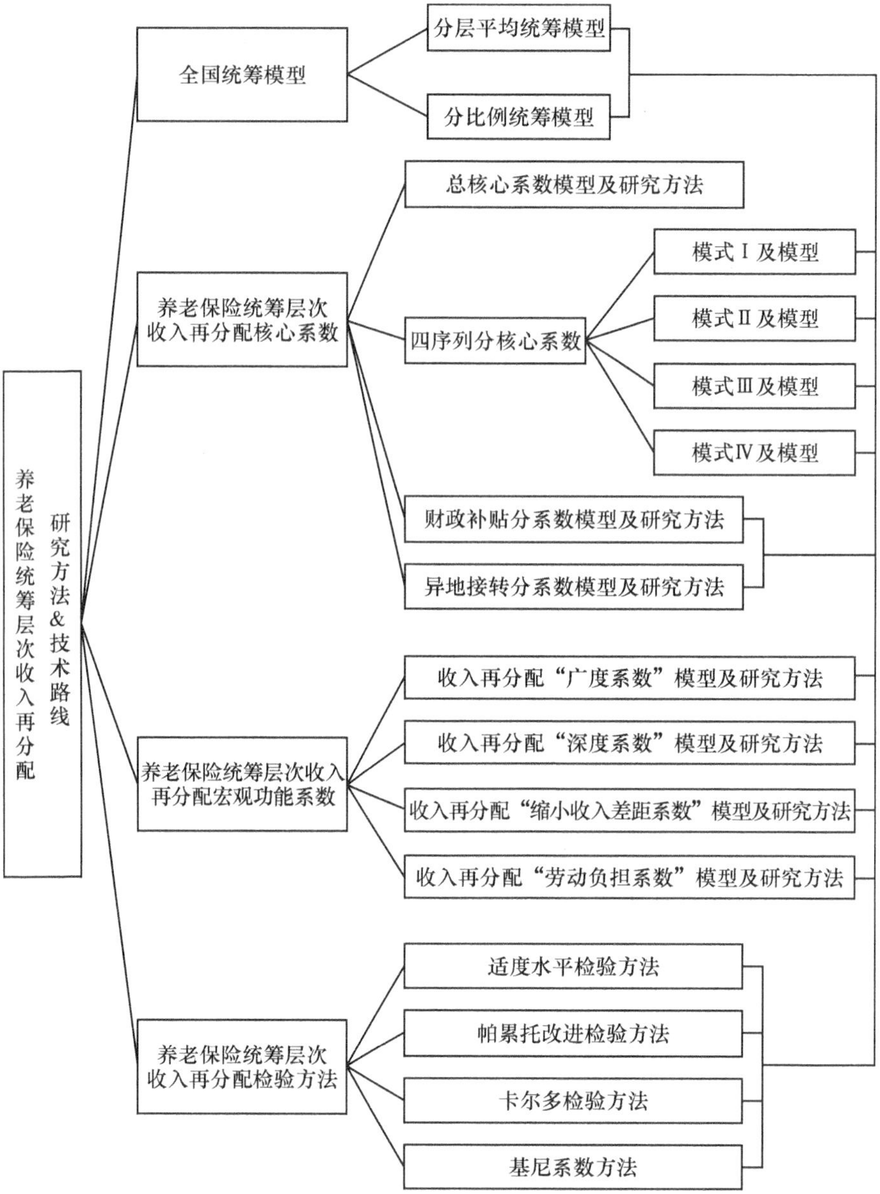

图 2—3　养老保险统筹层次收入再分配研究方法及技术路线

第三章 养老保险统筹层次现状及影响因素

从20世纪90年代开始，中国对城镇企业职工养老保险制度不断进行改革和完善，基本上建立了城镇企业职工养老保险制度的统一框架，养老保险的统筹层次正在向更高的层次过渡。2010年10月28日颁布的《中华人民共和国社会保险法》明确规定："养老保险基金逐步实行全国统筹[①]"。提高养老保险统筹层次，尽快实现养老保险基金全国统筹，是提高养老保险基金互助互济功能和解决劳动者跨区域关系流转的关键举措，是近期内养老保险发展的重要任务。养老保险制度统筹层次提升是一项长期而艰巨的系统工程，需要立足现实、统筹兼顾、长远规划，对养老保险制度的现状、条件进行分析和研究，确立养老保险统筹层次提升的原理和路径。

---

① 《中华人民共和国社会保险法》，2010年10月28日颁布。

一、中国养老保险制度变迁

养老保险制度经过多年的改革和完善，中国养老保险体系在计发办法、覆盖范围、政策创新、构建社会安全网等方面取得了重要的突破。但在当前中国养老保险制度的发展框架以及人口老龄化、就业方式多样化等社会环境变化条件下，提高养老保险制度统筹层次也面临着一些挑战。通过对当前中国养老保险制度发展历史、框架以及统筹层次实施进程等内容进行分析，对养老保险统筹层次提升路径进行再设计和构想，逐步完善中国养老保险体系。

（一）中国养老保险发展历史

新中国成立之后就开始通过一系列的规定逐步建立起养老保险制度。政协在 1949 年 9 月通过的《共同纲领》中的第 32 条就规定了，要在企业中“逐步实行劳动保险制度”。中国的养老社会保险体系真正开始于二十世纪五十年代中央人民政府颁布的《劳动保险条例》和《国家工作人员退休条例》，以城镇机关、事业单位和企业职工为对象，由国家规定基本统一的养老待遇，具体由国家承担盈亏风险的企业和各类单位支付养老社会保险金。养老社会保险体系的资金运行模式采用现收现付制。该体系在当时的计划经济环境下具有可行性：一方面由于中国大部分的企事业单位都是新建的，其成员的年龄结构较为年轻化，养老社会保险支出不高；另一方面，在计划经济条件下国家承担企业及各类单位的盈亏风险，在国家财政正常运行的前提下能够保证养老金的按时足额发放。

在 1955 年，国务院明确规定了国家机关、事业单位、民主党派以及人民团体的工作人员的退休制度。养老保险制度运行平稳，并为广大企业和职工所接受和熟知，适应了计划经济体制下工资计划管理，保持合理的养老金替代率水平。

在文革期间，养老保险制度被迫“中断”。这一时期社会保险的专门管理机构（各级工会组织）被撤销，社会保险制度难以正常运行。养老保险制度丧失了社会统筹的功能，养老保险的费用改在企业的营业外列支，养老保险也单纯的变成了企业的内部保险。

“文革”结束后，为恢复“文革”中遭到破坏的劳动保险制度，国务院于 1978 年 6 月颁布了《关于安置老弱病残干部的暂行办法》以及《关于工人退休、退职的暂行办法》（国发［1978］104 号），重申了建国初期规定的离退休的条件和待遇标准，使城镇职工离退休制度有了根本保障。

十一届三中全会确立中国的经济体制由计划经济向市场经济转型，企业改革的方向确立为“自主经营、独立核算、自负盈亏、自担风险”的经济实体，也随之影响了传统养老保险体制。原有制度中个人不承担缴费，企业承担了社会的责任，使企业负担过重，更使得退休费用与企业的生产效益直接相关，这些既不利于企业自身的发展，也不利于退休人员的生活保障及社会公平。保障对象范围的狭窄及保障标准的不统一，限制了劳动力的流动，这与市场经济条件下要求劳动力有效配置显然背道而驰。

为顺应国有企业改革的浪潮，解决企业养老面临的现实问题，养老保险逐渐开始改革。1984 年起，广东、江苏、辽宁、四川等省的少数市县开始试行退休费用社会统筹，从而拉开了中国社会保险制度改革的序幕。① 1991 年《国务院关于企业职工养老保险制度改革的决定》（国发［1991］33 号）提出企业职工养老保险要实行社会统筹，费用由国家、企业和职工三方负担，并开始探索建立多层次的养老保险体系。1993 年的十四届三中全会明确提出养老保险改革实行“统账结合”的模式，1995 年《国务院关于深化企业职工养老保险制度改革的通知》（国发［1995］6 号）进一步确定了养老社会保险实行“统账结合”的改革模式与改革方向，并提出要建立保障方式多层次的养老社会保险体系。1997 年进一步明确了中国养老社会保险体系要以“社会统筹与个人账户相结合”为基本运行模式。② 2001 年《中华人民共和国国民经济和社会发展第十个五年计划纲要》明确提出：“要依法扩

---

① 邓大松. 社会保险. 北京：中国劳动社会保障出版社，2001. 303

② 《国务院关于建立统一的企业职工基本养老保险制度的决定》（国发［1997］26 号）

大养老保险的实施范围，继续完善社会统筹和个人账户相结合的城镇职工养老制度，在保证离退休人员养老金支付的基础上，实施社会统筹基金与个人账户基金的分账管理，确保个人账户的有效积累，建立可靠稳定的社会保险资金筹措机制。”①

国务院决定从 2001 年开始，用 3 年左右的时间，在辽宁省进行完善城镇社会保障体系的试点。经过摸底调查、制定方案和宣传发动等一系列精心准备，辽宁省于 2001 年 7 月开始实施社会保障体系试点工作，养老保险作为社会保障工作的重要方面，并同步展开其体制改革。(1) 个人账户和社会统筹实行分账管理。企业缴费比例保持企业工资总额的 20%左右不变，(高于 20%的地区暂维持不变)，全部计入社会统筹基金。职工（含农民合同工）缴费率从本人工资的 11%调减为 8%，并全部计入个人账户。社会统筹基金专门用于支付已退休人员和以后退休人员的养老保险金。个人账户基金用于支付个人账户养老保险金。个人账户基金实行实账积累，社会统筹基金不能占用个人账户基金。(2) 进一步明确养老保险给付标准。在维持基础养老金月标准为“职工退休时上年度本市职工月平均工资的 20%”的同时，规定“缴费年限超过 15 年的，每超过 1 年增发上年度本市职工月平均工资的 0.6%。”；个人缴费不满 15 年，不能领取基础养老金，一次性领取个人账户全部储存额。(3) 鼓励有条件的企业建立企业年金，并规定企业缴费在工资总额 4%以内的部分，可以从成本中列支。同时，辽宁省规定从 2001 年起建立省级调剂金制度，由各市按每季应缴养老保险统筹基金的一定比例，按时足额上缴省级社会保障基金财政专户，专项用于当年各市养老保险基金缺口的调剂。调剂金实行季度上解，及时调剂，年度清算。②

《辽宁省完善城镇企业职工养老保险制度实施办法（试行）》的实施，从基金的缴纳和管理上进一步促进了社会统筹基金和个人账户基金的分离，明确了基金缴纳和领取的标准，并减轻了企业的负担，使企业不再负担职工个人账户基金的缴纳，方便了账户基金缴纳和管理，一定程度上缓解了“空

---

① 中华人民共和国国民经济和社会发展第十个五年计划纲要. 人民日报，2001—03—18

② 《关于印发辽宁省完善城镇企业职工基本养老保险制度实施办法（试行）》的通知（辽政发[2001] 24 号）

账”的问题。

2005 年，国务院在把握中国企业职工养老保险制度面临的人口老龄化、就业方式多样化、快速城市化以及养老保险制度不完善的问题后，提出“覆盖广泛、水平适当、结构合理、基金平衡”的原则，从确保养老金发放、做实个人账户、完善计发办法、保障水平、政府责任、基金监管以及管理服务等方面提出改革举措，进一步完善了养老保险制度的政策框架。[①]

2010 年 10 月 28 日第十一届全国人民代表大会常务委员会第十七次会议通过的《中华人民共和国社会保险法》中规定：养老保险实行社会统筹与个人账户相结合；养老保险基金由用人单位和个人缴费以及政府补贴等组成；用人单位按照本单位职工工资总额的比例缴纳养老保险费，记入养老保险统筹基金；职工按照本人工资的比例缴纳养老保险费，记入个人账户[②]。2012 年 11 月 8 号，胡锦涛在人民大会堂做党的十八大报告中明确指出，“实现基础养老金全国统筹，建立兼顾各类人员的社会保障待遇确定机制和正常调整机制”[③]。现今，中国已初步构建了企业职工养老保险、企业年金、个人储蓄性养老保险的三支柱体系，养老保险制度在改革中逐步确立多元化筹资渠道、计发办法、“统账结合”模型并建立了完善的管理结构，这些都为实现全国统筹提供管理基础和制度准备。

（二）现行养老保险制度框架

根据《辽宁省完善城镇企业职工养老保险制度实施办法（试行）》《关于完善企业职工养老保险制度的决定》及《社会保险法》，我们可以将中国现行的养老保险制度的主要内容归结如下：

中国的养老金计划被称作养老保险，由社会统筹和个人账户组成，是中国养老保险多层次体系中的第一支柱；企业补充养老金计划又称为企业年

① 邓雷群，程乐华．“十一五”时期我国养老保险制度改革的基本走势——解读国发［2005］38 号文件．南昌大学学报（人文社会科学版）．2006，6：109－113

② 《中华人民共和国社会保险法》。

③ 胡锦涛．坚定不移沿着中国特色社会主义道路前进，为全面建成小康社会而奋斗．中国共产党第十八次代表大会，2012－11－08

金，是企业根据本单位经济效益情况，按照自愿的原则为本企业的职工提供养老金之外的补充养老保险，是中国养老保险多层次体系中的第二支柱；个人储蓄性养老保险计划是个人为未来消费而自愿选择的养老保险计划，是中国养老保险多层次体系中的第三支柱。

表 3—1　　城镇企业职工养老保险制度基本框架

<table>
<tr><td rowspan="4">管理体制</td><td colspan="2">政策制定机构</td><td>人大、政府、人力资源与社会保障部</td></tr>
<tr><td colspan="2">行政管理机构</td><td>人力资源与社会保障部</td></tr>
<tr><td colspan="2">执行机构</td><td>社会保险事业管理局</td></tr>
<tr><td colspan="2">监督机构</td><td>社会保险监督委员会</td></tr>
<tr><td>覆盖范围</td><td colspan="3">城镇国有企业、集体企业和个体工商户</td></tr>
<tr><td>统筹层次</td><td colspan="3">2010 年实现省级统筹</td></tr>
<tr><td>筹资模式</td><td colspan="3">社会统筹与个人账户相结合的部分积累制</td></tr>
<tr><td rowspan="2">缴费标准</td><td colspan="2">社会统筹</td><td>企业月工资总额的 20%</td></tr>
<tr><td colspan="2">个人账户</td><td>个人月工资总额的 8%</td></tr>
<tr><td rowspan="2">缴费基数</td><td colspan="2">上限</td><td>市上年平均工资的 300%以内</td></tr>
<tr><td colspan="2">下限</td><td>低于市上年平均工资 60%者，以其 60%为缴费基数</td></tr>
<tr><td rowspan="7">退休待遇</td><td colspan="2">享受资格</td><td>达到法定退休年龄，按规定缴费满 15 年</td></tr>
<tr><td rowspan="3">待遇</td><td>老人</td><td>继续按老办法享受养老金</td></tr>
<tr><td>中人</td><td>基础养老金＋个人账户养老金＋过渡性养老金</td></tr>
<tr><td>新人</td><td>基础养老金＋个人账户养老金</td></tr>
<tr><td rowspan="3">给付</td><td>基础养老金</td><td>基础养老金月标准以当地上年度在岗职工月平均工资和本人指数化月平均缴费工资的平均值为基数，缴费每满 1 年发给 1%</td></tr>
<tr><td>个人账户养老金</td><td>个人账户基金积累额÷计发月数</td></tr>
<tr><td>过渡性养老金</td><td>由各省、自治区人民政府确定</td></tr>
<tr><td>调整机制</td><td colspan="3">根据统筹范围的调整办法进行调整</td></tr>
<tr><td>补充养老保险</td><td colspan="3">缴纳比例和待遇享受办法等由企业自行制定，报社会保障部门批准</td></tr>
<tr><td>个人养老保险</td><td colspan="3">个人自愿参加</td></tr>
</table>

资料来源：《关于完善企业职工养老保险制度的决定》《社会保险法》、辽宁省城镇养老保险制度改革试点方案。

中国现行的养老保险体系转变为社会统筹与个人账户相结合的部分积累制模式，具体地说，基础养老金是现收现付制的融资方式和部分待遇确定的收益方式的结合；个人账户养老金是完全积累制的融资方式和缴费确定收益方式的结合。“统账结合”模式既兼顾了社会公平——收入再分配，又兼顾了发展效率；既兼具了现收现付制和基金积累制筹资模式的优点，又避免了二者的缺点和不足。这是中国政府为了应对人口老龄化危机和化解历史债务问题而作的政策改革和模式创新，是养老保险筹资模式上的创举。

二、养老保险统筹层次的实施进程

（一）养老保险统筹层次的内涵

在中国“统筹”一词首次应用于社会保障领域是在“文革”后成立的“社保基金统筹办公室”这一机构名称，原本指劳动保险制度基金的统筹管理，后来被沿用到各社会保险项目的基金共济。在国际上，相对应的英文术语为“pooling”，是基金风险池的概念，可以看作统筹的层级和覆盖人群的规模，一般以各国的相应行政管理层级为参照。[①] 养老保险统筹层次这个概念也可以理解为在多大程度和范围内对参保人分散风险、基金互助共济以及提供相关服务。养老保险的建立与有效运作是以大数法则为理论基础的，只有在尽可能大的范围内统一筹集和调剂使用资金才能充分发挥统筹调剂作用、均衡负担、分散风险，实现互济互助互惠的保障目的。

（二）养老保险统筹层次的提升进程

自新中国成立以来，养老保险统筹层次的发展进程可以分为计划经济体制下的全国统筹、体制改革初期的县市统筹、体制改革转型期的省级统筹以及改革目标全国统筹四个阶段。

1. **计划经济体制下全国统筹**

新中国成立之初，养老保险是毛泽东“以福利促发展”思想为基础建立的“国家——企业”模式的劳动保险制度。中国城镇企业职工养老保险制度

---

① 王虎峰．中国社会医疗保险统筹层次提升的模式选择——基于国际经验借鉴的视角．经济社会体制比较．2009，6：60－67

的初步建立的标志是1951年出台的《劳动保险条例》，提供了国有企业职工养老、医疗等保障，并规定了组织部门、退休年龄、养老保险领取资格等内容，奠定了中国养老保险制度发展的基础。

当时的劳动保险制度为固定收益的现收现付制保险模式。养老保险所需资金完全由所属企业从财务中提取，国家统负盈亏。这一时期，中国劳动保险的最高领导机关为中华全国总工会，中国劳动保险业务的最高监督机关为劳动部，执行劳动保险业务的基本单位为各基层工会，劳动保险基金由各级工会负责管理，实行全国统筹。

2. 体制改革初期县市统筹

“文革”期间，负责专门管理社会保险的各级工会组织被撤销，养老保险也就变成了“企业保险”，全国统筹戛然而止。

“文革”结束后，为恢复“文革”中遭到破坏的劳动保险制度，1978年6月，国务院先后颁布《关于安置老弱病残干部的暂行办法》和《关于工人退休、退职的暂行办法》（国发［1978］104号），重申和强调建国初期规定的离退休的条件和待遇标准。但这一制度已难以适应市场经济改革的趋势，制度保障对象范围的狭窄及保障标准的不统一，限制了劳动力的流动，制约了劳动力的有效配置。八十年代初期，中国社会养老保险制度逐步开始改革，在这一时期由于当时条件的限制，中国养老保险制度采取了由各个地方自行探索发展道路的办法。这一阶段，统筹层次由劳动保险“企业内部统筹”转变为养老保险的“县市统筹”。

3. 体制改革转型期省级统筹

20世纪90年代初养老保险制度进入实质的改革时期。国务院颁布《关于城镇企业职工养老保险制度改革的决定》中指出逐步建立养老保险的三支柱体系①，职工个人享受养老保险待遇的前提就是也要缴纳一定的养老保险费，标志着中国养老保险实现社会统筹的开始。

1993年，《中共中央关于建立社会主义市场经济体制若干问题的决定》

---

① 《关于城镇企业职工养老保险制度改革的决定》（国发［1991］33号）。

中明确规定企业职工养老保险制度“实行社会统筹与个人账户相结合”的原则，为中国养老保险模式转换指明了方向；1995 年 3 月，进一步明确了养老保险实行“统账结合”的改革方向①；1997 年，中国养老保险制度“统账结合”运行模式的确立②；1998 年，国务院进一步将铁路、邮电、电力、供水等 11 个行业的养老保险业务移交给地方政府，全国范围内实行省级统筹③。

从中国养老保险统筹发展路径的关系来看，中国养老保险制度统筹层次采取自低而高的统筹层次发展路径，这为中国养老保险制度的深入发展埋下了隐患，逐步带来了地方本位主义、养老保险制度地区分割等问题。为此国家开始通过一系列文件部署实施提升统筹层次。

1991 年国务院规定可积极创造条件，由目前的市县统筹过渡到省级统筹；1992 年，劳动部明确要求提高全民所有制企业职工养老保险统筹层次④；1998 年，国务院颁布文件要求养老保险制度实行省级统筹⑤。1998 年国务院提出实现省级统筹的时间表，要求在 2000 年实现省的范围内统一企业缴费比例，统一管理和调度使用基金，省级垂直管理。⑥ 从各地实施情况来看（见表 3—2），北京（1986）、天津（1987）、上海（1986）三个直辖市最早建立省级统筹，之后吉林、陕西、河北、宁夏、四川等省份在 1992 年

表 3—2　　　　13 个实行省级统筹地区建立统筹的时间

地区	北京	上海	吉林	青海	陕西	江西	福建	天津	河北	山西	宁夏	四川	湖南
时间	86.11	86.10	92.1	94.1	92.7	90.6	89.1	87.4	92.1	91.10	92.7	92.4	94.1

资料来源：韩良诚，焦凯平．企业养老保险制度的统一与实施．北京：中国人事出版社，1997．82

① 《国务院关于深化企业职工养老保险制度改革的通知》（国发［1995］6 号）。

② 《国务院关于建立统一的企业职工基本养老保险制度的决定》（国发［1997］26 号）。

③ 《关于实行企业职工养老保险省级统筹和行业统筹移交地方管理有关问题的通知》（国发［1998］28 号）。

④ 《关于全民所有制企业职工实行基本养老保险基金省级统筹的意见的通知》（劳险字［1992］12 号）

⑤ 《国务院关于建立统一的企业职工基本养老保险制度的决定》（国发［1997］26 号）。

⑥ 《国务院关于实行企业职工基本养老保险省级统筹和行业统筹移交地方管理有关问题的通知》（国发［1998］28 号）。

建立省级统筹。对于省级统筹标准的实现情况，京、津、沪三个直辖市是从省（市）级统筹起步的，严格按照“三个统一（统一的制度、统一的缴费标准、统一筹集、管理和使用基金）”实行省（市）级统筹。而吉林、河北、山西、江西、湖南、福建、四川、陕西等省（区）也实施了养老保险省级统筹，但实施办法未严格实现上述标准。

这一时期，国务院统筹层次提升解决方案由1998年实现省级调剂金制度，2000年实现“三个统一”来实现省级统筹，但整合制度限期之内并未实现省级统筹。在这一阶段，省级统筹的路径更多的是由制度政策要求，并未实现协调相关配套制度，统筹层次提升效果并不理想。

4. **确立全国统筹为改革目标**

为解决个人账户“空账”问题，2005年劳动与社会保障部发布27号文件提出要扩大养老保险改革个人账户做实的试点范围，试点省市增加了上海、天津、山西、山东、河南、湖北、湖南、新疆等八个省市。① 2005年12月，国务院发布38号文件决定逐步完善养老保险“社会统筹与个人账户相结合”的基本模式。② 之后，随着十七大对养老保险体系建设的重视，“统账结合”模式进一步发展，做实个人账户省份不断增加。

随着养老保险制度改革的深入和实践的发展，统筹层次提升更加明确化和标准化。2007年，劳社部和财政部联合提出实现“省级统筹”的标准为“六个统一”：统一制度和政策，统一缴费规定，统一待遇计发办法，统一基金使用管理，统一业务规程，并统一编制和实施基金预算。③ 这一时期国家不仅从制度本身开始要求提升统筹层次，更重要的是积极改进相关配套制度，而且充分认识到统筹层次提升的重要性和迫切性。从统筹层次提升情况来看，2008年底，北京、天津、新疆等17个省区市实现了养老保险省级统筹，海南和新疆生产建设兵团出台了养老保险省级统筹办法。④ 人力资源和

---

① 《关于扩大做实企业职工基本养老保险个人账户试点有关问题的通知》（劳社部发［2005］27号）。

② 《国务院关于完善企业职工基本养老保险制度的决定》（国发［2005］38号）。

③ 《关于推进企业职工基本养老保险省级统筹有关问题的通知》（劳社部发［2007］3号）。

④ 《养老保险省级统筹年底实现，利益平衡成最大阻力》，搜狐新闻网。

社会保障部发布的《2010年度人力资源和社会保障事业发展统计公报》，中国31个省份和新疆生产建设兵团已建立养老保险省级统筹制度。[①]

回溯统筹层次提升的发展史，从提出省级统筹理念（1987年）到实现省级统筹（2010年），经历了23年的时间。国家在社会保险法草案中明确给出统筹层次提升政策规划：尽快实现全国统筹。与省级统筹相比，全国统筹涉及到的阻力和问题更为复杂，实施难度更加艰巨。

三、养老保险统筹层次偏低的负面影响

经过30年的改革实践，中国养老保险制度日趋完善。从中国出台的文件内容及实施情况来看，中国养老保险制度改革进程与统筹层次提升进程密切相关。省级统筹自提出概念到基本实现用了23年的时间，如今统筹层次的发展理念、统筹层次的标准以及制度模式逐步成熟。但是中国养老保险制度的统筹层次提升仍然尚未实现全国统筹，限制了劳动力养老保险关系的跨地区接续，未能体现出养老保险地区间的收入再分配功能，减弱了养老保险基金的整体抗风险能力。

如果以统筹层次提升的“六个统一”标准作为衡量省级统筹规范化的测评准则，很多所谓实行省级统筹的地区实际上仍然是执行县市级统筹。只有北京、天津、上海、陕西、福建等省份实现了规范化的省级统筹。由于地区间经济发展水平、制度赡养比、平均工资、缴费基数及比例、计发办法、养老基金运行结余差异较大，省级统筹“六个统一”实现比较困难。大部分地区的养老保险基金仍然处于“县级统筹”和“市级统筹”的分散管理状态。胡晓义指出：“中国多数省份的省级统筹实则为省级调剂金制度，104个市实行市级统筹，1027个县实行县级统筹”。[②]

政府一直在从政策改革、标准、执行力、资金控制能力、技术手段等多

① 《2010年度人力资源和社会保障事业发展统计公报》，人力资源与社会保障部网。

② 胡晓义. 有关逐步提高养老保险统筹层次——十六届三中全会《决定》学习札记之二. 中国社会保障. 2004，1：18－21

方面为提高养老保险统筹层次积极创造条件，并积极推进提高养老保险统筹层次的改革。但由于养老保险统筹层次走一条由县市级到全国的自下而上的统筹提升道路，加上中国长期实行财政“分灶吃饭”，形成了养老保险中央与地方的混合模式，中央与地方政府责任界定不清，再加上省际间差异过大，福利水平的流入和流出是统筹层次提升的问题焦点。从目前实际情况来看，统筹层次尚处于省级统筹初级阶段，真正实现全国统筹尚有一定距离。

养老保险统筹层次偏低，不利于体现养老保险基金的调剂功能；不利于划分中央和地方政府责任；不利于实现养老保险的收入再分配功能；不利于劳动力资源跨地区流转，不利于劳动力市场的优化配置，损害地区间的公平竞争。

社会保险分散风险的能力与资金统筹范围密切相关，统筹范围越大，抵御风险的能力越强，这是大数法则的基本原理，也是统筹层次提升的理论基础。在更大的范围内实现基金统筹，才能充分发挥养老保险基金的统筹调剂功能，实现基金收支数量关系上的动态平衡。现实中省级统筹尚未真正实现，难以实现养老保险跨省调剂转移，严重影响养老保险的调剂功能。

统筹层次水平过低导致养老保险基金在各地区、各县市之间“划疆而治”，制度转轨成本的财政责任尚未明确。由于各地区的制度覆盖率、老年抚养比、经济发展水平等因素存在着显著差异，不同地区养老金支付能力不同，历史债务地区间差异较大，这就造成养老保险基金支出需要依靠财政来承担最终支付责任。养老保险基金支出缺口形成地方依赖中央，地方财政挤兑中央财政的局面（见表 3—3）。①

表 3—3　中国养老保险中央、地方及各级财政补贴（2005—2011 年）

单位：亿元

年份	中央财政补贴	地方财政补贴	各级财政补贴	中央财政占比（%）
2005	544.0	107.0	651.0	83.6
2006	774.0	197.0	971.0	79.7

① 杨方方. 从缺位到归位——中国转型期社会保险中的政府责任. 北京：商务印书馆，2006. 175

续表

年份	中央财政补贴	地方财政补贴	各级财政补贴	中央财政占比（%）
2007	918.0	239.0	1157.0	79.3
2008	1127.4	309.6	1437.0	78.5
2009	1326.3	390.5	1646.0	80.6
2010	1561.0	487.0	1954.0	79.9
2011	NA	NA	2272.0	NA

资料来源：《劳动和社会保障事业发展统计公报》，历年中央和地方预算执行情况与中央和地方预算草案的报告，中华人民共和国财政部。

2005—2010年，中央财政对地方政府养老基金的补贴额增速明显。中央政府补贴比例虽然略有下降，但补贴绝对数值直线上升。2010年的中央财政补贴数量是2005年的近3倍（见表3—4）。统筹层次过低无法消除省际间的养老保险基金结余量差异，也无法利用基金结余弥补养老保险基金支出缺口。考虑到中国人口老龄化的发展，人口红利向人口亏损的转变过程中必然存在着由人口老龄化带来的养老基金支出递增问题，养老保险基金供给总量会随人口老龄化的发展出现资金缺口，而统筹层次过低又会加剧基金支出递增的区域性、结构性的矛盾。

养老保险统筹层次过低，地区间养老保险基金缺乏调剂功能，使经济不发达、具有沉重历史债务的省份养老保险基金发展困难重重。同时，从地区间收入再分配的角度，统筹层次偏低未能实现在更大范围内缩小地区间初次分配差异，不利于顺利实现养老保险基本的社会公平目标，弱化了养老保险具备的最基本的再分配功能。

统筹层次过低意味着养老保险关系的管理层级以及基金管理权的层级较低，制度框架细化窄化，导致劳动力跨地区转移时社会保险关系接续等问题突出。低统筹层次最显著的缺陷就在于劳动者社会保险关系由于管理层级较低而无法实现跨区域转移。这使社会保险关系接续和权益记录损害了劳动者的养老金权益。过低的统筹层次不利于劳动力合理的流动，人力资源配置效率低下，也不能实现养老保险制度在跨统筹地区间的有效衔接。

表 3—4 中国 31 个省市城镇职工养老金结余情况（2007－2010 年）

单位：亿元

年份 地区	2007	2008	2009	2010	年份 地区	2007	2008	2009	2010
全国	7391.4	9931	12526.1	15365.3	河南	287.1	346.0	399.6	499.0
北京	243.5	329.4	441.4	617.9	湖北	176.4	260.9	345.4	427.6
天津	132.4	176.0	196.0	203.0	湖南	206.3	282.1	358.6	455.9
河北	270.1	337.1	430.1	562.9	广东	1282.5	1621.0	1951.4	2471.5
山西	291.7	390.8	502.3	637.4	广西	118.2	188.1	284.5	379.0
内蒙古	112.2	156.2	203.2	257.9	海南	30.2	43.6	68.7	64.9
辽宁	433.7	568.9	660.8	739.3	重庆	84.6	132.0	209.2	255.6
吉林	215.5	265.6	314.8	351.8	四川	360.3	503.0	733.1	928.4
黑龙江	294.3	363.4	455.0	479.0	贵州	80.7	105.8	140.7	177.9
上海	140.6	368.8	419.6	462.0	云南	107.7	138.4	179.5	229.3
江苏	529.8	756.7	1006.5	1271.8	西藏	0.5	1.1	3.2	9.3
浙江	651.7	829.3	986.1	1162.1	陕西	102.4	130.1	165.6	215.8
安徽	146.1	213.4	280.6	353.0	甘肃	83.7	107.9	139.4	178.2
福建	125.6	154.3	180.8	141.2	青海	24.6	33.0	42.1	50.6
江西	101.0	132.2	163.5	203.6	宁夏	45.9	59.9	72.7	108.7
山东	523.4	680.4	883.4	1077.6	新疆	189.0	249.5	310.0	385.7

资料来源：《中国劳动与社会统计年鉴》（2008—2011 年），北京：中国统计出版社

统筹层次过低意味着养老保险统筹基金的蓄水池过小。而根据现收现付制筹资模式的基金平衡条件：养老金缴费率等同于替代率与制度赡养比的乘积。换言之，现收现付养老保险基金的财务平衡机制是在于当年的缴费收入等于当年的养老金给付。由于省际间缴费负担存在差异、缴费率不尽相同、制度赡养比参差不齐，从一定程度上说，养老负担重的地区企业缴费比例也相对较高，这对于企业负担存在着不平等，对于养老负担重的地区也不公平。统筹层次过低无法消除地区间负担差异，是影响市场公平竞争环境的有害因素。

四、养老保险实现全国统筹影响因素分析

从20世纪90年代开始，中国对城镇企业职工养老保险制度进行不断的改革和完善，已基本上构建起了城镇企业职工养老保险制度的统一框架，养老保险正在向更高的统筹层次过渡。2010年10月28日通过的《中华人民共和国社会保险法》对养老保险的统筹层次提升做出规定："养老保险基金逐步实行全国统筹"。提高统筹层次，实现全国统筹成为主要的意愿所向。但由于中国幅员辽阔，各地经济发展水平、养老保险水平、政策偏好、人口结构、历史债务等多方面存在差异，已形成的中央、地方、企业等不同的利益格局，使得中国城镇企业职工养老保险水平呈现出明显的区域差异，也使实现养老保险统筹层次进一步提高成为难点。

为更全面的分析养老保险实现全国统筹的影响因素，通过分析中国31个省区养老保险实现全国统筹的相关指标，结合《中国统计年鉴》《中国劳动统计年鉴》《中国人力资源和社会保障统计年鉴》等年鉴数据在各省区养老保险待遇和经济水平、人口结构等方面对养老保险实现全国统筹的影响因素进行单一指标和综合指标分析。

（一）养老保险实现全国统筹影响因素单一指标分析

养老保险全国统筹进程缓慢，困难重重，这与养老保险制度历次改革赋予地方自主权过大有关，进而形成了较低层次的养老保险统筹层次。历年来中央政府积极制定有关提升养老保险统筹层次的改革方针和具体实施方案，但由于省际间养老保险待遇、经济水平、人口结构等方面存在巨大差距，导致养老保险全国统筹难以早日实现。

1. 养老保险制度覆盖率

养老保险覆盖范围的提高是社会保障公共服务职能和收入再分配职能的重要体现，扩大养老保险覆盖范围是完善中国社会保障政策的重要目标之一。该指标用制度覆盖率来表示，是一项重要的社会养老保险水平指标，从

表 3—5 可见，中国养老保险的平均覆盖率为 74.37%，这一覆盖率指标在省际间存在较大差异。2010 年，西藏自治区的制度覆盖率最低，仅为 12.77%，云南省制度覆盖率不足 50%，辽宁、浙江、广东等省份制度覆盖率高达 90%以上。

表 3—5　　各地区养老保险制度覆盖率（2010 年）　　单位：万人、%

地区	城镇就业人数	参保人数	制度覆盖率	地区	城镇就业人数	参保人数	制度覆盖率
北京市	969.88	785.87	81.03	湖北省	962.08	738.15	76.72
天津市	328.98	287.88	87.51	湖南省	878.36	673.54	76.68
河北省	813.64	728.93	89.59	广东省	2351.65	2875.58	122.28
山西省	565.07	443.72	78.53	广西	558.14	311.17	55.75
内蒙古	465.20	311.51	66.96	海南省	161.14	135.42	84.04
辽宁省	1029.59	1024.20	99.48	重庆市	532.79	391.87	73.55
吉林省	514.89	392.86	76.30	四川省	1029.49	861.90	83.72
黑龙江省	753.94	589.24	78.15	贵州省	323.53	190.29	58.82
上海市	736.02	657.30	89.30	云南省	647.33	225.08	34.77
江苏省	2061.05	1583.88	76.85	西藏	53.09	6.78	12.77
浙江省	1642.38	1478.61	90.03	陕西省	482.33	400.07	82.94
安徽省	770.29	492.05	63.88	甘肃省	317.87	171.13	53.84
福建省	785.52	522.04	66.46	青海省	95.76	54.44	56.85
江西省	544.94	462.08	84.79	宁夏	107.96	77.34	71.64
山东省	1592.79	1427.93	89.65	新疆	387.31	274.54	70.88
河南省	1126.89	808.99	71.79				

资料来源：根据《中国统计年鉴》《中国劳动统计年鉴》（1999—2011）有关数据计算整理。

注：广东省超过 100%的理论解释：由于实际中在劳动部门登记的失业人员也可以继续缴纳养老保险费，这样，部分失业人员已包括在计算覆盖率的分子中，但没有包括在分母中，使计算结果偏高。

2010 年省际养老保险制度覆盖率标准差为 19.52%，极值比为 957.56%，变异系数为 92.99%（见表 3—6）。通常来讲，经济发展水平与养老保险制度覆盖率往往密切相关，但实际并非如此。中国 2010 年省际人均 GDP 极值比为 5.80，变异系数为 51.79%，省际养老保险制度覆盖率差异大于省际人均 GDP 的差距。这说明中国省际养老保险覆盖率与经济发展

表 3—6　　各地区养老保险制度覆盖率（2010 年）　　单位：万人、%

年份	城镇就业人数	参保人数	制度覆盖率
均值	760.96	625.30	74.37
中位数	647.33	462.08	76.72
标准差	545.59	581.48	19.52
全距	2298.56	2868.80	109.51
极小值	53.09	6.78	12.77
极大值	2351.65	2875.58	122.28
极值比	44.30	424.13	957.56
变异系数	0.71	0.93	92.99

资料来源：根据《中国统计年鉴》《中国劳动统计年鉴》（2011）有关数据计算整理。

水平并非密切直接相关，也受到各地区扩面开始时间和具体政策差异等因素影响。

2. 替代率

养老保险的替代率是一个相对数值，以保障退休人员生活质量来体现养老保险水平的高低，养老金替代率的高低不仅反映了养老保险的保障水平，在一定程度上反映了这一保障水平与社会工资水平的关系，同时也反映了退休职工与在职职工的利益关系。从 2008 年省际平均替代率数据来看，这一指标在省际间存在较大差异，这是由于不同地区的工资水平和养老金待遇标准有较大差异造成的。低收入地区养老金替代率高与高收入地区替代率低，上海、北京替代率较低，不足 40%，西藏、新疆等地替代率达到 60%以上[①]，这说明养老金替代率对收入再分配产生了一定的调节作用。

从表 3—7 可以看出，采用标准差方法测算的各地区养老金替代率的差异大体呈递减趋势，2000—2009 年间，各省市养老金替代率发展趋势均为递减态势，养老金替代率的差异总体趋势也呈递减态势，极值比由 2000 年的 2.42 下降到 2009 年的 1.99，变异系数由 2000 年的 20.68 下降到 2009 年的 13.12。

① 根据《中国统计年鉴》《中国劳动统计年鉴》（1999—2010）有关数据计算整理。

表 3—7　　各地区养老保险替代率差异分析（2000－2009 年）

年份	均值	中位数	标准差	全距	极小值	极大值	极值比	变异系数
2000	70.48	72.32	14.57	52.90	37.18	90.08	2.42	20.68
2001	65.24	65.60	12.66	52.35	30.85	83.20	2.70	19.40
2002	66.63	68.61	13.41	66.06	39.71	105.77	2.66	20.13
2003	61.09	62.52	9.90	37.53	39.63	77.16	1.95	16.21
2004	53.79	57.51	8.69	28.53	38.31	66.84	1.74	16.15
2005	50.53	50.19	7.17	30.13	34.67	64.80	1.87	14.20
2006	50.38	50.95	6.54	31.21	31.08	62.29	2.00	12.99
2007	48.97	49.34	6.38	28.90	30.63	59.53	1.94	13.03
2008	49.72	50.67	6.33	27.96	32.35	60.32	1.86	12.73
2009	49.82	49.92	6.54	31.71	31.95	63.66	1.99	13.12

资料来源：根据《中国统计年鉴》《中国劳动统计年鉴》《中国人力资源和社会保障统计年鉴》（1999－2010）有关数据计算整理。

养老保险是以社会公平为主要目标的收入再分配，强调社会成员之间的互助互济，在一定程度上可以起到缩小初次分配差距、实现公平和公正作用。按照这一原则，养老保险省际分配差距应该小于平均工资省际分配差距，才符合养老保险收入再分配功能对初次分配注重效率的调整。因此，仅通过替代率考虑离退休人员养老金待遇与在职职工工资待遇的相对水平是不够的，需要进一步考虑养老金省际分配差距与工资待遇省际分配差距之间的关系，其基本原则是养老金省际分配差距小于工资待遇省际分配差距。

根据 2000－2009 年养老金省际分配极值比和平均工资省际分配极值比的变动趋势（见图 3—1）可以看出，养老金省际分配极值比呈下降趋势，养老金省际分配差异呈缩小态势。在 2005 年之前，养老金省际分配极值比

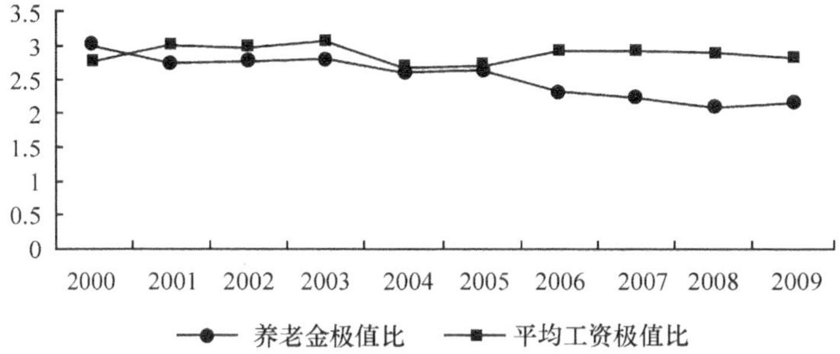

图 3—1　养老金与企业平均工资省级差异极值化

与平均工资省际分配极值比非常接近，2005 年之后，二者差距越来越大，这说明养老金省际收入再分配开始体现缩小初次分配差距的作用。

从 2000—2009 年养老金与企业平均工资省际变异系数变化趋势来看图 3—2，后者变异系数大于前者。但从变化趋势来看，二者差距呈趋向闭合再分开再闭合的态势。但总体而言，其省际差异离散程度相对比较稳定。

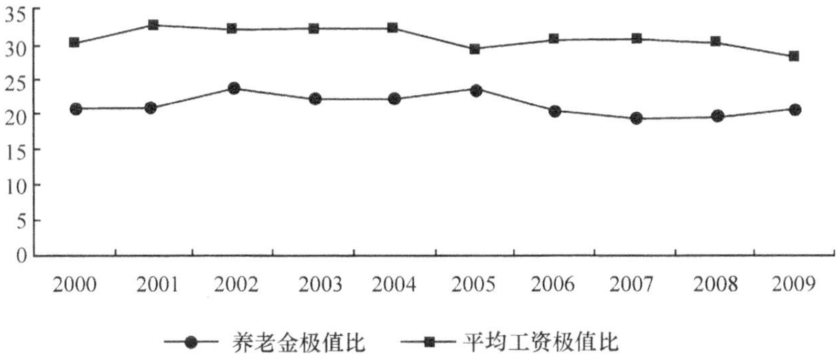

图 3—2　养老金与企业平均工资省级差异变异系数

3. 养老保险基金结余

中国各地区养老保险基金结余情况来看，广东省基金结余量最大，为 2 471.5 亿元；结余量最低的是西藏自治区，为 9.7 亿元。基金结余量超过 1 000 亿元的省份有广东、浙江、山东和江苏。其次辽宁等地（见表 3—8）。

表 3—8　　各地区养老保险基金结余情况（2010 年）　　单位：亿元

地区	基金结余	地区	基金结余	地区	基金结余
北京市	617.9	安徽省	353	四川省	928.4
天津市	203	福建省	141.2	贵州省	177.9
河北省	562.9	江西省	203.6	云南省	229.3
山西省	637.4	山东省	1077.6	西藏	9.7
内蒙古	257.9	河南省	499	陕西省	215.8
辽宁省	739.3	湖北省	427.6	甘肃省	178.2
吉林省	351.8	湖南省	455.9	青海省	50.6
黑龙江	479	广东省	2471.5	宁夏	108.7
上海市	462	广西	379	新疆	385.7
江苏省	1271.8	海南省	64.9		
浙江省	1162.1	重庆市	255.6		

资料来源：根据《中国统计年鉴》《中国劳动统计年鉴》（1999—2011）有关数据计算整理。

2010年各地区养老保险收支水平差异较大，基金收入标准差为303.27，支出标准差为232.75，累计结余标准差为489.26（见表3—9）。累计结余极值比和变异系数均大于基金收入和基金支出，说明省际基金收支情况存在较大的省际差距。

表3—9　各地区养老保险基金结余差异分析（2010年）

	均值	中值	标准差	全距	极小值	极大值	极值比	变异系数
基金收入	432.79	310.76	303.27	1124.99	14.10	1139.09	80.78	70.07%
基金支出	340.41	269.37	232.75	839.87	7.61	847.47	111.43	68.37%
累计结余	495.42	378.98	489.26	2461.82	9.66	2471.48	255.85	98.76%

资料来源：根据《中国统计年鉴》《中国劳动统计年鉴》（1999—2011）有关数据计算整理。

4. 养老保险制度抚养比

养老保险体制抚养比这一指标指的是制度内退休人数与在职人数之比，从更深层的含义来讲，它反映了平均每个在职职工所供养的老人的人数，因此，人口老龄化程度越高，体制抚养比越高，这一指标就越高，支付负担就越重；反之则越轻。2010年，中国平均的体制抚养比为32.50%，这意味着每3个在职职工就要抚养1个退休老人。黑龙江省体制抚养比最高，达到61.61%，广东省体制抚养比最低，仅为11.81%。① 体制抚养比反映了该地区人口结构情况，广东、浙江等省经济迅速发展，年轻劳动力大量流入，养老保险已覆盖到各类城镇就业人口，从而大大降低了体制人口抚养比。

表3—10　各地区养老保险制度抚养比差异分析（2001—2010年）　单位：%

年份	均值	中值	标准差	全距	极小值	极大值	极值比	变异系数
2001	34.58	31.82	8.54	40.25	15.80	56.06	3.55	24.70
2002	35.82	34.39	8.91	43.85	15.97	59.82	3.75	24.87
2003	37.31	36.40	9.86	48.01	15.94	63.95	4.01	26.43
2004	38.06	37.89	10.10	51.35	16.10	67.46	4.19	26.54
2005	38.29	38.78	10.38	53.51	14.78	68.28	4.62	27.11
2006	37.82	38.50	10.72	56.54	14.09	70.62	5.01	28.33

① 根据《中国统计年鉴》《中国劳动统计年鉴》（2002—2011）有关数据计算整理。

续表

年份	均值	中值	标准差	全距	极小值	极大值	极值比	变异系数
2007	37.50	37.84	10.20	47.16	13.06	60.22	4.61	27.19
2008	36.93	37.52	10.25	46.09	12.57	58.67	4.67	27.75
2009	37.74	37.84	11.20	48.00	12.14	60.14	4.95	29.64
2010	38.23	38.27	11.54	49.80	11.81	61.61	5.22	30.18

资料来源：根据《中国统计年鉴》《中国劳动统计年鉴》（2002—2011）有关数据计算整理。

自 2001 年以来，平均体制抚养比的均值呈上升趋势，从 2001 年的 31.30%上升到 2010 年的 32.50%；体制抚养比的极值比和变异系数在 2001—2010 年呈现上升趋势，说明各省市体制抚养比差异及离散程度呈现扩大趋势。

5. **人口抚养比**

人口抚养比可以说是养老保险可持续发展的重要因素，也是直接关系着各省区未来发展的重要因素。人口老龄化程度与制度抚养比不同，但与体制抚养比息息相关。随着人口老龄化问题越来越严峻，直接影响到养老保险的待遇水平。因此，不同地区的人口结构对养老保险的给付标准和参保率产生直接影响。人口抚养比的地区差异会对各省的养老保险水平以及养老保险负担程度造成影响。以 2011 年为例（见表 3—11），重庆、四川、安徽、湖南等省市老年人口抚养比较高，虽然当前养老金待遇水平较高，但其长期养老金支撑能力较弱；而西藏、宁夏、青海、广东等老年人口抚养比较低的省份，其长期养老金支撑能力是比较高的。

表 3—11　　　各地区养老保险人口抚养比（2011 年）

地区	少年儿童抚养比	老年人口抚养比	地区	少年儿童抚养比	老年人口抚养比
北京市	10.62	10.70	湖北省	18.93	13.38
天津市	13.39	12.27	湖南省	24.99	14.63
河北省	23.72	11.00	广东省	22.61	8.60
山西省	21.24	10.21	广西壮族自治区	32.07	13.93
内蒙古自治区	17.22	8.67	海南省	27.21	9.40

续表

地区	少年儿童抚养比	老年人口抚养比	地区	少年儿童抚养比	老年人口抚养比
辽宁省	14.59	13.84	重庆市	22.42	17.36
吉林省	16.19	11.07	四川省	22.57	16.77
黑龙江省	14.62	9.96	贵州省	36.21	13.64
上海市	9.88	9.39	云南省	26.91	10.56
江苏省	17.05	14.20	西藏自治区	32.00	6.71
浙江省	16.00	10.87	陕西省	19.64	11.10
安徽省	25.20	14.65	甘肃省	22.74	12.00
福建省	20.58	10.02	青海省	27.98	8.06
江西省	30.28	10.75	宁夏回族自治区	28.43	7.44
山东省	21.06	14.59	新疆维吾尔自治区	27.16	9.00
河南省	29.43	12.49			

资料来源：根据《中国统计年鉴》《中国劳动统计年鉴》（2001—2012）有关数据计算整理。

自 2005 以来，老年人口抚养比的均值呈上升趋势，从 2005 年的 12.23%上升到 2011 年的 12.27%；老年人口抚养比的极值比和变异系数自 2005 年以来呈现上升趋势，说明各省市老年人口抚养比差异及离散程度呈现扩大趋势，这对于从长期角度缩小省际养老保险差距存在消极作用。

表 3—12　　各地区养老保险老年人口抚养比（2005—2011 年）

年份	平均	中位数	标准差	全距	最小值	最大值	极值比	变异系数
2005	12.23	12.48	2.16	7.60	8.64	16.24	1.88	17.67
2006	12.41	12.51	2.42	10.09	8.51	18.60	2.19	19.54
2007	12.57	12.87	2.33	9.44	8.88	18.32	2.06	18.55
2008	12.76	12.86	2.27	8.17	9.16	17.33	1.89	17.77
2009	12.82	12.39	2.34	8.74	9.23	17.97	1.95	18.26
2010	11.41	10.99	2.08	8.95	7.22	16.17	2.24	18.23
2011	11.52	11.00	2.66	10.65	6.71	17.36	2.59	23.07

资料来源：根据《中国统计年鉴》《中国劳动统计年鉴》（2006—2012）有关数据计算整理。

从前面的分析可见，中国养老保险省际间在制度覆盖率、替代率、基金结余、制度抚养比、人口抚养比等方面存在较大差异。养老保险的省际分配体现了一定的收入再分配功能，但由于制度、地区经济社会发展等因素的影响，养老保险省际分配差距可能存在进一步扩大的趋势。严格来说，采用不同的指标进行分析养老保险省际分配差距可能会产生不同的结论，因此应当建立多重指标，综合养老保险基金累计结余、经济发展、替代率等多角度进行综合评估，分析养老保险省际分配差距，才能得出客观而综合性的结论。这样才有助于分析养老保险省际差异，避免地区养老保险分配效应出现逆向调节，而且最根本的要为养老保险制度实现全国统筹提供切实的依据。

（二）养老保险实现全国统筹影响因素综合指标测评

本文采用参保人数、GDP、养老保险基金累计结余、养老保险基金收入、养老保险基金支出、制度覆盖面、人均GDP元、消费性支出、少年儿童抚养比、老年人口抚养比等指标作为养老保险实现全国统筹影响的综合评估指标。根据《中国统计年鉴》《中国劳动统计年鉴》和《中国人力资源和社会保障统计年鉴》中数据进行计算，考虑到各指标变量的测度单位并非完全相同，我们在主成分分析前用各变量的均值和标准差将各个变量标准化，消除不同量纲的指标值的不可比性。

对这些指标进行适用检验：KMO值为0.766，大于0.6，巴特利特球度检验统计量的观测值是375.321，对应概率 p 接近于0.00，表明适合进行主成分分析。对这些指标进行主成分分析，可以看出前三个主要成分的方差的累计贡献率已经达到83.775%（见表3—13），在统计分析中，累计贡献率超过70%的就可视为已提取出主要成分，因此选用前三个主要成分进行回归分析。

表3—13 养老保险统筹影响因素分析解释的总方差

成分	初始特征值			提取平方和载入			旋转平方和载入		
	合计	方差的%	累积%	合计	方差的%	累积%	合计	方差的%	累积%
1	5.921	53.828	53.828	5.921	53.828	53.828	4.202	38.199	38.199
2	2.267	20.605	74.433	2.267	20.605	74.433	3.187	28.973	67.172
3	1.028	9.342	83.775	1.028	9.342	83.775	1.826	16.603	83.775

续表

成分	初始特征值			提取平方和载入			旋转平方和载入		
	合计	方差的 %	累积 %	合计	方差的 %	累积 %	合计	方差的 %	累积 %
4	0.647	5.883	89.658						
5	0.568	5.163	94.821						
6	0.253	2.304	97.125						
7	0.114	1.039	98.164						
8	0.109	0.993	99.157						
9	0.040	0.364	99.521						
10	0.034	0.312	99.833						
11	0.018	0.167	100.000						

注：提取方法为主成分分析。

从碎石图（见图3—3）可以看到：横轴是公共因子数，纵轴是特征值。当提取1、2、3个公共因子时，特征变化十分显著；提取3个公共因子对原变量信息的描绘有显著作用，而提取3个以上的公共因子对原变量信息的描绘已无明显贡献。3个公共因子基本体现了原变量的大部分方差。公因子与特征根的碎石图见图3—3。

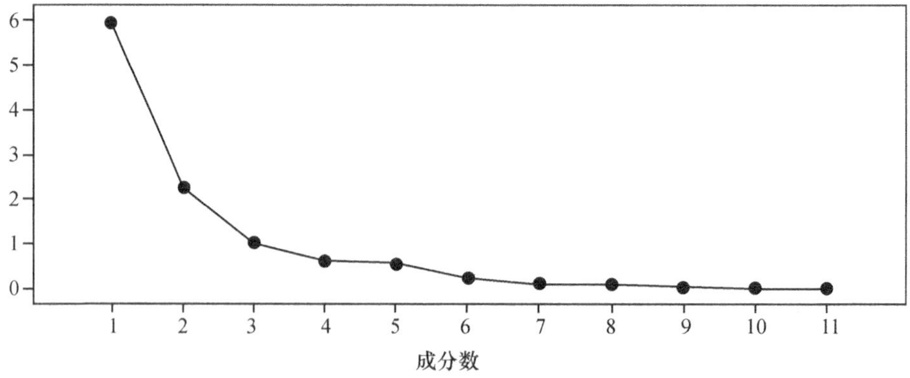

图3—3 养老保险统筹影响因素分析公因子与特征根碎石图

方差最大化旋转后成分矩阵是一种正交旋转方法，可以使得每个成分上的具有最高载荷的变量数最小，简化对成分的解释并且能更方便地对各成分进行比较明确的命名。从表 3—14 方差最大化旋转后的成分矩阵可以看出，在第一个主成分中，反映养老保险水平中经济支持类指标有绝对值较大的负荷系数，地区财政收入、经济发展水平、基金收支、覆盖面这些指标主要表现养老保险的经济支持，可命名为经济支撑因素。第二个成分负荷系数绝对值较大的是人均 GDP 和消费性支出及少年儿童抚养比，这类指标直接指向的是个人消费、享受指标，可命名为福利消费因素。第三个成分负荷系数绝对值较大的是老年人口抚养比、制度抚养比和替代率，这些指标大多是描述制度框架对养老保险的需求，因此可命名为制度需求因素。

表 3—14　　　　养老保险统筹影响因素分析旋转成分矩阵

项目	成分		
	1	2	3
基金当年结余	.942	.034	.014
GDP 总量	.939	.223	—.057
基金收入	.853	.332	.298
财政收入	.841	.484	.027
覆盖面	.608	.357	.155
人均 GDP	.214	.951	.094
消费性支出	.342	.869	.116
少年儿童抚养比	—.184	—.804	—.261
老年人口抚养比	.310	.207	.815
替代率	—.091	—.559	—.692
制度抚养比	—.571	—.044	.690

注：旋转法：具有 Kaiser 标准化的正交旋转法。

a：在 5 次迭代后收敛。

提取方法：主成分分析法。

根据成分矩阵可以得出由自变量表示的三个主要成分 F1、F2 和 F3，将各标准化变量值分别代入，就可以得到三个主要成分值，而且三个主要成分完全不相关（见表 3—15）。

表 3—15　　养老保险统筹影响因素分析主成分得分协方差矩阵

成分	成分 1	成分 2	成分 3
1	1.000	.000	.000
2	.000	1.000	.000
3	.000	.000	1.000

注：提取方法：主成分分析法。旋转法：具有 Kaiser 标准化的正交旋转法。

综合上述分析，可以认为养老保险实现全国统筹影响因素如下：

（1）在经济支撑因素中，GDP 总量、基金收支结余、覆盖面的系数均为正，这与预期完全一致：随着总体经济的发展，GDP 和财政收入的提升会带来养老保险经济支撑水平的提高；基金收支情况直接关系着养老保险基金的支撑能力；养老保险覆盖面的大小关系着缴费人群比例的大小以及大数法则理论依托下的养老保险风险大小。

（2）在福利消费因素中，人均 GDP 和消费性支出系数为正，这符合经济学解释。人均 GDP 是居民最终收入紧密相连的宏观经济指标，而消费性支出是与居民最终消费紧密相连的宏观经济指标，这两个指标正向上体现了居民福利消费因素。少年儿童抚养比的系数是负值，一方面是由于居民获取福利被少年儿童抚养比“侵蚀”，另外一方面从长期来看，少年儿童抚养比的相对提高会在未来带来劳动年龄人口比重增加和人口老龄化程度的下降。

（3）在制度需求因素中，老年人口抚养比、制度抚养比这两个指标为正值，是在制度框架内养老保险的需求。而替代率为负值，替代率体现的是养老金水平与工资水平的替代关系，这是由于制度需求程度越高，必然带来替代率的下降。

根据各主成分及特征根权数计算出养老保险实现全国统筹影响因素综合得分（见表 3—16）。综合得分＝FAC1 _ 1×4.202 ＋ FAC2 _ 1×3.187＋FAC3 _ 1×1.826。

表 3—16　　养老保险实现全国统筹影响因素分析

地区	经济支撑因素	福利消费因素	制度需求因素	综合得分	排名
上　海	－1.09	9.14	3.68	11.73	1

续表

地区	经济支撑因素	福利消费因素	制度需求因素	综合得分	排名
广　东	12.42	1.86	−3.40	10.88	2
江　苏	9.43	0.04	0.78	10.25	3
山　东	8.27	−0.68	−1.14	6.45	4
北　京	−0.95	8.11	−1.02	6.14	5
浙　江	4.80	3.23	−1.93	6.10	6
辽　宁	2.19	1.39	2.10	5.68	7
四　川	5.10	−4.39	3.94	4.65	8
天　津	−4.72	6.23	1.18	2.69	9
湖　南	0.89	−1.81	1.84	0.92	10
湖　北	0.50	−0.72	0.83	0.61	11
重　庆	−1.48	−1.60	3.59	0.51	12
黑龙江	−1.15	−0.19	1.17	−0.17	13
河　北	1.50	−1.19	−0.58	−0.27	14
安　徽	0.05	−2.11	1.59	−0.47	15
河　南	1.45	−1.9	−0.31	−0.76	16
福　建	−1.37	1.81	−1.47	−1.03	17
吉　林	−2.77	1.50	0.05	−1.22	18
内蒙古	−2.94	2.95	−1.30	−1.29	19
山　西	0.30	−1.01	−0.83	−1.54	20
陕　西	−1.83	−0.33	0.33	−1.83	21
广　西	−0.62	−2.86	1.01	−2.47	22
江　西	−0.74	−1.87	−0.66	−3.27	23
海　南	−2.83	−1.24	−0.40	−4.47	24
云　南	−2.56	−2.61	−0.11	−5.28	25
贵　州	−1.97	−3.90	0.28	−5.59	26
新　疆	−2.10	−1.80	−1.86	−5.76	27
甘　肃	−3.13	−2.23	−0.63	−5.99	28
宁　夏	−3.92	−0.33	−2.48	−6.73	29
青　海	−4.14	−1.64	−2.41	−8.19	30
西　藏	−6.58	−1.86	−1.85	−10.29	31

可见，中国养老保险省际分配存在明显的差距。各省市之间经济支撑力、福利消费、制度需求因素均各不相同。养老保险的经济支撑力一直以来被认为是最重要的因素，从研究结果来看养老保险的经济支撑力与经济发展水平并不同步，而居民最终福利水平与经济发展水平密切相关。中国 31 个省份的测评结果中只有 12 个省份的总分值为正值，且省份之间差距较大，最大值与最小值的差值为 22.02 分。上海的养老保险水平列居全国第一，总分值达到 11.73，中西部地区养老保险省际分配综合得分较低，多数为负值。中国养老保险省际分配存在明显差异。但在差异分析中发现，在城镇养老保险省际差异综合测评体系中，归结为养老保险经济支撑、制度需求和福利消费这三方面的原因。养老保险必须有经济支撑作为后盾，而福利消费则是经济发展、养老保险制度完善追求的最终结果。制度需求关系着由人口结构变动带来的制度建设，也是养老保险向前发展的重要推动力。

从研究结果来看，省际间的养老保险水平还存在不同因素方面的差异，若盲目将养老保险实施全国统筹，劳动力流转可能导致地区间的利益冲突和矛盾，造成较大的省际间的收入再分配，不利于地区社会经济的协调发展。而短时间内消除养老保险在各地区各因素的差异是不现实的。在中国目前养老保险省际分配差距现状的基础上，逐步降低地区间的收入再分配力度。针对中国地区发展不平衡、养老保险省际分配差距大等现状，养老保险全国统筹的收入再分配程度要保持适度水平，不能简单地实行贫富平均的收入再分配，要体现生存公平和劳动公平的统一。养老保险统筹层次的提高要以梯度对接适度发展，既考虑地区间的激励又要考虑相对公平，养老金的增长应该考虑到当地的物价水平以及经济水平，还要考虑到不同地区的养老成本以及过去的工作贡献率，先从个人缴费工资为基础计算待遇逐步过渡到考虑当地平均工资和个人缴费为基础计算待遇，最终发展到以全国平均工资和个人缴费工资为基础计算待遇。综合考虑地区间收入差距，当地区间收入差距缩小时，养老金地区间收入再分配功能再逐渐增大。

统筹层次提升并非是一蹴而就的，既需要制度以及配套设施的完善，又需要解决地区间现实利益调整问题，而且涉及地区间利益调整问题才是统筹层次提升的根本症结所在。因此，统筹层次提升的实现要求分析出各地区福利流入和流出情况，研究出统筹层次带来的收入再分配效应。依据统筹层次提升带来的新的收入再分配效应，协调解决地区间利益调整问题，才能真正解决统筹层次提升路径，实现全国统筹。

五、养老保险制度及统筹层次实施的国际经验

养老保险作为整个社会保险制度中最重要的组成部分。养老保险制度作为一项社会经济事业，属于准公共产品，是一项为保证公民权利的公共制度。世界银行在发布的《保护老年人及促进福利增长的政策》的报告中提议：各国对于公共养老体系养老金体系的设置要建立三支柱体系即基本养老保险、企业补充养老保险（又被称作企业年金）、个人储蓄性养老保险。基本养老保险是各国养老保险制度体系中最为广泛强制性最高的一项基本养老保险支柱。帕姆佩尔、威廉姆斯[①]发现美国等国家基本养老保险模式是全民社会养老保险统一制度，体现的是参保的强制性和养老保险覆盖的全民性。下面选取美国、德国、欧盟的基本养老保险统筹层次实施的国际经验简单总结，以期为中国的改革与实践提供借鉴。

（一）美国基本养老保险制度及统筹层次实施情况

美国强制性基本养老保险其作用相当于中国基本养老保险，被称作老人、遗属和伤残保险（Old Age，Survivors and Disability Insurance，OASDI）。它的资金是由保险人在退休前缴纳社会养老保险税来征收，由雇主和雇员共同缴纳一定比例的养老金，退休后领取，由美国的联邦政府社会保障署统一负责，保险资金在全国统收统支，便于人员在全国范围内流动。OASDI 所缴的费用由信托基金保管，此基金只用于支付该福利计划提供的保险金和操作费用，并由美国健康和人文服务部（U. S. Department of Health and Human Services）的社会保障司（Social Security Administra-

① 约翰·B·威廉姆斯等著. 养老保险比较分析. 马胜杰等译. 北京：法律出社，2002. 178—186

tion）通过区域福利计划中心、地区办公室和分支机构来管理。申请退休金的人须提供年龄证明，一旦获得通过，退休者在他们有生之年每月可以按时接到养老金支票。国内税务管理局（the Internal Revenue Service）负责征收工资税，财政部（the Department 0f the Treasury）则签发养老金支票。

表 3—17　　美国养老保险制度及统筹层次实施情况

	项目	基本情况
美国基本养老保险制度（OASDI）	统筹层次	全国统筹
	缴费情况	雇主和雇员
	基金管理	信托基金保管；美国健康和人文服务部的社会保障司管理
	征税部门	国内税务管理局
	签发支票部门	财政部
	计发办法	AIME 三级超额累退法
	收入再分配	计发办法向低收入人群倾斜

美国基本养老金缴费和给付的标准（计发办法）可以反映出养老金制度的收入再分配效果。美国退休人员 OASI 养老金的初始水平是根据月平均指数化收入（Average Indexed Monthly Earnings，简称为 AIME），再依据拐点（bend points）使用“三级超额累退”法计算得到基本保险额（Primary Insurance Amount，简称为 PIA）。2005 年对于 AIME 在 627 美元的范围内给付 90%，627～3 779 美元的部分给付 32%，3 779 美元以上部分给付 15%。美国养老金计发办法参照 AIME 即为考虑个人缴费贡献，而根据不同的收入水平给付不同的替代率则考虑养老金给付向低收入人群倾斜，体现出养老保险全国统筹的收入再分配功能。

（二）德国基本养老保险制度及统筹层次实施情况

德国的养老保险以法定养老保险（基本养老保险）为主，辅之以多种形式的补充养老保险。原则上讲，所有雇员都是法定养老保险（基本养老保险）的义务参保人，养老保险在全国范围内实行统收统支，现收现支。雇主和雇员各负担一半养老保险缴费，当雇员月收入低于某一限额时，由雇主单独支付。领取养老金的年龄一般都为 65 周岁，养老金根据退休者退休时的工资和工龄长短计算，投保年限达45年的，养老金替代率可达到70%，最高不超过退休前最后1个月工资的75%。投保人如果去世，其没有收入来源的配偶还可以领取一定数额的遗属养老金。国家主要根据居民的消费水平和物价上涨率，每年确定一次各个分值对应的养老金金额。此外，法定养老保险每年还获得国家补贴，约占当年养老保险总支出的1/5。

表3—18　　德国养老保险制度及统筹层次实施情况

	项目	基本情况
德国基本养老保险制度	统筹层次	全国统筹
	缴费情况	雇主和雇员
	基金管理	自治管理：代表大会和董事会
	政策法规	全国统一制定
	计发办法	EP收入点数法
	收入再分配	计发办法依据调整因子对残疾、遗属等人群倾斜

德国社会保障制度的管理实行自治管理，这是德国社会保障管理体制中最具特色之处。自治管理是指在各类承办社会保险机构中，分别设置代表大会和董事会，负责决定保险承办机构的财政预算和人事安排。代表大会由投保人和雇主选举产生，董事会成员则由代表大会选举产生。所有社会保险结构均由来自雇员、雇主和公共团体的代表组成，对社会保障的管理享有较高的自治权，而政府主要负责立法和监督，公共社会保险法规政策是全国统一制定。这种社会自治管理有助于推动社会各方在社会保障方面的协调，具有很大的弹性可以对社会福利的各种需要和变化做出灵活反应。这种自治管理实质上是从经济权利和经济利益两方面构成了社会保障的两大平衡系统。使劳资双方形成稳定的“社会伙伴关系”。德国退休人员养老金初始水平则根据收入点数（个人收入相对于社会平均收入的比值，earning points，简称为EP）、服务年限、调整因子对基本养老金水平进行测算。德国养老金计发办法以EP来考察个人的缴费贡献，而依据调整因子对残疾、遗属等人群倾斜，体现出养老保险全国统筹的收入再分配功能。

（三）欧盟跨区域流转人员养老保险制度对接的实施情况

欧洲一体化使得欧共体里的劳动人员可以自由流动，同时也产生了这些在不同欧共体内的不同国家之间流动劳动力的养老保障权益如何得以保障的问题。欧洲理事会在社会保障领域通过采取下面措施来保障这部分人群的社会保障权益。主要内容有：

（1）建立劳动者能够在欧盟国家之间构建自由就业时不同国家养老保障体系之间的养老保险连接机制；主要做法是欧盟首先是以法律、条约等形式来推动欧盟内成员国的养老保险转移接续制度的建立和完善。如《建立欧洲煤钢共同体条约》《欧洲经济共同体条约》《欧洲联盟条约》到1408/71号条例、574/74号法令等实施细则。以法律条约形式规定了欧盟内各国之间的劳动人员因工作自由流动，他们的养老保险可以在不同的工作国家地区进行转移接续，并给出了比较完备的转移接续方法措施。

（2）在不同国家体系基础上建立相互联结的期限累加制度，以使转移就业的劳动者能够获得和累积社会保障福利。

（3）按照劳动力不同的工作特点为他们制定符合他们自身特点的养老保险转移方法。

（4）劳动者在欧盟任何国家就业可以立即在其工作的国家申请养老保险。

（5）按照劳动者在其工作地所在国家所做的养老保险贡献来确定再进行分段计所享有的养老保险待遇。

（6）劳动者在某个时期只能享有一个国家的社会养老保障。

对于养老保险转移接续的具体规定，欧盟养老保险转移接续制度如下：

（1）养老保险全面覆盖，即劳动者至少会被其中一个成员国的社会保障计划所覆盖。劳动者有权在任何一个成员国工作、求职或者退休，在一个成员国授权建立的养老基金可以在所有其他成员国按照同等条件进行运作，使其养老保险及其他的社会保险福利得以保障。根据有关法令，跨国流动就业的劳动者，可以只执行一个成员国的养老保险政策。通常情况下，劳动者在就业地国家缴费，参加养老保险。但如果劳动者被派往其他国家工作，在预期时间不超过 12 个月的时间内，该劳动者将继续执行其调离前的国家的社会保险政策。如果由于不可预期的情况导致工期超过 12 个月，还可延长不超过 12 个月。此外，为了个人或者一类人的利益，两国的社保部门也可达成一致，无论该劳动者工作时间长短，对其执行原所在国而不是就业所在国的社会保障制度。

（2）保险记录连续累加，即劳动者在各成员国的缴费年限应当得到连续累计、全部计算。例如，德国规定养老保险累计缴费满 5 年才可享受养老保险待遇。即使某劳动者 10 年的缴费记录中，只有 4 年是在德国完成，另外 6 年在其他国家缴费，该劳动者仍然被认为已达到享受德国养老保险待遇的最低缴费年限。

（3）保险待遇分段计算，即各成员国分别按照劳动者在本国完成的缴费年限来分配对该劳动者的养老保险待遇，即劳动者所获得的养老保险待遇为在各成员国工作期间按其缴费年限所应得养老金之和。并且法律规定，对流动劳动者计算的养老保险待遇不得低于同一时期一直在本国工作的劳动者的养老保险待遇。

根据欧盟国家养老保险转移接续制度，领取养老金申办程序包括：

（1）提出申请。劳动者向其居住地国家的社会养老保险机构提出支付其社会养老保险待遇的申请，同时告知该机构自己工作过的所有国家。

（2）信息汇总程序。其居住地国家的社会养老保险机构收到申请后，把包含申请人的姓名、地址、出生日期、社会保险序号等个人信息、申请书、支付养老金的银行、享受的其他福利待遇等情况，递送到该劳动者工作过的所有国家的社会保险机构。每个收到该劳动者信息的国家的社会保险机构都予以回复，明确该劳动者的具体情况以及在该国的工作缴费年限等情况。其居住国社会保险机构汇总所有参保国的回复，并为各参保国保险机构提供详细的养老保险整体记录。

（3）分配程序。各参保国根据该劳动者养老保险的整体记录，分别计算出该劳动者在本国法律下的概念上的权利，即如果该劳动者所有的缴费记录均在本国的情况下，按照本国的法律规定，应支付给该劳动者的养老保险待遇。然后，计算概念上的权利的比例，该比例等同于该劳动者在各参保国缴费时间的比例，即如果该劳动者分别在德国、法国、丹麦缴费 7 年、8 年、5 年，则德国、法国、丹麦应分别支付 35%、40%、25%的各自法律下的概念上的权利，作为各国应当支付给该劳动者养老保险待遇的份额。

从欧盟养老保险制度跨区域转移接续在规则、制度及程序之间的具体规定，欧盟国之间福利输入与输出也出现了转移和流动的情况。欧盟国之间因为经济发展水平不同，各国社会养老保险的保障水平也不一样。由于允许劳动力在各国自由流动，且社会养老保险可以转移，出现了养老金由较为富裕的国家向较为不富裕的国家流动的情况。对此，欧盟富裕国家的态度是开放的。原因就是这些较为不富裕的国家的劳动力为他们的国家创造了财富，而这些养老金的流动是这些劳动者该拥有的，是劳动力输入国对劳动力输出国在劳动力培养方面的补偿。通过这种基于劳动力培养所作的补偿性资金性输出，符合社会保障系统的贡献原则以及劳动力养老金输出又输入到本国的要求，较好地解决了因经济发展水平不一的各成员国之间以及就业转移模式单向性明显的情况下社会保障责任的分担问题。欧洲一体化带来人员自由流动，伴随着跨国转移就业的频繁出现，各国政府逐渐意识到协调包括养老保险在内的社会保障制度的重要性，在欧共体及随后的欧盟的促进下，不断以法律、条约等形式推动欧盟国家养老保险转移接续制度的建立和完善。

第四章 典型省份养老保险省级统筹计发及再分配效应

养老保险统筹层次是一个从县、市、省级统筹到全国统筹的逐步提升的过程。为了便于研究全国统筹与省级统筹的对接及其收入再分配效果的变化，先研究省级统筹及其收入再分配状况。为进行有重点、有针对性的分析，我们选择了典型省份进行养老保险统筹收入再分配效应分析，并以此作为养老保险全国统筹收入再分配比较分析的基础。

一、养老保险省级统筹计发及再分配效应研究框架

养老保险制度统筹层次逐级提升是中国养老保险体系建设、完善与发展的重要组成部分。养老保险省级统筹计发及再分配效应的研究既要考虑到省级统筹前后给付水平的变化，又要考虑地区间收入再分配效应的变化，还要根据地区间物价差异综合考察地区间养老保险真实给付水平，综合考量统筹层次提升对各地区新增退休人员享受到实际养老金福利的收入再分配效应。在经济发展水平、工资水平、物价水平等地区差异显著条件下测算省级统筹计发及再分配效应，就需要以科学的理念为指导，才能立足现实、科学规划、统筹全局、全面推进，始终把握正确的方向，为全国统筹的进一步推进铺平道路。基于此，提炼出养老保险省级统筹计发及再分配效应研究框架，见图 4—1。

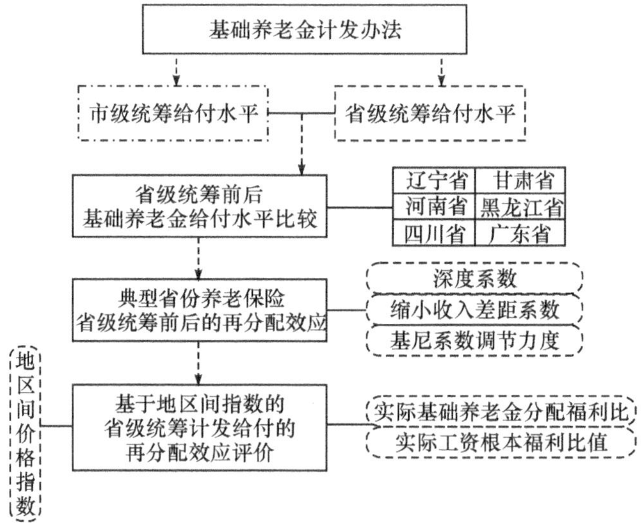

图 4—1　养老保险省级统筹计发及再分配效应研究框架

研究框架立足于中国城镇企业职工养老保险制度，依据基础养老金计发办法，具体分析出省级统筹的实施对已退休人员和新增退休人员的不同影响。

根据基础养老金计发办法测算出不同统筹层次下养老金的计发给付差别，测算出辽宁、河南、四川等六省份市级统筹给付水平和省级统筹给付水平的差异，进而分析出省级统筹缩小地区间的新增退休人员初次分配差异的再分配效应。其研究要点在于验证在以工资为主体的初次分配与养老保险为主体的再分配关系中，统筹层次提升带来的养老保险地区间收入再分配效应，即不同地区高缴费工资基数与低缴费工资基数之间的养老金再分配效应。通过养老保险统筹层次深度系数、收入差距缩小系数、基尼系数三个再分配效应测量系数验证基础养老金是否缩小地区间的初次分配差异，有效发挥养老保险的收入再分配调节作用。同时，再考虑到地区间经济水平、物价水平等差异，以名义养老金水平测算收入再分配效应将会无法真实反映统筹层次提升前后新增退休人员养老金的真实福利水平，将名义基础养老金转换为实际基础养老金，将名义缴费工资转换为实际缴费工资，可以进一步分析统筹层次提升对各地区新增退休人员享受到实际养老金福利的收入再分配效应；再根据相对于省平均水平的各城市实际养老金分配福利比与实际工资分配福利比，对基础养老金省级统筹下收入再分配公平性进行更深一步的评价和检验。

研究框架检验基础养老金分配是否起到了缩小贫富差距、缓解两极分化的作用，同时考察基础养老金贡献与实际享受福利相连动挂钩的结果，较全面反映基础养老金省级统筹对于新增退休人员的收入再分配效应。以深度系数、缩小收入差距系数、基尼系数三个再分配效应测量系数得到统筹层次提升后统筹范围内劳动者在职贡献的起点、人们有自由选择的机会以及缴费贡献与所得是否体现公平，是否体现了收入再分配功能；引入相对于省平均水平的初次分配（工资）与再分配（基础养老金）比值测算地区相对实际基础养老金福利和地区相对实际工资福利，综合考虑到统筹范围内劳动者养老待遇水平除去物价差异之后的缴费贡献与所得是否体现公平及收入再分配效果。研究框架中对于省级统筹计发及再分配效应的综合考量对于缩小中国地区间经济发展水平、教育文化水平、物价水平、养老保险发展水平等差异具有重要实践意义，对地区间福利分配公平性研究给出实证检验，综合反映各地区的基础养老金省级统筹收入再分配的真实福利结果，探讨基础养老金统筹层次提升分配公平性，为早日实现全国统筹铺平道路。

二、养老保险待遇计发办法分析

基础养老金计发办法反映了参保者的养老金收益权利，实际是养老保险计发办法的待遇计算公式和受益资格条件。目前，养老保险的计发办法的基本依据是《国务院关于完善企业职工养老保险制度的决定》（国发［2005］38号）和《国务院关于建立统一的企业职工养老保险制度的决定》（国发［1997］26号）等养老保险重要的政策性文件。26号文件规定《决定》实施前已退休的人员（“老人”）仍按国家原来的规定发给养老金，同时执行养老金的调整办法；《决定》实施前参加工作、实施后退休的职工（“中人”）发给基础养老金和个人账户养老金的基础上再发给过渡性养老金。《决定》实施后退休的职工（“新人”）发给基础养老金和个人账户养老金。基础养老金月标准为省、自治区、直辖市或地（市）（含行业）上年度职工月平均工资的20%；个人账户养老金月标准为本人账户储存额除以120；过渡性养老金为弥补“中人”在个人账户建账前的个人账户积累。38号文件对26号文件中的计发办法进行了改进：明确了个人账户规模和个人账户计发月数确定标准；将“退休时的基础养老金月标准”由“省、自治区、直辖市或地（市）上年度职工月平均工资的20%”改为“以当地上年度在岗职工月平均工资和本人指数化月平均缴费工资的平均值为基数，缴费每满1年发给1%”；各省、自治区、直辖市人民政府制定具体的过渡办法。

2010年中国各省、自治区、直辖市养老保险基本实现省级统筹。随着养老保险自市级统筹提升到省级统筹，对养老保险的计发也会产生影响。统筹层次提升后，“老人”养老金计发受到新老统筹范围养老金调整指数差异的影响；“新人”养老金计发受到新老统筹范围社平工资和养老金调整指数差异的影响；“中人”养老金计发除受到新老统筹范围社平工资和养老金调整指数差异的影响之外，还有新老统筹范围过渡养老金计发的差异。省级统筹提升前后“老人”“中人”“新人”的养老保险计发办法总结见表4—1。

表 4—1　　　　“老人”“中人”“新人”养老保险计发办法

<table>
<tr><td>项目</td><td>“老人”</td><td colspan="3">“中人”</td><td colspan="2">“新人”</td></tr>
<tr><td>人群</td><td>《决定》实施前已退休的人员</td><td colspan="3">《决定》实施前参加工作，之后退休的人员（个人缴费和视同缴费年限累计满 15 年）</td><td colspan="2">《决定》实施后参加工作的人员（个人缴费年限累计满 15 年）</td></tr>
<tr><td>计发办法</td><td>老办法</td><td colspan="3">过渡办法</td><td colspan="2">新办法</td></tr>
<tr><td rowspan="2">养老金构成</td><td rowspan="2">《国务院关于工人退休、退职的暂行办法》(1978)</td><td>基础养老金</td><td>个人账户养老金</td><td>过渡性养老金</td><td>基础养老金</td><td>个人账户养老金</td></tr>
<tr><td>38 号文件</td><td>38 号文件</td><td>所在地制定</td><td>38 号文件</td><td>38 号文件</td></tr>
<tr><td>养老金调整办法</td><td>执行</td><td colspan="3">执行</td><td colspan="2">执行</td></tr>
<tr><td>市级统筹</td><td>市养老金调整办法</td><td colspan="3">参照值：市在岗职工社会平均工资；过渡养老金及补贴等计发按市办法；市养老金调整办法</td><td colspan="2">参照值：市在岗职工社会平均工资；市养老金调整办法</td></tr>
<tr><td>省级统筹</td><td>省养老金调整办法</td><td colspan="3">参照值：省在岗职工社会平均工资；过渡养老金计发及补贴等按市办法；省养老金调整办法</td><td colspan="2">参照值：省在岗职工社会平均工资；省养老金调整办法</td></tr>
</table>

养老保险自市级统筹提升到省级统筹，对养老保险的给付水平也会发生影响。根据计发办法的待遇计算公式，统筹层次提升后，“老人”养老金计发受到新老统筹范围养老金调整指数差异的影响；“新人”养老金计发受到新老统筹范围社平工资和养老金调整指数差异的影响；“中人”养老金计发除受到新老统筹范围社平工资和养老金调整指数差异的影响之外，还有新老统筹范围过渡养老金计发的差异。

在同一年退休的群体视为退休同批人。同一统筹范围内，退休同批人的养老金计发社会平均工资基数是等同的（其退休上一年社会平均工资）；不同年份退休的职工社会平均工资基数是存在差异的。退休人员在退休的当年获得其养老金初始给付值之后，每年养老金给付额受到统筹范围调整办法的影响（见表 4—2）。统筹层次提升之后，对于已退休的人员只受到新老统筹范围调整办法差异的影响；而新退休人员则受到新老统筹范围社平工资、过渡性养老金计发等差异的影响。统筹层次提升对已退休人员养老金给付水平的影响仅限于“老人”和“中人”；而对于新退休人员养老金给付水平的影响仅限于“中人”。

表 4—2　　省级统筹对退休人员养老保险给付水平的影响

退休人员构成	群体构成	初始给付	调整办法
已退休人员	“中人”“老人”	不变	改为省调整办法
当年新退休人员	“中人”	基础养老金变化 过渡性养老金变化	改为省调整办法

对于省级统筹实施前已退休的人员来说，养老保险给付水平受到市省养老金调整办法差异的影响，而根据中国人力资源和社会保障厅公布的历年《调整企业退休人员养老金的通知》，各省基础养老金调整办法按照同一标准执行[①]。表 4—3 整理了中国 6 个典型城市已退休人员月平均养老金及次年调整办法。以辽宁为例，2011 年辽宁省退休老年人月平均养老金为 1512.82

① 1. 河南省：(1) 调整范围内的退休人员每人每月增加 100 元。(2) 按调整范围内退休人员本人的缴费年限（含视同缴费年限，不含折算工龄），每满 1 年增加 3 元。缴费年限不满 1 年的按 1 年计算。资料来源：http://www.ha.lss.gov.cn/sitegroup/root/html/4aef140825e3728f01261be1c51101b5/20120301182181901.html

2. 四川省：每人每月先增加 115 元，再按累计缴费年限（含视同缴费年限，下同）每满 1 年增加 3 元，不足 1 年按 1 年计算。资料来源：《关于 2012 年增加企业退休人员基本养老金的通知》（川人社发［2012］12 号）

3. 甘肃省：(1) 按退休（职）人员人均调整。退休人员月基本养老金人均增加 141 元；退职人员月退职生活费人均增加 109 元。(2) 按退休（职）人员全部缴费年限调整。在普调第 (1) 项的基础上，退休（职）人员，全部缴费年限（含视同缴费年限，不含折算年限，下同）每满 1 年增加 3 元，不满 1 年按 1 年计算。资料来源：《关于调整企业退休人员基本养老金的通知》（人社部发［2012］5 号）

4. 黑龙江省：(1) 2011 年 12 月 31 日前正常退休人员，增加 102 元/月；(2) 2011 年 12 月 31 日前退职及其他人员，增加 70 元/月；(3) 缴费年限（含视同缴费年限）每满 1 年再增加 1 元/月，其他人员缴费年限按 15 年计算，其中城镇个体劳动者缴费年限超过 15 年的，按实际缴付年限计算。资料来源：《关于 2012 年调整企业退休人员基本养老金的通知》（黑人社发［2012］25 号）

5. 广东省：(1) 每人每月按照 2011 年全省企业退休人员月人均基本养老金的 5%即 83 元定额计发。(2) 2011 年 12 月 31 日前已经领取基本养老金的人员，按本人调整前基本养老金月标准的 5%定比计算调整额；2012 年 1 月至 6 月首次领取基本养老金的人员，按本人首次领取基本养老金月标准的 5%定比计算调整额。资料来源：《关于 2012 年度调整企业退休人员基本养老金的通知》（粤人社发［2012］55 号）

6. 辽宁省人力资源与社会保障厅网站，www.ln.hrss.gov.cn

元，根据中国养老金调整办法可以得到下年度的月平均养老金。由于各省养老金调整为统一标准，省级统筹对养老金给付的调整不存在影响。以河南省为例，2011 年河南省退休老年人月平均养老金为 1 465.47 元，根据中国养老金调整办法可以得到下年度的月平均养老金。由于各省养老金调整为统一标准，省级统筹对养老金给付的调整也不存在影响。

表 4—3　　中国典型省份已退休人员月平均养老金及次年调整办法（2011 年）

地区	离退休人数（万人）	基金支出（亿元）	月平均养老金（元）	调整办法
辽宁省	486.48	883.14	1512.82	《人力资源和社会保障部财政部关于 2012 年调整企业退休人员养老金的通知》[2012] 5 号
河南省	287.90	506.29	1465.47	
四川省	495.44	753.93	1268.12	
甘肃省	85.09	153.96	1507.78	
黑龙江省	380.04	603.94	1324.31	
广东省	372.55	764.51	1710.06	

注：月平均养老金由基金支出与离退休人数计算得到。

资料来源：辽宁省统计年鉴（2010）. 北京：中国统计出版社

对于省级统筹实施当年及以后新增退休的人员来说，虽然各省养老保险给付水平的调整并不受统筹层次提升的影响，但由于养老保险给付的初始水平受到新老统筹范围社会平均工资、过渡性养老金计发办法等差异的影响，所以统筹层次提升对于基础养老金给付水平的影响主要在于新增退休人员的初始给付值。

新增退休人员基础养老金初始值的测算以在岗职工月平均工资与本人指数化月平均缴费工资的均值作为计发工资基数，缴费年限每满 1 年发给 1%。过渡性养老金是以上年在岗职工月平均工资和本人指数化月平均缴费工资平均值乘以视同缴费年限乘以 1.4%。① 各个省份的比例略有不同，详情见表 4—4。

① 《关于改革城镇企业职工基本养老金计发办法的通知》（辽劳社发［2006］81 号）

表 4—4　　中国典型省份养老金给付办法

<table>
<tr><th>地区</th><th>基础养老金</th><th>过渡养老金</th><th>个人账户</th></tr>
<tr><td>辽宁省</td><td rowspan="6">以达到退休条件时上年度省在岗职工月平均工资与本人指数化月平均缴费工资之和的平均值为基数，缴费年限（计算到月）每满 1 年发给</td><td>过渡系数：1.4%</td><td rowspan="6">职工个人账户全部储存额除以计发月数</td></tr>
<tr><td>河南省</td><td>过渡系数：1.4%
（2006 年 7 月 1 号后改为 1.3%）</td></tr>
<tr><td>四川省</td><td>过渡系数：1.3%</td></tr>
<tr><td>甘肃省</td><td>过渡系数：1.2%</td></tr>
<tr><td>黑龙江省</td><td>过渡系数：1.2%</td></tr>
<tr><td>广东省</td><td>视同缴费指数计算</td></tr>
</table>

基础养老金从市级统筹提升到省级统筹，体现到计发办法中是市、省统筹范围社会平均工资的差异。市级统筹的社会平均工资基数采用的是统筹范围市社会平均工资，而省级统筹的社会平均工资基数采用的是统筹范围省社会平均工资。公式 4—1 作为市级统筹层次的基础养老金待遇给付公式，公式 4—2 可以相应的作为省级统筹层次的基础养老金待遇给付公式。市、省级统筹过渡性养老金待遇给付公式为 4—3 和 4—4，个人账户养老金为本人退休时个人账户累计存储额/计发月数。

$$Y_0 = h\% \times \frac{1}{2} \times W_{e-1}^0 \left[1 + \sum_{n=x}^{e-1} \left(\frac{w_n}{W_n^0}\right) / (e - x)\right], \ h \geqslant 15 \quad (4—1)$$

$$Y' = h\% \times \frac{1}{2} \times W'_{e-1} \left[1 + \sum_{n=x}^{e-1} \left(\frac{w_n}{W'_n}\right) / (e - x)\right], \ h \geqslant 15 \quad (4—2)$$

其中，Y_0 为市级统筹情况下职工退休当年的待遇给付；Y' 为省级统筹情况下职工退休当年的待遇给付；h 表示缴费年限；e 表示退休年龄；x 表示参保年龄；W'_n 表示 n 岁时的统筹范围省社会平均工资；W_n^0 表示 n 岁时的统筹范围市社会平均工资；w 表示职工 n 岁时缴费工资。

$$Y_{G0} = S\% \times N_G \ast W_{e-1}^0 \left[1 + \sum_{n=x}^{e-1} \left(\frac{w_n}{W_n^0}\right) / (e - x)\right], \ h \geqslant 15 \quad (4—3)$$

$$Y_G' = S\% \times N_G \times W'_{e-1} \left[1 + \sum_{n=x}^{e-1} \left(\frac{w_n}{W'_n}\right) / (e - x)\right], \ h \geqslant 15 \quad (4—4)$$

其中，Y_{G0} 为市级统筹情况下职工退休当年的过渡养老金待遇给付；Y_G'

为省级统筹情况下职工退休当年的过渡养老金待遇给付；N_G 为视同缴费年限；S 为过渡系数。

三、典型省份养老保险省级统筹与市级统筹计发给付水平

为了结合各个地区的实际情况，典型省份选自中国的不同地区，兼顾沿海和内陆，兼顾发达地区和欠发达地区，选取辽宁省、河南省、四川省、甘肃省、黑龙江省和广东省六省，将典型省份养老保险省级统筹与市级统筹计发给付水平进行比较，分别将对这些省份省级统筹前后收入再分配效果进行研究，兼顾不同类型地区，避免单独研究某一省份可信度低、适用性不强等特点，综合各地区反映出养老保险省级统筹前后给付水平及收入再分配效果。

（一）辽宁省省级统筹前后基础养老金给付水平比较

为了比较出省市级统筹养老金给付水平的差异，根据辽宁省 14 个城市 2010 年实行市级统筹和省级统筹两种情况下模拟基础养老金给付水平。假设每个城市存在一个以该城市在职职工平均工资作为缴费基数的职工，到 2010 年 7 月达到法定退休年龄 60 岁，缴费年限为 20 年。根据 2010 年基础养老金和过渡性养老金的计发办法，计算出 2010 年各城市新增退休人员的养老金模拟水平（见表 4—5）。可见，省级统筹与市级统筹相比，2010 年新增退休人员基础养老金给付水平和过渡性养老金给付水平都发生了变化。

表 4—5　辽宁省各城市新增退休人员的养老金模拟水平（2010 年）

单位：元/月

统筹层次	市级统筹				省级统筹			
地区	基本养老金	基础养老金	过渡性养老金	个人账户养老金	基本养老金	基础养老金	过渡性养老金	个人账户养老金
辽宁省	939.14	518.40	287.40	133.34	939.14	518.40	287.40	133.34

续表

统筹层次	市级统筹				省级统筹			
地区	基本养老金	基础养老金	过渡性养老金	个人账户养老金	基本养老金	基础养老金	过渡性养老金	个人账户养老金
沈阳	1135.95	632.28	350.54	153.13	995.29	541.79	300.37	153.13
大连	1174.43	646.10	358.20	170.13	1096.44	595.93	330.38	170.13
鞍山	921.95	507.23	281.21	133.50	943.91	521.36	289.04	133.50
抚顺	927.47	513.80	284.85	128.82	917.24	507.22	281.20	128.82
本溪	880.17	473.03	262.25	144.88	938.56	510.60	283.08	144.88
丹东	713.00	389.50	215.94	107.56	835.87	468.54	259.76	107.56
锦州	780.11	431.63	239.30	109.18	845.52	473.71	262.63	109.18
营口	795.21	439.80	243.83	111.58	840.17	468.73	259.86	111.58
阜新	694.87	383.38	212.55	98.93	799.65	450.80	249.92	98.93
辽阳	842.53	462.28	256.29	123.96	906.43	503.39	279.08	123.96
盘锦	742.62	406.02	225.10	111.50	888.32	499.75	277.06	111.50
铁岭	729.91	401.10	222.37	106.44	827.76	464.05	257.27	106.44
朝阳	792.48	442.70	245.43	104.35	823.85	462.88	256.62	104.35
葫芦岛	728.65	399.05	221.23	108.37	853.63	479.45	265.81	108.37

注：基本养老金＝基础养老金＋过渡性养老金＋个人账户养老金；基础养老金按照公式4—1和4—2计算；过渡性养老金按照公式4—3和4—4计算；个人账户全部存储额（含利）按照2006年6月30日前老账户缴费率11%，2001年7月1日后的新账户缴费率8%，历年新老个人账户记账利率为3%进行测算。假设各城市均存在一个1950年出生、1990年8月参加工作、2010年7月退休的职工，缴费年限为20年，其缴费基数为各城市在岗职工社会平均工资。

资料来源：辽宁省统计年鉴（2011）．北京：中国统计出版社

假设每个城市存在以该城市在职职工平均工资作为缴费基数的职工，达到法定退休年龄60岁退休，缴费年限分别为20年和30年。根据当年基础养老金和过渡性养老金的计发办法，计算出各城市新增退休人员的基础养老金模拟水平（见表4—6）。可见，省级统筹与市级统筹相比，新增退休人员基础养老金给付水平发生了变化。

表 4—6　　辽宁省各城市退休人员的基础养老金模拟水平　　单位：元/月

统筹层次	市级统筹基础养老金				省级统筹基础养老金			
年份	2010 年		2011 年		2010 年		2011 年	
地区	累计缴费20 年	累计缴费30 年	累计缴费20 年	累计缴费30 年	累计缴费20 年	累计缴费30 年	累计缴费20 年	累计缴费30 年
辽宁省	518.40	777.60	584.28	876.43	518.40	777.60	584.28	876.43
沈阳	632.28	948.43	692.08	1038.13	541.79	812.68	612.10	918.14
大连	646.10	969.15	743.62	1115.43	595.93	893.90	671.26	1006.89
鞍山	507.23	760.85	548.55	822.83	521.36	782.04	586.50	879.76
抚顺	513.80	770.70	585.80	878.70	507.22	760.83	572.39	858.58
本溪	473.03	709.55	530.38	795.58	510.60	765.90	574.53	861.80
丹东	389.50	584.25	431.05	646.58	468.54	702.81	527.02	790.52
锦州	431.63	647.45	490.83	736.25	473.71	710.57	534.11	801.16
营口	439.80	659.70	509.87	764.80	468.73	703.10	529.29	793.93
阜新	383.38	575.08	422.57	633.85	450.80	676.19	507.84	761.76
辽阳	462.28	693.43	533.80	800.70	503.39	755.08	566.93	850.39
盘锦	406.02	609.03	467.13	700.70	499.75	749.63	561.29	841.94
铁岭	401.10	601.65	465.98	698.98	464.05	696.08	523.14	784.71
朝阳	442.70	664.05	499.12	748.68	462.88	694.33	522.76	784.15
葫芦岛	399.05	598.58	434.02	651.03	479.45	719.17	538.74	808.10

注：基础养老金按照公式 4—1 和 4—2 计算。同辽宁假设。

资料来源：辽宁省统计年鉴（2011）．北京：中国统计出版社

通过分析比较市级统筹和省级统筹下缴费 20 年养老金给付水平差额，可以发现 2010 年沈阳市累计缴费 20 年市级统筹养老金为 632.28 元；省级统筹为 541.79 元，下降幅度最大，养老金分配调节差额达到 90.49 元；盘锦市累计缴费 20 年市级统筹养老金为 406.12 元，省级统筹为 499.75 元，提升幅度最大，分配调节差额达到 93.74 元。收入差距的大小可以用标准差来测量，2010 年市级统筹标准差为 81.96，省级统筹标准差为 37.81，省级统筹标准差明显小于市级统筹标准差，从养老金给付来说，2010 年养老金省级统筹较市级统筹的分配差距明显缩小。

2011 年沈阳市累计缴费 20 年市级统筹养老金为 692.08 元；省级统筹

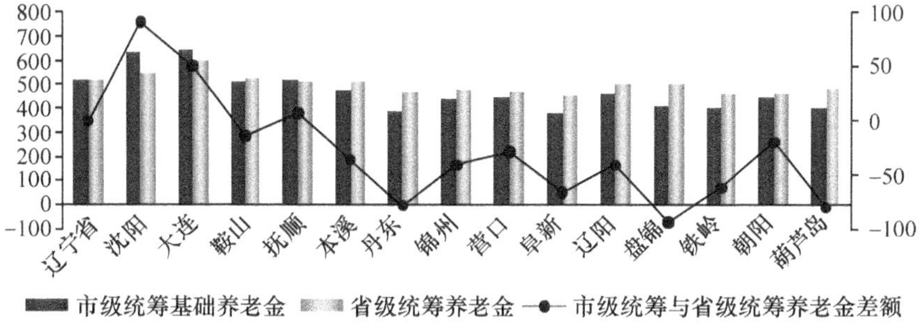

图 4—2　辽宁省省级、市级统筹基础养老金分配差额（2010 年）

注：基础养老金按照公式 4—1 和 4—2 计算。

资料来源：辽宁省统计年鉴（2011）. 北京：中国统计出版社

为 612.10 元，下降幅度最大，养老金分配调节差额达到 79.98 元；葫芦岛市累计缴费 20 年市级统筹养老金为 434.02 元，省级统筹为 538.74 元，提升幅度最大，分配调节差额达到 104.72 元。2011 年市级统筹标准差为 92.51，省级统筹标准差为 42.60，省级统筹标准差明显小于市级统筹标准差，从养老金给付来说，2011 年养老金省级统筹较市级统筹的分配差距明显缩小。

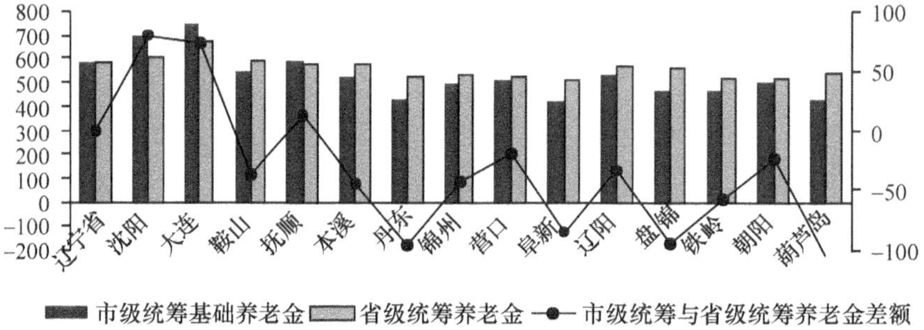

图 4—3　辽宁省省级、市级统筹基础养老金分配差额（2011 年）

注：基础养老金按照公式 4—1 和 4—2 计算。

资料来源：辽宁省统计年鉴（2011）. 北京：中国统计出版社

从图 4—4 来看，辽宁省省级统筹前后不同地区基础养老金待遇存在着贡献与获得关系。沈阳、大连、抚顺省级统筹基础养老金低于市级统筹基础养老金，即基础养老金待遇贡献地区；其他城市为基础养老金待遇获得地区。由于统筹层次提升带来的基础养老金待遇变动是由于新老统筹范围社会平均工资及增长率的差异造成的，两个影响参数的共同作用，影响了养老金数额的最终值。这可以解释抚顺市社会平均工资低于省社会平均工资，但其市社会平均工资的相对增速快于该省平均工资相对增速，且影响程度高于前者的影响，因而省级统筹反而带来抚顺市基础养老金数额的下降。

图 4—4　辽宁省省级、市级统筹基础养老金贡献与获得图示（2011 年）

2010 年新增退休人员基础养老金省级统筹基尼系数为 0.05（非等分法），0.0351（协方差法），而市级统筹的基尼系数为 0.11（非等分法），0.0748（协方差法），马斯格雷夫-辛恩指数（MT）在 0.06（非等分法），0.0397（协方差法）左右，说明基础养老金省级统筹分配差距小于养老金市级统筹差距。相对于养老金市级统筹分配，名义基础养老金省级统筹分配缩小了 54.55%（非等分法），53.07%（协方差法）的分配差。可以说，对于新增退休人员来说，基础养老金统筹层次的提升实现了缩小收入差距的收入再分配。

2011 年新增退休人员基础养老金省级统筹基尼系数为 0.05（非等分法），0.035（协方差法），而市级统筹的基尼系数为 0.11（非等分法），0.0758（协方差法），马斯格雷夫-辛恩指数（MT）在 0.06（非等分法），0.0408（协方差法）左右，说明基础养老金省级统筹分配差距小于养老金市级统筹差距。相对于养老金市级统筹分配，名义基础养老金省级统筹分配缩小了 54.55%（非等分法），53.83%（协方差法）的分配差。可以说，对于新增退休人员来说，基础养老金统筹层次的提升实现了缩小收入差距的收入再分配，缩小了地区间福利差距。如表 4—7 所示。

表 4—7　　2010－2011 年辽宁省级统筹前后基尼系数、辛恩指数以及分配差

项目 / 年份	省级统筹基尼系数	市级统筹基尼系数	马斯格雷夫-辛恩指数	缩小分配差（%）
2010	0.0351	0.0748	0.0397	53.07
2011	0.035	0.0758	0.0408	53.83

对于“统账结合”模式来说，现收现付社会统筹部分强调公平，个人账户部分强调效率，而过渡性养老金是对“中人”个人账户欠缺的一种补偿。因此，研究养老保险的收入再分配效应的重点在于分析社会统筹部分的收入再分配作用。社会统筹部分给付基础养老金的收入再分配体现在高收入者与低收入者缴费额不同，但相同工龄者领取的基础养老金额度缩小了高低收入者之间的缴费差距，从而实现了高、低收入者之间的收入再分配。

（二）河南省省级统筹前后基础养老金给付水平比较

对于省级统筹实施前已退休的人员来说，养老保险给付水平受到市省养老金调整办法差异的影响，河南省基础养老金计发办法按照同一标准执行。根据《河南省完善企业职工养老保险制度实施意见》［2006］中规定：(1)《国务院关于建立统一的企业职工养老保险制度的决定》（国发［1997］26 号）实施后参加工作、缴费年限（含视同缴费年限，下同）累计满 15 年的人员，退休后按月发给养老金。养老金由基础养老金和个人账户养老金组

成。退休时的基础养老金月标准以全省上年度在岗职工月平均工资和本人指数化月平均缴费工资的平均值为基数，缴费每满 1 年发给 1%。个人账户养老金月标准为个人账户储存额除以计发月数，计发月数按国发［2005］38 号文件规定执行。(2) 国发［1997］26 号文件实施前参加工作、本意见实施后退休且缴费年限累计满 15 年的人员，在发给基础养老金和个人账户养老金的基础上，再发给过渡性养老金。过渡性养老金计发办法由省劳动保障厅、财政厅按照待遇水平合理衔接、新老政策平稳过渡的原则另行制定。(3) 本意见实施后到达退休年龄且办理退休手续，但缴费年限累计不满 15 年的人员，不发给基础养老金，个人账户储存额一次性支付给本人。缴费年限累计每满 1 年再发给 1 个月的本人指数化月平均缴费工资标准的生活费，终止养老保险关系。城镇个体工商户和灵活就业人员达到规定退休年龄后，如果缴费年限累计不满 15 年的，本人自愿，可以向后延长缴费年限，最多不超过 5 年，但不得以向前追溯缴费的方式增加缴费年限。(4) 本意见实施前已经离退休的人员，仍按其离退休时国家和我省的政策规定发给养老金，同时执行养老金调整办法。根据养老金调整办法可以得到下年度的月平均养老金。由于省内养老金调整为统一标准，省级统筹对养老金给付的调整也不存在影响。

基础养老金从市级统筹提升到省级统筹，体现到计发办法中是市、省统筹范围社会平均工资的差异。市级统筹的社会平均工资基数采用的是统筹范围市社会平均工资，而省级统筹的社会平均工资基数采用的是统筹范围省社会平均工资。公式 4—1 作为市级统筹层次的基础养老金待遇给付公式，公式 4—2 可以相应的作为省级统筹层次的基础养老金待遇给付公式。市、省级统筹过渡性养老金待遇给付公式为 4—3 和 4—4，个人账户养老金为本人退休时个人账户累计存储额/计发月数。

为了比较出省市级统筹养老金给付水平的差异，根据河南省 18 个城市 2010 年和 2011 年实行市级统筹和省级统筹两种情况下模拟基础养老金给付水平。假设每个城市存在以该城市在职职工平均工资作为缴费基数的职工，达到法定退休年龄 60 岁退休，缴费年限分别为 20 年和 30 年。根据当年基础养老金和过渡性养老金的计发办法，计算出各城市新增退休人员的基础养老金模拟水平（见表 4—8）。可见，省级统筹与市级统筹相比，新增退休人员基础养老金给付水平发生了变化。以郑州市为例，2011 年市级统筹累计缴费 30 年基础养老金为 819.46 元/月，实行省级统筹之后，累计缴费 30 年基础养老金达到 827.73 元/月，省级统筹提高了养老金水平。

表 4—8　　河南省各城市新增退休人员的基础养老金模拟水平 单位：元/月

统筹层次	市级统筹基础养老金				省级统筹基础养老金			
年份	2010		2011		2010		2011	
地区	累计缴费 20 年	累计缴费 30 年	累计缴费 20 年	累计缴费 30 年	累计缴费 20 年	累计缴费 30 年	累计缴费 20 年	累计缴费 30 年
河南省	455.95	683.93	505.05	757.58	455.95	683.93	505.05	757.58
郑州市	497.28	745.93	546.31	819.46	500.53	750.80	551.82	827.73
开封市	353.90	530.85	402.04	603.07	397.24	595.86	441.25	661.87
洛阳市	435.83	653.75	498.62	747.93	456.26	684.38	505.07	757.60
平顶山市	473.92	710.88	532.27	798.40	454.68	682.02	505.01	757.51
安阳市	401.52	602.28	446.20	669.30	446.63	669.94	492.99	739.48
鹤壁市	352.25	528.38	431.01	646.52	419.43	629.15	464.91	697.37
新乡市	332.80	499.20	376.30	564.45	402.41	603.61	445.28	667.92
焦作市	408.10	612.15	438.84	658.26	430.21	645.31	476.12	714.17
濮阳市	400.68	601.03	452.47	678.70	469.86	704.78	516.66	775.00
许昌市	380.25	570.38	444.11	666.16	408.97	613.46	454.97	682.46
漯河市	315.23	472.85	351.81	527.71	392.53	588.80	434.22	651.33
三门峡市	444.87	667.30	507.44	761.16	444.93	667.40	494.07	741.10
南阳市	347.23	520.85	388.48	582.72	412.62	618.93	456.12	684.18
商丘市	360.77	541.15	404.26	606.39	393.86	590.80	437.95	656.92
信阳市	356.82	535.23	411.81	617.71	401.09	601.63	445.57	668.35
周口市	342.45	513.68	399.82	599.73	372.30	558.45	416.03	624.04
驻马店市	318.80	478.20	358.21	537.31	390.95	586.42	432.92	649.38
济源市	366.53	549.80	415.69	623.54	424.90	637.35	469.72	704.59

注：基础养老金按照公式 4—1 和 4—2 计算。同辽宁假设。

资料来源：河南省统计年鉴（2011），北京：中国统计出版社

通过分析比较市级统筹和省级统筹下养老金给付水平差额，可以发现 2010 年平顶山市累计缴费 20 年市级统筹养老金为 473.92 元；省级统筹为

454.68元，下降幅度最大，养老金分配调节差额达到19.27元；漯河市累计缴费20年市级统筹养老金为315.23元，省级统筹为392.53元，提升幅度最大，分配调节差额达到77.30元。收入差距的大小可以用标准差来测量，2010年市级统筹标准差为53.60，省级统筹标准差为33.07，省级统筹标准差明显小于市级统筹标准差，从养老金给付来说，2010年养老金省级统筹较市级统筹的分配差距明显缩小。

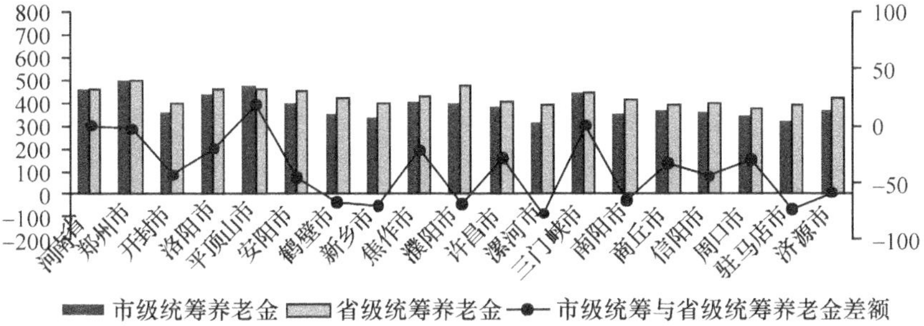

图4—5　河南省省级、市级统筹基础养老金分配差额（2010年）

注：基础养老金按照公式4—1和4—2计算。

资料来源：河南省统计年鉴（2011）．北京：中国统计出版社

2011年平顶山市累计缴费20年市级统筹养老金为532.27元；省级统筹为505.01元，下降幅度最大，养老金分配调节差额达到27.26元；漯河市累计缴费20年市级统筹养老金为351.81元，省级统筹为434.22元，提升幅度最大，分配调节差额达到82.41元。2011年市级统筹标准差为57.30，升级统筹标准差为35.56，省级统筹标准差明显小于市级统筹标准差，从养老金给付来说，2011年养老金省级统筹较市级统筹的分配差距明显缩小。

从图4—7来看，河南省省级统筹前后不同地区基础养老金待遇存在着贡献与获得关系。平顶山省级统筹基础养老金低于市级统筹基础养老金，即基础养老金待遇贡献地区；其他城市为基础养老金待遇获得地区。由于统筹层次提升带来的基础养老金待遇变动是由于新老统筹范围社会平均工资及增长率的差异造成的，两个影响参数的共同作用，影响了养老金数额的最终值。这可以解释郑州市社会平均工资高于省社会平均工资，但其市社会平均

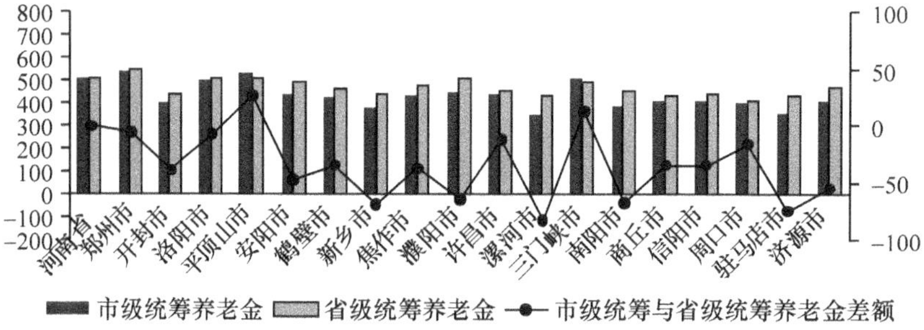

图 4—6　河南省省级、市级统筹基础养老金分配差额（2011 年）

注：基础养老金按照公式 4—1 和 4—2 计算。

资料来源：《河南省统计年鉴》（2011），北京：中国统计出版社

图 4—7　河南省省级、市级统筹基础养老金贡献与获得图示（2011 年）

工资的相对增速慢于该省平均工资相对增速，且影响程度高于前者的影响，因而省级统筹反而带来高收入城市郑州市基础养老金数额的上升。

2010年新增退休人员基础养老金省级统筹基尼系数为0.05（非等分法），0.0356（协方差法），而市级统筹的基尼系数为0.08（非等分法），0.0563（协方差法），马斯格雷夫-辛恩指数（MT）在0.03（非等分法），0.0207（协方差法）左右，说明基础养老金省级统筹分配差距小于养老金市级统筹差距。相对于养老金市级统筹分配，名义基础养老金省级统筹分配缩小了的37.5%（非等分法），36.77%（协方差法）分配差。可以说，对于新增退休人员来说，基础养老金统筹层次的提升实现了缩小收入差距的收入再分配。

2011年新增退休人员基础养老金省级统筹基尼系数为0.05（非等分法），0.0381（协方差法），而市级统筹的基尼系数为0.07（非等分法），0.0597（协方差法），马斯格雷夫-辛恩指数（MT）在0.02（非等分法），0.0216（协方差法）左右，说明基础养老金省级统筹分配差距小于养老金市级统筹差距。相对于养老金市级统筹分配，名义基础养老金省级统筹分配缩小了28.57%（非等分法），36.18%（协方差法）的分配差。可以说，对于新增退休人员来说，基础养老金统筹层次的提升实现了缩小收入差距的收入再分配，见表4—9。

表4—9　2010—2011年河南省基尼系数、辛恩指数以及分配差

项目 年份	省级统筹基尼系数	市级统筹基尼系数	马斯格雷夫-辛恩指数	缩小分配差（%）
2010	0.0356	0.0563	0.0207	36.77
2011	0.0381	0.0597	0.0216	36.18

对于“统账结合”模式来说，现收现付社会统筹部分强调公平，个人账户部分强调效率，而过渡性养老金是对“中人”个人账户欠缺的一种补偿。因此，研究养老保险的收入再分配效应重点在于分析社会统筹部分的收入再分配作用。社会统筹部分给付基础养老金的收入再分配体现在高收入者与低收入者缴费额不同，但相同工龄者领取的基础养老金额度是缩小了高低收入者的缴费差距的，从而实现了高、低收入者之间的收入再分配。

（三）四川省省级统筹前后基础养老金给付水平比较

对于省级统筹实施前已退休的人员来说，养老保险给付水平受到市省养

老金调整办法差异的影响，四川省基础养老金计发办法按照同一标准执行。根据《四川省人民政府贯彻国务院关于完善企业职工养老保险制度的决定的通知》（川府发［2006］13号）的规定：1.1996年1月以后参加工作、缴费年限（含视同缴费年限）累计满15年及以上的职工，养老金按以下办法计发：（1）基础养老金＝（退休时上一年全省在岗职工月平均工资＋本人指数化月平均缴费工资）/2×累计缴费年限×1%。（2）个人账户养老金＝退休时个人账户储存额/本人退休年龄相对应的计发月数。2.1995年12月31日及以前参加工作、缴费年限累计满15年及以上的职工养老金按以下办法计发：（1）基础养老金＝（退休时上一年全省在岗职工月平均工资＋本人指数化月平均缴费工资）/2×累计缴费年限×1%。（2）个人账户养老金＝退休时个人账户储存额/本人退休年龄相对应的计发月数。（3）过渡性养老金＝（退休时上年全省在岗职工月平均工资＋本人指数化月平均工资）/2×1995年12月31日及以前未建立个人账户的累计年限×1.3%。（4）调节金＝70元×计算比例，其中计算比例从2006年起至2010年每年分别为90%、70%、50%、30%、10%。2011年起不再计发调节金。根据养老金调整办法可以得到下年度的月平均养老金。由于省内养老金调整为统一标准，省级统筹对养老金给付的调整也不存在影响。

基础养老金从市级统筹提升到省级统筹，体现到计发办法中是市、省统筹范围社会平均工资的差异。市级统筹的社会平均工资基数采用的是统筹范围市社会平均工资，而省级统筹的社会平均工资基数采用的是统筹范围省社会平均工资。公式4—1作为市级统筹层次的基础养老金待遇给付公式，公式4—2可以相应的作为省级统筹层次的基础养老金待遇给付公式。市、省级统筹过渡性养老金待遇给付公式为4—3和4—4，个人账户养老金为本人退休时个人账户累计存储额/计发月数。

为了比较出省市级统筹养老金给付水平的差异，根据四川省21个城市2010年和2011年实行市级统筹和省级统筹两种情况下模拟基础养老金给付水平。假设每个城市存在以该城市在职职工平均工资作为缴费基数的职工，达到法定退休年龄60岁退休，缴费年限分别为20年和30年。根据当年基础养老金和过渡性养老金的计发办法，计算出各城市新增退休人员的基础养老金模拟水平（见表 4—10）。可见，省级统筹与市级统筹相比，新增退休人员基础养老金给付水平发生了变化。

表 4—10　四川省各城市新增退休人员的基础养老金模拟水平 单位：元/月

统筹层次	市级统筹基础养老金				省级统筹基础养老金			
年份	2010		2011		2010		2011	
地区	累计缴费20年	累计缴费30年	累计缴费20年	累计缴费30年	累计缴费20年	累计缴费30年	累计缴费20年	累计缴费30年
四川	386.52	579.78	449.21	673.81	386.52	579.78	449.21	673.81
成都市	447.95	671.93	508.58	762.86	431.62	647.42	499.56	749.33
自贡市	348.86	523.29	387.05	580.58	361.19	541.79	419.62	629.44
攀枝花市	442.69	664.03	500.49	750.73	420.63	630.94	487.58	731.37
泸州市	337.65	506.48	374.14	561.20	363.82	545.73	421.82	632.73
德阳市	416.63	624.94	472.58	708.86	417.72	626.59	483.24	724.86
绵阳市	375.62	563.43	439.11	658.67	373.64	560.46	435.15	652.72
广元市	362.56	543.84	422.14	633.20	347.77	521.65	407.04	610.55
遂宁市	329.72	494.59	377.02	565.54	338.93	508.39	395.65	593.47
内江市	322.39	483.59	372.33	558.50	349.40	524.09	406.49	609.74
乐山市	345.48	518.21	397.75	596.62	351.78	527.68	410.17	615.26
南充市	316.88	475.32	369.94	554.91	339.55	509.33	395.98	593.97
宜宾市	327.36	491.05	381.61	572.41	355.13	532.69	412.97	619.45
广安市	387.26	580.89	421.08	631.62	368.31	552.46	428.69	643.04
达州市	333.60	500.39	381.88	572.83	360.20	540.31	418.35	627.52
雅安地区	342.64	513.96	380.14	570.22	347.19	520.78	404.52	606.78
巴中地区	340.16	510.24	384.42	576.63	359.48	539.21	417.69	626.54
眉山地区	335.96	503.95	383.26	574.89	338.80	508.20	395.79	593.69
资阳地区	349.23	523.84	403.73	605.60	362.29	543.44	421.55	632.32
阿坝藏族羌族	478.61	717.92	563.13	844.70	412.36	618.53	481.69	722.53
甘孜藏族	520.11	780.17	571.76	857.65	423.51	635.26	493.86	740.79
凉山彝族	485.84	728.76	544.46	816.70	409.15	613.72	477.45	716.17

注：基础养老金按照公式 4—1 和 4—2 计算。同辽宁假设。

资料来源：四川省统计年鉴（2011）. 北京：中国统计出版社

通过分析比较市级统筹和省级统筹下养老金给付水平差额，可以发现 2010 年甘孜藏族自治州累计缴费 20 年市级统筹养老金为 520.11 元；省级统筹为 423.51 元，下降幅度最大，养老金分配调节差额达到 96.61 元；宜宾市累计缴费 20 年市级统筹养老金为 327.36 元，省级统筹为 355.13 元，提升幅度最大，分配调节差额达到 27.76 元。2010 年市级统筹标准差为 59.93，省级统筹标准差为 30.92，省级统筹标准差明显小于市级统筹标准差，从养老金给付来说，2010 年养老金省级统筹较市级统筹的分配差距明显缩小。

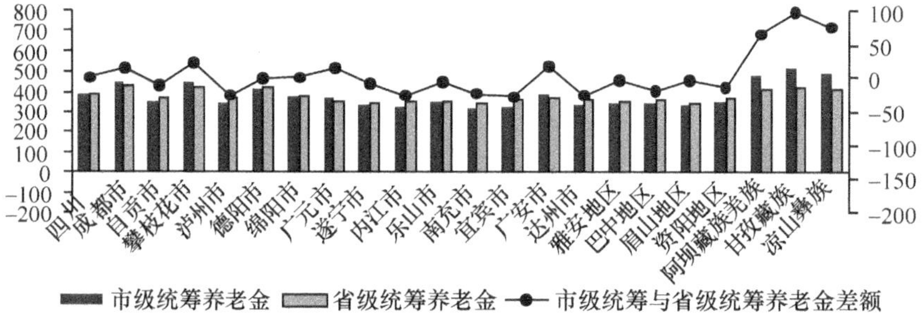

图 4—8　四川省省级、市级统筹基础养老金分配差额（2010 年）

注：基础养老金按照公式 4—1 和 4—2 计算。

资料来源：四川省统计年鉴（2011）. 北京：中国统计出版社

2011 年阿坝藏族羌族自治区累计缴费 20 年市级统筹养老金为 563.13 元；省级统筹为 481.69 元，下降幅度最大，养老金分配调节差额达到 81.45 元；泸州市累计缴费 20 年市级统筹养老金为 374.14 元，省级统筹为 421.82 元，提升幅度最大，分配调节差额达到 47.48 元。2011 年市级统筹标准差为 66.29，省级统筹标准差为 35.42，省级统筹标准差明显小于市级统筹标准差，从养老金给付来说，2011 年养老金省级统筹较市级统筹的分配差距明显缩小。

从图 4—10 来看，四川省级统筹前后不同地区基础养老金待遇存在着贡献与获得关系。成都市、攀枝花市、绵阳市、广元市、广安市、阿坝藏族羌族自治州、甘孜藏族自治州、凉山彝族自治州省级统筹基础养老金低于市级统筹基础养老金，即基础养老金待遇贡献地区；其他城市为基础养老金待遇获得地区。由于统筹层次提升带来的基础养老金待遇变动是由于新老统筹范围社会平均工资及增长率的差异造成的，两个影响参数的共同作用，影响了

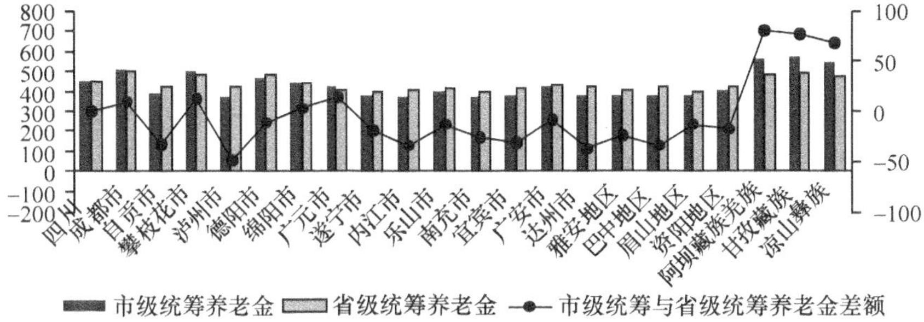

图 4—9　四川省省级、市级统筹基础养老金分配差额（2011 年）

注：基础养老金按照公式 4—1 和 4—2 计算。

资料来源：四川省统计年鉴（2011）. 北京：中国统计出版社

图 4—10　四川省省级、市级统筹基础养老金贡献与获得图示（2011 年）

养老金数额的最终值。这可以解释四川省部分城市社会平均工资低于省社会平均工资，但其市社会平均工资的相对增速快于该省平均工资相对增速，且影响程度高于前者的影响，因而省级统筹反而带来其基础养老金数额的下降。

2010年退休人员基础养老金省级统筹基尼系数为0.05（非等分法），0.0350（协方差法），而市级统筹的基尼系数为0.08（非等分法），0.0902（协方差法），马斯格雷夫-辛恩指数（MT）在0.03（非等分法），0.0552（协方差法）左右，说明基础养老金省级统筹分配差距小于养老金市级统筹差距。相对于养老金市级统筹分配，名义基础养老金省级统筹分配缩小了37.5%（非等分法），61.20%（协方差法）的分配差。可以说，对于新增退休人员来说，基础养老金统筹层次的提升实现了缩小收入差距的收入再分配。

2011年退休人员基础养老金省级统筹基尼系数为0.05（非等分法），0.0331（协方差法），而市级统筹的基尼系数为0.07（非等分法），0.0848（协方差法），马斯格雷夫-辛恩指数（MT）在0.02（非等分法），0.0517（协方差法）左右，说明基础养老金省级统筹分配差距小于养老金市级统筹差距。相对于养老金市级统筹分配，名义基础养老金省级统筹分配缩小了40%（非等分法），60.97%（协方差法）的分配差。可以说，对于新增退休人员来说，基础养老金统筹层次的提升实现了缩小收入差距的收入再分配，见表4—11。

表4—11　2010－2011年四川省基尼系数、辛恩指数以及分配差

项目 年份	省级统筹基尼系数	市级统筹基尼系数	马斯格雷夫-辛恩指数	缩小分配差（%）
2010	0.0350	0.0902	0.0552	61.20
2011	0.0331	0.0848	0.0517	60.97

对于“统账结合”模式来说，现收现付社会统筹部分强调公平，个人账户部分强调效率，而过渡性养老金是对“中人”个人账户欠缺的一种补偿。因此，研究养老保险的收入再分配效应重点在于分析社会统筹部分的收入再分配作用。社会统筹部分给付基础养老金的收入再分配体现在高收入者与低收入者缴费额不同，但相同工龄者领取的基础养老金额度是缩小了高低收入者的缴费差距的，从而实现了高、低收入者之间的收入再分配。

（四）甘肃省省级统筹前后基础养老金给付水平比较

对于省级统筹实施前已退休的人员来说，养老保险给付水平受到市省养老金调整办法差异的影响，甘肃省基础养老金计发办法按照同一标准执行。根据甘肃省人民政府办公厅甘政办发［2006］87号甘肃省人民政府办公厅关于印发《完善企业职工养老保险制度实施办法》的通知：月养老金＝月基础养老金＋月个人账户养老金＋过渡性养老金＋调节金（1）月基础养老金＝（上年度全省在岗职工月平均工资＋职工本人指数化月平均缴费工资）/2×全部缴费年限×1%。其中：职工本人指数化月平均缴费工资，系本人平均缴费工资指数与本人退休时上年度全省在岗职工月平均工资的乘积。本人平均缴费工资指数，是建立个人账户当年至职工退休上年度本人历年缴费工资指数的平均值。职工本人当年缴费工资指数，为本人当年缴费工资与上年全省在岗职工平均工资的比值。职工本人当年缴费工资，即职工本人上一年度的月平均工资。全部缴费年限，即职工本人累计缴费年限（含视同缴费年限），计算到月。（2）月个人账户养老金＝职工退休时个人账户储存额/计发月数。计发月数根据职工退休时城镇人口平均预期寿命、本人退休年龄、利息等因素确定。具体见个人账户养老金计发月数表（如50岁退休计发月数是195，60岁退休的计发月数是139）。（3）月过渡性养老金＝职工本人指数化月平均缴费工资×建立个人账户前的本人视同缴费年限×1.2%。（4）调节金计发标准：职工建立个人账户前的视同缴费年限满15年及以上者，每人每月发给15元。根据养老金调整办法可以得到下年度的月平均养老金。由于省内养老金调整为统一标准，省级统筹对养老金给付的调整也不存在影响。

基础养老金从市级统筹提升到省级统筹，体现到计发办法中是市、省统筹范围社会平均工资的差异。市级统筹的社会平均工资基数采用的是统筹范围市社会平均工资，而省级统筹的社会平均工资基数采用的是统筹范围省社会平均工资。公式4—1作为市级统筹层次的基础养老金待遇给付公式，公式4—2可以相应的作为省级统筹层次的基础养老金待遇给付公式。市、省级统筹过渡性养老金待遇给付公式为4—3和4—4，个人账户养老金为本人退休时个人账户累计存储额/计发月数。

为了比较出省市级统筹养老金给付水平的差异，根据甘肃省14个城市2010和2011年实行市级统筹和省级统筹两种情况下模拟基础养老金给付水平。假设每个城市存在以该城市在职职工平均工资作为缴费基数的职工，达到法定退休年龄60岁退休，缴费年限分别为20年和30年。根据当年基础养老金和过渡性养老金的计发办法，计算出各城市新增退休人员的基础养老金模拟水平（见表4—12）。可见，省级统筹与市级统筹相比，新增退休人员基础养老金给付水平发生了变化。

表4—12　甘肃省各城市新增退休人员的基础养老金模拟水平 单位：元/月

统筹层次	市级统筹基础养老金				省级统筹基础养老金			
年份	2010		2011		2010		2011	
地区	累计缴费20年	累计缴费30年	累计缴费20年	累计缴费30年	累计缴费20年	累计缴费30年	累计缴费20年	累计缴费30年
甘肃省	442.95	664.43	482.72	724.08	442.95	664.43	482.72	724.08
兰州市	483.25	724.88	566.10	849.15	476.60	714.90	519.95	779.92
嘉峪关市	656.52	984.78	782.47	1173.7	571.69	857.54	624.08	936.12
金昌市	621.52	932.28	701.74	1052.6	537.42	806.13	586.40	879.59
白银市	513.02	769.53	572.90	859.35	452.96	679.44	497.42	746.13
天水市	366.48	549.73	398.93	598.40	400.86	601.29	437.29	655.93
武威市	317.72	476.58	366.15	549.23	397.27	595.90	431.99	647.99
张掖市	348.42	522.63	383.48	575.23	409.11	613.66	444.42	666.63
平凉市	474.62	711.93	525.77	788.65	453.64	680.46	495.46	743.19
酒泉市	493.93	740.90	555.07	832.60	487.84	731.76	530.22	795.33
庆阳市	453.77	680.65	476.50	714.75	422.03	633.04	462.10	693.15
定西市	391.35	587.03	455.40	683.10	421.26	631.89	460.19	690.28
陇南市	389.45	584.18	440.55	660.83	416.25	624.37	454.51	681.76
临夏州	451.73	677.60	478.75	718.13	434.43	651.64	474.24	711.36
甘南州	407.85	611.78	487.23	730.85	440.67	661.01	480.76	721.14

资料来源：甘肃省统计年鉴（2011），中国统计出版社。基础养老金按照公式4—1和4—2计算。同辽宁假设。

通过分析比较市级统筹和省级统筹下养老金给付水平差额，可以发现2010年嘉峪关市累计缴费20年市级统筹养老金为656.52元；省级统筹为571.69元，下降幅度最大，养老金分配调节差额达到84.83元；武威市累计缴费20年市级统筹养老金为317.72元，省级统筹为397.27元，提升幅度最大，分配调节差额达到79.55元。2010年市级统筹标准差为93.79，省级统筹标准差为49.71，省级统筹标准差明显小于市级统筹标准差，从养老金给付来说，2010年养老金省级统筹较市级统筹的分配差距明显缩小。见图4—11。

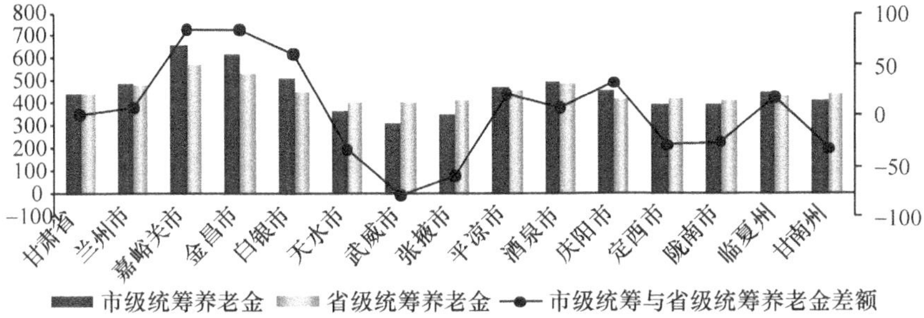

图4—11　甘肃省省级、市级统筹基础养老金分配差额（2010年）

注：基础养老金按照公式5.1和5.2计算。

资料来源：甘肃省统计年鉴（2011）．北京：中国统计出版社

2011年嘉峪关市累计缴费20年市级统筹养老金为782.47元；省级统筹为624.08元，下降幅度最大，养老金分配调节差额达到158.39元；武威市累计缴费20年市级统筹养老金为366.15元，省级统筹为431.99元，提升幅度最大，分配调节差额达到65.84元。2011年市级统筹标准差为113.56，省级统筹标准差为54.34，省级统筹标准差明显小于市级统筹标准差，从养老金给付来说，2011年养老金省级统筹较市级统筹的分配差距明显缩小。

从图4—13来看，甘肃省省级统筹前后不同地区基础养老金待遇存在着贡献与获得关系。兰州市、嘉峪关市、金昌市、白银市、平凉市、酒泉市、庆阳市、临夏州、甘南州省级统筹基础养老金低于市级统筹基础养老金，即基础养老金待遇贡献地区；其他城市为基础养老金待遇获得地区。由于统筹

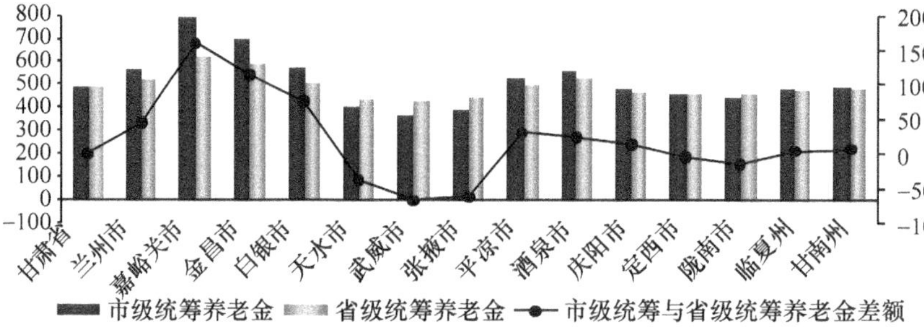

图 4—12　甘肃省省级、市级统筹基础养老金分配差额（2011 年）

注：基础养老金按照公式 4—1 和 4—2 计算。

资料来源：甘肃省统计年鉴（2011）. 北京：中国统计出版社

层次提升带来的基础养老金待遇变动是由于新老统筹范围社会平均工资及增长率的差异造成的，两个影响参数的共同作用，影响了养老金数额的最终值。这可以解释临夏州社会平均工资低于省社会平均工资，但其市社会平均工资的相对增速快于该省平均工资相对增速，且影响程度高于前者的影响，因而省级统筹反而带来临夏州基础养老金数额的下降。

图 4—13　甘肃省省级、市级统筹基础养老金贡献与获得图示（2011 年）

2010年新增退休人员基础养老金省级统筹基尼系数为0.05（非等分法）0.0616（协方差法），而市级统筹的基尼系数为0.1（非等分法）0.1221（协方差法），马斯格雷夫-辛恩指数（MT）在0.05（非等分法）0.0605（协方差法）左右，说明基础养老金省级统筹分配差距小于养老金市级统筹差距。相对于养老金市级统筹分配，名义基础养老金省级统筹分配缩小了50%（非等分法）49.55%（协方差法）的分配差。可以说，对于新增退休人员来说，基础养老金统筹层次的提升实现了缩小收入差距的收入再分配。

2011年新增退休人员基础养老金省级统筹基尼系数为0.05（非等分法）0.0625（协方差法），而市级统筹的基尼系数为0.1（非等分法）0.1317（协方差法），马斯格雷夫-辛恩指数（MT）在0.05（非等分法）0.0692（协方差法）左右，说明基础养老金省级统筹分配差距小于养老金市级统筹差距。相对于养老金市级统筹分配，名义基础养老金省级统筹分配缩小了50%（协方差法）52.54%（协方差法）的分配差。可以说，对于新增退休人员来说，基础养老金统筹层次的提升实现了缩小收入差距的收入再分配，见表4—13。

表4—13　　2010－2011甘肃省年基尼系数、辛恩指数以及分配差

项目 / 年份	省级统筹基尼系数	市级统筹基尼系数	马斯格雷夫-辛恩指数	缩小分配差（%）
2010	0.0616	0.1221	0.0605	49.55%
2011	0.0625	0.1317	0.0692	52.54%

对于“统账结合”模式来说，现收现付社会统筹部分强调公平，个人账户部分强调效率，而过渡性养老金是对“中人”个人账户欠缺的一种补偿。因此，研究养老保险的收入再分配效应重点在于分析社会统筹部分的收入再分配作用。社会统筹部分给付基础养老金的收入再分配体现在高收入者与低收入者缴费额不同，但相同工龄者领取的基础养老金额度是缩小了高低收入者的缴费差距的，从而实现了高、低收入者之间的收入再分配。

（五）黑龙江省级统筹前后基础养老金给付水平比较

对于省级统筹实施前已退休的人员来说，养老保险给付水平受到市省养老金调整办法差异的影响，黑龙江省基础养老金计发办法按照同一标准执行。根据《黑龙江省城镇企业职工养老金计发办法》黑劳社发［2004］67号：养老金＝基础养老金＋个人账户养老金＋过渡性养老金。职工达到规定的退休年龄且企业和个人缴费年限（含视同缴费年限）满15年的（个人缴费年限累计12个月为一年），方可按月领取养老金。其中：（1）基础养老金月标准以职工退休时当地上一年度在岗职工月平均工资与本人指数化月平均缴费工资的平均值为基数，缴费每满一年（含视同缴费年限）发给1％。计算公式为：基础养老金＝（职工退休时当地上一年度在岗职工月平均工资＋本人指数化月平均缴费工资）/2×缴费年限（含视同缴费年限）×1％。式中本人指数化月平均缴费工资的计算公式为：本人指数化月平均缴费工资＝职工退休时当地上一年度在岗职工月平均工资×职工本人平均缴费工资指数。（2）个人账户养老金月标准为职工退休时个人账户储存额除以按城镇人口平均预期寿命、本人退休年龄、利息确定的计发月数。计算公式为：个人账户养老金＝退休时个人账户储存额/本人退休年龄相对应的计发月数。（3）过渡性养老金月标准为职工本人退休时当地上一年度在岗职工月平均工资与职工本人平均缴费工资指数、视同缴费年限、过渡系数1.2％的乘积。计算公式为：过渡性养老金＝职工退休时当地上一年度在岗职工月平均工资×职工本人平均缴费工资指数×视同缴费年限×1.2％。

基础养老金从市级统筹提升到省级统筹，体现到计发办法中是市、省统筹范围社会平均工资的差异。市级统筹的社会平均工资基数采用的是统筹范围市社会平均工资，而省级统筹的社会平均工资基数采用的是统筹范围省社会平均工资。公式4—1作为市级统筹层次的基础养老金待遇给付公式，公式4—2可以相应的作为省级统筹层次的基础养老金待遇给付公式。市、省级统筹过渡性养老金待遇给付公式为4—3和4—4，个人账户养老金为本人退休时个人账户累计存储额/计发月数。

为了比较出省市级统筹养老金给付水平的差异，根据黑龙江省 15 个城市 2010 和 2011 年实行市级统筹和省级统筹两种情况下模拟基础养老金给付水平。假设每个城市存在以该城市在职职工平均工资作为缴费基数的职工，达到法定退休年龄 60 岁退休，缴费年限分别为 20 年和 30 年。根据当年基础养老金和过渡性养老金的计发办法，计算出各城市新增退休人员的基础养老金模拟水平（见表 4—14）。可见，省级统筹与市级统筹相比，新增退休人员基础养老金给付水平发生了变化。

表 4—14　黑龙江省各城市新增退休人员的基础养老金模拟水平 单位：元/月

统筹层次	市级统筹基础养老金				省级统筹基础养老金			
年份	2010		2011		2010		2011	
地区	累计缴费20年	累计缴费30年	累计缴费20年	累计缴费30年	累计缴费20年	累计缴费30年	累计缴费20年	累计缴费30年
黑龙江省	442.25	663.38	493.38	740.08	442.25	663.38	493.38	740.08
哈尔滨	482.65	723.98	529.60	794.40	463.49	695.23	516.57	774.85
齐齐哈尔	400.63	600.95	446.17	669.25	419.52	629.28	468.18	702.27
鸡西	390.55	585.83	480.62	720.93	412.55	618.83	462.68	694.02
鹤岗	429.12	643.68	489.53	734.30	419.75	629.62	470.39	705.58
双鸭山	425.02	637.53	491.92	737.88	422.46	633.69	473.25	709.87
大庆	689.52	1034.3	761.32	1141.9	594.05	891.07	659.52	989.27
伊春	246.53	369.80	266.42	399.63	449.29	673.93	490.20	735.31
佳木斯	387.07	580.60	450.47	675.70	401.95	602.92	450.56	675.84
七台河	418.47	627.70	478.57	717.85	409.02	613.53	459.01	688.51
牡丹江	395.65	593.48	454.85	682.28	411.27	616.91	460.21	690.32
黑河	372.10	558.15	407.32	610.98	412.46	618.69	459.26	688.88
绥化	295.72	443.58	340.13	510.20	376.01	564.02	419.24	628.86
大兴安岭	324.33	486.50	343.83	515.75	383.42	575.12	426.92	640.37
农垦总局	246.58	369.88	281.85	422.78	361.93	542.90	402.31	603.46
其他	599.75	899.63	689.82	1034.7	542.43	813.65	603.92	905.88

注：基础养老金按照公式 4—1 和 4—2 计算。同辽宁假设。

资料来源：黑龙江省统计年鉴（2011）. 北京：中国统计出版社。

通过分析比较市级统筹和省级统筹下养老金给付水平差额，可以发现 2010 年大庆市累计缴费 20 年市级统筹养老金为 689.52 元；省级统筹为

594.05 元，下降幅度最大，养老金分配调节差额达到 95.47 元；伊春市累计缴费 20 年市级统筹养老金为 246.53 元，省级统筹为 449.29 元，提升幅度最大，分配调节差额达到 202.76 元。2010 年市级统筹标准差为 114.76，省级统筹标准差为 59.51，省级统筹标准差明显小于市级统筹标准差，从养老金给付来说，2010 年养老金省级统筹较市级统筹的分配差距明显缩小。见图 4—14。

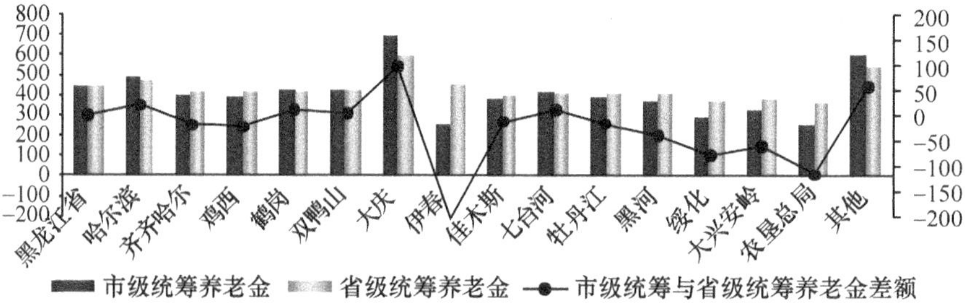

图 4—14　黑龙江省省级、市级统筹基础养老金分配差额（2010 年）

注：基础养老金按照公式 4—1 和 4—2 计算。

资料来源：黑龙江省统计年鉴（2011）. 北京：中国统计出版社

2011 年大庆市累计缴费 20 年市级统筹养老金为 761.32 元；省级统筹为 659.52 元，下降幅度最大，养老金分配调节差额达到 101.8 元；伊春市累计缴费 20 年市级统筹养老金为 266.42 元，省级统筹为 490.20 元，提升幅度最大，分配调节差额达到 223.79 元。2011 年市级统筹标准差为 129.68，省级统筹标准差为 65.51，省级统筹标准差明显小于市级统筹标准差，从养老金给付来说，2011 年养老金省级统筹较市级统筹的分配差距明显缩小。见图 4—15。

从图 4—16 来看，黑龙江省省级统筹前后不同地区基础养老金待遇存在着贡献与获得关系。哈尔滨、鸡西、鹤岗、双鸭山、大庆、七台河省级统筹基础养老金低于市级统筹基础养老金，即基础养老金待遇贡献地区；其他城市为基础养老金待遇获得地区。由于统筹层次提升带来的基础养老金待遇变动是由于新老统筹范围社会平均工资及增长率的差异造成的，两个影响参数的共同作用，影响了养老金数额的最终值。这可以解释鸡西、鹤岗、双鸭

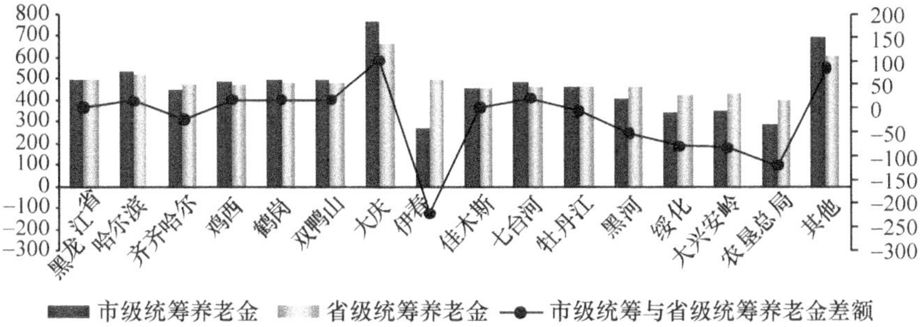

图 4—15　黑龙江省省级、市级统筹基础养老金分配差额（2011 年）

注：基础养老金按照公式 4—1 和 4—2 计算。

资料来源：黑龙江省统计年鉴（2011）．北京：中国统计出版社。

山、七台河社会平均工资低于省社会平均工资，但其市社会平均工资的相对增速快于该省平均工资相对增速，且影响程度高于前者的影响，因而省级统筹反而带来鸡西、鹤岗、双鸭山、七台河基础养老金数额的下降。

2010 年新增退休人员基础养老金省级统筹基尼系数为 0.05（非等分法），0.0524（协方差法），而市级统筹的基尼系数为 0.12（非等分法），0.1115（协方差法），马斯格雷夫-辛恩指数（MT）在 0.07（非等分法），0.0591（协方差法），说明基础养老金省级统筹分配差距小于养老金市级统筹差距。相对于养老金市级统筹分配，名义基础养老金省级统筹分配缩小了 58.33%（非等分法），53.00%（协方差法）的分配差。可以说，对于退休人员来说，基础养老金统筹层次的提升实现了缩小收入差距的收入再分配。

2011 年新增退休人员基础养老金省级统筹基尼系数为 0.05（非等分法），0.0567（协方差法），而市级统筹的基尼系数为 0.11（非等分法），0.1109（协方差法），马斯格雷夫-辛恩指数（MT）在 0.06（非等分法），0.0542（协方差法），说明基础养老金省级统筹分配差距小于养老金市级统筹差距。相对于养老金市级统筹分配，名义基础养老金省级统筹分配缩小了 54.55%（非等分法），48.87%（协方差法）的分配差。可以说，对于退休人员来说，基础养老金统筹层次的提升实现了缩小收入差距的收入再分配，见表 4—15。

图 4—16 黑龙江省省级、市级统筹基础养老金贡献与获得图示（2011 年）

表 4—15 2010－2011 年黑龙江省基尼系数、辛恩指数以及分配差

项目 年份	省级统筹基尼系数	市级统筹基尼系数	马斯格雷夫-辛恩指数	缩小分配差（%）
2010	0.0524	0.1115	0.0591	53.00
2011	0.0567	0.1109	0.0542	48.87

对于“统账结合”模式来说，现收现付社会统筹部分强调公平，个人账户部分强调效率，而过渡性养老金是对“中人”个人账户欠缺的一种补偿。因此，研究养老保险的收入再分配效应重点在于分析社会统筹部分的收入再分配作用。社会统筹部分给付基础养老金的收入再分配体现在高收入者与低收入者缴费额不同，但相同工龄者领取的基础养老金额度是缩小了高低收入者的缴费差距的，从而实现了高、低收入者之间的收入再分配。

（六）广东省省级统筹前后基础养老金给付水平比较

对于省级统筹实施前已退休的人员来说，养老保险给付水平受到市省养老金调整办法差异的影响，广东省基础养老金计发办法按照同一标准执行。根据《关于贯彻国务院完善企业职工养老保险制度决定的通知》粤府［2006］96号规定：（1）1998年7月1日后参加养老保险的参保人，养老金由基础养老金和个人账户养老金组成。1）基础养老金月标准为：基础养老金＝（全省上年度在岗职工月平均工资＋本人指数化月平均缴费工资）/2×缴费年限（含视同缴费年限）×1%。参保人指数化月平均缴费工资低于全省上年度在岗职工月平均工资的60%的，基础养老金月标准为：基础养老金＝（全省上年度在岗职工月平均工资×a＋本人指数化月平均缴费工资）/2×缴费年限（含视同缴费年限）×1%。a＝本人平均缴费指数/0.6，今后可随我省区域经济发展情况进行适当调整。基础养老金从养老保险统筹基金中支付。2）个人账户养老金月标准为：以本人首次领取养老金时个人账户储存额除以计发月数，计发月数按国发［2005］38号文的规定执行。个人账户养老金从本人个人账户基金中支付。（2）具有视同缴费权益并建立了视同缴费账户的下列参保人，在计发基础养老金和个人账户养老金的基础上，再计发过渡性养老金：1）1998年6月30日前参加养老保险，2006年7月1日以后符合按月领取养老金条件的；2）1998年7月1日后参加养老保险，参保前具有按国家规定的视同缴费年限，2006年7月1日后符合按月领取养老金条件的。（3）首次领取的过渡性养老金月标准为：1）1998年6月30日前参加养老保险的，以首次领取养老金时本人视同缴费账户总额除以120；2）1998年7月1日后参加养老保险，2006年6月30日前已具有按国家规定的视同缴费年限的，以本人视同缴费账户总额除以120；2006年7月1日后开始具有按国家规定的视同缴费年限的，以本人视同缴费账户总额除以个人账户计发月数。过渡性养老金从养老保险统筹基金中支付。各级社会保险经办机构要在2008年年底前完成参保人视同缴费账户的核定与建账工作。视同缴费账户的建账与管理办法。

基础养老金从市级统筹提升到省级统筹，体现到计发办法中是市、省统筹范围社会平均工资的差异。市级统筹的社会平均工资基数采用的是统筹范围市社会平均工资，而省级统筹的社会平均工资基数采用的是统筹范围省社会平均工资。公式 4—1 作为市级统筹层次的基础养老金待遇给付公式，公式 4—2 可以相应的作为省级统筹层次的基础养老金待遇给付公式。市、省级统筹过渡性养老金待遇给付公式为 4—3 和 4—4，个人账户养老金为本人退休时个人账户累计存储额/计发月数。

为了比较出省市级统筹养老金给付水平的差异，根据广东省 21 个城市 2010 和 2011 年实行市级统筹和省级统筹两种情况下模拟基础养老金给付水平。假设每个城市存在以该城市在职职工平均工资作为缴费基数的职工，达到法定退休年龄 60 岁退休，缴费年限分别为 20 年和 30 年。根据当年基础养老金和过渡性养老金的计发办法，计算出各城市新增退休人员的基础养老金模拟水平（见表 4—16）。可见，省级统筹与市级统筹相比，新增退休人员基础养老金给付水平发生了变化。

表 4—16　广东省各城市新增退休人员的基础养老金模拟水平　单位：元/月

统筹层次	市级统筹基础养老金				省级统筹基础养老金			
年份	2010		2011		2010		2011	
地区	累计缴费 20 年	累计缴费 30 年	累计缴费 20 年	累计缴费 30 年	累计缴费 20 年	累计缴费 30 年	累计缴费 20 年	累计缴费 30 年
广东省	605.92	908.88	672.63	1008.95	605.92	908.88	672.63	1008.95
广　州	817.57	1226.35	901.52	1352.29	725.05	1087.58	803.27	1204.90
深　圳	795.70	1193.55	858.56	1287.84	742.41	1113.62	818.84	1228.26
珠　海	535.55	803.33	580.53	870.79	593.56	890.33	655.97	983.96
汕　头	424.70	637.05	465.30	697.96	499.05	748.57	555.36	833.04
佛　山	564.90	847.35	614.18	921.26	553.53	830.30	617.11	925.67
韶　关	464.23	696.35	527.72	791.57	501.73	752.60	560.91	841.36
河　源	395.03	592.55	439.61	659.41	483.39	725.09	538.39	807.59
梅　州	396.90	595.35	440.07	660.10	485.16	727.74	540.19	810.29
惠　州	438.08	657.13	497.28	745.91	493.98	740.97	551.70	827.55
汕　尾	384.03	576.05	428.24	642.36	512.36	768.54	567.11	850.66

续表

统筹层次	市级统筹基础养老金				省级统筹基础养老金			
年份	2010		2011		2010		2011	
地区	累计缴费20年	累计缴费30年	累计缴费20年	累计缴费30年	累计缴费20年	累计缴费30年	累计缴费20年	累计缴费30年
东莞	708.82	1063.23	770.84	1156.25	644.76	967.14	716.30	1074.45
中山	604.85	907.28	677.04	1015.57	569.19	853.79	635.77	953.66
江门	403.37	605.05	456.23	684.34	519.55	779.32	575.63	863.45
阳江	354.18	531.28	390.37	585.55	464.77	697.15	517.36	776.03
湛江	396.45	594.68	443.96	665.94	475.56	713.35	530.69	796.03
茂名	399.95	599.93	422.46	633.69	492.33	738.49	546.63	819.94
肇庆	432.15	648.23	497.07	745.61	504.33	756.49	562.13	843.20
清远	471.68	707.53	545.10	817.65	520.03	780.04	580.16	870.24
潮州	353.40	530.10	407.57	611.36	441.60	662.40	494.76	742.14
揭阳	329.83	494.75	375.13	562.69	437.45	656.18	489.10	733.65
云浮	363.28	544.93	411.02	616.53	478.19	717.29	531.84	797.77

注：基础养老金按照公式4—1和4—2计算。

资料来源：广东省统计年鉴（2011）. 北京：中国统计出版社

通过分析比较市级统筹和省级统筹下养老金给付水平差额，可以发现2010年广州市累计缴费20年市级统筹养老金为817.57元；省级统筹为725.05元，下降幅度最大，养老金分配调节差额达到92.52元；汕尾市累计缴费20年市级统筹养老金为384.03元，省级统筹为512.36元，提升幅度最大，分配调节差额达到128.32元。2010年市级统筹标准差为142.34，省级统筹标准差为82.81，省级统筹标准差明显小于市级统筹标准差，从养老金给付来说，2010年养老金省级统筹较市级统筹的分配差距明显缩小。见图4—17。

2011年广州市累计缴费20年市级统筹养老金为901.52元；省级统筹为803.27元，下降幅度最大，养老金分配调节差额达到98.26元；汕尾市累计缴费20年市级统筹养老金为428.24元，省级统筹为567.11元，提升幅度最大，分配调节差额达到138.87元。2011年市级统筹标准差为151.91，省级统筹标准差为90.26，省级统筹标准差明显小于市级统筹标准

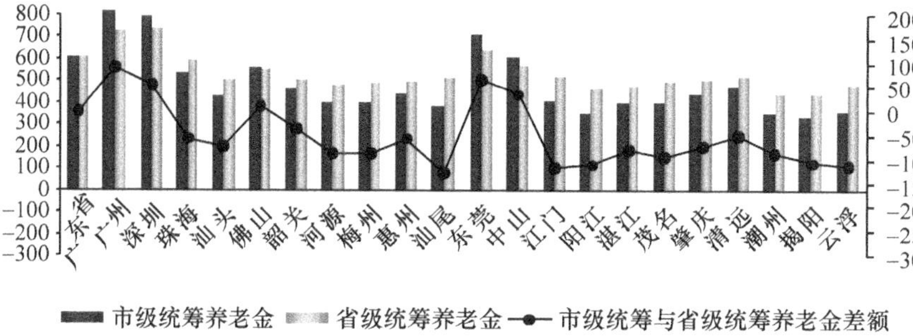

图 4—17 广东省省级、市级统筹基础养老金分配差额（2010 年）

注：基础养老金按照公式 4—1 和 4—2 计算。

资料来源：广东省统计年鉴（2011）. 北京：中国统计出版社

差，从养老金给付来说，2011 年养老金省级统筹较市级统筹的分配差距明显缩小。见图 4—18。

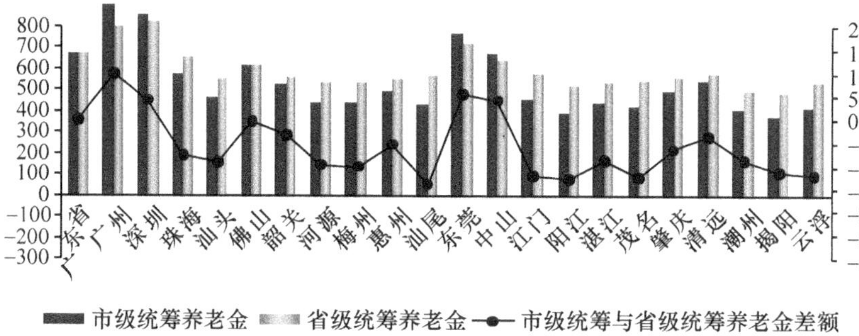

图 4—18 广东省省级、市级统筹基础养老金分配差额（2011 年）

注：基础养老金按照公式 4—1 和 4—2 计算。

资料来源：广东省统计年鉴（2011）. 北京：中国统计出版社

从图 4—19 来看，广东省省级统筹前后不同地区基础养老金待遇存在着贡献与获得关系。广州、深圳、东莞、中山省级统筹基础养老金低于市级统筹基础养老金，即基础养老金待遇贡献地区；其他城市为基础养老金待遇获得地区。

2010 年新增退休人员基础养老金省级统筹基尼系数为 0.10（非等分法）0.0599（协方差法），而市级统筹的基尼系数为 0.15（非等分法）0.1097（协方差法），马斯格雷夫-辛恩指数（MT）在 0.05（非等分法）0.0498

图 4—19　广东省省级、市级统筹基础养老金贡献与获得图示（2011 年）

（协方差法）左右，说明基础养老金省级统筹分配差距小于养老金市级统筹差距。相对于养老金市级统筹分配，名义基础养老金省级统筹分配缩小了 33.33%（非等分法）45.40%（协方差法）的分配差。可以说，对于新增退休人员来说，基础养老金统筹层次的提升实现了缩小收入差距的收入再分配。

2011 年新增退休人员基础养老金省级统筹基尼系数为 0.09（非等分法）0.0596（协方差法），而市级统筹的基尼系数为 0.15（非等分法）0.1044（协方差法），马斯格雷夫-辛恩指数（MT）在 0.06（非等分法）0.0448（协方差法）左右，说明基础养老金省级统筹分配差距小于养老金市级统筹差距。相对于养老金市级统筹分配，名义基础养老金省级统筹分配缩小了 40%（非等分法）42.91%（协方差法）的分配差。可以说，对于新增退休人员来说，基础养老金统筹层次的提升实现了缩小收入差距的收入再分配，见表 4—17。

表 4—17　2010－2011 年广东省基尼系数、辛恩指数以及分配差

项目 年份	省级统筹基尼系数	市级统筹基尼系数	马斯格雷夫-辛恩指数	缩小分配差（%）
2010	0.0599	0.1097	0.0498	45.40
2011	0.0596	0.1044	0.0448	42.91

对于“统账结合”模式来说，现收现付社会统筹部分强调公平，个人账户部分强调效率，而过渡性养老金是对“中人”个人账户欠缺的一种补偿。因此，研究养老保险的收入再分配效应重点在于分析社会统筹部分的收入再分配作用。社会统筹部分给付基础养老金的收入再分配体现在高收入者与低收入者缴费额不同，但相同工龄者领取的基础养老金额度是缩小了高低收入者的缴费差距的，从而实现了高、低收入者之间的收入再分配。

四、典型省份养老保险省级统筹前后收入再分配效应

（一）养老保险省级统筹前后收入再分配效应测量原理

自 1951 年《劳动保险条例》制度出台社会统筹的城镇企业职工养老保险制度之后，养老保险统筹层次经历了文化大革命时期的“中断”、改革开放之后的“恢复重建”制度改革时期的“县级统筹”“市级统筹”“省级统筹”，目前正处于省级统筹的实施完善阶段，为尽早实现“全国统筹”打下坚实基础。统筹层次的提升能够带来从更大的范围内调剂使用基金，增大调剂使用基金的范围，增强抵御风险的能力，更能保证社会成员遇到种种风险时的基本需要，这也是不断提高统筹层次的根本原因所在。同时，由于中国各地区间市际经济发展水平、产业发展规模、政策偏好、养老保险发展水平不平衡，统筹层次的提升还能够起到缩减地区间发展不平衡的作用。

基础养老金统筹层次提升带来的收入再分配效应测度，既要测算统筹地区养老金计发给付的公平性，充分体现全民普惠性的结果公平；还要充分体

现矫正初次分配中分配条件、机会、规则、过程不公平造成的结果不公平的功能；准确而全方位的测量基础养老金统筹层次提升带来的收入再分配效应。

（二）养老保险省级统筹前后收入再分配效应测量系数

基础养老金省级统筹的收入再分配效应分析主要从“深度系数”“缩小收入差距系数”和“基尼系数调节力度”三个层次入手：

1. 第一层次：养老保险收入再分配深度系数

养老保险收入再分配深度系数是参与收入分配的收入最低人群提高收入水平的幅度，其测量指标是最低收入人群提高收入水平的金额占特定统筹层次项目人口平均收入的比重。收入再分配深度系数越高，说明收入再分配深度强，收入最低人群收入水平提高的幅度大；收入再分配深度系数越低，说明收入再分配深度弱，收入最低人群收入水平提升的幅度小。在收入差距较大的条件下，养老保险统筹层次的提升，最低收入人群由此能享受到中国最发达地区经济发展的成果，能够获得更高水平的养老金收入，养老金统筹收入再分配深度系数就会提高。

2. 第二层次：养老保险收入再分配缩小收入差距系数

养老保险收入再分配缩小收入差距系数是参与养老保险人群的收入差距缩小的程度，其测量指标是二者收入差距缩小的标准差系数。养老保险收入再分配缩小收入差距系数减小，说明参与养老保险的最高收入人群与最低收入人群的收入差距随之缩小，养老保险统筹的收入再分配功能在加强，养老保险统筹缩小收入差距功能在提高。反之，养老保险收入再分配缩小收入差距系数增大，说明参与养老保险的最高收入人群与最低收入人群的收入差距随之缩扩大，养老保险统筹的收入再分配功能在减弱，养老保险统筹缩小收入差距功能在下降。与养老保险统筹层次收入再分配深度系数原理相联系，在全国的收入差距大于各省内的收入差距条件下，养老保险统筹提升到全国统筹层次，在相同统筹模式框架内，养老保险收入再分配缩小收入差距幅度会更大，其收入差距系数会缩小。

3. **第三层次：基尼系数**

基尼系数是根据劳伦茨曲线所定义的判断收入分配公平程度的指标。它是比例数值，在 0 和 1 之间。因为社会保障属于收入分配中的第二次分配，实质上反映的仍然是收入分配问题，所以，可以使用基尼系数测算社会保障的差异化程度。基尼系数越小，说明养老保险给付水平的差异化程度越小，养老保险给付水平收入再分配的效果越好；基尼系数越大，说明养老保险给付水平的差异化程度越大，养老保险给付水平收入再分配的效果越弱。

（三）养老保险省级统筹前后收入再分配效应分析

1. **"深度系数" 测算**

对于养老金地区间再分配而言，利用养老保险收入再分配深度系数，检验养老保险这一再分配工具是否对高收入地区与低收入地区之间的收入差距进行了合理调节。举例来说，2010 年养老保险收入再分配深度系数绝对值最低的是四川省，为 0.06，养老保险收入再分配深度系数绝对值最高的是黑龙江省，为 0.46。说明在统筹层次提升的过程中，收入最低人群收入水平均有提高，且黑龙江提高的幅度最大。2011 年养老保险收入再分配深度系数绝对值最低的是四川省，为 0.06，养老保险收入再分配深度系数绝对值最高的是黑龙江省，为 0.45。说明在统筹层次提升的过程中，收入最低人群收入水平均有提高，且黑龙江提高的幅度最大，见图 4—20。

2. **"缩小收入差距系数" 测算**

通过收入再分配缩小收入差距系数来衡量高收入地区与低收入地区之间的收入差距调节情况。2010 年黑龙江省市级统筹缩小收入差距系数为 0.28，省级统筹缩小收入差距系数为 0.14，可见统筹层次的提升，使参与养老保险的最高收入人群与最低收入人群的收入差距随之缩小，养老保险统筹的收入再分配功能在加强，养老保险统筹缩小收入差距功能在提高，黑龙江调节力度最强，为 0.14。2010 年河南省市级统筹缩小收入差距系数为 0.14，省

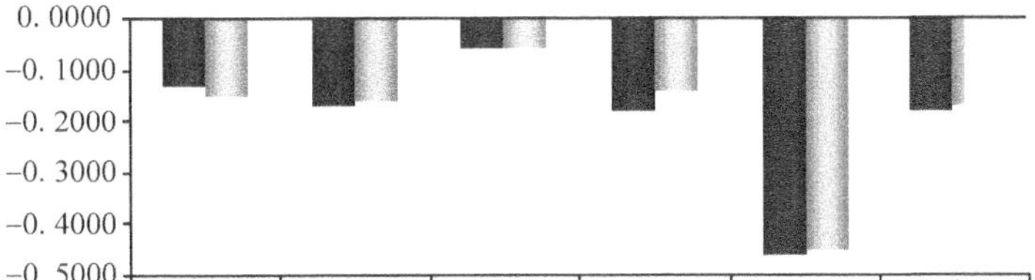

	辽宁省	河南省	四川	甘肃	黑龙江	广东
2010年养老保险收入再分配深度系数	-0.13	-0.17	-0.06	-0.18	-0.46	-0.18
2011年养老保险收入再分配深度系数	-0.15	-0.16	-0.06	-0.14	-0.45	-0.17

图 4—20　2010—2011 年 典型省份养老保险收入再分配深度系数

级统筹缩小收入差距系数为 0.08，说明统筹层次的提升，使参与养老保险的最高收入人群与最低收入人群的收入差距随之缩小，养老保险统筹的收入再分配功能在加强，养老保险统筹缩小收入差距功能在提高，但河南省调节力度最弱，为 0.06，见图 4—21。

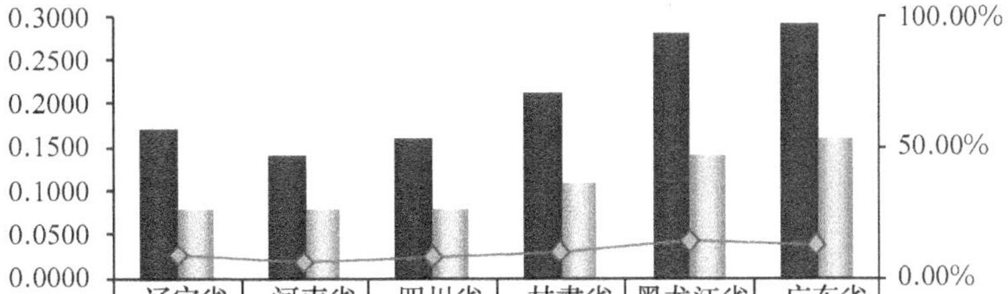

	辽宁省	河南省	四川省	甘肃省	黑龙江省	广东省
市级统筹缩小收入差距系数	0.17	0.14	0.16	0.21	0.28	0.29
省级统筹缩小收入差距系数	0.08	0.08	0.08	0.11	0.14	0.16
调节力度	0.09	0.06	0.08	0.1	0.14	0.13

市级统筹缩小收入差距系数　省级统筹缩小收入差距系数　调节力度

图 4—21　2010 年典型省份省、市级统筹缩小收入差距系数

2011 年黑龙江省市级统筹缩小收入差距系数为 0.28，省级统筹缩小收入差距系数为 0.14，说明统筹层次的提升，使参与养老保险的最高收入人群与最低收入人群的收入差距随之缩小，养老保险统筹的收入再分配功能在加强，养老保险统筹缩小收入差距功能在提高，且黑龙江调节力度最强，为 0.14。2010 年河南省市级统筹缩小收入差距系数为 0.13，省级统筹缩小收

入差距系数为0.08，说明统筹层次的提升，使参与养老保险的最高收入人群与最低收入人群的收入差距随之缩小，养老保险统筹的收入再分配功能在加强，养老保险统筹缩小收入差距功能在提高，但河南省调节力度最弱为0.05，见图4—22。

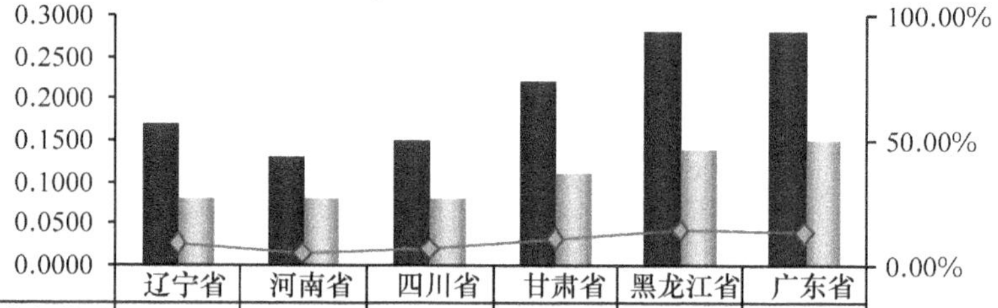

	辽宁省	河南省	四川省	甘肃省	黑龙江省	广东省
市级统筹缩小收入差距系数	0.17	0.13	0.15	0.22	0.28	0.28
市级统筹缩小收入差距系数	0.08	0.08	0.08	0.11	0.14	0.15
调节力度	0.09	0.05	0.07	0.11	0.14	0.13

市级统筹缩小收入差距系数　省级统筹缩小收入差距系数　调节力度

图4—22　2011年典型省份省、市级统筹缩小收入差距系数

3. **基尼系数测算**

2010年和2011年六个典型省份的退休人员基础养老金省级统筹基尼系数均小于市级统筹的基尼系数，基础养老金省级统筹分配公平程度略高于养老金市级统筹分配公平程度。举例来说，2010年黑龙江省级统筹基尼系数为0.05，市级统筹基尼系数为0.11，说明统筹层次的提升是收入再分配进一步均等化，且MT指数为0.07，调节力度最大，为58.33%。广东省省级统筹基尼系数为0.1，市级统筹基尼系数为0.15，说明统筹层次的提升是收入再分配进一步均等化，且MT指数为0.05，调节力度最小，为33.30%。

2011年辽宁省和黑龙江省的省级统筹基尼系数均为0.05，市级统筹基尼系数均为0.11，说明统筹层次的提升是收入再分配进一步均等化，且MT指数均为0.06，调节力度最大，为54.44%。河南省省级统筹基尼系数为0.05，市级统筹基尼系数为0.07，说明统筹层次的提升是收入再分配进一步均等化，且MT指数为0.02，调节力度最小为，28.57%。

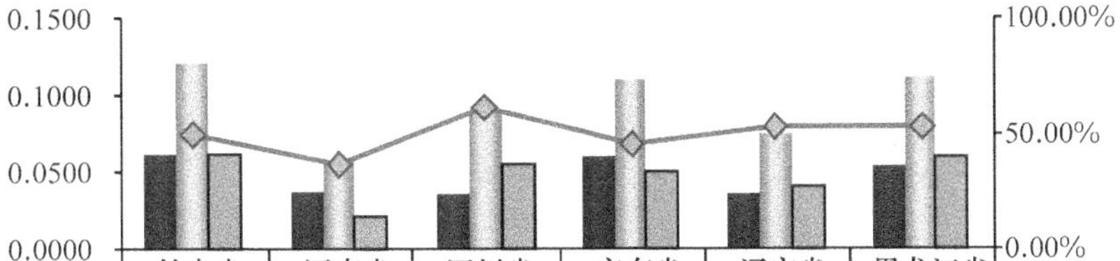

	甘肃省	河南省	四川省	广东省	辽宁省	黑龙江省
省级统筹基尼系数	0.0616	0.0356	0.035	0.0599	0.0351	0.0524
市级统筹基尼系数	0.1221	0.0563	0.0902	0.1097	0.0748	0.1115
MT指数	0.0605	0.0207	0.0552	0.0498	0.0397	0.0591
调节力度	49.55%	36.77%	61.20%	45.40%	53.07%	53.00%

图 4—23　2010 年基础养老金省、市级统筹对职工工资分配 MT 指数和调节系数

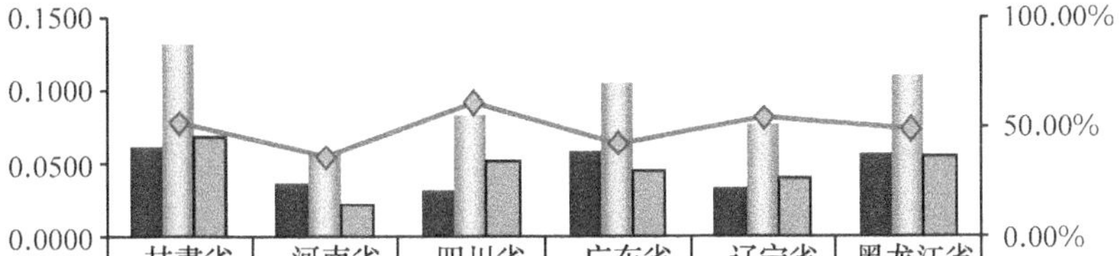

	甘肃省	河南省	四川省	广东省	辽宁省	黑龙江省
省级统筹基尼系数	0.0625	0.0381	0.0331	0.0596	0.035	0.0567
市级统筹基尼系数	0.1317	0.0597	0.0848	0.1044	0.0758	0.1109
MT指数	0.0692	0.0216	0.0517	0.0448	0.0408	0.0542
调节力度	52.54%	36.18%	60.97%	42.91%	53.83%	48.87%

图 4—24　2011 年基础养老金省、市级统筹对职工工资分配 MT 指数和调节系数

根据辽宁、河南、四川等省份基础养老金计发办法，测算典型省份 2010 和 2011 年市、省级统筹模式基础养老金，进而分析统筹层次提升对于新增退休人员基础养老金分配的影响，并通过三个系数验证了统筹层次提升后新增退休人员基础养老金收入再分配效应。研究表明，在以工资为主体的初次分配与养老保险为主体的再分配关系中，统筹层次提升使基础养老金缩减了地区间工资初次分配差距，养老保险地区间差距也随之缩小。养老保险统筹层次的提升缩小了地区间的初次分配差异，有效地发挥了养老保险的收入再分配调节作用，进一步实现了缩小贫富差距、缓解两极分化的作用。

五、基于地区间价格指数的省级统筹计发给付收入再分配效应

基础养老金统筹层次提升带来的收入再分配效应测度，除了测算统筹地区养老金计发给付的公平性，充分体现全民普惠性的结果公平之外，还要充分体现矫正初次分配中分配条件、机会、规则、过程不公平造成的结果不公平的功能。这就要依据地区间物价水平差异对省级统筹计发给付的再分配效应进行更进一步的研究，还要测算地区间基础养老金带来的真实福利水平。

（一）省级统筹收入再分配效果评价原则

基础养老金省级统筹的收入再分配效应分析主要从两个层次入手：

第一层次：基础养老金分配体现公平。养老保险统筹层次的提升要缩小地区间的初次分配差异，有效发挥养老保险的收入再分配调节作用。在以工资为主体的初次分配与养老保险为主体的再分配关系中，名义基础养老金和实际基础养老金都应该缩减地区间工资初次分配差距，简而言之，养老保险地区间再分配应缩小收入差距。对于养老金地区间再分配而言，从名义养老金和实际养老金两角度，检验养老保险这一再分配工具是否对高收入地区与低收入地区之间的收入差距进行了合理调节。

第二层次：考虑到省级统筹的目标参数是以省社平工资和省社平工资增速为基准，因此这里要引入相对于省平均水平的初次分配（工资）与再分配（基础养老金）比值，来测算地区相对实际基础养老金福利和地区相对实际工资福利。以省平均水平为基准来比较实际养老金福利与实际工资福利，是考虑到统筹范围内劳动者在职贡献的起点公平、人们有自由选择的机会以及除去物价差异之后缴费贡献与所得是否体现公平，是否实现了收入再分配功能。

考虑城镇职工养老保险个人账户体现为个人的自我代际分配，本章在研究出统筹层次提升对养老金给付的整体影响后，侧重于分析统筹层次提升的

基础养老金部分的再分配作用。本章以辽宁省为例，依据典型省份基础养老金计发办法，分析统筹层次提升对于新增退休人员和已退休人员的养老金分配的影响，以典型省份为实例分析了2010年市、省级统筹模式基础养老金，进而分析不同统筹模式下基础养老金收入分配效果；并基于地区间价格指数测算省级统筹下各城市实际基础养老金水平及收入分配效果，以此作为养老金收入再分配公平性的第一层次检验。基础养老金省级统筹下收入再分配公平性进行第二层次检验是通过相对于省平均水平的各城市实际养老金分配福利比与实际工资分配福利比来实现。从这两个层次验证基础养老金收入再分配效应可以分析出统筹层次提升后新增退休人员基础养老保险的给付起到了调节地区间分配关系，又可以考察实际养老金分配的公平性。这两个层次的检验能够检验出基础养老金分配是否起到了缩小贫富差距、缓解两极分化的作用，又考察了基础养老金贡献与实际享受福利挂钩结果，全面地反映了基础养老金统筹层次提升对于新增退休人员的收入再分配效应。

（二）地区间价格指数

通过基础养老金统筹层次提升带来的分配差额、缩减收入差距调节系数、对覆盖群体整体福利差距调节系数的比较结果来看，基础养老金省级统筹收入分配调节效果要优于市级统筹。省级统筹确实更进一步缩小了养老金自身分配差距，也缩小了城镇企业职工养老保险制度框架内初次收入分配差距。但在中国市场经济转轨过程中，各地区不同发展进程形成显著的地区差异。地区差异不仅表现在地区间收入差距，也表现为地区间的物价差异，以名义养老金水平和物价水平的双重地区差异[①]决定了退休人员的名义养老金收入无法真实反映退休人员的实际福利水平。因此，要更准确的衡量退休人员享受的实际福利状态与其在职贡献，就要将购买力平价思想引入到省级统筹实际基础养老金测算中，通过编制出地区间价格指数，将名义基础养老金转换为实际基础养老金，分析实际基础养老金省级统筹前后的收入再分配效果。

---

① 江小涓，李辉：《我国地区之间实际收入差距小于名义收入差距——加入地区间价格差异后的一项研究》，《经济研究》，2005年第9期，11—18页。

编制反映地区间价格差异的横截面指数的基本思路是：选择满足地区间相一致、可比较、有相同代表性的商品和服务作为规格品，根据其价格编制综合指数。[①] 考虑到数据的可得性、可靠性和可比性，研究依据上海市流通和消费价格统计调查方案和国家统计局统计年鉴分类，分成食品、衣着、家庭设备用品及服务、交通通讯等 8 个大类 99 种商品和服务（见表 4—18)；在辽宁省物价信息网站获得辽宁 14 个城市居民支出基本分类数据和所选取规格品的价格数据。[②]

表 4—18　　规格商品价格比较

大类	小类	商品名称（规格、登记、牌号）
一、食品	（一）粮油类	粳米（标一）、精粉（特一粉）上白粉（特二粉）、大豆油（一级散装）、色拉油（金龙鱼桶装）
	（二）肉禽蛋水产品类	鲜猪肉（去骨后腿肉）、鲜牛肉（去骨后腿肉）、鲜羊肉（去骨后腿肉）、鸡（白条鸡、开膛上等）/鸡蛋（新鲜完整）、海水鱼一带鱼（冻国产 250 克左右）、淡水鱼—鲫鱼（活 250 克左右一条）
	（三）蔬菜类	菠菜、芹菜、小白菜、大白菜、油菜、黄瓜、萝卜、茄子、西红柿、土豆、胡萝卜、青椒、尖椒、圆白菜、豆角、洋葱、蒜苔、菜花、大葱、大蒜、韭阿菜、绿豆芽（皆为新鲜一级）
	（四）调味品	食用盐（精制含碘盐）、酱油［当地主销（袋装）］、醋［当地主销（袋装）］
	（五）糖烟酒饮料类	绵白糖（当地主销）、红糖（当地主销）、国产烟（红塔山硬 84 毫升）、白酒（五粮液 39 度 500 毫升普通瓶装）、葡萄酒（长城干红 750 毫升 11 度）、啤酒（地产主销 640 毫升 11 度）
	（六）干鲜瓜果类	蜜橘、苹果、梨、香蕉、西瓜（皆为新鲜一级）
	（七）奶	鲜奶——消毒牛奶（袋装）

① 易纲，张燕姣. 以购买力平价测算基尼系数的尝试. 经济学（季刊). 2007，1：91－104

② 郭熙保. 购买力平价与我国收入水平估计——兼评克拉维斯对中国收入的估计结果. 管理世界. 1998，4：64－75

续表

大类	小类	商品名称（规格、登记、牌号）
二、衣着	无细分类	纯毛毛线（“恒源祥”中粗）、男式纯棉棉毛衫（宜而爽半高领棉毛衫 L 号）、男式纯棉棉毛裤（宜而爽半高领棉毛衫 L 号）
三、家庭设备用品及服务	（一）耐用消费品	洗衣机（当地主销国产 5 千克滚捅）、电热水器（当地主销国产 80 升）、空调机（海尔 1.5 匹）、冰箱（当地主销无氟 180～200 升左右）、微波炉（格兰士 900 瓦）、电饭锅（容升 900 瓦）、抽油烟机（当地主销普通）
	（二）其他	洗发液［飘柔二合一 200 毫升（去头屑）］、香皂（舒肤佳 125 克）、牙膏［（中华（新）含钙 120 克）］、洗衣粉（三威超浓缩 400 克）
四、医疗保健	医疗保健	挂号费（普通门诊）、诊疗费［市级（三级甲）医院门诊］、住院费（普通病房 4 人间）、检查费（X 光胸透）、检查费（CT 头颅）、检查费（尿常规 5 项指标）、理疗费（红外线照射治疗）、注射费（肌肉注射）、手术费（阑尾）
五、交通和通讯	（一）交通	出租汽车租价（普通桑塔纳基本租价）、自行车（当地主销普通男士 26）、自行车（当地主销普通女士 26）
	（二）通信	电话月租费（程控）、本地网营业区内通话费（每次三分钟）、移动电话资费（市话费）
六、教育文化娱乐服务	（一）娱乐	彩电（长虹 D2965A）、索尼（29 英寸国内组装）、松下（29 英寸国内组装）
	（二）教育	中小学生作业本（当地主销田字格本 32 开 22 页）、大学学费（非外语类专业文科）、大学学费（理工科）、高中学费（普通学校）、普通初中学杂费（普通学校）、普通小学杂费（普通学校）、幼儿保育费（一级园中班日托）
七、居住	（一）水电燃料及其他	居民生活用水（不含污水处理费）、自来水（生活用水）、电（民用 220 伏）、液化石油气（民用）、原煤（民用）
	（二）住房	公有住房租金（砖混成）套住宅使用面积、商品住房（市区砖混一等成套住宅建筑面积）、商品住房（市区钢混一等成套住宅建筑面积）
八、服务	无细分类	普通物业管理费（普通住宅）、旅馆房价（非星级中档标准间）、旅游涉外饭店房价（三星级标准间）

首先，计算细类支出的购买力平价。以辽宁省平均水平的每种商品或服务项目的价格作为基准，比较 14 个城市相对商品或服务项目的价格比率。具体计算时采用各个代表商品的价格比，几何平均汇总细类支出的平均比

价，即得到细类支出的购买力平价①。具体计算见公式 4—5（郭熙保，1998）：

$$\left(\frac{P_A}{P_B}\right)=\left[\prod_{j=1}^{N}(p_{aj}/p_{bj})\right]^{1/n} \quad (4—5)$$

式中：P_{ai}是 14 个城市第 j 个代表性商品的价格，P_{Bj}是辽宁省平均同类代表性商品的价格，等式左边是第 i 细类购买力平价。

其次，计算细类支出比重。各地区各细类商品或服务项目支出的比重按照统计统计年鉴中辽宁省平均各个细类的支出比例进行计算。

最后，购买力平价的综合运算。综合运算的方法为依据各细类支出（商品或服务）比重为权数对各细类支出购买力平价的加权平均。

$$I_c=\sum_{i=1}^{m}(P_C/P_B)\times W_{ib} \quad (4—6)$$

公式 4—6 为购买力平价指数的测算公式，含义为如果以辽宁省平均支出结构消费，在各个城市购买 1 单位商品篮子需要多少单位人民币支出。

依据 2004 年地区间相对价格指数和统计年鉴公布的居民消费价格指数（上年=100），即可推算出 2004－2010 年辽宁省各地区间相对价格指数（见表 4—19）。

表 4—19　　地区间相对价格指数（2004－2010 年）

地区	2010	2009	2008	2007	2006	2005	2004
全省	116.20	112.81	112.81	107.85	102.62	101.40	100.00
沈阳	120.32	116.92	117.04	112.11	107.28	105.38	104.65
大连	121.54	118.35	118.11	113.13	108.78	107.28	105.80
鞍山	114.57	111.13	111.35	107.17	102.36	102.36	101.15
抚顺	115.48	112.22	113.01	108.25	103.19	101.77	100.27
本溪	107.71	104.77	104.67	100.35	96.03	94.33	93.40
丹东	106.64	103.44	103.64	99.75	94.55	92.79	92.79
锦州	116.79	113.72	113.38	108.71	104.22	103.09	102.07
营口	107.59	104.56	104.77	100.74	96.49	95.16	93.94
阜新	101.23	98.76	100.27	96.13	91.91	90.82	89.47

① 郭熙保. 购买力平价与我国收入水平估计——兼评克拉维斯对中国收入的估计结果. 管理世界. 1998，4：64－75

续表

地区	2010	2009	2008	2007	2006	2005	2004
辽阳	112.26	110.06	110.94	106.37	101.98	100.87	99.88
盘锦	106.89	103.77	105.03	100.22	95.00	93.96	92.39
铁岭	117.06	112.23	111.90	107.18	101.50	100.39	98.91
朝阳	114.36	111.13	108.74	104.76	100.34	99.15	98.27
葫芦岛	117.66	114.56	115.72	111.38	106.17	104.81	103.26

为了方便起见，其他典型省份改用 CPI 定基数据测算地区间价格指数，可推算出相应年份各省各地区相对价格指数。

（三）基于地区间价格指数的基础养老金实际给付水平

根据地区间相对价格指数可以算出各城市实际的养老金收入水平。方法为名义养老金除以相对价格指数，便得到该地的相对实际养老金收入（图4—25，以辽宁省平均值为基准）。各地区基础养老金省级统筹的给付水平可以使用地区间价格指数转换为实际养老金进行比较。由于实际养老金收入反映各个城市居民的实际消费能力，相对准确地反映了不同城市生活水平的差距。

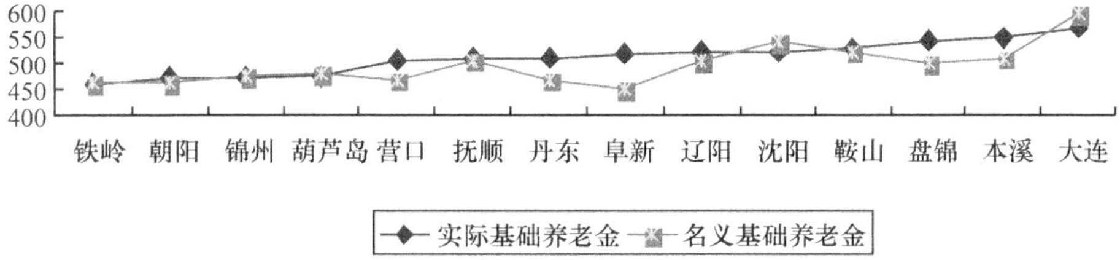

图 4—25　新增退休人员的省级统筹实际与名义基础养老金比较（2010 年）

（四）实际给付水平的收入再分配效果评价

综合对地区间价格指数的实证研究，利用各城市新增退休人员实际基础养老金收入测算基尼系数，比较省级统筹下名义基础养老金和实际基础养老金缩减收入差距的力度。2010 年名义基础养老金基尼系数为 0.0483，实际基础养老金基尼系数为0.024左右。MT指数为0.0159。可见，综合考虑基础养老金统筹层次提升和地区间物价差异两个因素的影响，地区间实际基础养老金差距要小于名义基础养老金差距，辽宁省各城市新增退休人员的基础养老金实际差距小于名义差距。

地区间分配的公平性既要考虑缩小高收入地区与低收入地区之间的差距，又要考虑各地区的实际初次分配和再分配的相对水平。养老保险从市级统筹提升到省级统筹，省级统筹方案较市级统筹方案实现了更高水平的收入再分配。在省级统筹下，地区间实际基础养老金差距要小于名义差距。

表4—20　　省级统筹基础养老金和工资分配福利比分析

	各城市名义养老金—省平均养老金	各城市实际养老金—省平均养老金	P_p	P_w	P_p-P_w
沈阳	23.39	4.84	1.01	1.18	−0.17
大连	77.53	51.32	1.10	1.19	−0.09
鞍山	2.96	10.34	1.02	0.99	0.03
抚顺	−11.18	−8.02	0.98	1.00	−0.01
本溪	−7.80	32.45	1.06	0.98	0.08
丹东	−49.86	−7.88	0.98	0.82	0.17
锦州	−44.69	−47.10	0.91	0.83	0.08
营口	−49.67	−12.18	0.98	0.92	0.06
阜新	−67.60	−0.98	1.00	0.84	0.15
辽阳	−15.01	2.65	1.01	0.91	0.09
盘锦	−18.65	24.89	1.05	0.85	0.20
铁岭	−54.35	−57.78	0.89	0.78	0.11
朝阳	−55.52	−48.06	0.91	0.87	0.04
葫芦岛	−38.95	−44.91	0.91	0.76	0.16

以辽宁省平均养老金为基准，可以比较出名义基础养老金收入与平均水平的差距。沈阳、大连、鞍山的名义养老金是高于辽宁省平均值，其他城市低于辽宁省平均值，这也符合这三个地区缴费工资高于平均工资这个前提。从实际基础养老金省级统筹水平相对于省平均养老金的差值来看，抚顺、锦州、阜新、铁岭、朝阳、葫芦岛实际养老金低于平均养老金，其他8个城市

实际养老金高于平均养老金。由此可见，在省级统筹分配方案下，物价水平低的城市享受的福利水平明显提高。

根据实际基础养老金相对福利比和实际工资相对福利比，进一步分析基础养老金贡献与实际福利给付之间的对应情况，提出实际养老金分配福利比和实际工资分配福利比来进行比较。分配福利比是各个城市相对于辽宁省平均水平的比值，可以获得各个城市相对于全省平均水平所处的状态。从实际养老金分配福利比来看，各城市的分配福利比均在 0.89～1.10 之间，可见，实际基础养老金分配福利比尚未实现均等化，但与实际工资分配福利比比较，实际养老金分配福利比差距明显小于实际工资分配福利比。再从各地区实际养老金和实际工资分配福利比来看，沈阳实际工资相对省平均水平贡献比为 1.18，而相对省平均水平贡献比享受到的实际养老金福利为 1.01，符合养老金由高收入地区向低收入地区转移的再分配理念。但再进一步分析本溪、辽阳、盘锦等地的工资与养老金分配比，可以发现，这几个城市贡献值均低于平均水平，但养老金给付却高于平均水平，甚至于出现了高于高贡献的城市（如沈阳、抚顺）所获得实际福利水平。可见，现行省级统筹方案以名义收入为基础缩小地区间收入差距、调节收入分配，未考虑地区间经济、物价水平差异，虽然缩小了地区间收入差距，但降低了高工资高物价水平地区的基础养老金福利分配水平，损害了基础养老金分配效率。

省级统筹对已退休人员基础养老金给付水平的调整不存在影响；而省级统筹对新增退休人员基础养老金和过渡性养老金给付存在显著影响；养老保险统筹层次的提升缩小地区间的新增退休人员初次分配差异；对于新增退休人员来说，实际基础养老金地区差异要小于名义上的基础养老金地区差异。但考虑到以地区间物价指数为基础的实际基础养老金相对福利分配比而言，当前的省级统筹层次提升分配方案损害了高收入地区高物价水平地区新增退休人员基础养老金福利。除去物价因素之后，省级统筹方案下的基础养老金分配未能真正体现出保证劳动者在职贡献与养老金福利给付的相对公平。从各城市实际基础养老金分配相对福利比来看，基础养老金分配不利于高贡献、高物价城市的新增退休职工，有利于低贡献、低物价水平的新增退休职工。现行省级统筹方案以名义收入为基础缩小地区间收入差距、调节收入分配，未考虑地区间物价水平差异，但产生了新的福利分配不平等问题，也可能引发高收入高物价地区参保人群激励不足的问题。

因此，统筹层次提升方案中，应充分考虑地区间经济发展水平、物价水平差异，依据地区间价格指数，将在职职工实际工资水平纳入到基础养老金分配框架内，以实际工资计算养老金计发基数。这样可以解决中国各地区间经济发展水平、物价水平不平衡的问题，也可以确保高收入地区养老金合理的流向低收入地区，实现基础养老金分配的公平与效率。由于基础养老金统筹层次提升带来的收入分配关系到高收入地区与低收入地区的财富分配问题、关系到社会公平和劳动效率、关系到统筹层次进一步提升的公平性，将地区间物价差异引入到基础养老金统筹层次计发办法中，将会促进养老保险全国统筹的尽快实现。

第五章
养老保险全国统筹计发及再分配效应

在地区间发展不平衡的情况下实现基础养老金全国统筹，必须适当地、稳妥地衔接地区之间的利益关系，确保高低发展地区都能认同的收入再分配水平。因此全国统筹计发办法要实现缩减地区之间收入差距和提高收入再分配的功能。对于养老保险制度而言，统筹层次的提升要求进一步的保障生存公平、维护劳动公平。生存公平是指人生存的基本权利，人作为社会成员应该享受基本生存条件，这是人类发展的基本目标。在保障生存公平的基础上，劳动公平是更高层次的发展。劳动公平是指多贡献多所得，使得劳动者的待遇享有量与劳动贡献相联系。因此，基础养老金全国统筹方案的选取和设定要高于生存水平，再进一步体现劳动公平，这是从理论与实践角度研讨基础养老金全国统筹模拟给付水平及收入再分配的关键所在。

一、养老保险全国统筹计发及再分配效应研究框架

养老保险制度统筹层次逐级提升是中国养老保险体系建设、完善与发展的重要组成部分。养老保险全国统筹计发及再分配效应的研究既要考虑到全国统筹前后给付水平的变化，又要考虑各省级地区间收入再分配效应的变化，还要根据各省级地区间物价差异综合考察地区间养老保险真实给付水平，综合考量统筹层次提升对各地区新增退休人员享受到实际养老金福利的收入再分配效应。在经济发展水平、工资水平、物价水平等地区差异显著条件下测算全国统筹计发及再分配效应，就需要以科学的理念为指导，立足现实、科学规划、统筹全局、全面推进，始终把握正确的方向，为全国统筹的进一步推进铺平道路。基于此，提炼出养老保险全国统筹计发及再分配效应研究框架。

从基础养老金计发办法及规则分解入手，以养老保险统筹层次收入再分配核心系数模型及四序列分系数模型设定全国统筹方案，划分为“二类型、四模式、六大方案”：两种养老保险全国统筹类型（分层平均统筹类型和分比例统筹类型）、四个统筹模式、六大方案（主要包括方案1即全国平均工资模式；方案2即全国平均工资＋个人工资之和除2模式；方案3即全国平均工资＋省平均工资＋个人工资之和除3模式；方案4即15%中央统筹模式；方案5即10%中央统筹模式）。依据六种不同全国统筹方案的参数设计，测算出不同方案下的全国统筹养老金模拟给付水平，进而分析其与省平均统筹给付水平的差异；从“深度系数”“缩小收入差距系数”和“基尼系数调节力度”三个测量系数层次入手，分析全国统筹前后给付水平的差异是否体现缩小地区间的新增退休人员初次分配差异的再分配效应，其研究要点在于验证在统筹地区养老金计发给付的公平性和基础养老金统筹层次提升带来的收入再分配效应；再引入地区间物价差异因素将名义基础养老金转换为消除地区间物价差异因素后的实际基础养老金，对各地区新增退休人员享受

到实际养老金福利的收入再分配效应进行测算，并运用宏微观适度水平、帕累托检验和卡尔多—希克斯检验研究基础养老金全国统筹给付水平基于宏微观适度区间的福利改进，探讨养老保险全国统筹的最佳方案（见图 5—1）。

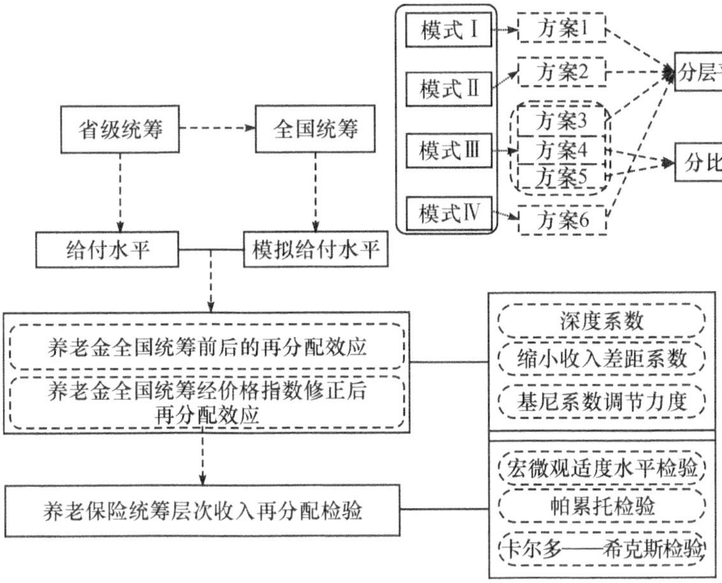

图 5—1　养老保险全国统筹计发及再分配效应研究框架

研究框架以基础养老金分配是否起到了缩小贫富差距、缓解两极分化的作用为目标，基于深度系数、缩小收入差距系数、基尼系数三个再分配效应测量系数测算统筹层次提升后统筹地区养老金计发给付是否公平，是否充分体现全民普惠性的结果公平，是否矫正初次分配中分配条件、机会、规则、过程不公平造成的结果不公平，是否体现了收入再分配功能；再考察加入省际物价修正后真实的全国统筹基础养老金给付水平，全面地反映了基础养老金全国统筹对于新增退休人员的收入再分配效应；从宏微观适度性及福利改进角度对基础养老金全国统筹各方案进行评价，是从理论与实践角度对基础养老金全国统筹方案的模拟与研讨，既有利于全国统筹的顺利实施，又对养老保险地区间收入再分配适度水平、生存公平、福利改进等做了进一步的深化，对于提高养老保险统筹层次、促进地区间养老福利分配的均衡化发展、缩小中国地区间经济发展水平差异具有重要理论意义和现实意义。

二、省级统筹给付变动影响参数及对全国统筹借鉴

基础养老金计发办法反映了养老金的既得收益权，这是参保者在变换养老金计划时拥有所赋予的能够在退休后实现的养老金权益（Clark 等，1988）。目前，基础养老金的计发办法是在东北三省社会保障体系试点经验基础上颁布的38号文件，该计发办法进一步完善了鼓励职工参保缴费的激励约束机制。

由于近年来，养老金的调整办法逐渐调整为全省乃至全国统一标准①，因此对于统筹层次提升前已退休的人员来说，统筹层次提升对其养老金给付的影响比较微小。而对于新增退休人员来说，其养老金初始值的测算是按照统筹范围的平均工资和具体计发办法为基础的。因此，统筹层次提升主要影响着新增退休人员的养老金待遇水平。新增退休人员（“中人”）的基本养老金待遇水平为基础养老金、过渡性养老金、个人账户养老金之和，这是我国首创的“统账结合”基本养老保险制度的过渡计发办法。从前文分析可知，基础养老金为现收现付部分，个人账户养老金为完全积累部分；现收现付制存在收入再分配效应，而完全积累只存在个人生命周期内的个人收入再分配。现收现付的基础养老金给付能够缩小高低收入者缴费差距，实现高低收入者的收入再分配，个人账户养老金是强调效率的，过渡性养老金仅是对“中人”个人账户欠缺的一种补偿。因此，基础养老金统筹层次提升带来的收入再分配给付水平变动仅考虑基础养老金对新增退休人员的收入再分配。

基础养老金市级统筹提升到省级统筹，待遇计发参数将会发生相应的变化。市级统筹的社会平均工资基数采用的是市社会平均工资，而省级统筹的统筹计发工资基数采用的是省社会平均工资。公式5—1作为市级统筹层次的基础养老金待遇给付公式，那么公式5—2可以相应的作为省级统筹层次的基础养老金待遇给付公式。

---

① 人力资源社会保障部《企业退休人员养老金提高10%》，中央政府门户网站。

$$Y_0 = h\% \times \frac{1}{2} \times W_{e-1}^0 \left[1 + \sum_{n=x}^{e-1}\left(\frac{w_n}{W_n^0}\right)/(e-x)\right],\ h \geqslant 15 \quad (5—1)$$

$$Y' = h\% \times \frac{1}{2} \times W'_{e-1} \left[1 + \sum_{n=x}^{e-1}\left(\frac{w_n}{W'_n}\right)/(e-x)\right],\ h \geqslant 15 \quad (5—2)$$

其中，Y_0 为市级统筹情况下职工退休当年的待遇给付；Y' 为省级统筹情况下职工退休当年的待遇给付；h 表示缴费年限；e 表示退休年龄；x 表示参保年龄；W'_n 表示 n 岁时的省社会平均工资；W_n^0 表示 n 岁时的市社会平均工资；w_n 表示职工 n 岁时缴费工资。

基础养老金从市级统筹提升到省级统筹，同一劳动者的养老金待遇的差别见公式 5—3：

$$\begin{aligned}\Delta Y &= Y' - Y_0 \\ &= h\% \times \frac{1}{2} \times \left[W'_{e-1}\left[1 + \sum_{n=x}^{e-1}\left(\frac{w_n}{W'_n}\right)/(e-x)\right]\right. \\ &\quad \left. - W_{e-1}^0\left[1 + \sum_{n=x}^{e-1}\left(\frac{w_n}{W_n^0}\right)/(e-x)\right]\right],\ h \geqslant 15 \quad (5—3)\end{aligned}$$

对公式 5—3 进行分解，如下：

$$\begin{aligned}\Delta Y &= h\% \times \frac{1}{2} \times \left[W'_{e-1}\left[1 + \sum_{n=x}^{e-1}\left(\frac{w_n}{W'_n}\right)/(e-x)\right]\right. \\ &\quad \left. - W_{e-1}^0\left[1 + \sum_{n=x}^{e-1}\left(\frac{w_n}{W_n^0}\right)/(e-x)\right]\right],\ h \geqslant 15 \quad (5—4)\end{aligned}$$

$$\Delta Y = \frac{h\%}{2}\left[(W'_{e-1} - W_{e-1}^0) + \frac{\sum_{n=x}^{e-1}[W_n(a_i - b_i)]}{e-x}\right],\ h \geqslant 15 \quad (5—5)$$

其中，ΔY 为省级统筹与市级统筹情况下职工退休当年的待遇给付差值；h 表示缴费年限；e 表示退休年龄；x 表示参保年龄；W'_n 表示 n 岁时的省社会平均工资；W_n^0 表示 n 岁时的市社会平均工资；w_n 表示职工 n 岁时缴费工资；$a_i =$ （$W'_{e-1}/W_n - 1$） $\times 100\%$，表示为职工 $e-1$ 岁时省社会平均工资相对于 n 岁省社会平均工资增长率；$b_i =$ （$W'_n/W_n^0 - 1$） $\times 100\%$，表示为职工 $e-1$ 岁时市社会平均工资相对于 n 岁时社会平均工资增长率。

从公式 5—5 可以看出，对于同一劳动者而言，其缴费年限、各年缴费工资为恒定值，缴费年限每增加 1 年，给付相应增加 1%。基础养老金统筹层次提升待遇差别主要在于职工退休前上一年新统筹范围社会平均工资与原统筹范围社会平均工资的差额和新老统筹范围社会平均工资相对增长率的差额，前者的影响的程度是 $h\%/2$；后者的影响程度是 $W_n \times h\%/2$，见表 5—1。

表 5—1　基础养老金统筹层次提升的计发水平影响参数

影响因素	计发水平影响参数	影响程度
因素 1	新老统筹范围职工退休前一年社会平均工资差异	$h\%/2$
因素 2	新老统筹范围平均工资相对增长率差异	$W_n \times h\%/2$

统筹层次提升带来的参保者基础养老金待遇的变动是由于存在着新老统筹范围社会平均工资及增长率的差异造成的。统筹层次的提升会由于不同统筹范围的平均工资差异、不同统筹范围的相对工资增速不同产生新增退休人员养老金权益的差异，进而影响到基础养老金的收入再分配。

对于因素 1 来说，基础养老保险统筹层次提升会改变上一年社会平均工资的数值，那么以上年新统筹范围社会平均工资作为基准线，高于新统筹范围社会平均工资的地区，统筹层次提升带来领取养老金数额的下降。低于新统筹范围社会平均工资的地区，统筹层次提升带来领取养老金数额的提升。对于因素 2 来说，原统筹范围平均工资相对增长率慢于新统筹范围会带来养老金数额的提升，反之，则下降。两个影响参数的共同作用，影响了养老金数额的最终值。有的省份社会平均工资低于全国社会平均工资，但该省社会平均工资的相对增速快于全国社会平均工资增速，这反而带来该省份基础养老金全国统筹给付水平的下降。究其原因，该省份基础养老金影响因素 2 的影响程度高于因素 1，故而出现了低收入地区在统筹层次提升后反而养老金收入下降的情形。可见，在统筹层次提升中，计发办法的设定以及参数影响着地区间新增退休人员基础养老金待遇给付。选用合理的计发方案是平衡地区间工资分配差距、初次分配增速差异的重要手段。

三、基础养老金全国统筹给付和计发方案

全国统筹是中国养老保险最高层次的社会统筹。省级统筹作为中级目

标，为全国统筹的推进奠定了重要的基础。同时，地区间的经济发展水平、历史债务、养老保险发展水平存在显著差异，成为统筹层次提升的影响因素。因此，依据基础养老金计发办法中的合理参数设定，综合养老保险全国统筹提升的计发影响因素，以养老保险分类型四序列模型，将省级统筹进一步逻辑推演为分层平均统筹类型，综合考虑“全国平均工资、省平均工资和个人工资”不同的参数设置，以个人、省和全国工资逐级分层削减的模式进一步削弱了个体差异的影响，有利于实现退休人员之间更高层次的收入再分配，实现劳动公平基础上的生存公平。同时，再将全国平均工资、省平均工资和个人工资的模式Ⅲ变形，得到分比例统筹模式的两方案，仅考虑地区间工资水平基数差异的影响，消除地区间工资增长率的影响，按照全国统一比例基础养老金均值和省级统筹基础养老金发放养老金，扩大了个体和地区差异的影响，减少了地方利益的损失，减弱了全国统筹实施的阻力。

首先将养老保险分类型四序列模型层层分解，模型Ⅰ对应方案 1 全国平均工资统筹，以全国职工平均工资为基数发放，发放比例按累计工作年限计算，这种养老金给付水平只与劳动者的工作年限有关，与地区经济发展水平无关，各地养老金待遇水平无差异；模型Ⅱ对应方案 2（全国平均工资＋个人指数化工资）/2，以全国职工平均工资和个人相对于全国指数化月平均缴费工资的均值为基数发放，养老金给付水平取决于全国平均工资和个人相对于全国指数化月平均缴费工资水平，两者的权重相同（各为 1/2）；模型Ⅲ对应方案 3（全国平均工资＋省平均工资＋个人指数化工资）/3，以全国职工平均工资、省平均工资和个人相对于全国指数化月平均缴费工资的均值为基数发放，三者对养老金给付水平的影响程度相同（各为 1/3）；模型Ⅲ进一步发展两个变形：按一定比例中央统收统支（1/2 或 1/3），确保生存公平，另一部分留在地方实行省级统筹模式，确保劳动公平，两个变形分别为方案 4、方案 5；模型Ⅳ对应方案 6 个人工资统筹，方案 6 是沿用计划经济时期工资趋同条件下的养老金计发办法，以个人工资为基数的养老金计发方案，不具有明显的收入再分配效应。为了与其他全国统筹方案比较，在模拟方案 6 养老金时暂时消除掉省内工资差异，以省际工资差异作为全国统筹收入再分配起点方案，并转化成省平均工资统筹模式，成为测算全国统筹给付及再分配效果的参照标准，见表 5—2。

表 5—2　　基础养老金全国统筹类型及方案设定

模式序号	统筹模式	表现形式	全国统筹具体方案	全国统筹类型划分
Ⅰ	原型	$\overline{W_{全国}}$	方案 1	分层平均统筹类型
Ⅱ	原型	$\frac{\overline{W_{全国}}+W_{个人}}{2}$	方案 2	
Ⅲ	原型	$\frac{\overline{W_{全国}}+\overline{W_{省}}+W_{个人}}{3}$	方案 3	
	变形 1	$1/2\,\overline{W_{全国}}+1/2\,\frac{\overline{W_{省}}+W_{个人}}{2}$	方案 4	分比例统筹类型
	变形 2	$1/3\,\overline{W_{全国}}+2/3\,\frac{\overline{W_{省}}+W_{个人}}{2}$	方案 5	
Ⅳ	原型	$W_{个人}$	方案 6	分层平均统筹类型

全国统筹 6 套方案具体公式如下：

方案 1：全国基础养老金统筹方案

$$Y_1^{国}=\frac{1}{2}W_{e-1}\left[1+\sum_{n=x}^{e-1}\left(\frac{W_n}{W_n}\right)/(e-x)\right]=W_{e-1}，\ h\geqslant 15 \qquad (5—6)$$

其中，Y 为分段计费下全国统筹情况下职工退休当年的待遇给付；h 表示缴费年限；e 表示退休年龄；x 表示参保年龄；W_n 表示 n 岁时的省社会平均工资；w_n 表示职工 n 岁时缴费工资。

方案 2：省级统筹引申的基础养老金全国统筹方案

$$Y_2^{国}=h\%\times\frac{1}{2}\times W_{e-1}^{国}\left[1+\sum_{n=x}^{e-1}\left(\frac{w_n}{W_n^{国}}\right)/(e-x)\right]，\ h\geqslant 15 \qquad (5—7)$$

具体指标解释同公式 5—6，平均工资缴费基数测算以国家和个人的平均工资的平均值为基础。

方案 3：全国、省级、市级差距纳入的基础养老金全国统筹方案

$$Y_3^{国}=h\%\times\frac{1}{3}\times W_{e-1}^{国}\left[1+\sum_{n=x}^{e-1}\left(\frac{w_n}{W_n^{国}}\right)/(e-x)\right.$$

$$+\sum_{n=x}^{e-1}\left(\frac{W_n^{省}}{W_n^{国}}\right)/(e-x)\Bigg],\ h\geqslant 15 \quad (5—8)$$

其中，具体指标解释同公式5—6。平均工资缴费基础测算以国家、省、个人平均工资的平均值为基础。方案3是在方案2中加入省区市社会平均工资进一步调整。

方案4：在全国、省级、市级差距纳入的基础养老金全国统筹方案的一种变形方案

$$Y_4^{国}=h\%\times\left\{\frac{1}{2}\times W_{e-1}^{国}+\frac{1}{2}\times\frac{1}{2}W_{e-1}^{省}\left[1+\sum_{n=x}^{e-1}\left(\frac{w_n}{W_n^{省}}\right)/(e-x)\right]\right\},\ h\geqslant 15 \quad (5—9)$$

其中，具体指标解释同公式5—6。方案4对方案3的变形，按一定比例分配养老金给付水平，将基础养老金的1/2拿到全国统筹，1/2实行省级统筹。

方案5：在全国、省级、市级差距纳入的基础养老金全国统筹方案的另一种变形方案

$$Y_5^{国}=h\%\times\left\{\frac{1}{3}\times W_{e-1}^{国}+\frac{2}{3}\times\frac{1}{2}W_{e-1}^{省}\left[1+\sum_{n=x}^{e-1}\left(\frac{w_n}{W_n^{省}}\right)/(e-x)\right]\right\},\ h\geqslant 15 \quad (5—10)$$

其中，具体指标解释同公式5—6。方案5对方案3的变形，按一定比例分配养老金给付水平，将养老金替代率的1/3拿到全国统筹，2/3实行省级统筹。

方案6：个人再分配

此办法为个人工资统筹。具体测算是暂时消除掉省内工资差异，以省际工资差异作为全国统筹收入再分配起点方案，并转化成省平均工资统筹模式。

$$Y_6^{国}=h\%\times w_{e-1}=h\%\times\frac{1}{2}\times W_{e-1}^{省}\left[1+\sum_{n=x}^{e-1}\left(\frac{w_n}{W_n^{省}}\right)/(e-x)\right],\ h\geqslant 15 \quad (5—11)$$

这六套基本方案是依据当前的计发办法，选择不同的参数设定得到的。方案1是按照全国的社会平均工资为标准，实现了以全国社会平均工资待遇

水平计发基础养老金，实现了名义上的全国社会平均工资待遇水平统一化；方案 2 是按照全国的社会平均工资为标准延续省级统筹计发方案方法；方案 3 是方案 1 和方案 2 的过渡办法；方案 4 和方案 5 是对方案 3 的变形，属于分比例统筹的方法；方案 6 是按照各省社会平均工资标准计发基础养老金，实现了名义上的各省社会平均工资待遇水平统一化。方案 1、方案 2、方案 3、方案 6 定义为分层平均统筹类型，方案 4 和方案 5 定义为分比例统筹类型。全国统筹各方案逐级分层削弱了个体差异的影响，综合全国、省和个人工资来统一征收和发放养老金，扩大了个体和地区差异的影响，减少了地方利益的损失，化解了全国统筹的阻力。这六套方案在养老金给付上实现了不同程度的收入再分配、缩小地区间初次分配差距的功能，见表 5—3。

表 5—3　　基础养老金全国统筹各方案计发办法

方案序号	各方案基础养老金计发办法	类型
方案 1	$h\%\times\frac{1}{2}W_{e-1}\left[1+\sum_{n=x}^{e-1}\left(\frac{W_n}{W_n}\right)/(e-x)\right]$	分层平均统筹类型
方案 2	$h\%\times\frac{1}{2}W_{e-1}\left[1+\sum_{n=x}^{e-1}\left(\frac{w_n}{W_n}\right)/(e-x)\right]$	
方案 3	$h\%\times\frac{1}{3}\times W_{e-1}^{国}\left[1+\sum_{n=x}^{e-1}\left(\frac{w_n}{W_n^{国}}\right)/(e-x)+\sum_{n=x}^{e-1}\left(\frac{W_n^{省}}{W_n^{国}}\right)/(e-x)\right]$	
方案 4	$h\%\times\left\{\frac{1}{2}\times W_{e-1}^{国}+\frac{1}{2}\times\frac{1}{2}W_{e-1}^{省}\left[1+\sum_{n=x}^{e-1}\left(\frac{w_n}{W_n^{省}}\right)/(e-x)\right]\right\}$	分比例统筹类型
方案 5	$h\%\times\left\{\frac{1}{3}\times W_{e-1}^{国}+\frac{2}{3}\times\frac{1}{2}W_{e-1}^{省}\left[1+\sum_{n=x}^{e-1}\left(\frac{w_n}{W_n^{省}}\right)/(e-x)\right]\right\}$	
方案 6	$h\%\times\frac{1}{2}w_{e-1}\left[1+\sum_{n=x}^{e-1}\left(\frac{w_n}{w^n}\right)/(e-x)\right]$	分层平均统筹类型

四、养老保险全国统筹的模拟给付水平

考虑到 2010 年各地建立省级统筹制度和统计数据可获得性，以 2010 年各省的基础养老金给付水平为基准年，比较全国 31 个省的新老统筹范围基础养老金给付水平。由于各地区内部各职工的工资水平是存在差异的，故为

了表达一个普遍平均水平，选用各地区平均工资反映职工个体的工资情况。这是假设各地区内参保人群是同质的，该地区企业在职职工平均工资是参保人群的同一缴费工资。同时考虑新老计发办法过渡，分别测算出全国 31 个省、自治区、直辖市基础养老金的模拟水平。由于缴费年限 $h\%$ 在不同年份上呈现等比例关系，比如个人缴费 30 年和缴费 20 年在基础养老金给付水平上呈现一定的倍数关系，即 30%/20%，因此很容易推算出不同缴费年限基础养老金的给付水平。考虑新老计发办法过渡，下文全国统筹基本养老金各方案模拟给付水平仅考虑缴费 20 年的情况，其他缴费年限不再赘述。

（一）养老保险全国统筹各方案给付水平

假设每个城市存在以该城市在职职工平均工资作为缴费基数的职工，达到法定退休年龄 60 岁退休，缴费年限 20 年。由此，根据上述公式可计算出各省基础养老金模拟水平，见表 5—4。考虑到 2010 年各地建立省级统筹制度和统计数据可获得性，以 2010 年各省区的基础养老金给付水平为基准年，比较全国 31 个省的新老统筹范围基础养老金给付水平。由前文对养老金计发办法的分解可知，由于新老统筹范围的退休前一年平均工资差异、新老统筹范围的相对工资增速不同，统筹层次提升会带来基础养老金给付的差异。因而，为全面把握全国统筹各方案的基础养老金给付水平变动，对基础养老金模拟水平进行综合比较。

表 5—4　　31 个省、自治区直辖市全国统筹各方案基础养老金模拟水平（2010 年）　　单位：元/月

全国统筹方案	方案 1	方案 2	方案 3	方案 4	方案 5	方案 6
全国	545.60	545.60	545.60	545.60	545.60	545.60
北京市	545.60	733.02	795.50	757.30	827.87	969.00
天津市	545.60	628.18	655.71	647.73	681.78	749.87
河北省	545.60	502.89	488.65	509.33	497.23	473.05
山西省	545.60	497.98	482.11	510.04	498.19	474.48
内蒙古	545.60	495.83	479.25	528.63	522.97	511.65

续表

全国统筹方案	方案 1	方案 2	方案 3	方案 4	方案 5	方案 6
辽宁省	545.60	527.29	521.19	532.00	527.47	518.40
吉林省	545.60	496.54	480.19	491.38	473.31	437.17
黑龙江	545.60	489.26	470.48	493.93	476.70	442.25
上海市	545.60	777.18	854.38	802.38	887.97	1059.15
江苏省	545.60	571.79	580.52	571.88	580.64	598.17
浙江省	545.60	630.16	658.35	584.43	597.37	623.25
安徽省	545.60	496.81	480.55	519.95	511.40	494.30
福建省	545.60	553.50	556.14	511.68	500.38	477.77
江西省	545.60	478.58	456.24	478.60	456.27	411.60
山东省	545.60	524.80	517.86	520.20	511.73	494.80
河南省	545.60	487.21	467.75	500.78	485.83	455.95
湖北省	545.60	495.12	478.29	498.86	483.28	452.12
湖南省	545.60	510.11	498.28	500.17	485.02	454.73
广东省	545.60	654.34	690.58	575.76	585.81	605.92
广西	545.60	512.13	500.97	508.65	496.33	471.70
海南省	545.60	499.93	484.70	480.58	458.91	415.57
重庆市	545.60	512.63	501.64	530.84	525.92	516.08
四川省	545.60	511.14	499.66	510.83	499.23	476.05
贵州省	545.60	494.77	477.83	508.18	495.70	470.75
云南省	545.60	532.36	527.94	497.73	481.78	449.87
西藏	545.60	712.12	767.63	679.05	723.53	812.50
陕西省	545.60	500.52	485.50	524.34	517.26	503.08
甘肃省	545.60	521.73	513.77	499.28	483.83	452.95
青海省	545.60	569.30	577.21	552.48	554.77	559.35
宁夏	545.60	533.22	529.10	556.82	560.56	568.03
新疆	545.60	525.02	518.16	504.08	490.23	462.55

资料来源：中国统计年鉴（2011）. 北京：中国统计出版社；中国人口和就业统计年鉴（2010）. 北京：中国统计出版社；中国人力资源与社会保障统计年鉴（2011）. 北京：中国劳动与社会保障出版社。

全国统筹方案 2 最低基础养老金为 478.58 元（江西），最高基础养老金为 777.18 元（上海），组距为 298.6 元，标准差仅为 77.87。全国统筹方案 3 最低基础养老金为 456.24 元（江西），最高基础养老金为 854.38 元（上海），组距为 398.14 元，标准差为 103.82。全国统筹方案 4 的最低基础养老金为 478.60 元（江西），最高基础养老金为 802.38 元（上海），组距为 323.78 元，标准差为 77.28；全国统筹方案 5 最低基础养老金为 456.27 元（江西），最高基础养老金为 887.97 元（上海），组距为 431.7 元，标准差为 103.04；全国统筹方案 6 最低基础养老金为 411.60 元（江西），最高基础养老金为 1059.15 元（上海），组距为 647.55 元，标准差为 154.55。全国统筹各方案基础养老金标准差的比较，方案 1＜方案 4＜方案 2＜方案 5＜方案 3＜方案 6（见表 5—5）。可见，全国统筹各方案的收入再分配效果明显大于方案 6，且全国统筹方案 1 的收入分配效果最大。方案 1、2、3、4 和 5 实现了地区间初次收入分配的矫正，一定程度上实现了更公平的分配。

表 5—5　　基础养老金全国统筹各方案最低、最高省际给付水平比较（2010 年）　　单位：元/月

项目	方案 1	方案 2	方案 3	方案 4	方案 5	方案 6
最低基础养老金	545.60	478.58	456.24	478.60	456.27	411.60
最高基础养老金	545.60	777.18	854.38	802.38	887.97	1059.15
组距	0	298.60	398.14	323.78	431.70	647.55
标准差	0	77.87	103.82	77.28	103.04	154.55

（二）物价修正后养老保险全国统筹各方案给付水平

通过全国统筹各方案的比较，方案 1 的收入再分配力度最强。但最高的收入再分配力度是否为最佳的分配方案还有待进一步研究。考虑到中国省际间的经济发展速度、工资分配水平、养老保险水平等存在着显著的地区差异，因此全国统筹的各方案需要考虑到其他影响因素的影响。在经济的转轨过程中，不同地区经济发展进程也有所不同，这些因素造成了显著的地区差异。结合前文研究，地区差异不仅表现在地区间收入差距，也表现为地区间的物价差异。以名义养老金水平和物价水平的双重地区差异决定了退休人员

的名义养老金收入无法真实反映退休人员的真实福利水平。因此，要基于各省不同的物价水平发放差异化的基础养老金，这样可以较好地解决区域间经济发展不平衡的问题。具体组合方案见表5—6。

表5—6　　基础养老金全国统筹修正方案设计

全国统筹方案	方案1	方案2	方案3	方案4	方案5
省际购买力平价指数	修正方案1	修正方案2	修正方案3	修正方案4	修正方案5

因此，对于全国统筹各方案加入省际物价指数进行修正。由于加入的是省际物价指数，对方案6无影响。地区间购买力平价指数采用 Brandt & Holz（2006）对1984—2002年中国各省份的生活费用指数，并以2000年为基准，测算出2010年地区间生活费用指数（见图5—2）。修正后养老金给付水平更符合实际生活需求状况，更具有现实合理性。

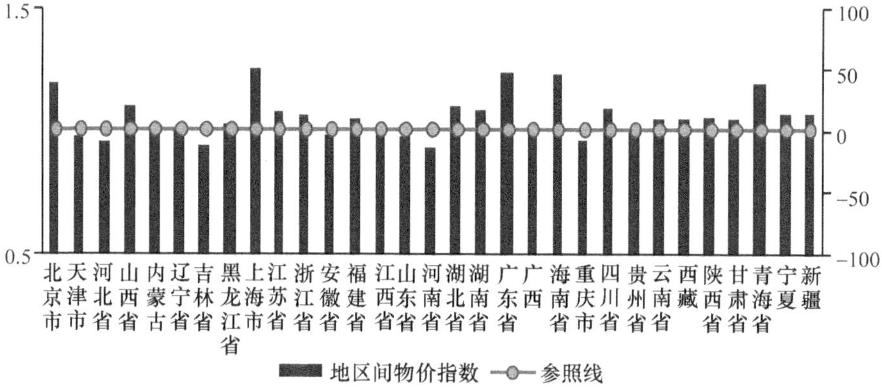

图5—2　2010年全国各地区间物价指数

注：地区间物价指数采用 Brandt & Holz（2006）对1984—2002年中国各省份的生活费用指数，并以2000年为基准，测算出2010年地区间生活费用指数。

资料来源：中国统计年鉴（2000—2011）. 北京：中国统计出版社

从图5—2可以发现，全国各地间价格指数不尽相同，大致在0.9到1.3之间浮动。基于各省不同的物价水平发放差异化的基础养老金，可以较好的解决区域间经济发展不平衡的问题。因此，对于全国统筹五套方案加入省际物价指数进行修正。由于加入的是省际物价指数，对方案6无影响。

从表5—7可以发现，全国统筹各方案基础养老金模拟水平与方案6下

表 5—7　基础养老金全国统筹各修正方案模拟给付水平（2010 年）

单位：元/月

全国统筹方案	修正方案 1	修正方案 2	修正方案 3	修正方案 4	修正方案 5	方案 6
全国	545.60	545.60	545.60	545.60	545.60	545.60
北京市	650.93	874.54	949.07	903.50	987.69	969.00
天津市	536.78	618.03	645.11	637.27	670.76	749.87
河北省	516.68	476.23	462.74	482.32	470.87	473.05
山西省	602.61	550.01	532.48	563.33	550.24	474.48
内蒙古	553.54	503.05	486.22	536.32	530.58	511.65
辽宁省	551.47	532.97	526.80	537.73	533.14	518.40
吉林省	511.21	465.24	449.92	460.41	443.48	437.17
黑龙江省	555.61	498.24	479.11	502.99	485.45	442.25
上海市	684.97	975.72	1072.63	1007.34	1114.8	1059.15
江苏省	587.37	615.57	624.97	615.67	625.10	598.17
浙江省	581.24	671.33	701.36	622.60	636.39	623.25
安徽省	536.65	488.67	472.67	511.43	503.02	494.30
福建省	573.35	581.66	584.43	537.71	525.83	477.77
江西省	560.21	491.40	468.46	491.41	468.48	411.60
山东省	533.17	512.84	506.06	508.35	500.07	494.80
河南省	507.35	453.05	434.95	465.66	451.77	455.95
湖北省	602.01	546.31	527.75	550.44	533.25	452.12
湖南省	591.96	553.45	540.62	542.66	526.23	454.73
广东省	673.63	807.88	852.63	710.87	723.28	605.92
广西	539.83	506.71	495.67	503.27	491.08	471.70
海南省	670.67	614.53	595.81	590.75	564.11	415.57
重庆市	524.54	492.84	482.28	510.35	505.62	516.08
四川省	596.86	559.16	546.60	558.81	546.13	476.05
贵州省	550.62	499.32	482.23	512.85	500.26	470.75
云南省	572.95	559.04	554.41	522.68	505.93	449.87
西藏	569.48	743.29	801.23	708.77	755.20	812.50
陕西省	576.80	529.15	513.26	554.33	546.84	503.08
甘肃省	569.05	544.15	535.85	520.73	504.63	452.95
青海省	653.48	681.87	691.34	661.72	664.46	559.35

续表

全国统筹方案	修正方案 1	修正方案 2	修正方案 3	修正方案 4	修正方案 5	方案 6
宁夏	582.82	569.60	565.19	594.80	598.79	568.03
新疆	585.63	563.54	556.18	541.06	526.20	462.55

资料来源：同表 5—4。

的给付水平有差异，我们将两者差额度量基础养老金分配前后的福利差异或高收入群体向低收入群体福利转移的程度。若差额为正，即全国统筹基础养老金水平高于方案 6 基础养老金水平，高收入群体为基础养老金收入再分配做出贡献，我们称这样的地区为基础养老金分配贡献地区；若差额为负，即全国统筹基础养老金水平低于方案 6 基础养老金水平，低收入群体通过转移支付获得额外的养老金收入，称这样的地区为基础养老金分配获得地区。

全国统筹各方案下，不同地区基础养老金待遇存在着贡献与获得关系，统筹层次提升带来的基础养老金待遇变动是由于新老统筹范围社会平均工资及增长率的差异造成的。我们可以发现全国统筹的各方案养老金给付水平下，方案 1 有 6 个地区，方案 2 有 8 个地区，方案 3 有 9 个地区，方案 4 有 6 个地区，方案 5 有 5 个地区属于贡献地区，其中，天津和西藏在全国统筹 1—5 方案均是贡献地区（见图 5—3）。

通过引入物价指数，全国统筹修正方案 1 的最低基础养老金为 507.35 元（河南），最高基础养老金为 684.97 元（上海），组距为 177.62 元，标准差为 47.65；修正方案 2 最低基础养老金为 453.05 元（河南），最高基础养老金为 975.72 元（上海），组距为 522.67 元，标准差为 122.09；修正方案 3 最低基础养老金为 434.95 元（河南），最高基础养老金为 1 072.63 元（上海），组距为 637.68 元，标准差为 150.52；修正方案 4 最低基础养老金为 465.66 元（河南），最高基础养老金为 1 007.34 元（上海），组距为 541.68 元，标准差为 119.39；修正方案 5 最低基础养老金为 443.48 元（吉林），最高基础养老金为 1 114.8 元（上海），组距为 671.32 元，标准差为 147.76；方案 6 最低基础养老金为 411.60 元（江西），最高基础养老金为 1 059.15 元（上海），组距为 647.55 元，标准差为 154.55。经物价修正后，全国统筹各物价修正方案基础养老金标准差的比较，修正方案 1＜修正方案

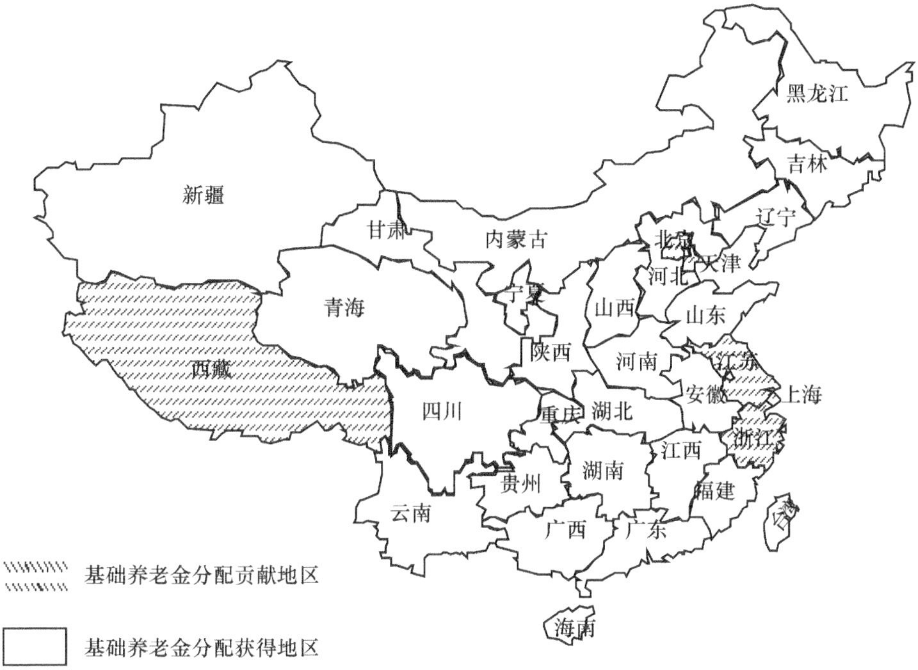
黑龙江
吉林
新疆
辽宁
甘肃
内蒙古
北京
天津
河北
宁夏
青海
山西
山东
陕西
河南
江苏
西藏
上海
安徽
四川
湖北
重庆
浙江
江西
湖南
贵州
福建
云南
广西
广东
海南
基础养老金分配贡献地区
基础养老金分配获得地区

方案 1

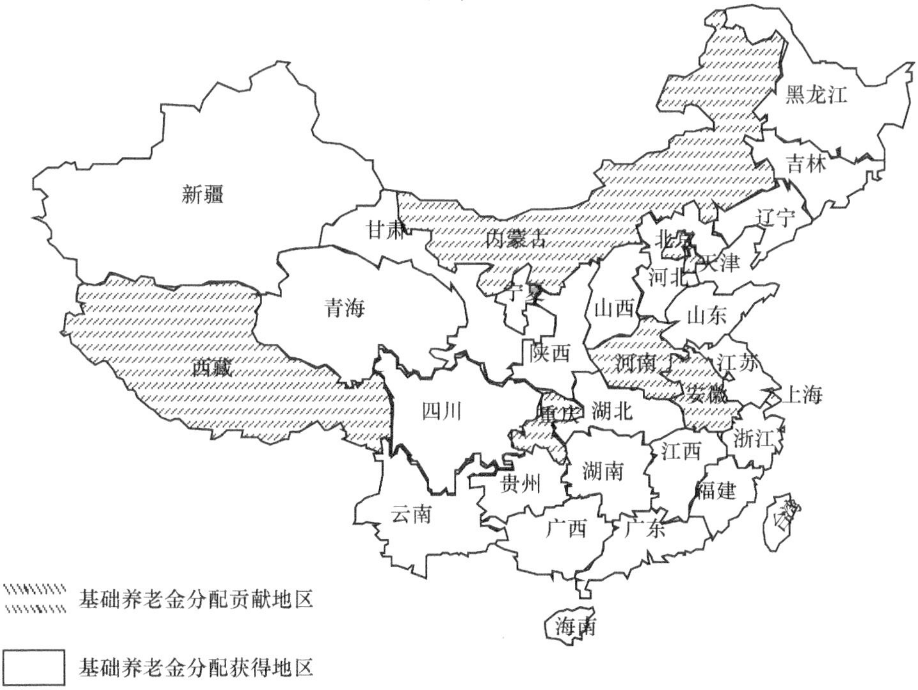
黑龙江
吉林
新疆
辽宁
甘肃
内蒙古
北京
天津
河北
宁夏
青海
山西
山东
陕西
河南
江苏
西藏
安徽
上海
四川
湖北
重庆
浙江
江西
湖南
贵州
福建
云南
广西
广东
海南
基础养老金分配贡献地区
基础养老金分配获得地区

方案 2

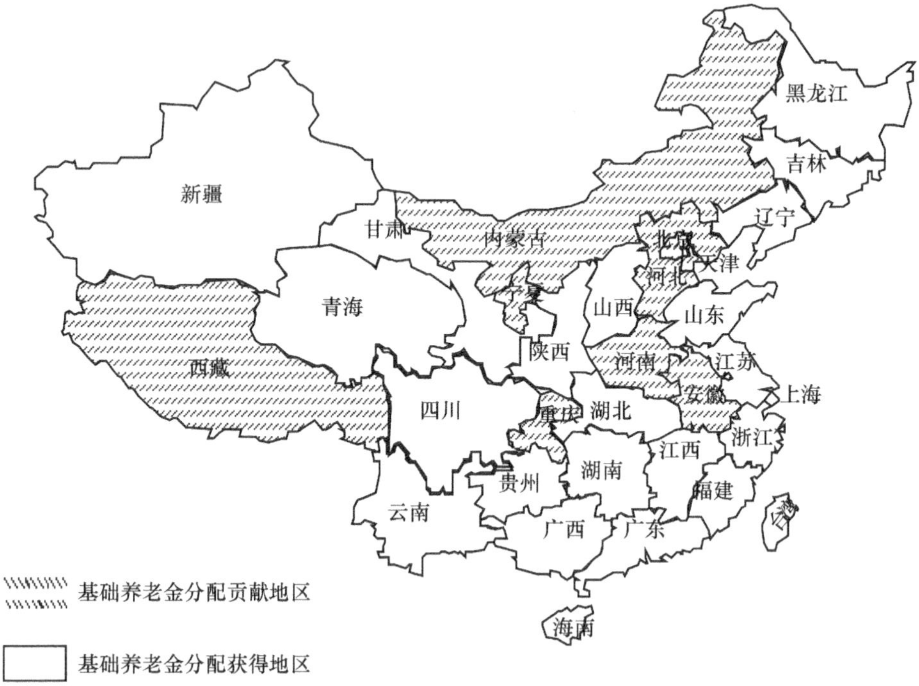
黑龙江
吉林
新疆
辽宁
甘肃
内蒙古
北京
天津
河北
宁夏
青海
山西
山东
陕西
河南
江苏
西藏
安徽
上海
四川
重庆
湖北
浙江
江西
湖南
贵州
福建
云南
广西
广东
海南
基础养老金分配贡献地区
基础养老金分配获得地区

方案 3

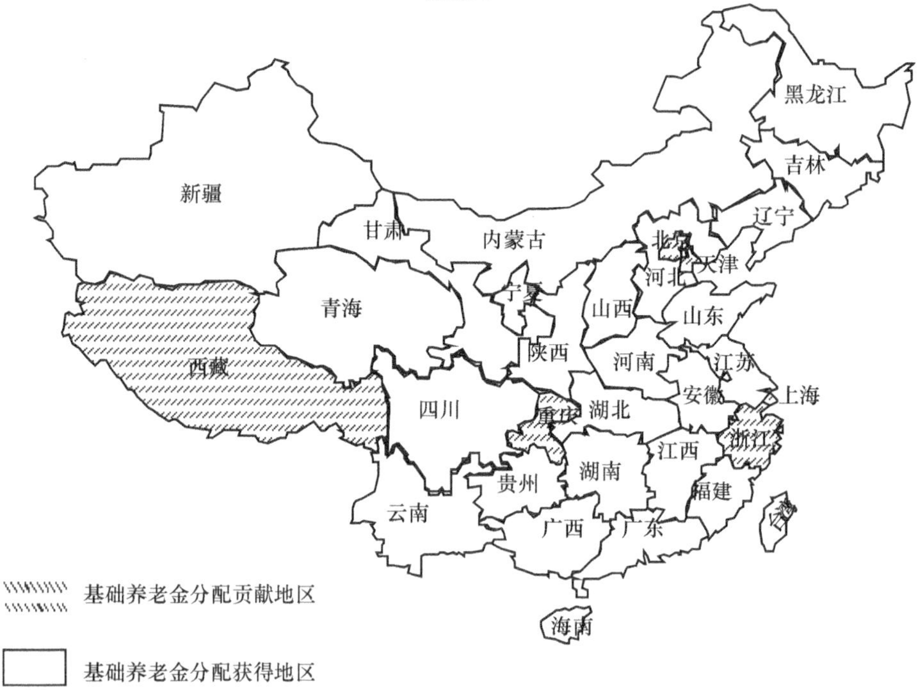
黑龙江
吉林
新疆
辽宁
甘肃
内蒙古
北京
天津
河北
宁夏
青海
山西
山东
陕西
河南
江苏
西藏
安徽
上海
四川
重庆
湖北
浙江
江西
湖南
贵州
福建
云南
广西
广东
海南
基础养老金分配贡献地区
基础养老金分配获得地区

方案 4

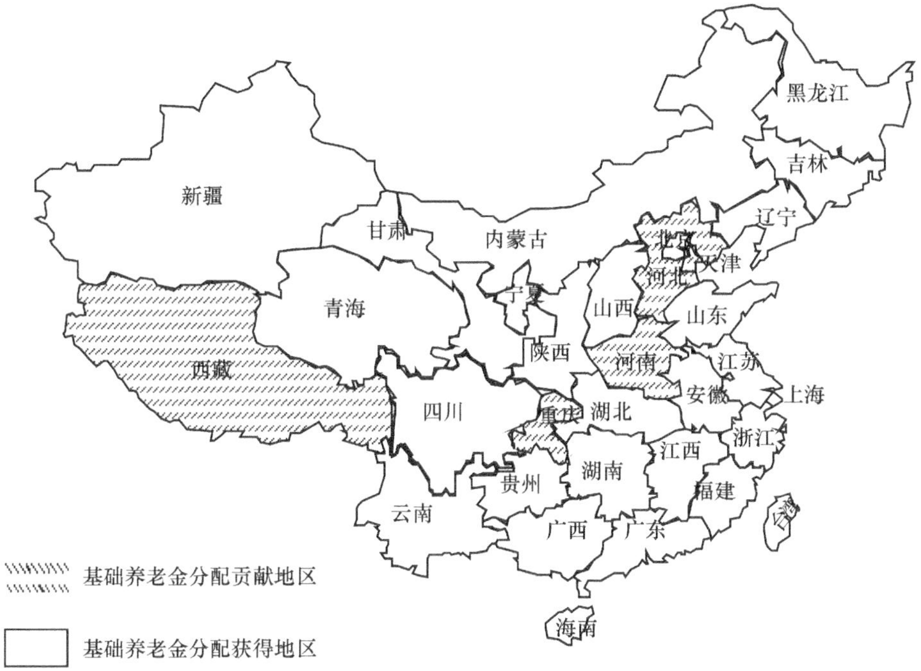

方案 5

图 5—3　全国统筹各方案基础养老金收入再分配

贡献与获得地区分布

4＜修正方案 2＜修正方案 5＜修正方案 3。可见，全国统筹各物价修正方案的收入再分配效果明显大于方案 6，且全国统筹修正方案 1 的收入分配效果最大。全国统筹各物价修正方案实现了地区间初次收入分配的矫正，一定程度上实现了更公平的分配。

通过对不同方案和物价修正前后全国统筹基础养老保险模拟水平的分析（见表 5—8），可以发现，全国统筹基础养老金的给付水平都较方案 6 都有所增加；全国统筹基础养老金的标准差都较方案 6 有所减小，表明统筹层次越高，收入再分配效用越好，修正方案 1 的效果最佳；加入物价指数后的基础养老金全国统筹修正方案更真实的反映基础养老金的给付水平，既可解决由于名义养老金水平和物价水平双重地区差异带来的养老金给付难题，又能够实现基础养老金给付缩小地区间基础养老金收入差距，实现收入再分配的

表 5—8　　全国统筹各修正方案最低、最高省际基础养老金比较（2010 年）　　单位：元/月

项目	修正方案 1	修正方案 2	修正方案 3	修正方案 4	修正方案 5	方案 6
最低基础养老金	507.35	453.05	434.95	465.66	443.48	411.60
最高基础养老金	684.97	975.72	1072.63	1007.34	1114.80	1059.15
组距	177.62	522.67	637.68	541.68	671.32	647.55
标准差	47.65	122.09	150.52	119.39	147.76	154.55

功能。换而言之，经物价修正后的全国统筹方案既考虑了地区间养老金实际消费能力的公平，又体现了地区间基础养老金分配的公平，是在考虑地区物价差异基础上的体现收入再分配功能的全国统筹方案。

五、养老保险全国统筹前后的再分配效应

养老保险统筹层次提升带来的收入再分配效应测度既要测算统筹地区养老金计发给付的公平性，充分体现全民普惠性的结果公平；又要充分体现矫正初次分配中分配条件、机会、规则、过程不公平造成的结果不公平的功能；还要准确而全方位的测量基础养老金统筹层次提升带来的收入再分配效应。养老保险金全国统筹的收入再分配效应分析主要从“深度系数”“缩小收入差距系数”和“基尼系数”三个测量系数层次入手。由于各系数测量的是收入再分配效应，缴费年限对各系数的值不产生影响。

（一）全国统筹收入再分配深度系数

养老保险收入再分配“深度系数”，是参与收入分配的收入最低人群提高收入水平的幅度，其测量指标是最低收入人群提高收入水平的金额占特定统筹层次项目人口平均收入的比重。使用公式表示为：

$$S_d = \frac{w_{低} - w_{统筹}}{\overline{w}} \qquad (5—12)$$

其中 S_d 为养老保险统筹层次收入再分配“深度系数”，$w_{低}$ 为统筹前低

收入人群养老金给付水平，$w_{统筹}$为统筹养老金给付水平，$\overline{w}$ 为人均养老金给付水平。

收入最低人群收入水平提高的幅度大，收入再分配深度就强，收入再分配深度系数就高，反之则低。养老保险统筹层次提升过程中，参与养老保险的最低收入人群由于社会统筹层次的提高而获得的养老金水平随之提高，表明养老保险收入再分配深度在逐渐提高，其收入再分配系数也随之提高。

对于基础养老金再分配而言，可利用养老保险收入再分配深度系数，检验养老保险这一再分配工具是否对高收入地区与低收入地区之间的收入差距进行了合理调节。从图 5—4 可以看到全国统筹方案 1 深度系数为—0.25，方案 2 为—0.12，方案 3 为—0.08，方案 4 为—0.12，方案 5 为—0.08，经物价调整之后，修正方案 1 深度系数为—0.2，修正方案 2 为—0.11，修正方案 3 为—0.08，修正方案 4 为—0.09，修正方案 5 为—0.06。全国统筹各方案深度系数的大小排序为：方案 1 ⟶ 方案 2 ⟶ 方案 4 ⟶ 方案 3 ⟶ 方案 5 趋势。

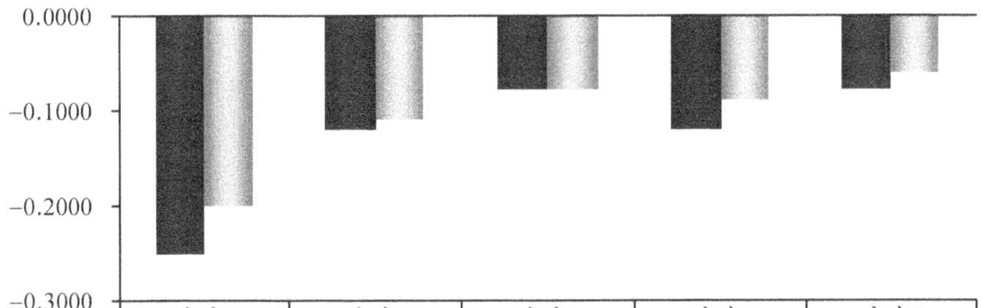

	方案1	方案2	方案3	方案4	方案5
■深度系数	–0.25	–0.12	–0.08	–0.12	–0.08
▒修正后深度系数	–0.20	–0.11	–0.08	–0.09	–0.06

■深度系数　▒修正后深度系数

图 5—4　全国统筹基础养老保险深度系数比较

由此可得，在收入差距较大的条件下，养老保险统筹层次由省级统筹提高到全国统筹，最低收入人群更能享受到全国最发达地区经济发展的成果，能够获得更高水平的养老金收入，养老金统筹收入再分配深度系数会提高。

（二）全国统筹收入再分配缩小收入差距系数

养老保险统筹层次收入再分配“缩小收入差距系数”，是参与养老保险的最高收入人群与最低收入人群的收入差距缩小的程度，其测量指标是二者收入差距缩小的标准差系数。使用公式如下：

$$S_g = \frac{\sigma}{\overline{w}} = \frac{\sqrt{\sum_{i=1}^{n} (w_i - \overline{w})^2/(n-1)}}{\overline{w}} \tag{5—13}$$

其中，S_g 为养老保险统筹层次收入再分配“缩小收入差距系数”，w_i 为高低收入人群统筹前的养老金给付水平，$\overline{w}$ 为人均养老金给付水平。

养老保险统筹层次提升过程中，参与养老保险的最高收入人群与最低收入人群的收入差距随之缩小，表明养老保险统筹的收入再分配功能在加强，养老保险统筹缩小收入差距功能在提高，养老保险统筹缩小收入差距系数在减小。

从图 5—5 可以看到全国统筹方案 2 的缩小收入差距系数为 0.14，方案 3 为 0.19，方案 4 的缩小收入差距系数为 0.14，方案 5 为 0.19，经物价调整之后，修正方案 2 为 0.22，修正方案 3 为 0.28，修正方案 4 为 0.21，修正方案 5 为 0.27。全国统筹各方案缩小收入差距系数的大小排序为：方案 4

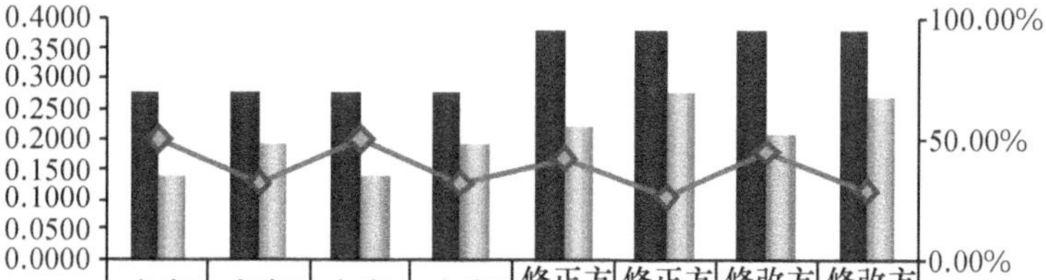

	方案2	方案3	方案4	方案5	修正方案2	修正方案3	修改方案4	修改方案5
省级统筹缩小收入差距系数	0.28	0.28	0.28	0.28	0.38	0.38	0.38	0.38
全国统筹缩小收入差距系数	0.14	0.19	0.14	0.19	0.22	0.28	0.21	0.27
调节力度	0.50	0.32	0.50	0.32	0.42	0.26	0.45	0.29

省级统筹缩小收入差距系数　全国统筹缩小收入差距系数　调节力度

图 5—5　养老保险全国统筹缩小收入差距系数比较（2010 年）

→方案 2→方案 5→方案 3 趋势。

在全国的收入差距大于各省内的收入差距条件下，养老保险统筹提升到全国统筹层次，在相同统筹模式框架内，养老保险统筹层次收入再分配缩小收入差距幅度会更大，其收入差距系数会缩小。方案 3 缩小收入差距系数小于方案 2，且方案 5 小于方案 4，说明方案 5 在缩小收入差距方面更优。修正后趋势相同，但缩小收入差距系数比修正前数值大，因为物价修正后各省真实的基础养老金发放水平差异比修正前要小。

（三）全国统筹收入再分配基尼系数

“基尼系数”是考察收入再分配均衡程度的重要经济统计指标，养老保险统筹层次再分配系数的高低可以用基尼系数来衡量。选择协方差法来测量我国养老保险统筹层次收入再分配的效应大小具有很强的可行性和现实性，基尼系数分组数据的协方差公式①如下：

$$G=\frac{1}{\mu}\left[(2\text{cov}(x_i,\ \sum_{j=1}^{i}p_j)-\text{cov}(x_i,\ p_i)\right] \tag{5—14}$$

其中，人均收入和人口比重分别为 x_i 和 p_i，μ 为总人均收入。

基尼系数值越大，表明养老保险统筹层次收入再分配力度越小，基尼系数值越小，表明养老保险统筹层次收入再分配力度越大，见图 5—6。

根据基尼系数调节力度计算公式可以得到全国统筹前后基尼系数、辛恩指数和分配差，见表 5—9。2010 年新增退休人员基础养老金省级统筹的基尼系数为 0.1292，全国统筹方案 1 基尼系数为 0，MT 指数为 0.129，缩小分配差 100%；方案 2 基尼系数为 0.066，MT 指数为 0.063，缩小分配差 48.8%；方案 3 基尼系数为 0.088，MT 指数为 0.041，缩小分配差 31.8%；方案 4 基尼系数为 0.065，MT 指数为 0.064，缩小分配差 49.6%；方案 5 基尼系数为 0.086，MT 指数为 0.043，缩小分配差 33.3%。与未物价修正比较，物价修正后基础养老金全国统筹分配基尼系数有所提高，收入再分配

① 习明、洪兴建：《基尼系数的一种简便计算方法——协方差公式》，《统计与决策》，2007 年 21 期。

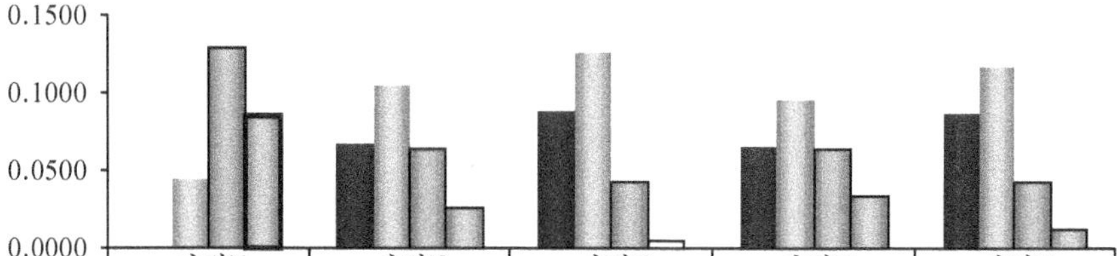

	方案1	方案2	方案3	方案4	方案5
■基尼系数	0.000	0.066	0.088	0.065	0.086
▫修正后基尼系数	0.044	0.104	0.125	0.096	0.117
▫MT值	0.129	0.063	0.041	0.064	0.043
▫修正后MT值	0.085	0.025	0.004	0.033	0.012

■基尼系数 ▫修正后基尼系数 ▫MT值 ▫修正后MT值

图 5—6　养老保险全国统筹基尼系数比较（2010 年）

作用稍有减弱。养老保险全国统筹各方案收入再分配效果的强弱排序为方案 1>方案 4>方案 2>方案 5>方案 3。从基尼系数结果来看，基础养老金全国统筹缩小初次分配差，实现了更公平的分配。

表 5—9　全国统筹前后基尼系数、辛恩指数以及分配差（2010 年）

项目	方案	全国统筹各方案基尼系数	方案 6 基尼系数	马斯格雷夫-辛恩指数	缩小分配差（%）
未物价修正	方案 1	0.000	0.129	0.129	100
	方案 2	0.066	0.129	0.063	48.8
	方案 3	0.088	0.129	0.041	31.8
	方案 4	0.065	0.129	0.064	49.6
	方案 5	0.086	0.129	0.043	33.3
物价修正后	方案 1	0.044	0.129	0.085	65.9
	方案 2	0.104	0.129	0.025	19.4
	方案 3	0.125	0.129	0.004	3.1
	方案 4	0.096	0.129	0.033	25.6
	方案 5	0.117	0.129	0.012	9.3

从养老保险金全国统筹的收入再分配效应分析的“深度系数”“缩小收入差距系数”和“基尼系数”三个测量系数层次入手（见表 5—10），发现随着基础养老金统筹层次的提高，深度系数、缩小收入差距系数、基尼系数调节力度具有同一性的特征。全国统筹各方案深度系数、缩小收入差距系

数、基尼系数调节力度的强弱排序为方案6<方案3<方案5<方案2<方案4<方案1。从收入再分配效果上看，方案1力度最大，方案3和方案5为进入全国统筹收入再分配力度较小方案，也是易于省级统筹与全国统筹对接的方案。

表5—10　　　全国统筹各方案收入再分配效应总分析

项目	深度系数		收入差距缩小系数		基尼系数	
方案6	NA	↓	NA	↓	0.129	↓
方案3	−0.08		0.19		0.088	
方案5	−0.08		0.19		0.086	
方案2	−0.12		0.14		0.066	
方案4	−0.12		0.14		0.065	
方案1	−0.25		0.00		0.00	

六、全国统筹物价修正方案给付水平的适度性检验

统筹层次提升带来的基础养老金给付水平的变化和收入再分配适度性进行评判，既要考虑到在宏观经济发展水平上的适度性，又要考虑微观上保障劳动者“生存”公平的适度性，要求从宏观和微观两个角度来分析统筹层次对给付水平带来的影响。依据修正之后的全国统筹各方案，进行给付水平适度性检验，以选择出基础养老金全国统筹最佳方案。对于全国统筹带来的基础养老金给付的适度性评判，反映了一定时期内一个国家或地区的社会成员所享受老年保障的高低程度的重新梳理与收入再分配适度性的判断。新老统筹范围的变动涉及地区间收入再分配问题，需要社会平均工资高和相对工资增速高的地区将一部分收入转移给低工资低相对增速的地区，这可能带来社会福利的变化。此外，个人基础养老金缴费年限20年给付水平低于30年给付水平，若缴费20年给付水平高于适度下限，那么缴费30年给付水平也必然高于适度下限，故只选用缴费20年作为适度性检验的参数。

（一）养老保险全国统筹宏微观适度性检验方法

全国统筹带来的基础养老金给付的适度性评判是对老年保障的高低程度的重新梳理与收入再分配适度性的判断，涉及地区间收入再分配问题，需要测算出工资高和相对工资增速高的地区将一部分收入转移给低工资低相对增速的地区可能带来社会福利变化。下文将从宏观和微观两个层次的适度性对养老保险全国统筹进行检验。

1. 养老保险全国统筹宏观适度性检验方法

国民收入初次分配是生产活动的净成果在参与生产活动的生产要素的所有者及政府之间的分配。劳动力所有者因提供劳动而获得劳动者报酬；土地所有者因出租土地而获得地租；资本所有者获得利息、红利等不同形式的资本收入[①]；政府获得生产税或支付补贴[②]。从分配角度分析，劳动者报酬是由劳动生产要素投入所创造的总产值部分，要通过工资等形式分配给劳动者。在职者的工资及收入、退休人口的养老金、少儿人口的抚养费用等所有用于“人”的支出都是通过国民收入的分配与再分配直接或间接地由劳动者报酬形成的。沿着这种思路，我们可以从 GDP 中逐步将养老金分离出来。GDP、劳动者报酬、养老金以及养老金给付水平的目标约束区间之间的关系可以近似用图 5—7 来表示。

在图 5—7 中，位于最上方的 GDP 总额经过国民收入初次分配之后形成劳动要素分配；劳动要素分配在经过税收等扣除之后，直接支付给劳动者形成工资；工资再以养老金等形式通过国民收入再分配支付给退休人口。而养老金水平最低标准可以作为养老金分配下限，最高标准可以作为养老金分配上限，二者之间的范围就是宏观养老金给付水平的目标约束区间。

养老金给付水平是质与量的统一体。量是指养老金支出占国内生产总值的比重。质是指养老金既要保障公民的基本生活又要激励公民去积极劳动，推动经济社会健康、持续发展。这就引申出统筹层次提升基础养老金给付的

---

① 地租、资本性收入可统称为财产性收入。

② 生产税与补贴的绝对值之差为生产税净额。

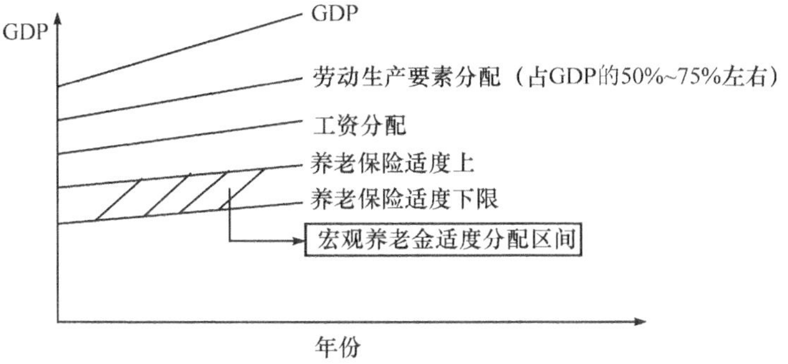

图 5—7　GDP、劳动者报酬和养老金宏观分配思维框架

宏观适度性，即统筹层次提升后养老金给付是否更好的体现适度性，是否更好的体现保障功能，是否对经济、社会发展带来积极影响。从养老保险水平测度公式[1]出发，以养老保险支出总额占国内生产总值（GDP）的比重测算地区养老保险发展的深度，并由宏观的养老保险水平适度上下限，引申出基础养老金给付的适度上下限分析基础养老金给付水平的宏观适度性。这样可以清晰准确地反映在宏观层面统筹层次提升带来的养老金给付水平适度情况。适度的基础养老金给付水平能够实现其宏观收入再分配目标，对国民经济可持续发展产生积极作用。基础养老金给付水平过低或者过高都不利于保障功能的实现，对国民经济发展产生负向影响。

$$S = O \times R \times H \quad (5—15)$$[2]

其中，S 代表养老金适度水平；O 代表 60 岁以上老年人口；R 代表养老金替代率；H 代表劳动生产要素分配系数。

通过上述分析，宏观适度水平的的确定需要以下三个指标，分别是：劳动生产要素分配系数 H、替代率 R 和老年人口比重 O。劳动生产要素分配系数本身具有其合理的界限和范围：H 值过低，其投入所增加的总产值未实现应有的合理分配，劳动者及被抚养人口的生活不能随着经济的发展而提高；H 值过高会使资本要素所得被挤占从而影响生产和扩大再生产。

① 穆怀中. 中国社会保障适度水平研究. 沈阳：辽宁大学出版社，1998. 132—154

② 穆怀中. 社会保障水平研究. 经济研究。1997，2：56—63

劳动生产要素分配系数的理论依据是“柯布—道格拉斯总量生产函数”。

$$G = AL^{\alpha}K^{1-\alpha} \tag{5—16}$$

其中，G 为总产出，A 为技术水平，L 为劳动要素，K 为资本要素。

在该生产函数下，在经济均衡时，资本要素获得其边际产品，占产出的份额为 $1-\alpha$，劳动要素获得产出份额为 α。在利用历史统计资料的实证研究基础上推算出 $\alpha \approx 0.75$，即在产出中劳动要素获得的产出比例约为 75%。在经济的不同发展阶段，劳动力要素的产出份额有所不同。一般来说，随着经济的发展和社会的进步，劳动收入在国民收入分配中的比重逐渐增大。西蒙·库兹涅茨研究表明，发达国家国民收入中劳动生产要素所得占国民收入的比重从 55%逐渐上升到 75%。因此，在分析各地区养老金给付的宏观适度水平上限和下限时，分别选用目标值 75%和实际值作为参数。

我们利用人口结构来确定在职者收入总额占劳动者报酬的比重。按照年龄可以将总人口划分为三个组成部分：14 岁以下的人口为少儿人口；15—59 岁的人口为就业人口；60 岁以上人口为退休人口。按照公平原则，假设劳动者报酬应该按照少儿人口比例、就业人口比例和退休人口比例分别对少儿人口、就业人口和退休人口进行分配，以使每个人可以获得相同水平的劳动者报酬，因此，测算宏观适度水平上限和下限时选用各地区实际值进行测算。

养老保险替代率是指退休人员养老金待遇水平占退休前一年工资水平的比重，体现了养老保险的保障水平以及退休年龄等因素确定的条件下养老保险的供款率。基本养老金由基础养老金（即统筹养老金）和个人账户养老金共同组成，同时养老保险制度转轨造成实际养老金领取者由“老人”“中人”和“新人”共同组成。结合中国现实情况，按照中国养老保险制度有关内容[①]，在退休人员完全由“新人”组成时，基础养老金约占养老金规模的 50%，以实现养老保险合意替代率水平；而在养老保险制度改革初期和中期，退休人员主要由“老人”和“中人”组成时，基础养老金的替代率从

① 按照《国务院关于完善企业职工基本养老保险制度的决定》（国发［2005］38 号）基本养老金由基础养老金和个人账户养老金组成。退休时的基础养老金月标准以当地上年度在岗职工月平均工资和本人指数化月平均缴费工资的平均值为基数，缴费每满 1 年发给 1%。

65%开始逐步下降，直至完全新人时达到30%左右的水平。因此，测算宏观适度水平时，上限选用替代率30%，下限选用各地区实际值进行测算。

为更清晰地反映出全国统筹各修正方案养老金给付水平与适度上下限的比较，以基础养老金宏观适度化比率和非适度均值来测定各方案对于宏观适度性的改进。

$$S_{宏}=s/n\times100\% \tag{5—17}$$

$$D_{宏}=\frac{\sum_{i=0}^{n}(P_i-\overline{P_i})}{n} \tag{5—18}$$

其中，$S_{宏}$表示宏观适度化比率，s表示进入适度区间的地区数，n表示所有地区数，$D_{宏}$表示宏观非适度指均值，P_i表示未进入适度区间地区i的基础养老金，$\overline{P_i}$表示未进入适度区间地区i的适度下限。

2. 养老保险全国统筹微观适度性检验方法

根据养老保险适度水平测度宏观上养老金给付水平的适度性可以从宏观经济收入分配的角度验证基础养老金给付水平的合理性。考虑到基础养老金给付目的是保障退休人员退休后的基本生活需要。就其保障水平而言，应确保退休人员退休后的生活水平和退休前生活水平大致相当，不致因为退休而导致其生活水平大幅下降。因此，养老保险的保障水平应在最低基本生活水平和退休前生活水平这两者之间。对于基本生活水平保障程度的测度，就要从微观角度入手，分析基础养老金对退休人员消费需求的满足程度。基础养老金给付的微观适度水平是一个涵盖适度上限和适度下限的区间（见图5—8），适度下限测度参数选择为老年人口基本生活需求，保障生产所必需的最低限度食品、衣着、居住、医疗保健、家庭用品及服务的消费；上限的测度参数选择同期城镇居民人均消费性支出的60%，这是人均消费性支出中目标替代率的比重，这一水平可以确保老年人退休之后的正常体面生活。微观适度下限选用扩展线性支出系统模型测算出居民对食品、衣着、居住、医疗保健、家庭设备用品及服务的必要支出，并以购买力平价指数重新校正真实水平，以确保各地区消费支出上下限的购买力水平一致。

微观适度下限选用扩展线性支出系统模型进行测算。扩展线性支出系统

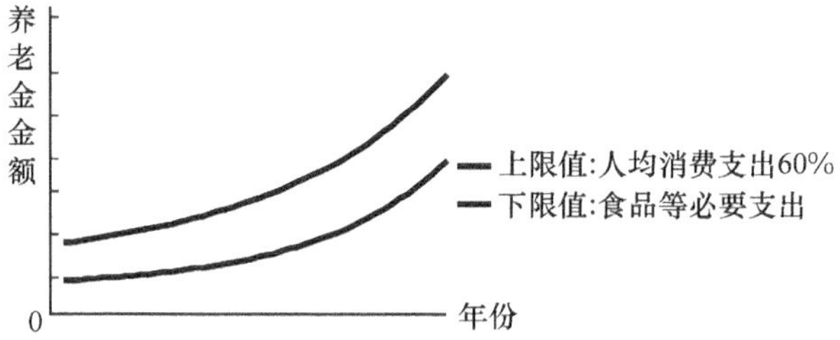

图 5—8　养老金微观分配适度区间思维框架

模型（Extended Linear Expenditure System Model，ELESM）是一个应用非常广泛的需求函数模型，它是美国经济学家路迟（Liuch）于 1973 年在线性支出系统模型基础上建立的。该模型假定人们对各种商品（或服务）的需求取决于人们的收入，而且人们对各种商品的需求分为基本需求和超过基本需求之外的需求两部分，并且认为基本需求与收入水平无关，居民在基本需求得到满足之后才将剩余收入按照某种边际消费倾向安排各种非基本需求的消费支出。扩展线性支出系统模型的基本表达式为：

$$V_i = P_i \times Q_i = P_i \times R_i + b_i (I - \sum_{j-1}^{n} P_j \times R_j) i、j = 1 \cdots 8 \quad (5—19)$$

其中，P_i代表第 i 类商品（或服务）的消费价格；Q_i代表第 i 类商品（或服务）的消费量；V_i代表第 i 类商品（或服务）的消费支出额；I 代表居民可支配收入额；R_i代表在第 i 类消费中满足基本生活需求所需消费量；b_i代表边际消费倾向，表示在收入中扣除基本生活需求支出后，把剩余收入用于非基本需求中各类商品或服务的消费比重。

根据只需满足人们最基本生活需求的性质，仅取其中的基本消费支出，因此，维持居民最低生活需求的 n 种消费品之和，即为所求的基本消费需求，即：

$$V_B = \sum_{i=1}^{n} P_i R_i \quad (5—20)$$

现对有关参数进行估计。5—20 式可表示为：

$$V_i = P_i \times Q_i = P_i \times R_i + b_i (I - \sum_{j-1}^{n} P_j \times R_j)$$

$$=(P_i \times R_i - b_i \times \sum_{j=1}^{n} P_j R_j) + b_i \times I \qquad (5—21)$$

令 $a_i = P_i R_i - b_i \sum_{j=1}^{n} P_j R_j$ ，则将模型写为计量经济学方程，并将 5—21 式变形为：

$$V_i = a_i + b_i \times I + u_i \qquad (5—22)$$

其中，u_i 为随机项。

对于每一种具体的消费品，V_i 和 I 可以通过统计年鉴获得，由此便可通过一元线性回归模型用最小二乘法估计出参数 a_i 和 b_i。

现在，对 5—22 式两边求和，就得到测定模型：

$$V_B = \sum_{i=1}^{n} a_i \div (1 - \sum_{i=1}^{n} b_i) \qquad (5—23)$$

根据公式 5—23，可以得到中国 2010 年人均消费性支出指标的参数估计值，再根据参数估计 a_i、b_i 数据，可以测算出 2010 年城市居民基本生活消费需求参数估计值（见表 5—11）。

表 5—11　　中国人均消费性支出指标的参数估计值（2010 年）

支出项目	α	β	$t_{(\beta)}$	R^2	F	γ	ν
食品	20777	0.14	12.84	0.96	164.88	0.23	2934.64
衣着	282.57	0.06	18.35	0.98	3380	0.10	652.62
家庭设备、用品及服务	334.59	0.05	47.17	1.00	2224.64	0.09	663.26
医疗保健	123	0.05	48.92	1.00	2393.31	0.08	308.71
交通和通讯	237.19	0.03	21.66	0.99	469.28	0.06	442.30
娱乐、教育、文化服务	(587.26)	0.14	25.93	0.99	672.14	0.24	282.79
居住	(52.36)	0.09	58.92	1.00	3471.09	0.15	505.00
杂项商品和服务	(80.78)	0.03	33.10	0.99	1095.36	0.05	113.22
合　计	22295	0.58				1.00	

资料来源：中国统计年鉴（2011），中国统计出版社；中国人口和就业统计年鉴（2010），中国统计出版社；中国人力资源与社会保障统计年鉴（2011），中国劳动与社会保障出版社。

保障退休人员退休后的生活基本生活是有基础养老金与个人账户养老金共同完成的任务，更高的水平保障又要依靠企业补充养老保险和个人储蓄性养老保险。因此，选择人均消费支出 60%作为微观适度上限是给予基本养老金的保障水平一个基准的考察。在微观下限的设定中选用食品、衣着、居住、医疗保健、家庭设备用品及服务的支出作为老年人口养老所需的必要支出。并以购买力平价指数重新测算微观上下限，以确保各地区消费支出上下限的购买力水平一致。

为更清晰的比较出全国统筹各修正方案养老金给付水平与微观适度上下限，给出微观适度化比率和微观非适度均值来测定各方案对于微观适度性的改进。

$$S_{微} = s/n \times 100\% \qquad (5—24)$$

$$D_{微} = \frac{\sum_{i=0}^{n}(P_i - \overline{p_i})}{n} \qquad (5—25)$$

其中，$\overline{W_{全国}} = \overline{W_{省}} = W_{个人}$表示微观适度化比率，$s$ 表示进入适度区间的地区数，n 表示所有地区数；$\Delta_{全国}^{1}$ 表示微观非适度均值，$\Delta_{全国}^{2}$ 表示未进入适度区间地区 i 的基础养老金，$\Delta_{全国}^{3}$ 表示未进入适度区间地区 i 的适度下限。

（二）养老保险全国统筹宏观适度性检验

根据以上公式可对养老保险全国统筹水平进行适度性检验，检验两类全国统筹类型各方案基础养老金水平是否进入宏观适度区间，以此作为选择最佳养老金全国统筹实施方案的依据。

考虑到基础养老金是收入再分配的典型形式以及基础养老金缴费给付一直以上一年社会平均工资为基准，依据 2009 年数据得到的月基础养老金适度上下限来测度 2010 年基础养老金是否适度。统计分析结果表明，方案 6 各省基础养老金给付水平均未超过适度上限，12 个省份未进入适度下限，全国统筹方案 1—3 各省基础养老金给付水平也均未超过适度上限，分别有 6 个、6 个、7 个未进入适度下限，见图 5—9。方案 5 和方案 6 各省基础养老金给付水平均未超过适度上限，两方案均有 9 个省份未进入适度下限，见图 5—10。

全国统筹修正方案 1 有 6 个省份未进入宏观适度区间，修正方案 2 有 6 个省份未进入宏观适度区间，修正方案 3 有 7 个省份未进入适度区间，修正

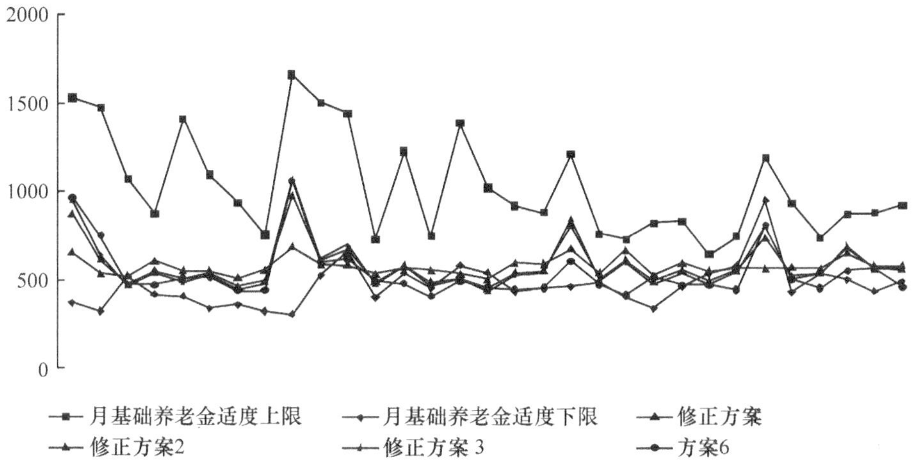

图 5—9　全国统筹分层平均统筹类型各方案宏观适度性检验

资料来源：中国统计年鉴（2010）. 北京：中国统计出版社；中国人口和就业统计年鉴（2010）. 北京：中国统计出版社；中国人力资源与社会保障统计年鉴（2010）. 北京：中国劳动与社会保障出版社

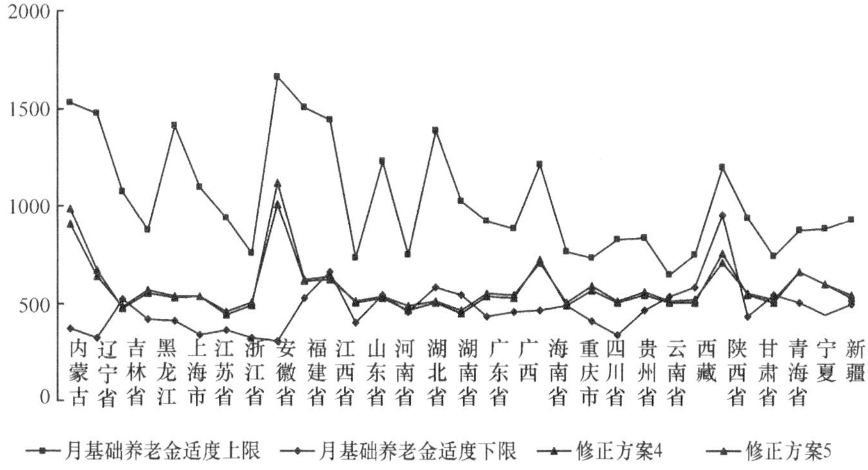

图 5—10　全国统筹分比例统筹类型各方案宏观适度性检验

资料来源：同图 5—9。

方案 4 有 9 个省份未进入宏观适度区间，修正方案 5 也有 9 个省份未进入宏观适度区间，而方案 6 有 12 个省份未进入宏观适度区间。从各方案宏观适度性的地区分布来看（见图 5—11）修正方案 1—5 实现了基础养老金给付

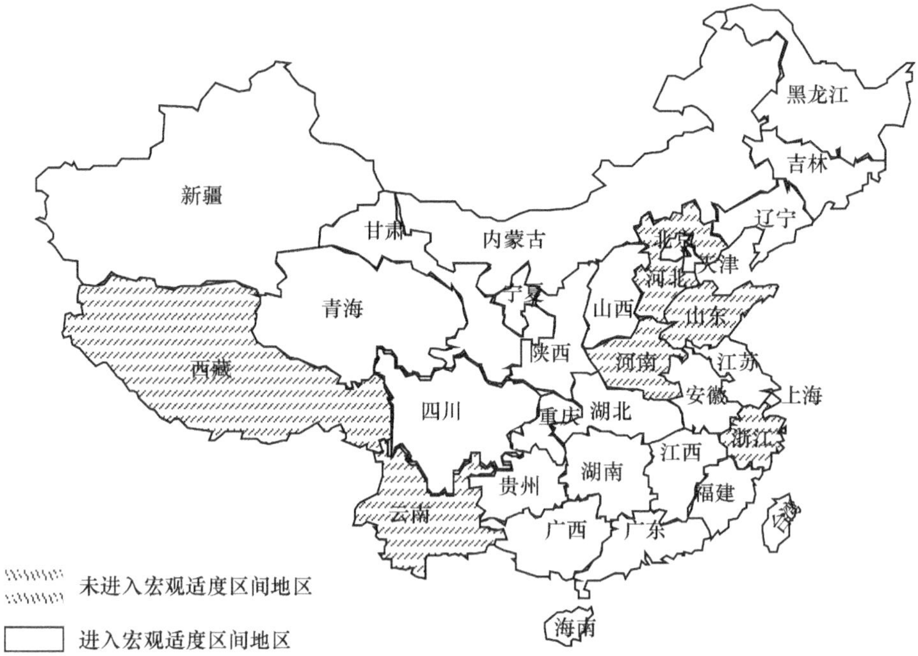
黑龙江
吉林
辽宁
新疆
甘肃
内蒙古
北京
天津
河北
宁夏
青海
山西
山东
陕西
河南
江苏
西藏
安徽
上海
四川
重庆
湖北
浙江
江西
湖南
贵州
福建
云南
广西
广东
台湾
海南
未进入宏观适度区间地区
进入宏观适度区间地区

方案 1

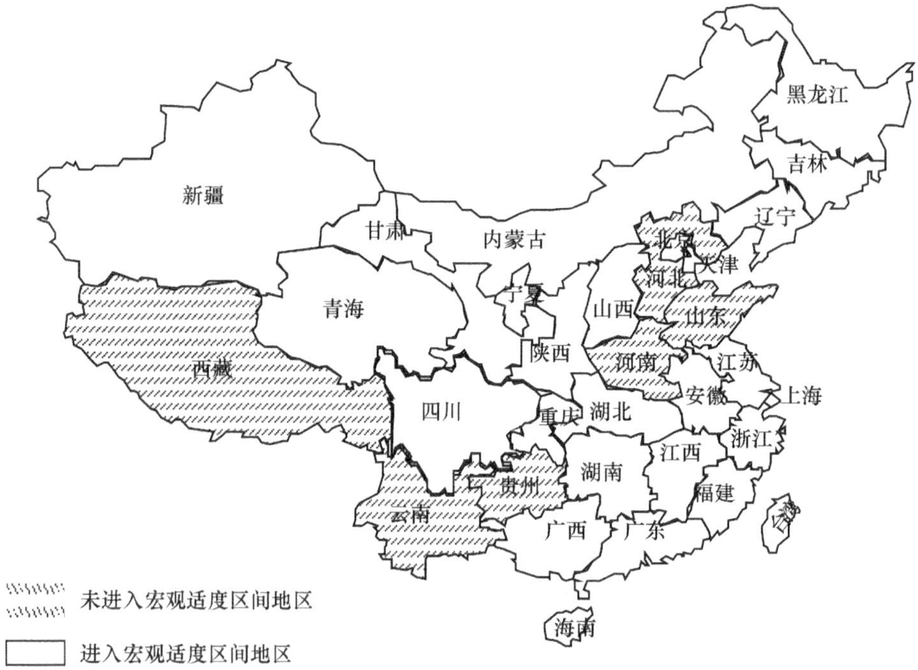
黑龙江
吉林
辽宁
新疆
甘肃
内蒙古
北京
天津
河北
宁夏
青海
山西
山东
陕西
河南
江苏
西藏
安徽
上海
四川
重庆
湖北
浙江
江西
湖南
贵州
福建
云南
广西
广东
台湾
海南
未进入宏观适度区间地区
进入宏观适度区间地区

方案 2

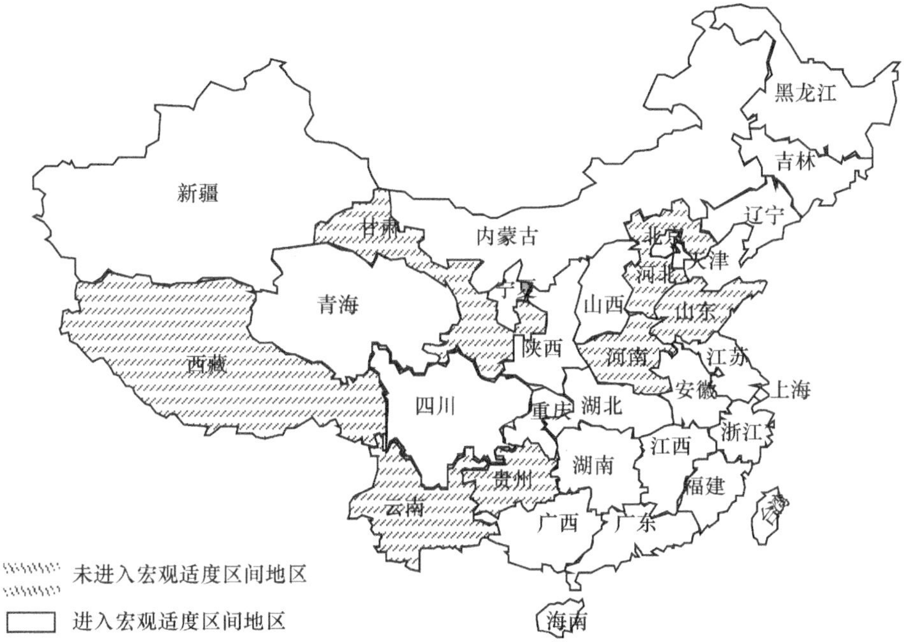
新疆
甘肃
内蒙古
黑龙江
吉林
辽宁
北京
天津
河北
宁夏
山西
青海
山东
西藏
陕西
河南
江苏
安徽
上海
四川
重庆
湖北
浙江
江西
湖南
贵州
福建
云南
广西
广东
海南
未进入宏观适度区间地区
进入宏观适度区间地区

方案 3

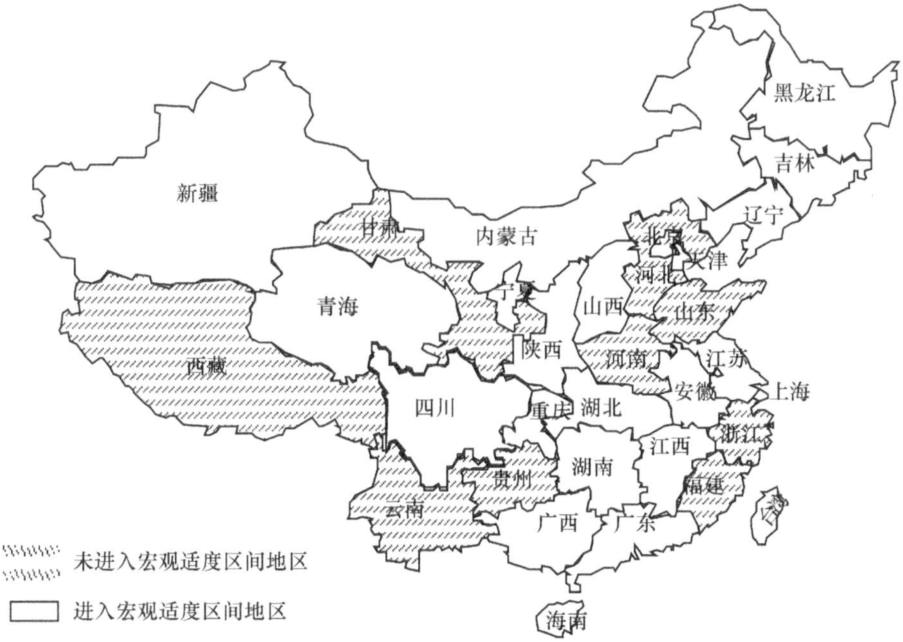
新疆
甘肃
内蒙古
黑龙江
吉林
辽宁
北京
天津
河北
宁夏
山西
青海
山东
西藏
陕西
河南
江苏
安徽
上海
四川
重庆
湖北
浙江
江西
湖南
贵州
福建
云南
广西
广东
海南
未进入宏观适度区间地区
进入宏观适度区间地区

方案 4

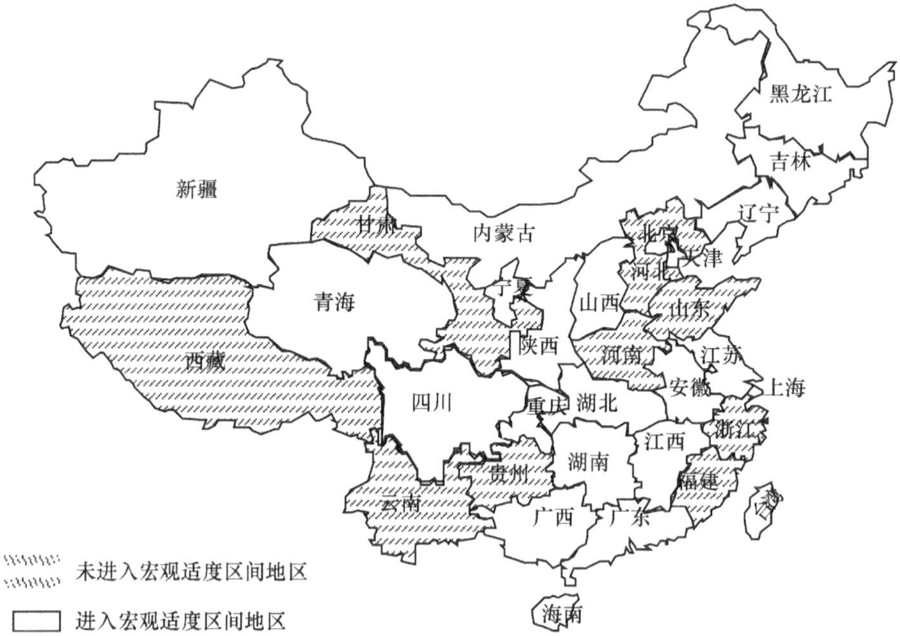

方案 5

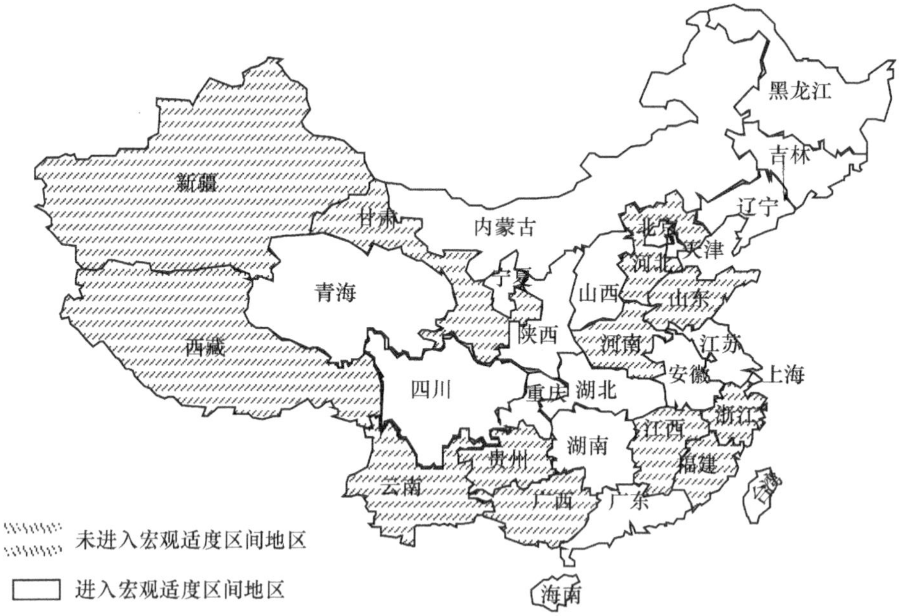

方案 6

图 5—11　全国统筹各修正方案宏观适度区间地区分布

宏观适度性改进，修正方案 2 的改进情况更优。

全国统筹修正方案 1 宏观适度化比例为 80.65%，宏观非适度均值为 18.05 元；修正方案 2 宏观适度化比率为 80.65%，宏观非适度均值为 15.21 元；修正方案 3 宏观适度化比率为 77.42%，宏观非适度均值为 15.39 元；修正方案 4 宏观适度化比例为 70.97%，宏观非适度均值为 18.67 元；修正方案 5 宏观适度化比率为 70.97%，宏观非适度均值为 19.66 元；方案 6 宏观适度化比率为 61.29%，宏观非适度均值为 27.20 元。从宏观适度性角度分析，修正方案 1—5 均较方案 6 实现了基础养老金给付宏观适度性改进（见表 5—12）。

表 5—12　　基础养老金全国统筹给付水平宏观适度化比率和非适度均值

方案	宏观适度化比率	宏观非适度均值
修正方案 1	80.65%	－18.05
修正方案 2	80.65%	－15.21
修正方案 3	77.42%	－15.39
修正方案 4	70.97%	－18.67
修正方案 5	70.97%	－19.66
方案 6	61.29%	－27.20

依据实证分析结果，各全国统筹方案不仅缩减了地区间的初次分配差距，还在更大程度上促进养老金给付水平走向适度；全国统筹更能保障各地区退休老年人口作为社会成员享受到的基本生存条件；全国统筹带来的基础养老金给付水平适度性的改进会促进养老保险的可持续健康发展。

（三）养老保险全国统筹微观适度性检验

根据以上公式可对养老保险全国统筹水平进行适度性检验，检验分层平均统筹类型和分比例统筹类型各方案基础养老金水平是否进入宏观适度区间，以此作为选择最佳养老金全国统筹实施方案的依据。与宏观适度性检验不同的是，微观适度水平受物价指数影响，对各方案进行修正后，检验是否进入微观适度区间。同样，选取2010年31个省全国统筹方案基础养老金数据进行微观层面的适度性检验。从图5—12可知，全国统筹方案1—3和方案6的各省基础养老金给付水平均未超过微观适度上限。从图5—13可知，全国统筹方案4和5各省基础养老金给付水平均未超过微观适度上限。

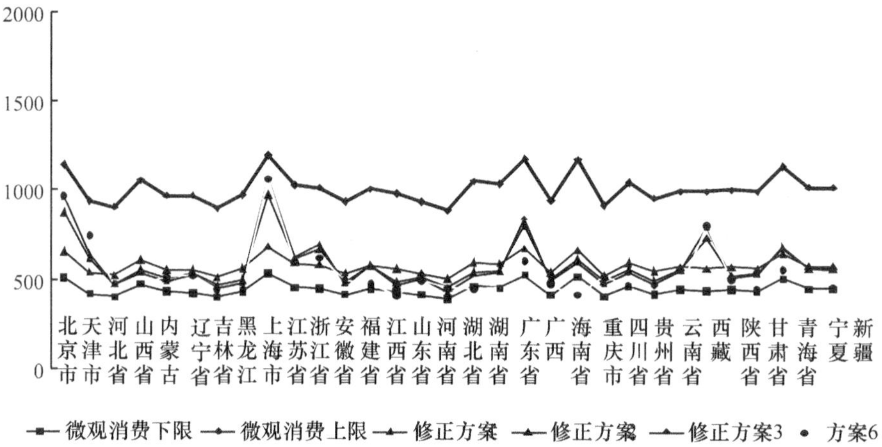

图5—12　全国统筹分层平均统筹类型各方案微观适度性检验

资料来源：同图5—9。

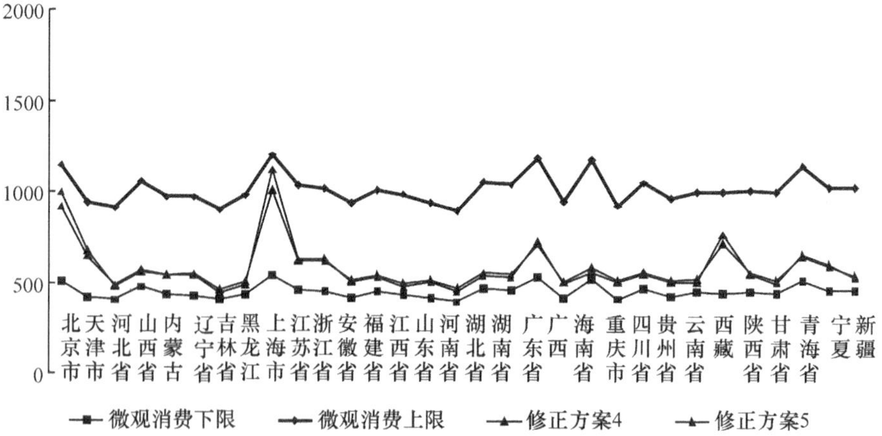

图5—13　全国统筹分比例统筹类型各方案宏观适度性检验

资料来源：同图5—12。

方案6有4个省份未进入微观适度区间，微观适度化比率为87.1%，微观非适度均值为3.43元。修正方案1～5的所有省份均进入微观适度区间，微观适度化比率为100%（见表5—13）。可见，从微观适度性角度分析，修正方案1～5均实现了基础养老金给付微观适度性改进。

表5—13　基础养老金全国统筹给付水平微观适度化比率和非适度均值

项目	微观适度化比率（%）	微观非适度均值
修正方案1	100	0.00
修正方案2	100	0.00
修正方案3	100	0.00
修正方案4	100	0.00
修正方案5	100	0.00
方案6	87.10	−3.43

从微观角度测算出养老金给付水平的适度上下限表现为对生活消费需求的满足程度。老年人的需求可以分为基本食品需求和基本生活需求两大部分，依据全国平均收入水平户的基本生活需求为标准可以测算出老年人必须得到的基本生活服务水平的最低限度。从消费需求的微观层面出发测算养老保险的适度上下限，体现了生存公平的基本原则（穆怀中，2007）。只有满足社会成员基本保障享有量，才能更深层次的谈及社会成员的劳动公平以及更广泛意义上的社会公平。养老保险正是通过统筹层次的提升实现了更多地区养老金给付的微观适度，保障了社会成员的生存公平。

通过宏观和微观两个角度对不同方案和物价修正前后养老保险全国统筹基础养老金模拟水平的适度性检验，可以发现，统筹层次提升既要考虑到在宏观经济发展水平上的适度性，又要考虑到微观保障劳动者“生存”公平的适度性，各全国统筹方案不仅缩减了地区间的初次分配差距，还在更大程度上促进养老金给付水平走向适度；全国统筹更能保障各地区退休老年人口作为社会成员享受到的基本生存条件；全国统筹带来的基础养老金给付水平适度性的改进会促进养老保险的可持续健康发展。

七、基于宏微观适度区间的福利改进分析

对于基础养老金全国统筹的方案进行福利改进的评价从根本上说是从福利的观点对新分配方案带来的结果进行评价。对于全国统筹来说，就是如何能实现养老保险跨区域流转和养老保险基金在地区间的配置达到福利最优或改进。

（一）帕累托改进检验

从判断社会福利好坏的标准来看，最常见的“帕累托法则”和“卡尔多—希克斯改进”。“帕累托法则”用来考察政策变革时，如果一项变革在没有任何人处境变坏的情况下使某些人福利状况改善，则认为实现了“帕累托改进”，是一种可取的价值判断。帕累托法则包容了社会成员个体到整体的福利改善，但并未包含任何个人和整体的福利减少。对于全国统筹收入再分配问题，由于地区间社会平均工资及工资增速的差别，必然涉及有的地区老年人状况改善，有的地区老年人状况变差，因此无法通过帕累托改进标准对基础养老金全国统筹的收入再分配具体结果进行评价。但如果将基础养老金给付的宏微观适度区间作为福利标准，新政策使得进入适度福利区间的地区有所增加，就称为在宏微观适度区间下的帕累托改进。

前文依据宏微观适度化比率、非适度均值的指标分别从国民经济发展水

表 5—14　基础养老金全国统筹给付水平帕累托改进（2010 年）

项目	宏观适度化比例（%）	微观适度化比例（%）	是否实现帕累托改进
修正方案 1	80.65	100	是
修正方案 2	80.65	100	是
修正方案 3	77.42	100	是
修正方案 4	70.97	100	是
修正方案 5	70.97	100	是
方案 6	61.29	87.10	—

平、劳动收入分配水平相适应程度和生活消费需求的满足程度来进行宏微观适度区间的判断。从宏微观适度化比例和非适度均值4个指标结果可以判断出全国统筹基础养老金给付水平对各省份来说是否实现了帕累托改进。方案6暂时消除掉省内工资差异，以省际工资差异作为全国统筹收入再分配起点方案，转化成省平均工资统筹模式，故以方案6为基准，测评基础养老金全国统筹相对于方案6是否实现了帕累托改进。

相对于宏微观的适度区间来说，全国统筹修正方案1～5在未减少适度区间地区数量的同时，增加了进入适度区间的地区数量，也就是在不损坏适度区间福利的情况下，有更多的地区进入了适度区间，实现了福利改进。全国统筹各方案均实现了帕累托改进，方案2的帕累托改进效应更为显著。

（二）卡尔多—希克斯改进检验

从适度区间为标准，全国统筹两种类型改进方案都较省平均统筹实现了更理想的地区间福利资源重新配置。若想进一步深入分析全国各地区基础养老金给付总额，这就需要引入各地区的离退休人数及所占比重，这样可以更明确地看出全国统筹带来的福利分配结果，卡尔多—希克斯改进可以对基础养老金给付福利进行评价。如果一项制度安排提高了一些人的效用水平，而且受益者所得能够补偿受损者的所失且有剩余，那么整体的效益也实现了改进，这就是“卡尔多—希克斯改进（Kaldor-Hicks Improvement）”。在政策变革中，如果新政策使得受益者之所得大于损失者之损失，新的政策就符合“卡尔多—希克斯改进”。

与方案6的给付水平相比（见表5—15），修正方案1有6个省市新增

表5—15　　基础养老金全国统筹各方案给付水平变动影响人数占比（2010年）

单位：%

方案比较	基础养老金减少地区离退休人数占比	基础养老金增加地区离退休人数占比
修正方案1—方案6	22.33	77.67
修正方案2—方案6	23.72	76.28

续表

方案比较	基础养老金减少地区离退休人数占比	基础养老金增加地区离退休人数占比
修正方案3—方案6	22.09	77.91
修正方案4—方案6	28.53	71.74
修正方案5—方案6	28.53	71.74

注：与方案6比，北京市、天津市、江苏省、浙江省、上海市、西藏自治区6个省市修正方案1基础养老金给付水平降低；北京市、天津市、内蒙古自治区、上海市、安徽省、河南省、重庆市、西藏自治区8个省市修正方案2基础养老金给付水平降低；与方案1相比，北京市、天津市、河北省、内蒙古自治区、安徽省、河南省、重庆市、西藏自治区、宁夏回族自治区9个省市修正方案3基础养老金给付水平降低；北京市、天津市、上海市、浙江省、重庆市和西藏自治区6个省市修正方案4基础养老金水平降低；天津市、河北省、河南省、重庆市和西藏自治区5哥省市修正方案5基础养老金水平降低。

数据来源：中国统计年鉴（2011），中国统计出版社；中国人口和就业统计年鉴（2010），中国统计出版社；中国人力资源与社会保障统计年鉴（2011），中国劳动与社会保障出版社。

退休人员基础养老金给付水平下降；修正方案2下有8个省市新增退休人员基础养老金给付水平下降；修正方案3下有9个省市新增退休人员基础养老金给付水平下降；修正方案4下有6个省市新增退休人员基础养老金给付水平下降；修正方案5下有5个省市新增退休人员基础养老金给付水平下降。如果假设所有离退休人员均按照修正方案给付基础养老金，那么根据各地区离退休人数所占比重，可以综合看出，修正方案1下，有77.67%的离退休人员基础养老金给付水平得到提升，修正方案2下，有76.28%的离退休人员基础养老金给付水平得到提升；修正方案3下，有77.91%的离退休人员基础养老金给付水平得到提升，修正方案4和5下，均有71.74%的离退休人员基础养老金给付水平得到提升。可见，相对于离退休人员个体来说，福利增加覆盖的退休人数比重大于福利减少覆盖的退休人数比重，全国统筹的实施可以为更多的老年人提升基础养老金福利水平。

再进一步依据各地区的离退休人数可以计算出全国统筹月养老金模拟总体给付额（见表5—16），方案6总体福利给付额为348.83亿元，修正方案1总体福利给付额为364.15亿元，修正方案2总体福利给付额为371.49亿

表 5—16　基础养老金全国统筹各方案模拟总体给付水平（2010 年）

单位：万人、万元/月

地区	离退休人数	方案 6	修正方案 1	修正方案 2	修正方案 3	修正方案 4	修正方案 5
总福利	6305	3488279	3641470	3714903	3739381	3700021	3719538
北京市	196	189440	127257	170972	185543	176634	193093
天津市	144	107681	77082	88749	92638	91511	96321
河北省	260	122756	134077	123581	120082	125163	122192
山西省	147	69891	88764	81017	78435	82979	81051
内蒙古	119	60989	65982	59964	57957	63929	63245
辽宁省	473	245048	260681	251934	249019	254183	252017
吉林省	207	90319	105616	96119	92953	95121	91623
黑龙江	363	160537	201688	180860	173918	182586	176218
上海市	392	415399	268647	382676	420686	395080	437224
江苏省	449	268637	263788	276451	280672	276496	280732
浙江省	224	139359	129966	150109	156824	139214	142297
安徽省	178	87738	95256	86738	83899	90778	89285
福建省	114	54227	65076	66018	66332	61030	59682
江西省	146	59888	81510	71498	68161	71501	68164
山东省	345	170755	183996	176981	174643	175431	172575
河南省	270	123243	137136	122460	117567	125869	122114
湖北省	302	136358	181567	164768	159169	166012	160827
湖南省	265	120686	157105	146887	143480	144023	139662
广东省	340	205769	228765	274357	289555	241410	245625
广西	138	65142	74551	69977	68452	69502	67819
海南省	45	18867	30448	27900	27050	26820	25611
重庆市	193	99346	100974	95469	93633	98243	97333
四川省	439	208986	262020	245473	239957	245320	239753
贵州省	67	31540	36892	33455	32309	34361	33518
云南省	92	41523	52883	51600	51172	48244	46697
西藏	3	2600	1822	2379	2564	2268	2417
陕西省	150	75613	86693	79531	77143	83315	82189
甘肃省	71	32295	40573	38798	38206	37128	35980
青海省	20	11187	13070	13637	13827	13234	13289

续表

地区	离退休人数	方案 6	修正方案 1	修正方案 2	修正方案 3	修正方案 4	修正方案 5
宁夏	31	17325	17776	17373	17238	18141	18263
新疆	119	55136	69807	67174	66297	64494	62723

元，修正方案 3 总体福利给付额为 373.94 亿元，修正方案 4 总体福利给付额为 370 亿元，修正方案 5 总体福利给付额为 371.95 亿元。

从给付方案的总体福利给付额和改进幅度（见表 5—17）来看，方案 6<修正方案 1<修正方案 4<修正方案 2<修正方案 5<修正方案 3。可见，全国统筹下的老年人口总体福利相对于省平均统筹来说是增加的。相对于省平均统筹来说，全国统筹的实施带来总体养老福利的增加，实现了更多人群的福利改进。

表 5—17　　基础养老金全国统筹给付水平卡尔多—希克斯改进（2010 年）

全国统筹方案	总福利	改进幅度（%）	基础养老金增加地区离退休人数占比	是否实现卡尔多—希克斯改进
修正方案 1	3641470	4.39	77.67	是
修正方案 2	3714903	6.50	76.28	是
修正方案 3	3739381	7.20	77.91	是
修正方案 4	3700021	6.07	71.74	是
修正方案 5	3719538	6.63	71.74	是

基础养老金全国统筹缩小了地区间的收入差距，解决了基础养老保险跨地区流转问题，能够解决社会个体及劳动力市场资源优化配置问题，这可以长期有效的补偿转移支出者损失。从这种意义上讲，养老金全国统筹既是出于公平角度进行收入再分配，又可以通过新政策长期补偿受损地区的损失。可以说，全国统筹条件下可以为更多的老年人口提升福利且老年人口享受的整体福利水平大于省平均统筹，又因全国统筹给各地区带来劳动力流动自由结转等福利效应，可以认为全国统筹的实现是满足卡尔多—希克斯福利改进的。

（三）基于“两检验、一对接”全国统筹方案选择

养老保险全国统筹方案要以“两检验、一对接”为原则，“两检验”是养老保险适度区间为标准的帕累托改进检验和卡尔多—希克斯改进检验；“一对接”即便于实现省级统筹向全国统筹的协调对接与完善。从上文阐述可以得出，物价修正后全国统筹各方案重新理顺地区间的基础养老金分配，地区间转接难的利害冲突得到化解，一些地区老年人福利减少可以由更多福利增加地区通过社会福利函数得到补偿，而且前者福利减少后仍处于宏微观的适度区间范围内。可以认为，全国统筹方案可以实现更高程度的福利改进。

从全国统筹各修正方案的收入再分配效果、宏微观适度性、福利改进分析来判断，不存在最优选择。由于各方案中均没有实现所有省份宏观适度性，虽然方案1和方案2的收入再分配效果好，但是离现实的省级统筹模式较远，能够和省级统筹平稳对接、比较容易实现的对接模式是方案3和方案5（见表5—18），而且按照“一对接、两检验”的度量要素分析，方案3中77.42%的省份实现宏观给付适度区间，100%的省份实现微观给付适度区间，方案5中70.97%的省份实现宏观给付适度区间，100%的省份实现微

表5—18　　全国统筹方案选择分析框架

度量要素	“一对接、两检验”原则			全国统筹方案选择
	一对接	帕累托改进检验	卡尔多—希克斯改进检验	
方案1	困难	较佳	较佳	
方案2	中等	较佳	较佳	
方案3	较易	中等	较佳	√
方案4	中等	中等	较佳	
方案5	较易	中等	较佳	√

注：√表示全国统筹方案选择适宜方案；“一对接”要素中，全国统筹方案中绝对均等比例为1/3视为较易对接，绝对均等比例为1/2视为中等难度对接，绝对均等比例为100%视为困难对接；“帕累托改进”要素中，进入宏观适度区间方案高于80%视为较佳福利改进，进入宏观适度区间方案高于70%视为中等福利改进；“卡尔多—希克斯改进”要素中，福利改进人群比例在70%～80%之间视为较佳改进。

观给付适度区间，基本能够满足宏微观基础养老金给付的适度水平，使得原本低于宏观、微观适度下限地区的基础养老金水平接近或达到适度下限，在宏观国民收入分配适度水平和微观消费适度水平上实现了地区间更高程度的适度性。方案 3 和方案 5 均处于“较易对接、中等帕累托福利改进、较佳卡尔多一希克斯福利改进”范围。全国统筹方案的选择适合以方案 3 和方案 5 作为次优选择。

通过深入研究全国统筹的收入再分配、生存公平、福利改进等研究框架、内容和方案。全国统筹确保了老年人口作为社会成员的生存公平，促进了地区间养老福利分配的均衡化发展。全国统筹不仅能够解决劳动力跨统筹范围流转的难题，还能实现养老保险的地区间收入再分配，更重要的是统筹层次的提升能够促进各地区基础养老金给付的福利改进。这对于进一步研究养老保险收入再分配、生存公平内涵具有重要的理论意义和现实意义。

由于数据的局限性，还存在着一些问题有待进一步完善。在全国统筹各方案基础养老金估算时，假设每个地区的参保人群是同质的，即以该地区的企业在职职工平均工资作为个人缴费工资，未考虑个体差异在缴费工资及缴费年限方面的差异；在进行卡尔多一希克斯改进评价时，假设各地区离退休人员的基础养老金给付水平为 2010 年的基础养老金给付初始值，未考虑各地区历年给付和调整指数的差别。上述问题都需要作进一步的研究。不过，这些问题的存在不会影响所得结论。

第六章
养老保险全国统筹收入再分配系数

养老保险统筹层次逐步提升，实现全国统筹，方便异地接续，是市场经济条件下人力资源优化配置和确保劳动者养老金权益的治本之计，也是在全国范围内实现养老保险的互济再分配功能。[①] 基础养老金的分配模式和分配结果体现着收入再分配的具体手段，地区间乃至不同收入群体之间养老金给付的收入再分配的程度如何变化，需要研究养老保险收入再分配系数，这是全国统筹具体方案设定的关键理论要素。养老保险收入再分配系数的高低直接关系到社会公平、劳动效率、劳动力流动方向、财政政策等一系列理论问题，因此深入研究社会保障统筹层次的收入再分配系数，具有重要理论价值。

① 穆怀中，邹丽丽. 养老金统筹层次提高中的计发基数研究——以辽宁省为例. 社会保障研究. 2010，1

一、养老保险全国统筹收入再分配系数研究框架

养老保险制度统筹层次逐级提升对中国养老保险体系的建设、完善与发展至关重要。基础养老金全国统筹收入再分配系数以全国统筹前后各省级地区给付水平、收入再分配效应综合测算全国统筹各方案收入再分配系数，考量养老保险全国统筹实现条件下新增退休人员收入再分配效果。基础养老金全国统筹收入再分配系数的测算就需要以科学的原理为基础、以正确的模型为指导，结合现实、统筹全局、逐步推进，始终把握正确的方向，为全国统筹的逐步深入提供可靠依据。基于此，提炼出基础养老金全国统筹收入再分配系数研究框架（见图6—1）。

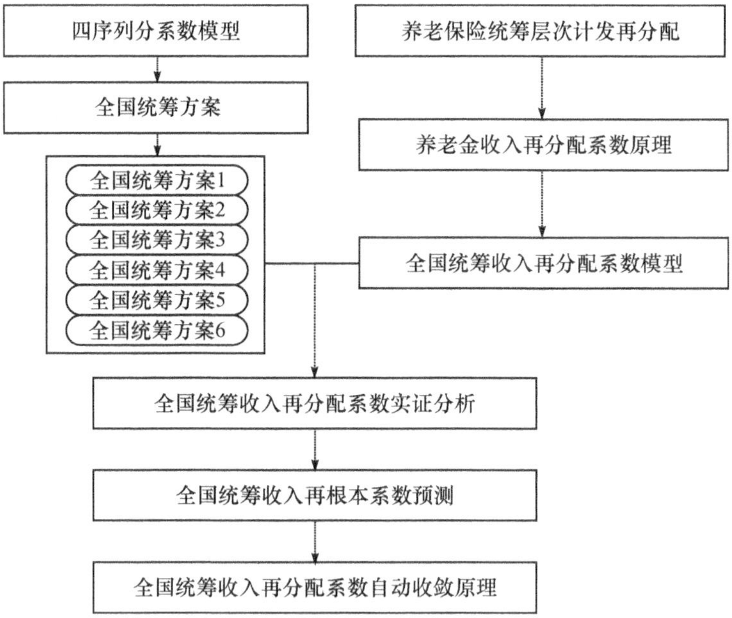

图6—1　养老保险全国统筹收入再分配系数研究框架

本章研究立足于养老保险统筹层次提升对收入再分配的影响以及养老保险计发再分配原理，提出收入再分配系数的概念，对“基础养老金收入再分配系数”的内在原理进行分析解读、对收入再分配系数模型结构进行介绍说

明，延伸出全国统筹收入再分配模式，并分析全国统筹六种方案下收入再分配系数及效果，进而提炼出养老保险全国统筹各方案下收入再分配获得和贡献地区。其研究要点在于验证在以工资为主体的初次分配与养老保险为主体的再分配关系中，统筹层次提升带来的养老保险地区间收入再分配关系，即不同地区高缴费工资基数与低缴费工资基数之间的养老金再分配；再通过养老金收入再分配平均离差系数和全国统筹收入再分配加权系数两个测量系数来验证基础养老金是否缩减地区间工资初次分配，是否缩小地区间的初次分配差异，有效发挥养老保险的收入再分配调节作用。同时基于对各省级地区工资2012—2050年预测数据，计算出全国31个省份未来全国统筹收入再分配系数，再进行绘图分析，可以得出随着养老保险蓄水池范围的不断扩大，可以更大范围的起到缩减地区间收入差距的作用。基础养老金等收入再分配手段的实施会逐渐缩减初次分配带来的分配差距，伴随着地区间初次分配的差距缩小乃至消失，收入再分配系数也会随之缩小。

本章主要研究了基础养老金全国统筹收入再分配系数，是研究养老保险统筹层次提升带来的收入再分配效果的新视角，给养老保险全国统筹的推进带来重要的理论价值，是对养老保险收入再分配功能研究的延伸和创新，增强了度量养老金对于工资再分配效应的科学性，为研究统筹层次提升缩小贫富差距、缓解两极分化提供了指标依据，加强了地区间工资收入非均等条件下收入再分配力度的解释能力。研究框架中对于全国统筹计发及再分配效应的综合考量对于缩小中国地区间经济发展水平、教育文化水平、物价水平、养老保险发展水平等差异具有重要实践意义，探讨基础养老金统筹层次提升分配公平性，为早日实现全国统筹铺平道路。

二、养老保险统筹层次收入再分配约束因素

（一）养老金给付约束因素

基础养老金给付是现收现付的社会统筹部分。养老金缴费减少年青一代人的消费，而退休者从养老金给付的收益增加效用。从效用角度来看，社会统筹的基础养老金改变了青年期和年老期的效用配置，故可以采用代际交叠模型建立基础养老金制度的经济模型。

在基础养老金代际交叠模型中，考虑青年期和老年期的时间跨度分别为 t 期和 $t+1$ 期，每个时期只存在年轻人和老年人两代人，t 期年轻人口数 L_t，$t+1$ 期年轻人口数 L_{t+1}，且只存在两代，t 期的老年人在 $t+1$ 期全部死亡，t 期人口增长率为 n^t，$t+1$ 期人口增长率为 n^{t+1}，即 $L_{t+1}=L_t(1+n^t)$。

假设主体效用水平不变，t 期年青一代的消费 C_t 等于工资收入 W_t 减去自愿储蓄 S_t 减去社会统筹账户和个人账户的缴费；$t+1$ 期老年一代的消费 C_{t+1} 等于自愿储蓄率积累 $S_t(1+r_{t+1})$ 加上社会统筹给付和个人账户的资金积累。可得：

$$C_t = W_t(1-\delta-q)-S_t \tag{6—1}$$

$$C_{t+1} = S_t(1+r_{t+1})+W_tq(1+r_{t+1})+B_{t+1} \tag{6—2}$$

C_t 为年青一代的消费；C_{t+1} 为老年一代的消费；W_t 为工资收入；S_t 为储蓄；δ 为社会统筹部分的缴费率；q 为个人账户部分的缴费率；$S_t(1+r_{t+1})$ 表示为个人青年时期储蓄的积累；$W_tq(1+r_{t+1})$ 为养老个人账户的积累；B_{t+1} 为老年一代的基础养老金收益。由于社会统筹是现收现付制退休人口的给付总额等于当前在职职工社会统筹部分缴费总额，则有：

$$L_tB_{t+1} = L_{t+1}\delta W_{t+1} = L_t(1+n_t)\delta W_t(1+g) \tag{6—3}$$

$$B_{t+1} = \delta(1+g)(1+n_t)W_t \tag{6—4}$$

g：工资增长率，n：人口增长率。

构造个人一生效用函数为公式 6—6：

$$U = \ln C_t + \frac{1}{1+p}\ln C_{t+1} \quad (6—6)$$

将养老金制度变量引入个人效用函数，则最大化效用函数表示为：

$$\max U = \ln C_t + \frac{1}{1+p}\ln C_{t+1} \quad (6—7)$$

s. t. $C_t = W_t\ (1-\delta-q)\ -S_t$

$C_{t+1} = S_t\ (1+r_{t+1})\ +W_t q\ (1+r_{t+1})\ +\delta\ (1+g)\ (1+n^t)\ W_t$

构建拉格朗日函数（6—8）：

$$U = \ln C_t + \frac{1}{1+p}\ln C_{t+1} + \lambda_1[W_t(1-\delta-q) - S_t - C_t] + \lambda_2[S_t(1+r) + W_q(1+r) + \delta(1+g)(1+n) * W_t - C_{t+1}] \quad (6—8)$$

利用偏导数求极值，可得：$\partial u/\partial g>0$ 、$\partial u/\partial w>0$、$\partial u/\partial \delta>0$，可知工资增长率、工资水平、缴费率的增加将导致基础养老金增加。进一步，当利率小于工资增长率与人口增长率之和时，基础养老金增加；反之减少。这被称为“艾伦条件”。艾伦在萨缪尔森研究的基础上提出：当人口增长率与工资增长率之和大于实际市场利率时，实行现收现付制比完全积累制更有利于养老保险福利的帕累托改进。可见，在其他条件不变的情况下，工资水平、工资增长率、缴费率是影响基础养老金水平的重要因素。

（二）养老保险统筹层次收入再分配约束因素

基础养老金给付是现收现付的社会统筹部分。养老金缴费减少年青一代人的消费，而退休者从养老金给付的收益增加效用。从效用角度来看，社会统筹的基础养老金改变了青年期和年老期的效用配置，从个人效用角度分析统筹层次提升对养老金效用水平的影响，进而提炼出统筹层次提升对收入再分配的影响。

构造个人一生效用函数为公式 6—9：

$$U = \ln C_t + \frac{1}{1+p}\ln C_{t+1} \quad (6—9)$$

统筹层次提升对于个人效用影响，可以用 T 表示：

$$T = U^{new} - U^{old\ t+1} \tag{6—10}$$

将 6—10 代入可得：

$$T = \left[\ln C_t + \frac{1}{1+p}\ln C_{t+1}^{new}\right] - \left[\ln C_t + \frac{1}{1+p}\ln C_{t+1}^{old}\right]$$

$$= \frac{1}{1+p}\ln C_{t+1}^{new} - \frac{1}{1+p}\ln C_{t+1}^{old}$$

若 $T>0$，则有 $\ln\frac{C_{t+1}^{new}}{C_{t+1}^{old}} = \ln\left[\frac{S_t\ (1+r_{t+1})\ +W_t q\ (1+r_{t+1})\ +B_{t+1}^{new}}{S_t\ (1+r_{t+1})\ +W_t q\ (1+r_{t+1})\ +B_{t+1}^{old}}\right]>0$

即 $S_t\ (1+r_{t+1})\ +W_t q\ (1+r_{t+1})\ +B_{t+1}^{new} > S_t\ (1+r_{t+1})\ +W_t q\ (1+r_{t+1})\ +B_{t+1}^{old}$

化简得：$B_{t+1}^{new} > B_{t+1}^{old}$

即 $\delta\ (1+g^{new})\ (1+n)\ W^{new} > \delta\ (1+g^{old})\ (1+n)\ W^{old}$

可得 $e^T = \delta\ (1+n)\ [(1+g^{new})\ W^{new} - (1+g^{old})\ W^{old}]$

若 $e^T>0$，则 $(1+g^{new})\ W^{new} - (1+g^{old})\ W^{old} > 0$

整理得：

$$(W^{new} - W^{old}) - (W^{old}g^{old} - W^{new}g^{new}) > 0 \tag{6—11}$$

可见，若 $(W^{new} - W^{old}) > (W^{old}g^{old} - W^{new}g^{new})$，则统筹层次提升带来的效用增加。$(W^{new} - W^{old}) < (W^{old}g^{old} - W^{new}g^{new})$，则统筹层次提升带来的效用降低。

可见，统筹层次提升带来的参保者效用变动是受到新老统筹范围社会平均工资及增长率的差异造成的。统筹层次的提升会由于不同统筹范围的平均工资差异、不同统筹范围的相对工资增速不同产生新增退休人员养老金权益的差异，进而影响到基础养老金的收入再分配效果。如果新老统筹范围社会平均工资的基准线变动水平超过工资增长率变动，则效用增加；反之，效用减少。只要存在着新老统筹范围社会平均工资基准线变动，那么统筹层次提升就存在着新的再分配。

三、养老保险全国统筹收入再分配系数原理

（一）养老保险统筹层次收入再分配系数基本原理

随着统筹层次的提升，蓄水池的扩大，现收现付制下的养老保险制度能够在更大的范围内讲究公平、实现社会成员之间互助共济的代内收入再分配功能。为了分析统筹层次提升带来的收入再分配效果，现依据基础养老金替代率概念扩展为基础养老金收入再分配系数模型，分析统筹层次提升对基础养老金收入再分配的改变，研究出基础养老金在更大的蓄水池内实现了怎样的再分配以及何种程度上缩小了地区之间的收入差距，这就需要采用合理、简单、实用的养老保险统筹层次收入再分配系数模型对基础养老金的收入再分配程度进行测量和深入研究。

在中国“统账结合”的养老保险制度中，现收现付部分体现了代内收入再分配和代际收入再分配功能，代内收入再分配效用取决于缴费办法和养老金计发办法[①]。中国养老保险制度现收现付部分的社会统筹缴费费率统一为20%，其收入再分配的体现在于基础养老金待遇水平的变动。如果基础养老金给付与缴费工资挂钩，即带有效率的性质；如果采用统一缴费率和待遇水平统一标准，这必将产生财富分配从高收入者流向低收入者。养老金福利给付中采用等额养老金给付、混合型给付、收入关联型给付直接决定代内收入再分配的效果。

基本养老金缴费和给付的标准（计发办法）可以反映出养老金制度的收入再分配效果。在中国养老保险制度体系中，基础养老金计发办法与美国、德国等国家基本养老保险的计发公式相类似。美国退休人员 OASI 养老金的初始水平是根据月平均指数化收入（Average Indexed Monthly Earnings，简称为 AIME），再依据拐点（bend points）使用“三级超额累退”法计算

① 彭浩然、申曙光：《改革前后我国养老保险制度的收入再分配效应比较研究》，《统计研究》，2007 年第 2 期，第 33—37 页。

得到基本保险额（Primary Insurance Amount，简称为 PIA），美国养老金计发办法参照 AIME 即为考虑个人缴费贡献，而根据不同的收入水平给付不同的替代率则考虑养老金给付向低收入人群倾斜。德国退休人员养老金初始水平则根据收入点数（个人收入相对于社会平均收入的比值，earning points，简称为 EP）、服务年限、调整因子对基本养老金水平进行测算。德国养老金计发办法以 EP 来考察个人的缴费贡献，而依据调整因子对残疾、遗属等人群倾斜。

中国的基础养老金计发办法中加入了个人指数化月平均缴费工资（即个人工资按照社会平均工资为标准指数化后的可比缴费工资），基础养老金的测算以当地上年度在岗职工月平均工资和本人指数化月平均缴费工资的平均值为基数与缴费年限的乘积来确定。这一方式既考虑了等额养老金给付部分，又考虑了个人缴费贡献；相对于美国和德国的养老金给付公式来说，在固定的等额给付比例和个人贡献比例来进行收入再分配的调节。很明显，中国的基础养老金给付的福利转移在于个人缴费工资与社会平均工资之间的关系：高收入群体的个人指数化平均缴费工资高于社会平均工资，必然表现为收入再分配的贡献力量；低收入群体的个人指数化平均缴费工资低于社会平均工资，必然表现为向该群体转移支付更多的福利，为收入再分配的获得群体。对于个体而言，指数化平均缴费工资与社会平均工资的差异反映着福利的流出和流入、贡献与获得。二者的差异体现着基础养老金能够缩小收入差距的力度，当二者不存在差异时，即没有代内收入再分配的状态。而养老金给付不考虑个人指数化平均缴费工资时，基础养老金给付为仅考虑社会公平的等额养老金给付，这时充分体现了人的存在权利，人作为社会存在应该公平的享受基本生存条件，即“生存公平最大化”。反过来来说，基础养老金给付仅考虑个人指数化平均缴费工资时，强调了劳动与享受对等原则，按照缴费贡献获取养老金给付，即为“劳动公平最大化”。基础养老金代内收入再分配功能的实现要求在再分配过程中遵循生存公平和劳动公平的原则。

为了比较缴费贡献与养老金给付之间的关系，根据中国基础养老金的计发办法，分析基础养老金的替代率。这里定义的替代率是指个人在 t 年进入退休期时获得的基础养老金水平与 $t-1$ 年工资水平的比率。换而言之，是指个人进入退休期所领取的养老金与进入退休期上一年度工资的比率。[①] 如果不考虑工资增长率、通货膨胀等因素的影响，养老金替代率越高，个人福利损失越少，受保障的强度也越高。

根据上述定义，得到如下的方程式：

$$\theta=\frac{W_{e-1}ph}{w_{e-1}} \tag{6—12}$$

其中，θ 表示基础养老金替代率；W_{e-1} 表示统筹范围社会平均工资；w_{e-1} 表示个人退休前一年工资；e 表示退休年龄；h 为基础养老金给付系数，表示基础养老金按照计发基数的 η 比率支付；当 p 等于 1 时，即为现收现付下的等额养老金给付；若养老金给付以工资关联给付，即为工资关联型养老金给付；如果 p 的取值既考虑到统筹范围社会平均工资，又考虑到工资关联型给付，即混合型养老金给付。

$$\theta=\frac{h}{\xi} \tag{6—13}$$

其中，$\xi=w_{e-1}/pW_{e-1}$，即个人工资水平与养老金计发工资基数的比率。

（1）如果 $\xi=1$，表明职工工资等于养老金计发工资基数，则基础养老金替代率等于基础养老金给付系数 h；（2）若 $\xi<1$，表明职工工资低于养老金计发工资基数，则基础养老金替代率高于基础养老金给付系数；（3）$\xi>1$，表明职工工资高于养老金计发工资基数，则基础养老金替代率低于基础养老金给付系数。

根据中国养老保险制度 38 号文件基础养老金的缴费和计发标准，企业以全部职工缴费工资基数之和作为企业缴费工资基数，个人缴费工资基数若当地上一年度职工月平均工资 60％的职工以社平工资的 60％作为缴费工资基数；超过统筹范围上一年度职工月平均工资 300％的部分，则不计入缴费工资基数。基础养老金计发工资基数按退休时的基础养老金月标准以当地上年度在岗职工月平均工资和本人指数化月平均缴费工资的平均值为基数，给付系数为缴费每满 1 年发给 1％。那么，基础养老金替代率水平的变动区间

① 柳清瑞. 中国养老金替代率适度水平研究. 沈阳：辽宁大学出版社，2004.

为（15%，45%）。

很明显，当个人工资等于社会平均工资时，缴费年限等于替代率，缴费年限与基础养老金替代率成正比。当前的计发办法既考虑到追求社会公平的给付，还考虑了个人指数化缴费系数。从表6—1来看，在缴费年限相同的情况下，高收入者的基础养老金替代率低于低收入者的基础养老金替代率。中国养老保险制度中社会统筹部分缴费费率是固定比例20%，不同的群体基础养老金替代率存在差异，收入越高的人，其替代率越低。基础养老金实现了高收入者向低收入者的福利转移，即体现了高收入者向低收入者转移收入的再分配功能。

表6—1　基础养老金的替代率　单位：%

历年个人工资与社会平均工资的比值（%）	基础养老金给付系数						
	15	20	25	30	35	40	45
60	20.00	26.67	33.33	40.00	46.67	53.33	60.00
100	15.00	20.00	25.00	30.00	35.00	40.00	45.00
150	12.50	16.67	20.83	25.00	29.17	33.33	37.50
200	11.25	15.00	18.75	22.50	26.25	30.00	33.75
300	10.00	13.33	16.67	20.00	23.33	26.67	30.00

基础养老金替代率可以体现出养老金分配前后的福利差异，它体现为计发工资基数与个体工资的福利比值，表现为同代人不同人群之间、代际间、个人生命周期内的福利转移程度的大小。但由于需要不同个体在缴费年限贡献的差异性，替代率又无法完全准确的体现统筹层次提升对收入再分配的影响。因此，为了简单明了的总结出不同统筹层次的收入再分配效果，尝试构建收入再分配系数 SR（公式6—14），组成以基础养老金收入再分配福利比值为核心的数量表达形式。

$$SR = \frac{w_0 - w_1}{w_0}, \quad -1 < SR < 1 \tag{6—14}$$

其中，SR 为收入再分配系数；w_0 为0期的初始值，w_1 为表示1期的分配结果。

若 SR 值为正，即为0期初始值大于1期分配结果，为收入再分配做出贡献，称为收入再分配贡献系数；若 SR 值为负，即 0 期初始值小于 1 期分配结果，称为收入再分配获得系数。收入再分配必然会带来高低收入群体福利的转移，因此 SR 的取值在 $-1<SR<1$ 之间。

收入再分配系数 SR 简要的反映了再分配前后的收入再分配效果，而构建基础养老金的收入再分配系数，就要充分考虑基础养老金的计发办法和约束因素。既要考虑个人缴费工资贡献，还要考虑统筹范围社会平均工资指标与个体缴费工资差异以及统筹工资基数的测算方法。根据上述约束因素，提出“基础养老金收入再分配系数”模型（公式 6—15），综合反映本人缴费与统筹工资计发之间的收入再分配效果。

$$SR=\frac{w_0-w_1}{w_0}=1-\frac{w_1}{w_0},\quad -1<SR<1 \qquad (6—15)$$

其中，$w_0=w_{e-1}$，$w_1=\frac{1}{2}\left[W_{e-1}+W_{e-1}\times\sum_{n=x}^{e-1}\left(\frac{w_n}{W_n}\right)/(e-x)\right]$

$$P=W_{e-1}\times\sum_{n=x}^{e-1}\left(\frac{w_n}{W_n}\right)/(e-x),\quad e-x\geqslant 15 \qquad (6—16)$$

其中，SR 为基础养老金收入再分配系数；w_1 表示基础养老金计发工资基数；w_0 表示个人工资；e 表示退休年龄；x 表示参保年龄；W_n 表示 n 岁时的统筹范围社会平均工资；w_n 表示职工 n 岁时缴费工资，P 表示个人的指数化平均缴费工资。

可以将公式 6—16 转化为：

$$SR=\frac{w_{e-1}-\frac{1}{2}(W_{e-1}+P_{e-1})}{w_{e-1}},\quad -1<SR<1 \qquad (6—17)$$

指标含义同公式 6—15 和公式 6—16。

若 SR 值为正，即为个人缴费工资高于计发工资基数，养老金收入再分配功能的实现，必然要求高收入群体为基础养老金收入再分配做出贡献，可被称作基础养老金收入再分配贡献系数；若 SR 值为负，即为个人缴费工资低于计发工资基数，基础养老金收入再分配功能必然为低收入群体转移支付更多的福利，因此可被称作基础养老金收入再分配获得系数。可见，对于个体而言，SR 数值的正负，反映着福利的流出和流入、贡献与获得；SR 数值的绝对值体现着基础养老金对缩小收入差距所起的作用。若$\overline{W_{全国}}=\overline{W_{省}}\neq W_{个人}=0$时，即没有收入再分配的状态。这时不存在收入再分配，统筹工资基数均是个体缴费工资，因而收入再分配系数为0。

基础养老金收入再分配功能的实现要求在再分配过程中遵循生存公平和劳动公平的原则。如侧重于效率，即收入再分配为零的情况下，实现的是劳动对等原则，按照缴费贡献获取养老金给付，即为“劳动公平极大化”。而收入再分配效果最强的状态即为SR为极大值时，这时充分体现了人的存在权利，人作为社会存在应该公平的享受基本生存条件，即为“生存公平极大化”。

基础养老金收入再分配系数的原理内涵可总结如下：

基础养老金收入再分配系数是基础养老金分配前后的福利差异，它体现为个体工资与计发工资基数差额与个体工资的福利比值，是衡量基础养老金收入再分配效果的核心指标。这是在城镇企业职工养老保险制度框架中缴费工资与计发工资基数之间的经济福利差异比较，是分析研究养老金给付差距的重要工具，对于养老金收入再分配效果讨论具有重要的理论和实践价值。

基础养老金收入再分配系数受到计发工资基数测算办法、本人缴费工资、统筹社会平均工资等因素影响，为全面评价基础养老金收入再分配效果，我们提出再分配系数的概念，将本人缴费与养老金计发结合起来，组成以相差的福利比值为核心的数量表达形式。

基础养老金收入再分配系数可以看成是衡量个体与计发工资差距的核心要素和指标，也可以看成不同统筹层次工资差距的要素和指标。它可以被用来测算为缩小个体与所在地区平均工资水平的差异的收入分配效果；又可以测算不同统筹层次平均工资差异的收入再分配效果；更重要的是它可以作为缩小初次分配差距评价标准，基础养老金统筹层次的提升意味着缩减地区间初次分配差距，促进地区间均衡发展。

基础养老金收入再分配系数在本质上是由于个人工资侧重效率与统筹工资侧重公平共同决定的，并受到统筹工资基数测算办法、工资水平等因素影响。根据基础养老金收入再分配系数，可以反映出各地区的收入再分配总体效果。随着初次分配差距逐渐缩小，地区间初次分配差距的缩小，不同地区养老金给付差异将逐渐收敛。即收入差距越大，养老金收入再分配系数波动越大；随着收入差距的缩小，收入再分配系数波动也会逐渐减小。

在地区间、群体间、个体间初次分配存在差异的情况下，收入再分配系数反映了劳动公平与生存公平兼顾下的分配模式。在养老金分配中，生存公平是指老年人生存的基本权利，是作为社会成员应该享受的基本生存条件。劳动公平是指老年人养老所得源自于青年期的劳动贡献。生存公平极大化与劳动公平极大化都是极值状态下的收入再分配选择。对于养老保险现实状态而言，根据初次分配差异的现状，给出生存公平与劳动公平不同侧重的分配模式是实现养老保险收入再分配效果的现实选择。

（二）养老保险全国统筹收入再分配系数应用

按照中国现行养老保险制度统筹层次提升计发办法发展路径，根据其逻辑演进关系可以将养老保险统筹层次收入再分配四序列模型设计为：全国平均工资模式；（全国平均工资＋个人指数化缴费工资）/2 模式；（全国平均工资＋省平均工资＋个人指数化缴费工资）/3 模式；个人指数化缴费工资模式。再进一步将分系数模型Ⅲ发展变形，按照一定比例分配全国、省、个人缴费指数养老金给付水平，一部分拿到中央统收统支（1/2、1/3），确保生存公平，另一部分留在地方实行省级统筹模式，确保劳动公平。这两种模型Ⅲ变形与四序列模型演化模型构成了六种全国统筹方案，根据六种全国统筹方案测算不同程度劳动公平与生存公平下的收入再分配系数（见图 6—2）。

对于全国统筹来说，新的计发办法和全国社会平均工资会对新退休人员基础养老金给付带来明显的影响。为了深入研究全国统筹下新退休人员基础养老金的收入再分配，将六种不同的全国统筹方案对应着六种养老金全国统筹收入再分配方案，据此测算出地区间养老金计发给付的公平性，分析各地区间收入再分配的贡献与所得，总结各模式对于劳动公平与生存公平的不同侧重，深入分析全国统筹的收入再分配效果（见表 6—2）。

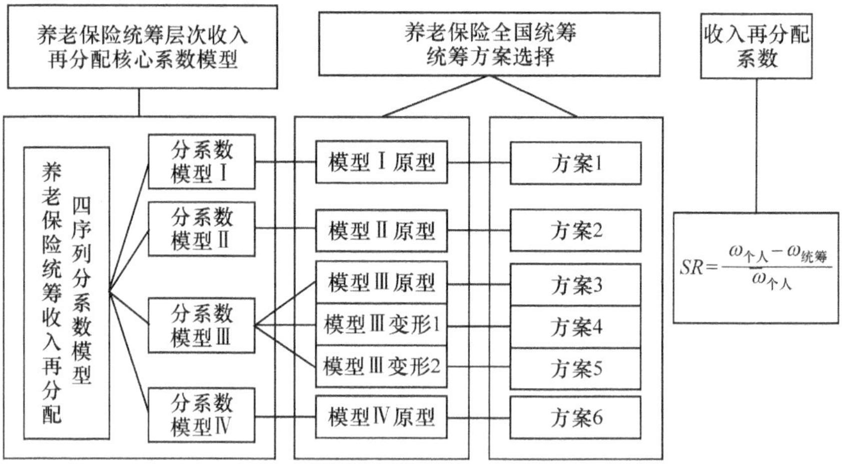

图 6—2　养老保险全国统筹收入再分配系数模型及方案选择

表 6—2　　　　　　　**基础养老金全国统筹各方案**

方案序号	各方案基础养老金计发办法	类型划分
方案 1	$h\%\times\frac{1}{2}W^{\text{国}}_{e-1}\left[1+\sum_{n=x}^{e-1}\left(\frac{W^{\text{国}}_{n}}{W^{\text{国}}_{n}}\right)/(e-x)\right]$	分层平均统筹类型
方案 2	$h\%\times\frac{1}{2}W^{\text{国}}_{e-1}\left[1+\sum_{n=x}^{e-1}\left(\frac{w_{n}}{W^{\text{国}}_{n}}\right)/(e-x)\right]$	
方案 3	$h\%\times\frac{1}{3}\times W^{\text{国}}_{e-1}\left[1+\sum_{n=x}^{e-1}\left(\frac{w_{n}}{W^{\text{国}}_{n}}\right)/(e-x)+\sum_{n=x}^{e-1}\left(\frac{W^{\text{省}}_{n}}{W^{\text{国}}_{n}}\right)/(e-x)\right]$	
方案 4	$h\%\times\left\{\frac{1}{2}\times W^{\text{国}}_{e-1}+\frac{1}{2}\times\frac{1}{2}W^{\text{省}}_{e-1}\left[1+\sum_{n=x}^{e-1}\left(\frac{w_{n}}{W^{\text{省}}_{n}}\right)/(e-x)\right]\right\}$	分比例统筹类型
方案 5	$h\%\times\left\{\frac{1}{3}\times W^{\text{国}}_{e-1}+\frac{2}{3}\times\frac{1}{2}W^{\text{省}}_{e-1}\left[1+\sum_{n=x}^{e-1}\left(\frac{w_{n}}{W^{\text{省}}_{n}}\right)/(e-x)\right]\right\}$	
方案 6	$h\%\times\frac{1}{2}w^{e-1}\left[1+\sum_{n=x}^{e-1}\left(\frac{w_{n}}{w^{n}}\right)/(e-x)\right]$	分层平均统筹类型

注：具体指标解释见公式 6—15、6—16，且（$e-x$）>15

六种全国统筹基础养老金测算方案可以分为分层平均统筹四种方案和分比例统筹两种方案：方案 1 不考虑各地区的工资差异，统筹工资的取值参照全国社会平均工资。方案 2 中，基础养老金计发方法延续 38 号文件（2005）的测算办法，是以全国社会平均工资与本人指数化月平均缴费工资平均值为基数的全国统筹。方案 3 中，基础养老金计发的测算方法是考虑省际间、省内的工资差异，对 38 号文件测算办法的进一步延伸，以全国、省社会平均工资与本人指数化月平均缴费工资平均值为基数的全国统筹。类型 4 和方案 5 是在方案 3 基础上的变形，其中方案 4 是将养老金替代率的 1/2 按照全国社会平均工资平均分配，方案 5 是将养老金替代率的 1/3 按照全国社会平均工资平均分配。根据基础养老金收入再分配系数原理和全国统筹六方案，可以得到基础养老金全国统筹下收入再分配系数公式。由于各省份内部各职工的工资水平是存在差异的，故为了表达一个普遍平均水平，选用各省份平均工资反映职工个体的工资情况。这是假设各地区内参保人群是同质的，该地区企业在职职工平均工资是参保人群的同一缴费工资。

$$SR^{n}_{\text{全国}} = 1 - \frac{W^{\text{全国}}_{e-1}}{w_{e-1}},\ e - x \geqslant 15 \qquad (6—18)$$

根据公式 6—18，结合表 6—2 中基础养老金计发方案，得到两大类型六种养老金全国统筹收入再分配系数（见表 6—3）。

方案 1 中，w_0 取值为退休前一年个人工资，w_1 取值为模式Ⅰ假设下基础养老金计发基数，这是所有个体均按照全国平均水平计发基础养老金，这时收入再分配程度最大化，SR 值可以简化为 $1 - W^{n}_{e-1}/w^{n}_{e-1}$，这时无论劳动者个人缴费工资多少，所有劳动者均按照全国平均工资计发养老金，充分考虑了劳动者退休之后养老生存权利的公平性，是生存公平的极大化。

方案 2 中，w_0 取值为退休前一年个人工资，w_1 取值为模式Ⅱ假设下基础养老金计发基数，个体的基础养老金计发既要考虑到全国平均水平（上年社会平均工资），又要考虑到个人缴费贡献（指数化平均缴费基数），二者分别影响基础养老金计发基数 1/2。既考虑了劳动者退休之后养老生存权利的公平性，又兼顾了缴费工资对养老金给付的影响，实现了兼顾生存公平与劳动公平。

方案 3 中，w_0 取值为退休前一年个人工资，w_1 取值为模式Ⅲ假设下基础养老金计发基数，个体的基础养老金计发既要考虑到全国和省平均水平（上年社会平均工资），又要考虑到个人相对于全国平均工资的缴费贡献（指数化平均缴费基数）。既考虑了缴费工资对养老金给付的影响，又兼顾劳动

表 6—3　　养老保险统筹层次四序列分系数模型

模式序号	统筹模式	收入再分配系数模型	收入再分配原理
Ⅰ	$\bar{w}_{全国}$	$1-\dfrac{\frac{1}{2}W_{e-1}^{国}\left[1+\sum_{n=x}^{e-1}\left(\frac{W_n^{国}}{W_n^{国}}\right)/(e-x)\right]}{w^{e-1}}$	生存公平最大化
Ⅱ	$\dfrac{\bar{w}_{全国}+W_{个人}}{2}$	$1-\dfrac{\frac{1}{2}W_{e-1}^{国}\left[1+\sum_{n=x}^{e-1}\left(\frac{w_n}{W_n^{国}}\right)/(e-x)\right]}{w^{e-1}}$	生存公平兼顾劳动公平
Ⅲ	$\dfrac{\bar{w}_{全国}+\bar{w}_{省}+W_{个人}}{3}$	$1-\dfrac{\frac{1}{3}W_{e-1}^{国}\left[1+\sum_{n=x}^{e-1}\left(\frac{w_n}{W_n^{国}}\right)/(e-x)+\sum_{n=x}^{e-1}\left(\frac{W_n^{省}}{W_n^{国}}\right)/(e-x)\right]}{w_{e-1}}$	劳动公平兼顾生存公平
	$1/2\,\bar{w}_{全国}+1/2\,\dfrac{\bar{w}_{省}+W_{个人}}{2}$	$1-\dfrac{\frac{1}{2}W_{e-1}^{国}+\frac{1}{2}\times\frac{1}{2}W_{e-1}^{省}\left[1+\sum_{n=x}^{e-1}\left(\frac{w_n}{W_n^{省}}\right)/(e-x)\right]}{w_{e-1}}$	生存公平兼顾劳动公平
	$1/3\,\bar{w}_{全国}+2/3\,\dfrac{\bar{w}_{省}+W_{个人}}{2}$	$1-\dfrac{\frac{1}{3}W_{e-1}^{国}+\frac{2}{3}\times\frac{1}{2}W_{e-1}^{省}\left[1+\sum_{n=x}^{e-1}\left(\frac{w_n}{W_n^{省}}\right)/(e-x)\right]}{w_{e-1}}$	劳动公平兼顾生存公平
Ⅳ	$W_{个人}$	$1-\dfrac{w^{e-1}}{w^{e-1}}=0$	劳动公平最大化

注：具体指标解释见公式 6—15、6—16，且（$e-x$）>15

者退休之后养老生存权利的公平性，是在地区间劳动公平基础上兼顾生存公平。

方案4中，w_0 取值为退休前一年个人工资，w_1 取值为模式Ⅲ变形1假设下基础养老金计发基数，个体的基础养老金计发既要考虑到全国和省平均水平（上年社会平均工资），又要考虑到个人相对于所在省平均工资的缴费贡献（指数化平均缴费基数），且确定全国统一比例为1/2，既考虑了缴费工资对养老金给付的影响，又兼顾劳动者退休之后养老生存权利的公平性，是在地区间劳动公平基础上兼顾生存公平。

方案5中，w_0 取值为退休前一年个人工资，w_1 取值为模式Ⅲ变形2假设下基础养老金计发基数，个体的基础养老金计发既要考虑到全国和省平均水平（上年社会平均工资），又要考虑到个人相对于所在省平均工资的缴费贡献（指数化平均缴费基数），且确定全国统一比例为1/3，既考虑了缴费工资对养老金给付的影响，又兼顾劳动者退休之后养老生存权利的公平性，是在地区间劳动公平基础上兼顾生存公平。

方案6中，w_0 取值为退休前一年个人工资，w_1 取值为模式 V 假设下基础养老金计发基数，社会平均工资 W'' 的取值选用个体值 w_n，即基础养老金给付完全按照个人缴费情况计发，这时不存在收入再分配。这一模式充分考虑了劳动者缴费工资对养老金给付的影响，是劳动公平的极大化。

随着统筹层次的提升，蓄水池范围的不断扩大，显然能够在更大范围内实现基金的调剂功能。对于中国养老保险制度而言，全国统筹是养老保险统筹层次的最高层次，其收入再分配功能的实现也是在最高的层次上实现代内收入再分配功能。因此，分析全国统筹的收入再分配，必然要分析在全国的范围内，高低收入者在基础养老金发放上的收入再分配，体现了现收现付基础养老金的同代劳动者再分配功能。相对于省级统筹来说，全国统筹带来的新的配置势必会改变基础养老金的分配情况，使收入再分配系数发生变化。如果 w_0 取值为省级统筹水平，w_1 取值为全国统筹水平，那么全国统筹收入再分配系数可以简单地体现出全国统筹前后的福利分配差异，分析出全国统筹条件下福利流入流出与贡献获得的改变，也可以分析出全国统筹在何种程度上缩小了初次分配差距。显然，不同的全国统筹模式对应着不同的收入再分配系数，体现着不同程度的收入再分配效果以及对生存公平和劳动公平的不同侧重。

四、养老保险全国统筹收入再分配系数测算

为结合实际数据，假设实现全国统筹的条件进行收入再分配系数测算。现提出以下假设：

（1）由于无法确切得到个体工资水平，因此 w_0 取值以其所在地社会平均工资代替。如分析 31 个省份全国统筹的收入再分配系数时，w_0 取值为 31 个省份社会平均工资，w_1 取值为全国统筹模式计发工资基数。

（2）统筹层次提升对于新增退休人员来说意味着计发办法、计发基数以及调整办法的改变；而对于已经退休人员来说意味着调整办法的改变。由于目前无法从离退休人员中分离出新增退休人员和已退休人员，且统筹层次提升主要影响的是新增退休人员，因此，在计算中用离退休人数代替新增人数进行测算。

（3）2010 年，中国基本养老保险初步实现省级统筹，可以将 2010 年看作省级统筹的时间点。而全国统筹尚未有这一确切的时间点，在进行测算时，以假设在某一年实现全国统筹为时间点，如测算 2010 年全国统筹收入再分配系数时，即假设 2010 年实现了全国统筹条件下的收入再分配系数。

（一）全国统筹各方案收入再分配系数

若 31 个省份 *SR* 值表现为 *SR*＝0 的一条直线，无收入再分配效应。可以将 *SR* 线作为参照值，其他方案下，高于 *SR*＝0 地区为收入再分配贡献地区；低于 *SR*＝0 地区为收入再分配获得地区。很明显，与 *SR*＝0 相比较，31 个省份收入再分配各方案均存在着上下波动，*SR*1 的波动幅度最大，其收入再分配效果最明显，见表 6—4。

表 6—4　　31 个省份在全国统筹各方案下 *SR* 值（2011 年）

省份	*SR*1	*SR*2	*SR*3	*SR*4	*SR*5
北京市	0.43	0.24	0.17	0.22	0.14
天津市	0.30	0.19	0.15	0.15	0.10
河北省	−0.15	−0.06	−0.03	−0.07	−0.05
山西省	−0.11	−0.01	0.02	−0.05	−0.04
内蒙古	−0.05	0.05	0.08	−0.02	−0.02
辽宁省	−0.06	−0.02	−0.01	−0.03	−0.02
吉林省	−0.26	−0.15	−0.11	−0.13	−0.09
黑龙江	−0.25	−0.13	−0.08	−0.13	−0.08
上海市	0.48	0.26	0.19	0.24	0.16
江苏省	0.08	0.04	0.02	0.04	0.03
浙江省	0.10	−0.03	−0.07	0.05	0.03
安徽省	−0.08	0.01	0.04	−0.04	−0.03
福建省	−0.14	−0.15	−0.15	−0.07	−0.05
江西省	−0.28	−0.12	−0.07	−0.14	−0.09
山东省	−0.10	−0.06	−0.04	−0.05	−0.03
河南省	−0.23	−0.10	−0.05	−0.11	−0.08
湖北省	−0.14	−0.04	0.00	−0.07	−0.05
湖南省	−0.22	−0.14	−0.11	−0.11	−0.07
广东省	0.08	−0.10	−0.15	0.04	0.03
广西	−0.17	−0.09	−0.07	−0.08	−0.06
海南省	−0.20	−0.10	−0.06	−0.10	−0.07
重庆市	−0.05	0.01	0.03	−0.03	−0.02
四川省	−0.12	−0.05	−0.03	−0.06	−0.04
贵州省	−0.18	−0.07	−0.04	−0.09	−0.06
云南省	−0.23	−0.20	−0.19	−0.12	−0.08
西藏	0.32	0.11	0.04	0.16	0.11
陕西省	−0.08	0.00	0.03	−0.04	−0.03
甘肃省	−0.26	−0.20	−0.18	−0.13	−0.09
青海省	0.00	−0.04	−0.05	0.00	0.00
宁夏	0.05	0.07	0.08	0.03	0.02
新疆	−0.15	−0.10	−0.09	−0.07	−0.05

注：计算公式 6—18。

根据图 6—3，整理出养老金全国统筹收入再分配各方案下，高于 $SR=0$ 地区为收入再分配贡献地区（见表 6—5）。方案 1、方案 4 和方案 5 下收入再分配贡献地区为该地区社会平均工资水平高于全国平均水平；而方案 2 和方案 3 下收入再分配就进一步考虑了工资增长率，内蒙古、重庆、陕西等省并非在高工资收入省市也成为收入再分配贡献地区。这是由于内蒙古、重庆、陕西等省市平均工资相对增长率高于全国平均工资相对增长率的原因引起。

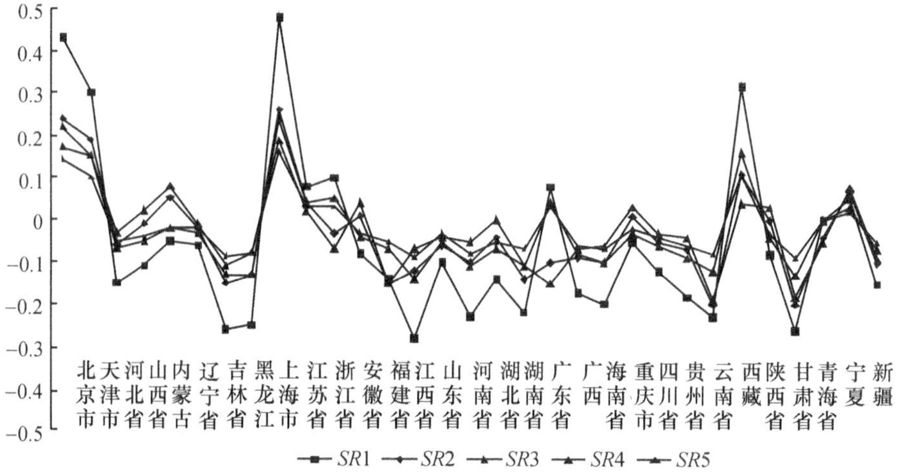

图 6—3　31 个省份在全国统筹各方案下 SR 值（2011 年）

资料来源：中国统计年鉴（2012）. 北京：中国统计出版社；中国人力资源与社会保障统计年鉴（2012）. 北京：中国劳动与社会保障出版社。

表 6—5　养老金全国统筹各方案下收入再分配贡献地区（2011 年）

全国统筹收入再分配贡献地区					初次分配工资大于全国平均水平地区
方案 1	方案 2	方案 3	方案 4	方案 5	
北京市	北京市	北京市	北京市	北京市	北京市＋
天津市	天津市	天津市	天津市	天津市	天津市＋
上海市	内蒙古	山西省	上海市	上海市	上海市＋
江苏省	上海市	内蒙古	江苏省	江苏省	江苏省＋
浙江省	江苏省	上海市	浙江省	浙江省	浙江省＋

续表

全国统筹收入再分配贡献地区					初次分配工资大于全国平均水平地区
方案 1	方案 2	方案 3	方案 4	方案 5	
广东省	安徽省	江苏省	广东省	广东省	广东省＋
西藏	重庆市	安徽省	西藏	西藏	西藏自治区＋
青海省	西藏	重庆市	青海省	青海省	青海省＋
宁夏	陕西省	西藏	宁夏	宁夏	宁夏回族自治区＋
	宁夏	陕西省			
		宁夏			

资料数据来源：表 6—4 和图 6—3 数据。

由此，整理出养老金全国统筹收入再分配各方案下，低于 $SR=0$ 地区为收入再分配获得地区（见表 6—6）。在养老金全国统筹收入再分配各方案下，收入再分配获得地区中有江西、海南、吉林等低平均工资省市，也有广东、浙江等高社会平均工资省市。同样这是由于广东、浙江等省市平均工资相对增长率低于全国平均工资相对增长率的原因引起。

表 6—6　养老金全国统筹各方案下收入再分配获得地区（2011 年）

全国统筹收入再分配贡献地区					初次分配工资小于全国平均水平地区
方案 1	方案 2	方案 3	方案 4	方案 5	
河北省	河北省	河北省	河北省	河北省	河北省－
山西省	山西省	辽宁省	山西省	山西省	山西省－
内蒙古	辽宁省	吉林省	内蒙古	内蒙古	内蒙古－
辽宁省	吉林省	黑龙江	辽宁省	辽宁省	辽宁省－
吉林省	黑龙江	浙江省	吉林省	吉林省	吉林省－
黑龙江	浙江省	福建省	黑龙江	黑龙江	黑龙江省－
安徽省	福建省	江西省	安徽省	安徽省	安徽省－
福建省	江西省	山东省	福建省	福建省	福建省－
江西省	山东省	河南省	江西省	江西省	江西省－
山东省	河南省	湖北省	山东省	山东省	山东省－
河南省	湖北省	湖南省	河南省	河南省	河南省－
湖北省	湖南省	广东省	湖北省	湖北省	湖北省－
湖南省	广东省	广西	湖南省	湖南省	湖南省－

续表

全国统筹收入再分配贡献地区					初次分配工资小于全国平均水平地区
方案 1	方案 2	方案 3	方案 4	方案 5	
广西	广西	海南省	广西	广西	广西一
海南省	海南省	四川省	海南省	海南省	海南省一
重庆市	四川省	贵州省	重庆市	重庆市	重庆市一
四川省	贵州省	云南省	四川省	四川省	四川省一
贵州省	云南省	甘肃省	贵州省	贵州省	贵州省一
云南省	甘肃省	青海省	云南省	云南省	云南省一
陕西省	青海省	新疆	陕西省	陕西省	陕西省一
甘肃省	新疆		甘肃省	甘肃省	甘肃省一
新疆			新疆	新疆	新疆一

资料来源：表 6—4 和图 6—3 数据。

统筹范围在岗职工上年社会平均工资与工资相对增速都影响着养老金收入再分配的效果。简而言之，高工资收入地区流向低工资收入地区，高速发展地区流向低速发展地区，二者共同作用影响了全国统筹后的收入再分配效果。这就可以解释为何内蒙古等低社会平均工资省份在全国统筹下成为收入再分配贡献地区以及浙江、广东等高社会平均工资省份在全国统筹成为收入再分配获得地区。养老保险全国统筹既平衡了省际间工资差异，也缩减了初次分配增速差异影响。

从图 6—4 来看，全国统筹前后不同地区基础养老金待遇存在着贡献与获得关系。统筹层次提升带来的基础养老金待遇变动是由于新老统筹范围社会平均工资及增长率的差异造成的。而方案 1、方案 4 和方案 5 的设定并未加入增长率差异的影响，故全国统筹前后养老金待遇的变动仅受初次分配社会平均工资的影响。北京、天津和河南等高于社会平均工资，因此在方案 1、方案 4 和方案 5 下，这些地区就是收入再分配的贡献地区。

从图 6—5 来看，全国统筹前后不同地区基础养老金待遇存在着贡献与获得关系。统筹层次提升带来的基础养老金待遇变动是由于新老统筹范围社会平均工资及增长率的差异造成的。方案 2 的设定对新老统筹范围工资差异及工资增长率差异的设定系数分别为 1/2，两个影响参数的共同作用，影响

图 6—4　全国统筹方案 1、方案 4 和方案 5 养老金收入再分配贡献与获得地区分布

资料来源：表 6—5、表 6—6。

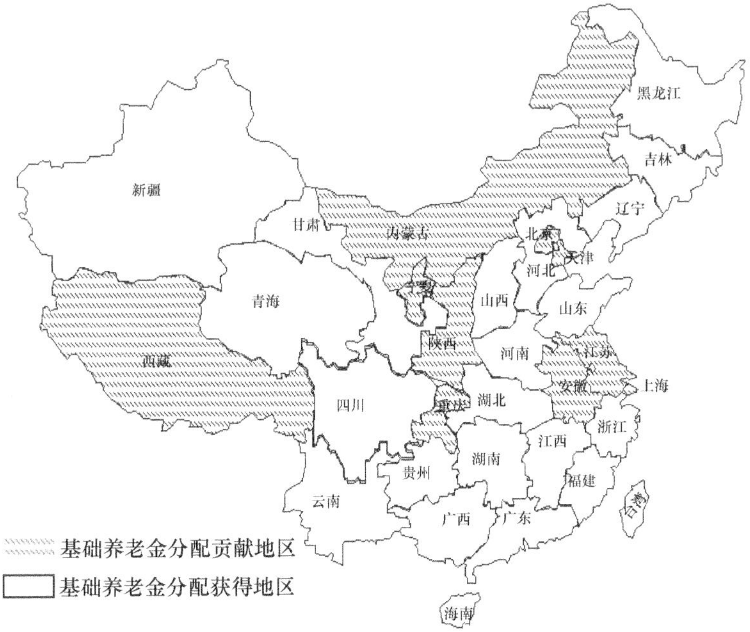

图 6—5　全国统筹方案 2 养老金收入再分配贡献与获得地区分布

资料来源：表 6—5、表 6—6。

了养老金数额的最终值。这可以解释内蒙古、宁夏和陕西等的社会平均工资低于全国社会平均工资，但其省社会平均工资的相对增速快于全国平均工资相对增速，且影响程度高于前者的影响，因而全国统筹方案 2 反而带来这些地区养老金数额的下降。

从图 6—6 来看，全国统筹前后不同地区基础养老金待遇存在着贡献与获得关系。由于统筹层次提升带来的基础养老金待遇变动是由于新老统筹范围社会平均工资及增长率的差异造成的。方案 3 的设定对新老统筹范围工资差异及工资增长率差异的设定系数分别为 1/3 和 2/3，两个影响参数的共同作用，影响了养老金数额的最终值。这可以解释内蒙古、宁夏和陕西等的社会平均工资低于全国社会平均工资，但其省社会平均工资的相对增速快于全国平均工资相对增速，且影响程度高于前者的影响，因而全国统筹方案 3 反而使这些地区养老金数额下降。

图 6—6　全国统筹方案 3 养老金收入再分配贡献与获得地区分布

资料来源：表 6—5、表 6—6。

（二）全国统筹收入再分配平均离差系数

对于个体而言，SR 数值的正负，反映着福利的流出和流入、贡献与获得；SR 数值的绝对值体现着基础养老金对缩小收入差距所起的作用。为了更清楚地表现出福利流入和流出的情况，依据 $SR=0$ 作为中心，个体的收入再分配系数到中心的距离来判断收入再分配的实现程度，并可以根据收入再分配系数平均离差系数来反映个体间收入再分配的平均实现程度（公式6—19）。

$$|\overline{SR}|=average\left|1-\frac{W_{e-1}}{w_{e-1\ n}}\right|,\ e-x\geqslant 15 \qquad (6—19)$$

可见，若 $|\overline{SR}|$ 值越大，说明收入再分配效果越强，若 $|\overline{SR}|=0$ 时，是没有收入再分配的状态，地区或个体间不存在收入再分配，统筹工资基数均是个体缴费工资，因而收入再分配系数绝对值的平均数为 0。

根据公式 6—19 可以计算出 2006－2011 年全国统筹各方案下收入再分配平均离差系数。在 5 种方案下，$|\overline{SR1''}|>|\overline{SR2''}|>|\overline{SR4''}|>|\overline{SR3''}|>|\overline{SR5''}|$，对应的收入再分配程度也依次降低。

从表 6—7 可知，各方案均不同程度的实现正向的收入再分配功能，体现出不同地区贡献与获得之间的关系，是地区间初次收入分配的矫正，不同程度地实现了更公平的分配。2006－2011 年初次分配工资平均离差系数在

表 6—7　全国统筹各方案收入再分配平均离差系数（2006—2011）

序号	2011	2010	2009	2008	2007	2006
工资分配差距	0.1726	0.1804	0.1977	0.2027	0.2114	0.2174
方案 1	0.1726	0.1804	0.1977	0.2027	0.2114	0.2174
方案 2	0.0946	0.0959	0.1082	0.1123	0.1180	0.1231
方案 3	0.0794	0.0794	0.0868	0.0882	0.0905	0.0932
方案 4	0.0863	0.0902	0.0989	0.1013	0.1057	0.1087
方案 5	0.0575	0.0601	0.0659	0.0676	0.0705	0.0725

资料来源：中国统计年鉴（2012）．北京：中国统计出版社；中国人力资源与社会保障统计年鉴（2012）．北京：中国劳动与社会保障出版社。

0.1726—0.2174之间，且呈现逐渐缩小的趋势，这也是该初次分配差距下的最大程度的收入再分配。从2006到2011年间，各地区工资分配差距逐渐缩小，对应着全国统筹方案1、方案2、方案3、方案4和方案5的平均离差系数也随之缩小。可见，随着省际工资分配差距的缩小，养老金全国统筹给付差异将逐渐收敛；省际工资分配差距扩大，养老金全国统筹给付平均离差系数也会相应提高。

（三）全国统筹收入再分配加权系数

通过分析 SR 值以及 SR 平均离差系数，以每个个体的 SR 值的正负表现及平均离差系数大小表现出全国统筹各方案下基础养老金分配的贡献与获得。为了从总体上全面把握全国统筹条件下收入再分配情况，这需要引入全国统筹收入再分配加权系数（FSR），对全国统筹方案对福利流入流出、贡献获得的影响。

为了说明总体福利的变动情况，可以将个体福利变动加入各地区人口权数计算全国统筹收入再分配加权系数。测算方法沿用公式6—20，ω_0 取值为各省计发工资加权平均值；ω_1 取值全国统筹计发工资基数的加权平均值。

$$FSR=\frac{w_0-w_1}{w_0}=1-\frac{w_1}{w_0},\quad -1<FSR<1 \qquad (6—20)$$

其中，

$$w_0=\sum W_n^{省}f/\sum f,\ w_1=\sum W_n^{全国}f/\sum f,\ e-x\geqslant 15 \quad (6—21)$$

其中，FSR 为基础养老金收入再分配加权系数；w_0 表示省计发工资的加权平均值；w_1 表示全国计发工资的加权平均值；f 为各省份的离退休人数。

根据前文设定的全国统筹方案，结合公式6—20分别测算出2006—2011年全国统筹各方案的收入再分配加权系数。

由表6—8可得，方案1、方案2、方案3、方案4和方案5计算出的全国统筹收入再分配总体系数值均为正数，可见以五种方案测算出的全国统筹养老金给给付为贡献系数，即总体给付水平要低于各省省平均统筹下的给付水平。依据这几种全国统筹方案模拟出的养老金给付在实现了更高水平的收入再分配的情况下，基金支出要低于省平均统筹方案。

表 6—8　　　全国统筹收入再分配加权系数（2006－2011）

序号	2011	2010	2009	2008	2007	2006
方案 1	0.0119	0.0147	0.0181	0.0276	0.0314	0.0290
方案 2	0.0036	0.0043	0.0063	0.0130	0.0158	0.0135
方案 3	0.0008	0.0009	0.0023	0.0081	0.0105	0.0083
方案 4	0.0060	0.0073	0.0091	0.0138	0.0157	0.0145
方案 5	0.0040	0.0049	0.0060	0.0092	0.0105	0.0097

2006—2011 年方案 1 条件下的 $FSR1$ 值为总体收入再分配极大值为 0.0147—0.0314 之间。由于 $FSR1$ 值的测算为全国与省的社会平均工资加权平均值，也可以看作各省统一按照全国平均工资水平进行初次分配与原初次分配的收入再分配系数，反映了人口加权条件下工资分配的差距，是最大程度上的收入再分配。从 2006 到 2011 年间，各地区工资分配差距逐渐缩小，$FSR1$ 系数不断降低，相对应着方案 2、3、4、5 的 FSR 也随 $FSR1$ 而缩小。即：随着地区间初次分配差距的缩小，不同分配方案下的收入再分配加权系数也会逐渐降低，养老金给付差异将逐渐收敛；地区间收入差距扩大，养老金收入再分配加权系数也会相应提高。

设 FSR_0 等于 0，w_0 和 w_1 均选用省计发工资的加权平均值；这时对于各省而言，不存在着收入再分配。因此，可以将 FSR_0 看作是省级统筹的基准值，其他全国统筹方案收入再分配系数波动均值与 FSR_0 的差异，就反映了统筹层次由省级统筹提升到全国统筹带来的变动。由表 6—8 可知，其他三方案的收入再分配效果均高于假设值。换而言之，全国统筹确实比省级统筹更进一步缩小了收入差距，更大程度上确保了生存公平，协调了地区之间的利益关系。

从 2006—2011 年全国统筹收入再分配系数测算结果来看，2007 年省际工资分配差距最大，$SR1$、$SR2$、$SR3$、$SR4$ 和 $SR5$ 值均高于其他年份，全国统筹收入再分配力度最强；2011 年省际工资分配差异最小，$SR1$、$SR2$、$SR3$、$SR4$、$SR5$ 值均低于其他年份，全国统筹收入再分配力度最小。可见，从数据结果来看，省际工资分配差距越大，全国统筹收入再分配力度越强，*SR* 值越高；省际工资分配差异越小，全国统筹收入再分配力度越弱，*SR* 值越小。

五、养老保险全国统筹收入再分配系数预测

全国统筹收入再分配系数预测是在结合全国统筹收入再分配系数机理研究、2012—2050 年在岗职工工资水平、省际工资增速差异、收入差距等参数设定基础上，合理确定指标参数的基础上建立的全国统筹收入再分配系数预测的数理分析工具。

（一）基本假设

根据全国统筹收入再分配系数机理的分析思路，在建立效应测算模型前需要进行以下条件假设：（1）2012—2050 年 31 个省份工资水平；（2）2012—2050 年 31 个省份省际工资增速差异；（3）2012—2050 年 31 个省份省际工资分配差距。

“十八大”报告提出，到 2020 年“城乡居民人均收入比 2010 年翻一番”。这是中共首次明确提出居民收入倍增的目标。“要千方百计增加居民收入。实现发展成果由人民共享，必须深化收入分配制度改革，努力实现居民收入增长和经济发展同步、劳动报酬增长和劳动生产率提高同步，提高居民收入在国民收入分配中的比重，提高劳动报酬在初次分配中的比重。初次分配和再分配都要兼顾效率和公平，再分配更加注重公平。多渠道增加居民财产性收入。规范收入分配秩序，保护合法收入，增加低收入者收入，调节过高收入，取缔非法收入。”“十八大”报告对于社会保障体系的要求体现在“以权利公平、机会公平、规则公平为主要内容的社会公平保障体系”，反映出我国正在努力通过顶层设计来建立制度，努力寻求兼顾各方利益的平衡点，缩小地区间企业退休职工养老金差距也是对这一精神的契合。同时，《国家基本公共服务体系“十二五”规划》明确了我国社会保险、社会服务、

医疗卫生、住房保障等八个领域实现基本公共服务均等化的时间表，即在2011年至2015年，覆盖城乡居民的基本公共服务体系逐步完善，基本公共服务均等化取得明显进展；到2020年，城乡区域间基本公共服务差距明显缩小，使地区间、城乡之间、不同群体之间在基础教育、公共医疗、社会保障等基本公共服务方面的差距逐步缩小。鉴于"十八大"指导思想和"十二五"规划的具体内容，对31个省份2012—2050年工资水平及工资增长率做出预测（见表6—9），作为全国统筹收入再分配预测的主要参数依据。其他参数假设同全国统筹各方案收入再分配系数假设。

表6—9　　中国省际在岗职工工资水平预测（2012—2050）　　单位：万元

地区名	全国	北京市	天津市	河北省	山西省	内蒙古	辽宁省	吉林省
2012	42891	75339	60849	37639	39198	41360	40715	34547
2015	52691	91693	74228	46829	48973	51444	50429	43502
2020	72302	124088	100798	65484	68911	71908	70050	61933
2025	95959	162760	132597	88315	93432	96946	93941	84811
2030	123151	206871	168937	114843	122028	126030	121592	111676
2035	152794	254745	208419	143954	153480	157942	151864	141356
2040	183230	303860	248931	173890	185845	190757	182974	171940
2045	212325	351008	287779	202366	216585	221974	212616	200915
2050	237696	392596	321947	226826	242862	248797	238211	225463
地区名	黑龙江省	上海市	江苏省	浙江省	安徽省	福建省	江西省	山东省
2012	34817	81067	46757	48033	39845	37988	34004	39281
2015	43897	96361	57421	59198	49286	47178	42498	48843
2020	62611	125898	78753	81623	68325	65796	59832	68241
2025	85874	160279	104476	108772	91471	88536	81157	91966
2030	113223	198797	134035	140063	118230	114916	106034	119519
2035	143458	240194	166253	174231	147504	143836	133401	149745
2040	174623	282664	199330	209323	177584	173569	161564	180824
2045	204135	323949	230956	242826	206260	201870	188311	210395
2050	229104	361508	258544	271926	231059	226230	211165	235811
地区名	河南省	湖北省	湖南省	广东省	广西	海南省	重庆市	四川省
2012	35390	38102	35814	46943	36989	36132	41536	38752

续表

地区名	河南省	湖北省	湖南省	广东省	广西	海南省	重庆市	四川省
2015	44179	47640	45085	58268	45829	44929	52347	48519
2020	62090	67114	64162	81199	63689	62775	74620	68489
2025	84096	91085	87834	109187	85444	84602	102294	93111
2030	109740	119058	115625	141642	110630	109951	134815	121878
2035	137933	149838	146324	177213	138207	137760	170761	153556
2040	166941	181516	177956	213779	166548	166354	207809	186165
2045	194500	211596	207926	248593	193550	193560	242897	217115
2050	218081	237286	233324	278576	216856	216943	272597	243506
地区名	贵州省	云南省	西藏	陕西省	甘肃省	青海省	宁夏	新疆
2012	36726	35356	62576	40155	34602	43194	45203	37659
2015	45823	44337	76473	50299	43279	53519	55541	46776
2020	64350	62732	104125	71052	61000	74382	76234	65248
2025	87101	85454	137285	96653	82822	99796	101201	87813
2030	113601	112038	175237	126577	108294	129219	129903	113994
2035	142727	141338	216505	159537	136328	161436	161196	142698
2040	172691	171508	258855	193469	165181	194548	193325	172209
2045	201166	200127	299433	225670	192576	226093	224037	200298
2050	225542	224488	335043	253113	215963	253319	250812	224471

（二）全国统筹收入再分配系数预测

根据前文研究结论，统筹层次提升带来社会平均工资取值以及个人指数化缴费工资中社会平均工资取值发生了变化；基础养老金收入再分配系数的变化受到新老统筹范围计发办法、工资分配差异、工资增长率差异的影响。全国统筹收入再分配系数的变化即为全国统筹收入再分配系数与省级统筹收入再分配系数差额。全国统筹社会平均工资与省级统筹的社会平均工资差距越大，则全国统筹所带来的收入再分配系数变动越大；新老统筹层次社会平均工资的相对增速差距越大，则全国统筹所带来的收入再分配系数变动越大。当然，如果地区间不存在初次分配差距，那么全国统筹带来收入再分配系数变化就不存在；地区间初次分配差距越小统筹层次提升带来的收入再分配系数变化也会越小。在地区间、群体间、个体间初次分配存在差异的情况下，统筹层次提升可以带来新的对于地区间初次分配差异的调整，那么由于统筹层次提升带来的地区间初次分配差异调整如果是正向的，则会带来更大程度更大范围的生存公平。下面依据2012—2050年省际工资预测数据测算2012—2050年全国统筹各方案收入再分配系数预测值，并分析收入再分配系数变化机理及趋势。

如果将全国统筹各方案计发办法分解来看，方案1表现为100%的绝对均等；方案2表现为1/2的绝对均等和1/2的个人相对于全国平均贡献指数；方案3表现为1/3的绝对均等和2/3的个人相对于全国平均贡献指数；方案4表现为1/2的绝对均等和1/2的个人相对于所在省平均贡献指数；方案5表现为1/3的绝对均等和2/3的个人相对于所在省平均贡献指数。可以看出，方案1、方案4、方案5仅受省际工资水平差异的影响，只是影响系数分别为1、1/2、1/3；方案2、方案3受省际工资水平差异和工资相对增速差异的影响，影响系数表现存在差异。很明显，收入再分配系数正负向变动呈现出三大类情况：

1. 全国统筹方案1、方案4、方案5养老金收入再分配贡献与获得地区分布

从图6—7来看，从2010年到2050年全国统筹方案1、方案4、方案5不同地区基础养老金待遇存在着贡献与获得关系。由于方案1、方案4、方案5收入再分配系数变动仅受省际工资水平差异的影响，故收入再分配系数变动表现为省份与全国平均水平的差异值。从2012年到2050年北京、天津和上海等高于全国平均水平省市在全国统筹方案1、方案4和方案5中始终是贡献地区。河北、吉林和黑龙江等低于全国平均水平省市在全国统筹方案1、方案4和方案5始终是获得地区。山西、内蒙古和辽宁等省市有的年份高于全国社会平均工资，有的年份低于全国社会平均工资，因此其收入再分配系数的预测变动值在不同年份存在着贡献与获得的情况。这三种全国统筹方案考虑了等额养老金给付（侧重公平），又在系数上选取1、1/2、1/3来强调生存公平权利给予的大小。方案1表现为仅考虑社会公平的等额养老金

给付，这时充分体现了人的存在权利，人作为社会存在应该公平的享受基本生存条件，即“生存公平最大化”；方案4强调了系数1/2的等额养老金给付，即为“生存公平兼顾劳动公平”；方案5是仅强调了系数1/3的等额养老金给付，即为“劳动公平兼顾生存公平”。

图6—7　全国统筹方案1、方案4和方案5养老金收入再分配贡献与获得地区分布预测

2. 全国统筹方案2养老金收入再分配贡献与获得地区分布

从图6—8来看，从2010年到2050年全国统筹方案2下不同地区基础养老金待遇存在着贡献与获得关系。由于方案2和方案3收入再分配系数变动不仅受省际工资水平差异的影响，还受到工资相对增速差异的影响，且影响系数表现存在差异，故收入再分配系数变动分开表述。从2012年到2050年北京、天津和上海等高于全国平均水平省市在全国统筹方案2中始终是贡献地区。河北、吉林和黑龙江等低于全国平均水平省市在全国统筹方案2中始终是获得地区。内蒙古、宁夏等工资低于全国平均水平省份也成为贡献地区，是由于其省社会平均工资的相对增速快于全国社会平均工资增速反而带

来使该省份成为贡献地区。全国统筹方案 2 考虑了系数为 1/2 的等额养老金给付（侧重公平），又考虑 1/2 的个人指数化平均缴费工资，强调了劳动与享受对等原则，按照缴费贡献获取养老金给付，两者给予同等系数，即为“兼顾生存公平和劳动公平”。

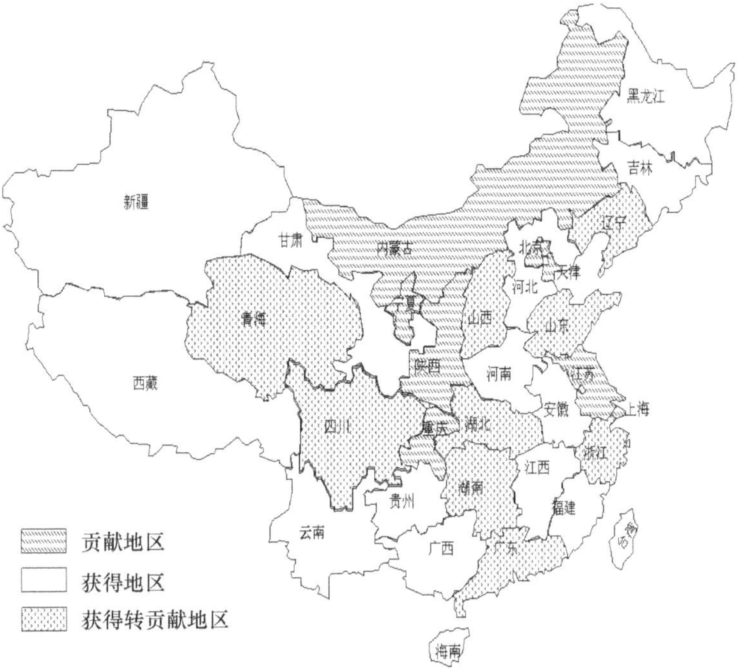

图 6—8　全国统筹方案 2 养老金收入再分配贡献与获得地区分布预测

3. 全国统筹方案 3 养老金收入再分配贡献与获得地区分布

从图 6—9 来看，从 2010 年到 2050 年全国统筹方案 3 下不同地区基础养老金待遇存在着贡献与获得关系。从 2012 年到 2050 年北京、天津和上海等高于全国平均水平省市在全国统筹方案 3 中始终是贡献地区。河北、江西和广西等低于全国平均水平省市在全国统筹方案 3 中始终是获得地区。内蒙古、宁夏等工资低于全国平均水平省份也成为贡献地区，是由于其省社会平均工资的相对增速快于全国社会平均工资增速反而带来使该省份成为贡献地区。全国统筹方案 3 考虑了系数为 1/3 的等额养老金给付（侧重公平），又考虑 2/3 的个人指数化平均缴费工资，强调了劳动与享受对等原则，按照缴费贡献获取养老金给付，更多的强调了个人贡献，即为“劳动公平兼顾生存公平”。

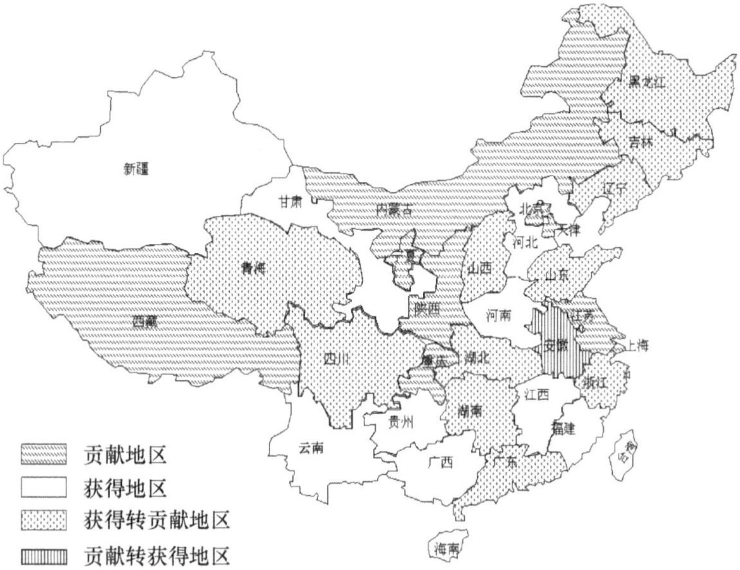

图 6—9　全国统筹方案 3 养老金收入再分配贡献与获得地区分布预测

（三）全国统筹收入再分配平均离差系数预测

从表 6—10 可知，各方案均不同程度的实现正向的收入再分配功能，体现出不同地区贡献与获得之间的关系，是地区间初次收入分配的矫正，不同程度地实现了更公平的分配。2010－2050 年初次分配工资替代率平均离差系数在 0.0956－0.1804 之间，且呈现逐渐缩小的趋势，这也是该初次分配差距下的最大程度的收入再分配。从 2010 到 2050 间，各地区工资分配差距逐渐缩小，对应着全国统筹各方案替代率的平均离差系数也随之缩小。可见，随着省际工资分配差距的缩小，养老金全国统筹给付差异将逐渐收敛；省际工资分配差距扩大，养老金全国统筹给付差异平均离差系数也会相应提高。从纵向来看，2010 年方案 1 的收入再分配平均离差系数为 0.1804，相对于其他五种方案为最大，说明他的收入再分配的功能最强，实现了最公平的分配。其次是方案 2，它的收入再分配平均离差系数是 0.0961，在一定程度上也矫正了初次收入分配的不公正，但它的收入再分配公平效果仅次于方案 1。方案 5 的收入再分配效果最弱，平均离差系数为 0.0601。

表 6—10　　全国统筹五种方案收入再分配平均离差系数比较（2010—2050）

序号	2010	2020	2030	2040	2050
工资分配差距	0.1804	0.1350	0.1107	0.0990	0.0956
方案 1	0.1804	0.1350	0.1107	0.0990	0.0956
方案 2	0.0961	0.0617	0.0445	0.0446	0.0451
方案 3	0.0797	0.0485	0.0317	0.0319	0.0299
方案 4	0.0902	0.0675	0.0553	0.0495	0.0478
方案 5	0.0601	0.0450	0.0369	0.0330	0.0319

由此，我们可以计算出全国统筹各方案的收入再分配程度，见表 6—11。

表 6—11　全国统筹五种方案收入再分配程度比较（2010—2050）　单位：%

序号	2010	2020	2030	2040	2050
方案 1	100.00	100.00	100.00	100.00	100.00
方案 2	53.27	45.70	40.20	45.05	47.18
方案 3	44.18	35.93	28.64	32.22	31.28
方案 4	50.00	50.00	49.95	50.00	50.00
方案 5	33.31	33.33	33.33	33.33	33.37

从表 6—11 以看出，全国统筹各方案实现了何种程度的收入再分配。2010—2050 年，方案 1 收入再分配程度达到 100%，即所有方案中的最大值；方案 2 在 40.20%～53.27%；方案 3 在 28.64%～44.18%；方案 4 在 49.95%～50%；方案 5 在 33.31%～33.37%。从全国统筹这五种方案收入再分配程度比较来看，方案 1 为一个极端值，即方案 1 实现 100%的收入再分配效果，方案 1 为体现了生存公平最大化。其他方案侧重于生存公平的比重各有不同，方案 2 大概在 46%左右，方案 3 大概在 34%左右，方案 4 大概在 50%左右，方案 5 大概在 33%左右。

六、养老保险统筹层次收入再分配系数与收入差距联动

养老保险统筹层次收入再分配系数是在特定统筹层次范围内养老金领取者之中高收入群体向低收入群体转移分配养老金的数额占本人收入的比重。养老保险统筹层次收入再分配以缩小收入差距为目标，判定收入差距大小与养老保险统筹层次收入再分配系数之间的关系就需要对收入差距大小与养老保险统筹层次收入再分配系数变动情况进行深入分析，发现统筹层次收入再分配系数与收入差距联动以及收入再分配系数自动收敛的基本逻辑关系。

（一）养老保险统筹层次收入再分配系数与收入差距的横向联动

养老保险全国统筹四序列模型具有不同的收入再分配功能及不同的收入再分配系数。全国平均工资模式，养老保险全国统筹收入再分配程度最大，其收入再分配系数最高；（全国平均工资＋个人指数化平均工资）/2 模式，养老保险全国统筹收入再分配程度次大，其收入再分配系数次高；（全国平均工资＋省平均工资＋个人指数化平均工资）/3 模式，养老保险全国统筹收入再分配程度适中，其收入再分配系数适中。我们从全国统筹收入再分配平均离差系数预测数据来分析判断中国养老保险全国统筹各方案收入再分配系数的总体变化趋势，研究养老保险统筹收入再分配系数与收入差距的横向联动。

1. 分层平均统筹类型

根据公式 6—19 可以计算出 2010－2050 年全国统筹分层平均统筹类型下收入再分配平均离差系数。在四种方案下，$|\overline{SR1''}|>|\overline{SR2''}|>|\overline{SR3''}|>|\overline{SR6''}|$，对应的收入再分配程度也依次降低。方案 1、方案 2、方案 3 和 6 在未来 40 年中平均离差系数成逐年缩小的趋势，方案 1 在 2010 年的收入再分配平均离差系数为 0.18，在 2050 年为 0.10，缩小了 0.08，

方案 2 在 2010 年的收入再分配平均离差系数为 0.10，在 2050 年为 0.05，缩小了 0.05，方案 3 在 2010 年的收入再分配平均离差系数为 0.08，在 2050 年为 0.03，缩小了 0.05，由于方案 1 表现为 100％的绝对均等；方案 2 表现为 1/2 的绝对均等和 1/2 的个人相对于全国平均贡献指数；方案 3 表现为 1/3 的绝对均等和 2/3 的个人相对于全国平均贡献指数；方案 1、方案 2、方案 3 的绝对均等部分的收入再分配系数呈现出明显的倍数关系：1、1/2、1/3；其个人相对于全国平均贡献指数也呈现出明显的倍数关系：0、1、1/2、2/3。

方案 1 ⟶ 方案 2 ⟶ 方案 3 ⟶ 方案 6 收入再分配系数逐渐收敛（见表 6—12）。从 2010—2050 年省际工资分配差距由 0.18 逐渐缩小到 0.10，全国统筹方案 2 收入再分配系数由 0.10 缩小到 0.05，全国统筹方案 3 收入再分配系数由 0.08 缩小到 0.03，全国统筹各方案基础养老金给付差异呈现出逐渐收敛的趋势。通过图 6—10 可以看出，全国统筹分层平均统筹类型收入再分配系数 *SR* 值逐渐递减，*SR* 系数呈现出明显的与收入差距相关近似的 1、1/2、1/3 系数关系。在地区间、群体间、个体间初次分配存在差异的

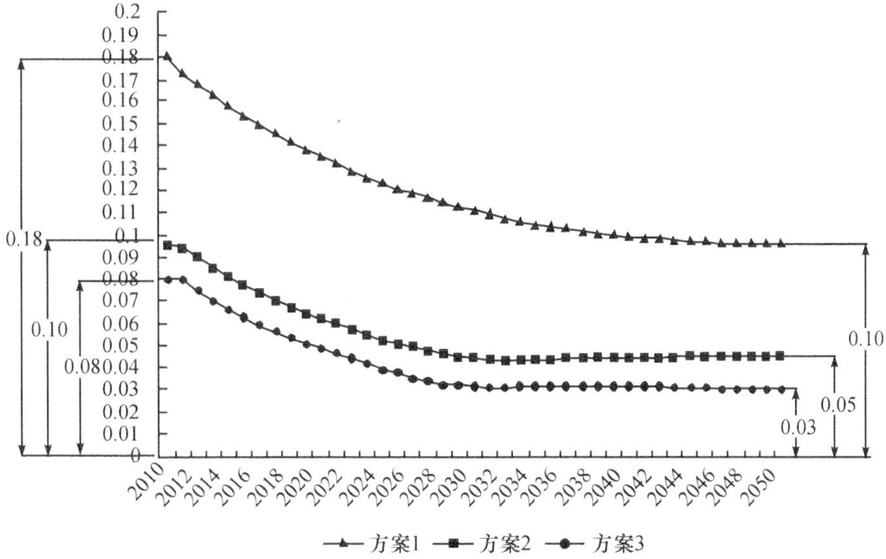

图 6—10　分层平均统筹类型收入再分配平均离差系数预测（2012—2050）

表 6—12　全国统筹分层平均统筹类型收入再分配系数与收入差距的联动关系

全国统筹方案	收入再分配系数模型	收入再分配系数	与收入差距关系	收入再分配原理
方案 1（收入差距）	$1-\dfrac{\frac{1}{2}W^{国}_{e-1}\left[1+\sum\limits_{n=x}^{e-1}\left(\dfrac{W^{国}_{n}}{W^{国}_{n}}\right)/(e-x)\right]}{w^{e-1}}$	↓	初次分配差距系数	生存公平最大化
方案 2	$1-\dfrac{\frac{1}{2}W^{国}_{e-1}\left[1+\sum\limits_{n=x}^{e-1}\left(\dfrac{w_{n}}{W^{国}_{n}}\right)/(e-x)\right]}{w^{e-1}}$		1/2 初次分配差距系数+1/2 个人缴费指数化差异系数	生存公平兼顾劳动公平
方案 3	$1-\dfrac{\frac{1}{3}W^{国}_{e-1}\left[1+\sum\limits_{n=x}^{e-1}\left(\dfrac{w_{n}}{W^{国}_{n}}\right)/(e-x)+\sum\limits_{n=x}^{e-1}\left(\dfrac{W^{省}_{n}}{W^{国}_{n}}\right)/(e-x)\right]}{w^{e-1}}$		1/3 初次分配差距系数+2/3 个人缴费指数化差异系数	劳动公平兼顾生存公平
方案 6	$1-\dfrac{w^{e-1}}{w^{e-1}}=0$		NA	劳动公平最大化

情况下，收入再分配系数也反映了劳动公平与生存公平的分配模式。方案 1 ⟶方案 2 ⟶方案 3 ⟶方案 6 逐渐增大了劳动贡献对养老金给付标准的影响，越来越侧重劳动公平，弱化生存公平。

2. 分比例统筹类型

根据公式 6—19 可以计算出 2010－2050 年全国统筹分比例统筹类型下收入再分配平均离差系数。$|\overline{SR1''}|>|\overline{SR4''}|>|\overline{SR5''}|>|\overline{SR6''}|$，对应的收入再分配程度也依次降低。根据图 6—11 可知，方案 1、方案 4、方案 5 和方案 6 在未来 40 年中平均离差系数成逐年缩小的趋势，方案 1 在 2010 年的收入再分配平均离差系数为 0.18，在 2050 年为 0.10，缩小了 0.08，方案 4 在 2010 年的收入再分配平均离差系数为 0.09，在 2050 年为 0.05，缩小了 0.04，方案 5 在 2010 年的收入再分配平均离差系数为 0.06，在 2050 年为 0.05，缩小了 0.01。由于方案 1 表现为 100%的绝对均等；方案 4 表现为 1/2 的绝对均等和 1/2 的个人相对于所在省平均贡献指数；方案 5 表现为

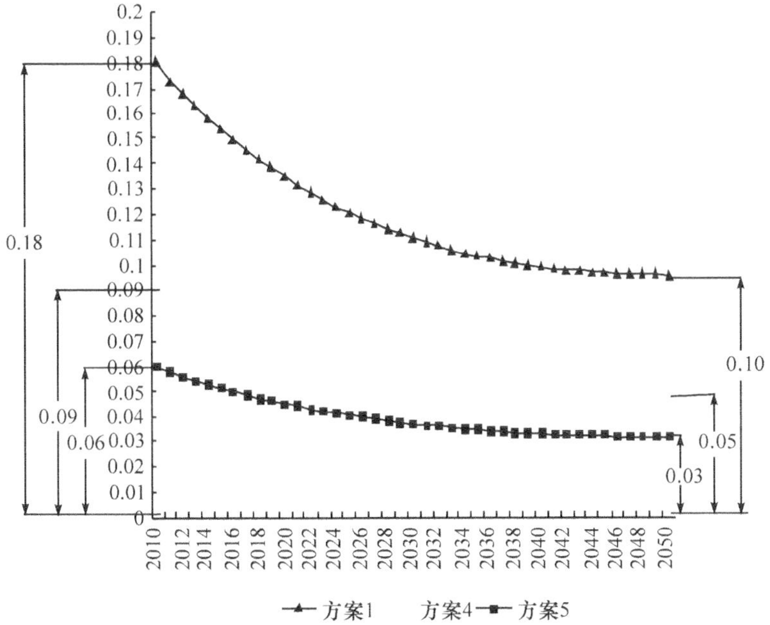

图 6—11　全国统筹方案 4、方案 5 收入再分配平均离差系数预测（2012—2050 年）

1/3 的绝对均等和 2/3 的个人相对于所在省平均贡献指数，方案 1、方案 4、方案 5 的收入再分配系数呈现出明显的倍数关系 1、1/2、1/3。由于方案 1 的收入再分配系数又可以看作收入差距系数，因此全国统筹方案 4 和方案 5 为这种联动是在同一时点上，既定收入差距条件下，不同统筹模式与其收入再分配系数的联动。

方案 1 ⟶ 方案 4 ⟶ 方案 5 ⟶ 方案 6 收入再分配系数从 1 到 1/2，再发展到 1/3 到 0 逐渐收敛，见表 6—13 可知，从 2010－2050 年省际工资分配差距由 0.18 逐渐缩小到 0.10，全国统筹方案 5 收入再分配系数由 0.06 缩小到 0.03，全国统筹方案 4 收入再分配系数由 0.09 缩小到 0.05，全国统筹各方案基础养老金给付差异呈现出逐渐收敛的趋势。通过表 6—14 可以看出，全国统筹分比例统筹类型收入再分配系数 *SR* 值逐渐递减，*SR* 系数呈现出明显的与收入差距相关的 1、1/2、1/3 系数关系。在地区间、群体间、个体间初次分配存在差异的情况下，收入再分配系数也反映了劳动公平与生存公平的分配模式。方案 1 ⟶ 方案 4 ⟶ 方案 5 ⟶ 方案 6 逐渐增大了劳动贡献对养老金给付标准的影响，越来越侧重劳动公平，弱化生存公平，收入再分配效果与生存公平程度呈同向变动趋势，而与劳动公平程度呈反向变动趋势。这一类型不同方案未在进一步考虑新老统筹范围工资增长率差异的影响，而是仅从工资分配差距的影响来逐级实现收入再分配系数变动的横向联动关系，避免一些工资水平基数低工资增速快的省份降低其福利水平。在初始期可以根据当前收入差距较大的时选择适中系数，与原有的退休制度养老金和现行省级统筹养老金发放水平相衔接，避免形成太大的待遇差距和制度衔接不当产生的社会矛盾和退休群体的不稳定。

可见，在既定的收入差距条件下，同一时点不同统筹模式与收入再分配系数之间表现为“横向联动”，即随着养老保险全国统筹模式分层平均要素和分比例平均要素的增加，养老保险全国统筹收入再分配的程度逐渐减弱，收入再分配系数逐渐减小。在现行收入差距较大条件下，各方案收入再分配系数与收入差距之间存在着不同系数的联动关系，收入差距越大收入再分配系数也随之增大。这种联动是在同一时点上，既定收入差距条件下，不同统筹模式与其收入再分配系数的联动，称之为“横向联动”。

表 6—13　**全国统筹分比例统筹类型收入再分配系数与收入差距的联动关系**

	收入再分配系数模型	收入再分配系数	与收入差距关系	收入再分配原理
方案 1	$1-\dfrac{\frac{1}{2}W_{e-1}^{\text{国}}\left[1+\sum\limits_{n=x}^{e-1}\left(\dfrac{W_n^{\text{国}}}{W_n^{\text{国}}}\right)/(e-x)\right]}{w^{e-1}}$	↓	初次分配差距系数	生存公平最大化
方案 4	$1-\dfrac{\frac{1}{2}W_{e-1}^{\text{国}}+\frac{1}{2}\times\frac{1}{2}W_{e-1}^{\text{省}}\left[1+\sum\limits_{n=x}^{e-1}\left(\dfrac{w_n}{W_n^{\text{省}}}\right)/(e-x)\right]}{w^{e-1}}$		1/2 初次分配差距系数	兼顾生存公平与劳动公平
方案 5	$1-\dfrac{\frac{1}{3}W_{e-1}^{\text{国}}+\frac{2}{3}\times\frac{1}{2}W_{e-1}^{\text{省}}\left[1+\sum\limits_{n=x}^{e-1}\left(\dfrac{w_n}{W_n^{\text{省}}}\right)/(e-x)\right]}{w^{e-1}}$		1/3 初次分配差距系数	劳动公平兼顾生存公平
方案 6	$1-\dfrac{w^{e-1}}{w^{e-1}}=0$		NA	劳动公平最大化

（二）养老保险统筹层次收入再分配系数与收入差距的纵向联动

养老保险全国统筹四序列模型具有不同的收入再分配功能及不同的收入再分配系数。（全国平均工资＋省平均工资＋个人指数化平均工资）/3 模式，在全国平均工资≠省平均工资≠个人指数化平均工资条件下，养老保险统筹模式收入再分配系数较高；在全国平均工资＝省平均工资≠个人指数化平均工资条件下，养老保险统筹模式收入再分配系数降低；养老保险统筹模式收入再分配系数较高；假设在全国平均工资＝省平均工资＝个人指数化平均工资条件下，养老保险统筹模式收入再分配系数降为零。因此，本章以全国统筹收入再分配平均离差系数预测数据来分析判断中国养老保险全国统筹各方案收入再分配系数在不同统筹范围收入差距条件下收入再分配系数的总体变化趋势，研究养老保险统筹收入再分配系数与收入差距的纵向联动。

2012 年到 2050 年初次分配工资差距系数逐渐缩小，从 2012 年的 0.167 下降到 2050 年的 0.0956。全国统筹两类型各方案均呈现出收入再分配平均离差系数缩小趋势，且到 2050 年全国统筹方案 2 与方案 4 十分接近，全国统筹方案 3 与方案 5 十分接近。随着地区间收入差距系数的逐年缩小，全国统筹各方案基础养老金给付差异呈现出明显的逐渐收敛的趋势。全国统筹分层平均统筹类型的方案 2 与分比例统筹类型的方案 4 的收入再分配系数呈现出与收入差距相关的 1/2 系数关系；全国统筹分层平均统筹类型的方案 3 与分比例统筹类型的方案 5 的收入再分配系数呈现出与收入差距相关的 1/3 系数关系。在地区间、群体间、个体间初次分配存在差异的情况下，收入再分配系数呈现出方案 1 方案 2 与方案 4 方案 3 与方案 5 方案 6 趋势。

随着 2012—2050 年地区间初次分配差距逐渐缩小，全国统筹各方案养老金给付差异将逐渐收敛，收入再分配系数逐渐减小。对于四序列分系数模型来说，（全国平均工资＋省平均工资＋个人指数化平均工资）/3 模式，在全国平均工资≠省平均工资≠个人指数化平均工资条件下，养老保险统筹模式收入再分配系数较高；在全国平均工资＝省平均工资≠个人指数化平均工

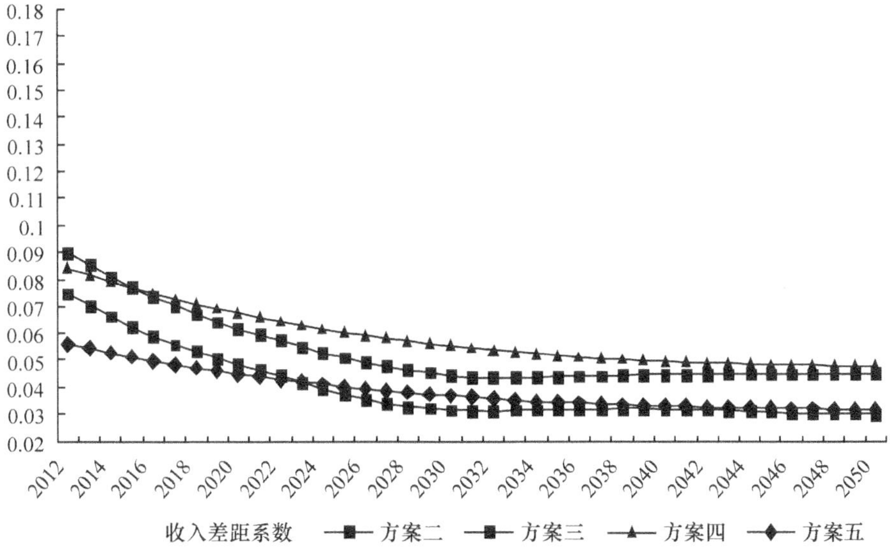

图 6—12　全国统筹收入再分配系数与收入差距的纵向联动（2012—2050）

资条件下，养老保险统筹模式收入再分配系数降低；养老保险统筹模式收入再分配系数较高；假设在全国平均工资＝省平均工资＝个人指数化平均工资条件下，养老保险统筹模式收入再分配系数降为零。即在全国平均工资≠省平均工资≠个人指数化平均工资、全国平均工资＝省平均工资≠个人指数化平均工资、全国平均工资＝省平均工资＝个人指数化平均工资三种收入差距条件下，假定全国平均工资水平与个人工资相差 $\Delta^1_{全国}$，$\Delta^2_{全国}$，$\Delta^3_{全国}$，省平均工资与个人工资相差 $\Delta^1_{省}$，$\Delta^2_{省}$，$\Delta^3_{省}$，有 $\Delta^1_{全国} > \Delta^2_{全国} > \Delta^3_{全国}$，$\Delta^1_{省} > \Delta^2_{省} > \Delta^3_{省}$，则不同统筹模式和收入差距条件的收入再分配系数如表 6—14。

同一种统筹模式下，收入再分配系数随着收入差距的缩小而逐渐减小，各模式在收入差距不断缩小（$\Delta^1_{全国} > \Delta^2_{全国} > \Delta^3_{全国}$）的情况下，收入再分配系数值也随之减小。① 同一种收入差距条件下，收入再分配系数随着分层要素的变动而逐渐减小，以高收入差距为例，从模式Ⅰ到模式Ⅳ，收入再分配系

① $\frac{\Delta^1_{全国}}{W_{个人}} > \frac{\Delta^2_{全国}}{W_{个人}} > \frac{\Delta^3_{全国}}{W_{个人}}$

表 6—14　　收入差距与统筹模式联动中的收入再分配系数收敛趋势

模式序号	统筹模式	高收入差距及收入再分配系数		中收入差距及收入再分配系数		低收入差距及收入再分配系数	
		收入差距	SR1	收入差距	SR2	收入差距	SR3
Ⅰ	$\overline{W_{全国}}$	$\overline{W_{全国}}\neq\overline{W_{省}}\neq W_{个人}$	$\frac{\Delta^1_{全国}}{W_{个人}}$	$\overline{W_{全国}}=\overline{W_{省}}\neq W_{个人}$	$\frac{\Delta^2_{全国}}{W_{个人}}$	$\overline{W_{全国}}=\overline{W_{省}}=W_{个人}$	0
Ⅱ	$\frac{\overline{W_{全国}}+W_{个人}}{2}$	$\overline{W_{全国}}\neq\overline{W_{省}}\neq W_{个人}$	$\frac{1}{2}\frac{\Delta^1_{全国}}{W_{个人}}$	$\overline{W_{全国}}=\overline{W_{省}}\neq W_{个人}$	$\frac{1}{2}\frac{\Delta^2_{全国}}{W_{个人}}$	$\overline{W_{全国}}=\overline{W_{省}}=W_{个人}$	0
Ⅲ	$\frac{\overline{W_{全国}}+\overline{W_{省}}+W_{个人}}{3}$	$\overline{W_{全国}}\neq\overline{W_{省}}\neq W_{个人}$	$\frac{1}{3}\frac{\Delta^1_{全国}+\Delta^1_{省}}{W_{个人}}$	$\overline{W_{全国}}=\overline{W_{省}}\neq W_{个人}$	$\frac{1}{3}\frac{2\Delta^2_{全国}}{W_{个人}}$	$\overline{W_{全国}}=\overline{W_{省}}=W_{个人}$	0
Ⅳ	$W_{个人}$	$\overline{W_{全国}}\neq\overline{W_{省}}\neq W_{个人}$	0	$\overline{W_{全国}}=\overline{W_{省}}\neq W_{个人}$	0	$\overline{W_{全国}}=\overline{W_{省}}=W_{个人}$	0

数逐渐收敛到0。[①] 当收入差距较大时模式Ⅰ（$\overline{W_{全国}} \neq \overline{W_{省}} \neq W_{个人}$）的收入再分配系数最大[②]，它会沿着模式Ⅰ至模式Ⅳ和高收入差距至低收入差距两条路径不断收敛到0。可见，随着收入差距的缩小，不同统筹模式呈现相近并趋同的收入再分配系数收敛趋势。从纵向上来看，随之经济的发展和收入差距的缩小，即使采取同一种养老保险全国统筹模式，其收入再分配系数也会随之收入差距的变动而变动；收入差距越小同一种养老保险全国统筹模式收入再分配系数也越小。所以养老保险全国统筹模式收入再分配系数与收入差距联动是在不同时点上，随着时间序列收入差距逐渐缩小，同一统筹模式与其收入再分配系数的联动，称之为“纵向联动”。

七、养老保险统筹层次收入再分配系数收敛

从前文研究可知，统筹层次从市级统筹提升到省级统筹，并即将实施全国统筹，基础养老金的收入再分配系数的变化必然受到个人、市际、省际初次分配差距、增速以及物价差异的影响。正是由于地区间初次分配差异、增速差异、地区间物价差异，统筹层次的提升才能实现基础养老金收入再分配的功能。随着统筹层次的提升，蓄水池的扩大，现收现付制下的养老保险制度能够在更大的范围内讲究公平、实现社会成员之间互助共济的代内收入再分配功能。可以说，省级统筹较县市级统筹加大了收入再分配力度；全国统筹较省级统筹加大了收入再分配力度。当地区间初次分配差异以及物价差异逐渐趋于0时，收入再分配系数也会逐渐收敛于0，收入再分配系数呈现出自动收敛的特征。统筹层次提升的收入再分配系数收敛的实现机理可以归纳为：

---

① 因为省级工资差距小于全国差距，即$\Delta^1_{全国} > \Delta^1_{省}$，因此$\frac{\Delta^1_{全国}}{W_{个人}} > \frac{1}{2}\frac{\Delta^1_{全国}}{W_{个人}} > \frac{1}{3}\frac{\Delta^1_{全国}+\Delta^1_{省}}{W_{个人}} > 0$

② 模式Ⅰ在高收入差距条件下的收入再分配系数为$\frac{\Delta^1_{全国}}{W_{个人}}$

1. 统筹层次提升的收入再分配测量依据为“等额养老金给付” 和 “个人贡献指数” 的变化情况

现收现付养老金计发办法既考虑了“等额养老金给付”部分，又考虑了“个人贡献指数”。基本养老保险统筹层次提升正是缩小了“等额养老金给付”和“个人贡献指数”的地区间差异。因此，统筹层次提升的收入再分配系数的变化可以利用等额养老金给付和个人贡献指数的变化值来进行测量。统筹层次提升使“绝对均等”部分发生改变，“个人贡献指数”也随之发生了变化。从“绝对均等”部分入手，全国统筹以全国社会平均工资为基数，保障了省际间的相对平均，比省级统筹具有更高的收入再分配效应；而从“个人贡献指数”变化入手，则表现为新老统筹范围相对工资增速的差异。具体来说，全国统筹相对于省级统筹的收入再分配力度变化取决于全国与省的社会平均工资差异以及相对工资增速。

很明显，“绝对均等”部分的给付反映着个体之间无差异的养老金给付；而指数化平均缴费工资与社会平均工资的差异反映着“个人贡献指数”，统筹层次提升的收入再分配取决于二者的正负向变动。新老统筹范围在“绝对均等”和“个人贡献指数”给付上的差异体现着统筹层次提升的收入再分配系数的变化，见表 6—15。

表 6—15　　基于不同收入再分配力度的计发办法

	绝对均等部分系数	个人贡献指数系数	收入再分配力度
Ⅰ	↑ 1	0	生存公平最大化
Ⅱ	1/2	1/2	兼顾生存、劳动公平
Ⅲ	1/3	↓ 2/3	劳动公平兼顾生存公平
Ⅳ	0	1	劳动公平最大化

注：绝对均等和个人贡献存在无数种组合，其限制条件为二者比例之和为 1，表中仅提供四序列分系数模型的四种组合形式。

2. 地区差异是实现统筹层次提升收入再分配的先决条件

统筹层次提升之后，基础养老金计发依据的不再是原统筹范围的社会平均工资，而是统筹层次提升带来社会平均工资取值以及个人指数化缴费工资中社会平均工资；统筹层次提升带来的收入再分配系数变化的实质是依据地区间初次分配差异。当然，如果地区间不存在初次分配差距，那么统筹层次提升带来收入再分配系数变化就不存在；地区间初次分配差距越小，统筹层次提升带来的收入再分配系数也会越小。统筹层次从市级统筹提升到省级统筹，乃至未来提升到全国统筹的过程中，基础养老金的收入再分配系数的变化必然受到个人、市际、省际初次分配差距、增速以及物价差异的影响。正是由于地区间初次分配差异、增速差异、地区间物价差异，统筹层次的提升才能实现基础养老金收入再分配的功能。

3. 统筹层次提升收入再分配系数存在自动收敛性

在地区间、群体间、个体间初次分配存在差异的情况下，统筹层次提升可以带来新的对于地区间初次分配差异的调整，那么由于统筹层次提升带来的地区间初次分配差异调整如果是正向的，则会带来更大程度更大范围的生存公平。从纵向上来看，随之经济的发展和收入差距的缩小，即使采取同一种养老保险全国统筹模式，其收入再分配系数也会随之收入差距的变动而变动。随着地区间初次分配差距的缩小，收入再分配系数逐渐收敛；地区间收入差距扩大，收入再分配系数也会增大。当地区间初次分配差异以及物价差异逐渐缩小甚至趋于0时，收入再分配力度也会逐渐缩小收敛于0，收入再分配系数体现出自动收敛的特征。这种自动收敛是在不同时点上，随着时间序列收入差距逐渐缩小，同一统筹模式与其收入再分配系数的联动。随着经济发展和收入差距缩小，不同的四序列分系数模式统筹类型都会逐渐沿着收入再分配系数缩小的趋势和路径向四序列分系数模式Ⅳ收敛，这是在更高收入层次上的回归。

第七章 养老保险全国统筹财政补贴水平

养老保险全国统筹的关键在于财政对社会统筹收支缺口及福利损失补贴的支持能力。财政的支持能力越强，养老保险全国统筹的实施就越具有可行性。受经济发展水平、财政支出结构、人口结构等因素制约，国家财政用于城镇养老保险支出是有量的限度的，即城镇养老保险财政支出相对于全国财政支出存在适度的水平系数。通过模拟分析养老保险全国统筹不同方案收支状况及福利损失补贴水平，并将其分别与城镇养老保险财政支出适度水平系数比较，结合劳动负担系数和财政补贴后的收入再分配系数，可以选择出适合我国国情、社会公众拥护、财政负担可行的养老保险全国统筹实施方案。

一、养老保险全国统筹财政补贴研究框架

根据前文的研究，我们提出了城镇职工基本养老保险全国统筹分层平均统筹和分比例统筹两大类型，以及分类型设计的全国统筹六种方案，这些养老保险全国统筹方案都具有社会统筹账户的合意属性，均能够产生收入再分配效果。但由于不同方案的社会统筹账户计发办法存在差异，全国统筹六种方案的收入再分配功能强度不同，养老金收支运行状况也不相同。在全国统筹六种方案的操作层面，涉及如何选择一套具有可行性的最优方案的关键问题。养老保险全国统筹方案的选择不仅取决于公共决策的价值观和对收入再分配效果的偏好，还取决于全国统筹方案之间的政治经济成本收益比较。

养老保险全国统筹不同方案的设计都源于一个共同的初衷，即平衡省际间社会统筹收支结余，增强社会统筹基金调剂使用功能，缩小地区间养老金收入差距。受人口老龄化和养老保险制度遵缴率水平制约，养老保险基金全国统筹调剂使用时仍可能会存在收支缺口，这些收支缺口应当主要由国家财政补贴负担。不同养老保险全国统筹方案的计发办法不一样，全国统筹基金收支缺口的状况也不一样，下文我们将重点分析不同全国统筹方案下的养老金收支运行状况，并讨论财政对养老金可能存在的收支缺口是否具有补贴能力。

在分层平均全国统筹类型中，由于具有较强的直接收入再分配效果，可能导致现行养老金水平高的地区基础养老金给付标准出现下降，现行养老金水平低的地区基础养老金给付标准出现上升。在民主社会中，一项公共政策的实施成败与公众的态度密切相关。对于分层平均全国统筹类型，那些养老金水平得以提升的地区公众会表现出拥护态度，那些养老金水平出现下降的地区公众会表现出反对态度。养老金利益受损的反对者可能会提出阻碍全国统筹的政治诉求，进而影响分层平均全国统筹方案的顺利实施。为了解决全国统筹带来的公众利益分化影响，应设计出一项能够“至少有利于一个人，而不会对任何其他人造成损害”的帕累托改进政策。这类政策可以由财政补

贴来实现，即建立国家财政对分层平均统筹类型福利受损者提供补贴的机制，使得现行养老金水平高的地区基础养老金给付标准不下降。未来随着区域经济的协调发展，省际间基础养老金差距将逐步缩小，国家财政对福利受损者的补贴并不会无限扩大。

根据图 7—1 所示，养老保险全国统筹财政补贴主要分为两部分，一是全国统筹不同方案收支缺口财政补贴，二是分层平均统筹福利损失梯度补贴。通过将养老保险全国统筹不同方案的财政补贴水平与城镇养老保险财政支出适度水平系数比较，并结合劳动负担系数和财政补贴后的收入再分配系数，选择出适合我国国情、社会公众拥护、财政负担可行的养老保险全国统筹实施方案。

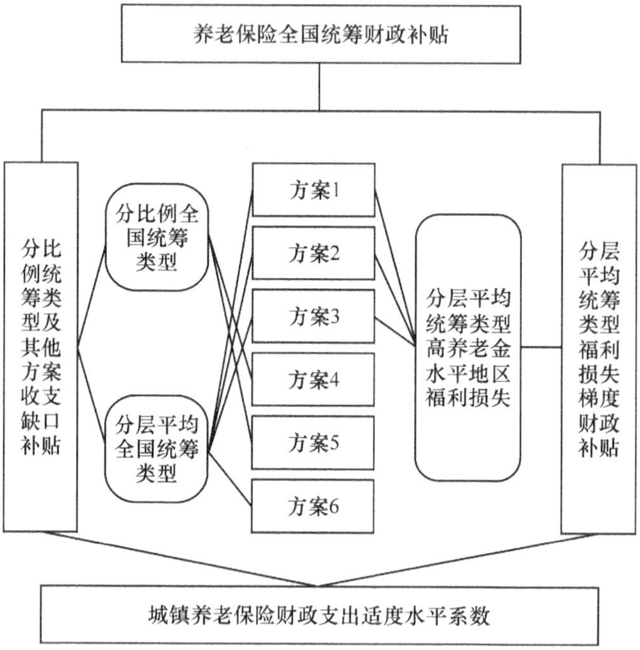

图 7—1　养老保险全国统筹财政补贴分析框架

二、养老保险财政支出适度水平

国民财富主要是在个人、企业和国家三者之间进行分配，财政收入即国家得到的那一部分，其规模的大小是经济发展水平和分配格局的反映，而社会保障财政支出是国家进行二次分配的一种方式。对财政可支配能力的把握不仅要看财政收支的规模，还要看财政支出的结构。而对财政收支规模的判断，不仅要看绝对数额的多少，还要看相对份额的多少，进而了解财政可支配能力的强弱。

（一）养老保险财政支出适度水平模型

财政用于社会保障支出的规模是有其界限的，即存在着适度的财政支出水平。财政投入高于适度水平，则会导致社会保障支出过多，削弱了财政对其他领域的支付能力，同时容易造成国民对福利制度的依赖，劳动欲望和劳动生产率受到消极影响；如果低于适度水平过多，则可能导致社会保障的社会安全网作用不能充分发挥，弱势群体的生存受到影响，更多的国民则不能公平地享受到经济发展成果，造成社会不满。从资金构成比例上看，养老保险是社会保障制度的主要组成部分，养老保险财政投入同样存在一个量的限度。

1. 城镇养老保险财政支出适度水平总系数模型

根据国际发达国家社会保障财富分配经验，国家财政支出用于社会保障的部分一般不超过40%为宜，社会保障财政支出里面用于养老保险财政支出一般不超过50%为宜。同时，根据人口结构的再分配原理，城镇养老保险财政支出占整个养老保险财政支出的比重以不超过城镇老年人口占全国老年人口的比重为宜。据此，我们先设定了城镇养老保险财政支出水平总系数模型，见公式7—1。

$$C_S=\frac{C_T}{F}=\frac{F\times\mu\times\sigma\times O_T}{F} \tag{7—1}$$

公式 7—1 中 C_S 为城镇养老保险财政支出水平总系数，代表城镇养老保险财政补贴占全国财政支出的比重，C_T 为财政城镇养老保险支出，F 为全国财政总支出，μ 为社会保障财政补贴占全国财政支出占比重，σ 为养老保险财政补贴占社会保障财政补贴的比重，O_T 为城镇老年人口占全国老年人口比重。

城镇养老保险财政支出水平总系数存在量的限度：第一，社会保障财政补贴占全国财政支出占比重以 40%左右为宜；第二，养老保险财政补贴占社会保障财政补贴的比重以 50%左右为宜；第三，城镇养老保险财政支出占全国养老保险财政支出的比重以城镇老年人口占全国老年人口的比例为宜。将城镇养老保险财政支出总系数存在量的限度代入公式 7—1 中，可得城镇养老保险财政支出适度水平总系数模型，见公式 7—2。

$$\overline{C_S} = 0.4 \times 0.5 \times O_T \qquad (7—2)$$

公式 7—2 中 $\overline{C_S}$ 代表城镇养老保险财政支出适度水平总系数，O_T 为城镇老年人口占全国老年人口比重。

2. 城镇养老保险财政支出适度水平中央分系数模型

同时，国家财政支出分为中央财政支出和地方财政支出，对应地城镇养老保险财政支出水平总系数可分为城镇养老保险财政支出水平中央分系数和地方分系数。遵循统一的城镇养老保险财政支出适度水平规律，在中央财政支出里面同样有一个量的限度，中央财政支出用于社会保障的比重以 40%左右为限度，中央财政社会保障支出用于养老保险的比重以 50%左右为限度，中央财政用于养老保险支出的城镇养老保险比重以城镇老年人口占全国老年人口的比重为限度，由此确定城镇养老保险财政支出适度水平中央分系数模型，见公式 7—3。

$$\overline{C_{SC}} = 0.4 \times 0.5 \times O_T \qquad (7—3)$$

在公式 7—3 中 $\overline{C_{SC}}$ 为城镇养老保险财政支出适度水平中央分系数，代表中央财政支出用于城镇养老保险的适度比例，O_T 为城镇老年人口占全国老年人口比重。

3. **城镇养老保险财政支出适度水平地方分系数模型**

遵循统一的城镇养老保险财政支出适度水平规律，在地方财政支出里面同样有一个量的限度，地方财政支出用于社会保障的比重以40%左右为限度，地方财政社会保障支出用于养老保险的比重以50%左右为限度，地方财政用于养老保险支出的城镇养老保险比重以城镇老年人口占全国老年人口的比重为限度，由此确定城镇养老保险财政支出适度水平地方分系数模型，见公式7—4。

$$\overline{C_{SL}}=0.4\times0.5\times O_T \tag{7—4}$$

在公式7—4中，$\overline{C_{SL}}$为城镇养老保险财政支出适度水平地方分系数，代表地方财政支出用于城镇养老保险的适度比例，O_T为城镇老年人口占全国老年人口比重。

城镇养老保险财政支出适度水平总系数与中央分系数、地方分系数之间存在内在的关联。城镇养老保险财政支出适度水平总系数等于中央分系数乘以中央财政支出占全国财政支出的比重与地方分系数乘以地方财政支出占全国财政支出的比重之和，可以用表述为公式7—5。

$$\overline{C_S}=\overline{C_{SC}}\times\alpha+\overline{C_{SL}}\times\beta \tag{7—5}$$

在公式7—5中，α代表中央财政支出占全国财政支出比重，β代表地方财政支出占全国财政支出比重。

（二）养老保险财政支出适度水平测算及分析

1. **城镇养老保险财政支出适度水平总系数测算及分析**

根据城镇养老保险财政支出适度水平总系数模型公式7—2，城镇养老保险财政支出适度水平总系数的测算主要取决于城镇老年人口占全国老年人口的比重。根据《中国人口统计年鉴》及“六普”资料，我们统计并预测了2010—2050年城镇老年人口占全国老年人口的比重，得出的城镇养老保险财政支出适度水平总系数见表7—1。随着人口城市化进程的加快推进，城镇老年人口占全国老年人口的比重将逐步上升，对应地城镇养老保险财政支出适度水平总系数也将随之上升，从2010年的8.82％上升到2050年的14.06％，这意味着2010年全国财政支出用于城镇养老保险的补贴份额不宜超过8.82％，到2050年全国财政支出用于城镇养老保险的补贴份额不宜超过14.06％。

表7—1　　城镇养老保险财政支出适度水平总系数

年份	城镇老年人口占全国老年人口比重（％）	城镇养老保险财政支出适度水平总系数（％）
2010	44.08	8.82
2015	47.98	9.60
2020	51.76	10.35
2025	55.38	11.08
2030	57.91	11.58
2035	61.13	12.23
2040	64.74	12.95
2045	68.22	13.64
2050	70.28	14.06

资料来源：中国人口统计年鉴（历年），从《2010年中国第六次人口普查统计年鉴》及预测而得。

2. 城镇养老保险财政支出适度水平中央分系数测算及分析

根据城镇养老保险财政支出适度水平中央分系数模型公式7—3，城镇养老保险财政支出适度水平中央分系数的测算主要取决于城镇老年人口占全国老年人口的比重。根据《中国人口统计年鉴》及“六普”资料，我们统计并预测了2010—2050年城镇老年人口占全国老年人口的比重，得出的城镇养老保险财政支出适度水平中央分系数，见表7—2。随着人口城市化进程的加快推进，城镇老年人口占全国老年人口的比重将逐步上升，对应地城镇养老保险中央财政支出适度水平分系数也将随之上升，从2010年的8.82％上升到2050年的14.06％，这意味着2010年中央财政支出用于城镇养老保险的补贴份额不宜超过8.82％，到2050年中央财政支出用于城镇养老保险的补贴份额不宜超过14.06％。

表 7—2　城镇养老保险财政支出适度水平中央分系数测算及分析

年份	城镇老年人口占全国老年人口比重（%）	城镇养老保险财政支出适度水平中央分系数（%）
2010	44.08	8.82
2015	47.98	9.60
2020	51.76	10.35
2025	55.38	11.08
2030	57.91	11.58
2035	61.13	12.23
2040	64.74	12.95
2045	68.22	13.64
2050	70.28	14.06

资料来源：中国人口统计年鉴（历年），从《2010 年中国第六次人口普查统计年鉴》及预测而得。

3. 城镇养老保险财政支出适度水平地方分系数测算及分析

根据城镇养老保险财政支出适度水平地方分系数模型公式 7—4，城镇养老保险财政支出适度水平地方分系数的测算主要取决于城镇老年人口占全国老年人口的比重。根据《中国人口统计年鉴》及“六普”资料，我们统计并预测了 2010—2050 年城镇老年人口占全国老年人口的比重，得出的城镇养老保险财政支出适度水平地方分系数，见表 7—3。随着人口城市化进程的加快推进，城镇老年人口占全国老年人口的比重将逐步上升，对应地城镇养老保险财政支出适度水平总系数也将随之上升，从 2010 年的 8.82%上升到 2050 年的 14.06%，这意味着 2009 年地方财政支出用于城镇养老保险的补贴份额不宜超过 8.82%，到 2050 年地方财政支出用于城镇养老保险的补贴份额不宜超过 14.06%。

表 7—3　城镇养老保险财政支出适度水平地方分系数测算及分析

年份	城镇老年人口占全国老年人口比重（%）	城镇养老保险适度水平地方分系数（%）
2010	44.08	8.82
2015	47.98	9.60

续表

年份	城镇老年人口占全国老年人口比重（%）	城镇养老保险适度水平地方分系数（%）
2020	51.76	10.35
2025	55.38	11.08
2030	57.91	11.58
2035	61.13	12.23
2040	64.74	12.95
2045	68.22	13.64
2050	70.28	14.06

资料来源：中国人口统计年鉴（历年）．从《2010年中国第六次人口普查统计年鉴》及预测而得。

尽管从数据上看，城镇养老保险财政支出适度水平总系数与中央分系数和地方分系数的数值是一样的，但是由于它们的模型基数不一样，总系数与中央、地方分系数之间的意义不同。其中，适度水平总系数是全口径的概念，是指全国财政支出中用于城镇养老保险的份额；适度水平中央分系数是指全国财政支出里面，中央财政支出中用于城镇养老保险的份额；适度水平地方分系数是指全国财政支出里面，地方财政支出中用于城镇养老保险的份额。

根据公式7—5，城镇养老保险财政支出适度水平总系数与中央分系数、地方分系数之间存在相互转化的表达关系，中央分系数乘以中央财政支出占全国财政支出的比重α，与地方分系数乘以地方财政支出占全国财政支出比重β之和是城镇养老保险财政支出适度水平总系数，见图7—2。

（三）国家财政支出与适度养老保险财政投入

我国财政支出结构在近年来发生较大变化，由经济建设为主，逐步转向以社会建设为主的支出结构。就中国目前的经济发展形势和国外经验来看，我国财政支出结构仍需继续调整，主要方向是继续加大社会性支出的倾斜力度，提高教育、医疗、社会保障和就业等社会性支出比重。

1. 国家财政支出及分担结构

根据《中国统计年鉴（2012）》数据，2011年全国财政支出

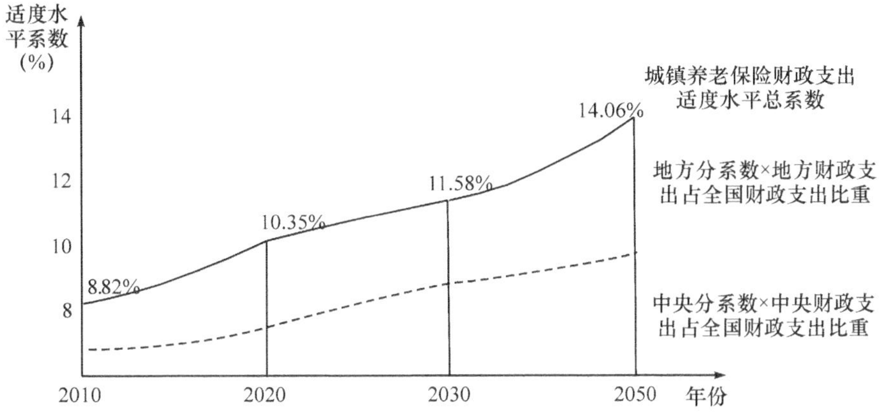

图 7—2　适度水平总系数与中央、地方分系数逻辑关系

109 247.79 亿元，其中中央财政支出 16 514.11 亿元，约占全国财政支出的 15.12%，地方财政支出 92 733.68 亿元，约占全国财政支出的 84.88%。这种“中央拿小头、地方拿大头”的财政支出结构与全国财政中央与地方财政收入结构不一致。2011 年全国财政收入 103 874.43 亿元，其中中央财政收入 51 327.32 亿元，占全国财政收入的 49.41%，地方财政收入 52 547.11 亿元，占全国财政收入 50.59%。统计年鉴数据上出现的这种中央与地方财政收支结构不对称现象与统计指标界定有关，据财政部《2011 年中央对地方税收返还和转移支付决算表》数据显示，2011 年中央财政支出对地方财政支出的一般性转移支付为 32 242.01 亿元，它并没有被包括在统计年鉴口径中的中央财政支出里面。根据《中国统计年鉴（2012）》对中央财政支出统计指标的解释为“中央财政支出包括一般公共服务，外交支出，国防支出，公共安全支出，以及中央政府调整国民经济结构、协调地区发展、实施宏观调控的支出等”，从中可以看出中央对地方一般性转移支付并没有包括在中央财政支出范围。为了准确把握全国财政支出中央与地方的比例，我们将中央对地方一般性转移支付重新划归为中央财政支出，2011 年经过重新划归后的中央财政实际支出为 48 756.12 亿元，约在 2011 年全国财政支出的 44.63%（见表 7—4）。

表 7—4　　全国财政支出及中央、地方财政支出结构　　单位：亿元

年份	全国财政支出	中央财政支出	地方财政支出	中央对地方一般性转移支付	中央实际财政支出	地方实际财政支出
2009	76299.93	15255.79	61044.14	23677.09	38932.88	37367.05
2010	89874.16	15989.73	73884.43	25606.64	41596.37	48277.79
2011	109247.79	16514.11	92733.68	32242.01	48756.12	60491.67

资料来源：《中国统计年鉴（2012）》及财政部《2011 年中央对地方税收返还和转移支付决算表》《2011 年中央对地方税收返还和转移支付决算表》《2011 年中央对地方税收返还和转移支付决算表》。

中央与地方财政支出结构关系到社会养老保险实际支出水平，我们采用了两种方案对中央财政与地方财政支出进行预测。其中，方案一是依据现行（2011 年）中央与地方财政支出实际分担比例（44.63%与 55.37%），约等于 4.5∶5.5 划分全国财政支出结构；方案二是依据未来中央与地方财政收入比例有可能向分税制体制改革目标发展，即提高中央收入占比，将中央财政收入占全国财政收入比重提高到 60%，与此目标财政收入结构相对应，未来中央财政支出占全国财政支出的比重也会随着上调，假定第二套方案中央与地方财政支出分担比例为 6∶4。基于两种不同的中央与地方财政支出比例的全国财政支出预测见表 7—5。

表 7—5　　全国财政支出及中央、地方财政支出结构　　单位：亿元

年份	方案一　中央：地方=4.5∶5.5			方案二　中央：地方=6∶4		
	全国财政支出	中央财政支出	地方财政支出	全国财政支出	中央财政支出	地方财政支出
2012	121097.56	54493.90	66603.66	121097.56	72658.53	48439.02
2015	145993.70	65697.17	80296.54	145993.70	87596.22	58397.48
2020	212347.56	95556.40	116791.16	212347.56	127408.53	84939.02
2025	301320.06	135594.03	165726.04	301320.06	180792.04	120528.03
2030	384569.24	173056.16	211513.08	384569.24	230741.55	153827.70
2035	478505.79	215327.60	263178.18	478505.79	287103.47	191402.31
2040	554719.35	249623.71	305095.64	554719.35	332831.61	221887.74
2045	643071.76	289382.29	353689.47	643071.76	385843.06	257228.70
2050	745496.42	335473.39	410023.03	745496.42	447297.85	298198.57

注：（1）GDP 增长率：2012－2020 年：7%；2021－2030 年：5%；2031－2050 年：3%。（2）财政支出占 GDP 比重：2012—2015 年每年增加 1 个百分点；2016—2020 年保持 28%；2021—2030 年保持 30%；2031—2050 年保持 31%。

2. 社会保障财政支出及分担结构

社会保障财政投入包括中央财政投入与地方财政投入，由于社会保障项目中央与地方分担责任不同，表现为不同社会保障项目的中央与地方财政投入比例不同。根据国家审计署《2012 年第 34 号公告：全国社会保障资金审计结果》数据，2011 年社会保险、社会救助、社会福利的财政投入合计7555.34 亿元，其中中央财政投入 4 508.76 亿元，约占社会保障财政投入的59.68%，地方财政投入 3 046.58 亿元，约占社会保障财政投入的 40.32%。分社会保障项目来看，社会保险中央财政投入为 60.67%，地方财政投入为39.33%；社会救助中央财政投入为 64.74%，地方财政投入为 35.26%；社会福利中央财政投入为 15.27%，地方财政投入为 84.73%（见表 7—6）。

表 7—6　　2011 年中央和地方财政投入情况　　单位：亿元

项目	财政投入合计		中央财政		地方财政	
	金额	占比（%）	金额	占比（%）	金额	占比（%）
社会保险	5391.48	100.00	3271.07	60.67	2120.41	39.33
社会救助	1833.96	100.00	1187.33	64.74	646.63	35.26
社会福利	329.90	100.00	50.36	15.27	279.54	84.73
合计	7555.34	100.00	4508.76	59.68	3046.58	40.32

资料来源：国家审计署《2012 年第 34 号公告：全国社会保障资金审计结果》。

根据表 7—6，在社会保险领域，中央财政与地方财政的投入比例约为6∶4，这个比例与前面我们做的关于全国财政支出中央与地方分担比例的第二种方案相同。但是，现实的未必是合理的，需要根据城镇养老保险财政支出适度水平来确立财政的适度投入标准。关于中央与地方财政投入比例的界定，不仅要考虑与社会保障项目中央与地方责任分担状况相适应，还要考虑中央与地方财政投入比例的实际运行效果及可持续状况。

3. 适度城镇养老保险财政投入

适度城镇养老保险财政投入水平可以由全国财政支出乘以城镇养老保险财政支出适度水平系数来测算。在中央与地方财政投入不同比例两种方案下，城镇养老保险财政投入适度水平，见表 7—7。在城镇养老保险财政支出适度水平系数模型中，城镇养老保险财政投入的中央与地方比例与全国财政支出的中央与地方比例相同，这种逻辑上的关系在图 7—2 中已有表述。根据表 7—6，2011 年社会保险财政投入里面，中央与地方投入比例约 6∶4，这一比例与表 7—7 中城镇养老保险适度财政投入水平的方案二基本保持一致。国家财政支出结构对城镇养老保险适度财政投入的结构水平会产生影响，国家财政支出给予中央财政预算比例越大，意味着中央财政支出用于支付养老保险全国统筹收支缺口或福利损失补贴的能力就越大，反之亦然。

表 7—7　　城镇养老保险适度财政投入水平（2012－2050）　　单位：亿元

年份	方案一　中央：地方＝4.5∶5.5			方案二　中央：地方＝6∶4		
	城镇养老适度全国财政投入	城镇养老适度中央财政投入	城镇养老适度地方财政投入	城镇养老适度全国财政投入	城镇养老适度中央财政投入	城镇养老适度地方财政投入
2012	11058.63	4976.38	6082.25	11058.63	6635.18	4423.45
2015	14009.56	6304.30	7705.26	14009.56	8405.73	5603.82
2020	21982.22	9892.00	12090.22	21982.22	13189.33	8792.89
2025	33374.21	15018.39	18355.82	33374.21	20024.53	13349.68
2030	44540.81	20043.36	24497.45	44540.81	26724.49	17816.32
2035	58502.12	26325.95	32176.16	58502.12	35101.27	23400.85
2040	71825.06	32321.28	39503.78	71825.06	43095.04	28730.02
2045	87740.71	39483.32	48257.39	87740.71	52644.43	35096.28
2050	104786.98	47154.14	57632.84	104786.98	62872.19	41914.79

资料来源：表 7—1、表 7—2、表 7—3、表 7—5 等。

三、养老保险现行财政投入水平及适度性分析

中国现行城镇职工基本养老保险实行的是省级统筹管理，由于各地养老保险历史欠账不同、制度赡养率不同、地区经济发展水平不同、劳动力跨区域流动等原因，各省城镇职工基本养老保险基金收支不均衡，以 2011 年数据为例，在全国 32 个省级统筹单位中，有 14 个省份和新疆兵团合计 15 个

统筹单位的城镇基本养老保险基金出现了收不抵支[①]，省际间的城镇职工基本养老保险收支差距对财政补贴形成依赖，国家财政每年都对基本养老保险基金缺口进行补助。

（一）养老保险现行财政投入水平

1. 城镇职工基本养老保险统筹层次进展状况

1997 年，国务院印发了《关于建立统一的企业职工基本养老保险制度的决定》的文件，确定了社会统筹与个人账户相结合的城镇职工基本养老保险制度。城镇养老保险发展较快，全国各地均建立了覆盖城镇各类企业职工、个体工商户以及其他灵活就业人员的企业职工基本养老保险制度，截至 2011 年底参保人数 26 114.37 万人，有 6 299.73 万人领取养老金。[②] 随着城镇职工基本养老保险制度的逐步完善，基本养老保险基金统筹调剂的层次也在稳步提升。原劳动和社会保障部、财政部于 2007 年出台《关于推进企业职工基本养老保险省级统筹有关问题的通知》，明确了城镇职工基本养老保险省级统筹标准，进一步推动和完善了省级统筹制度。根据《2011 年度人力资源和社会保障事业发展统计公报》，截至 2011 年底，全国 31 个省份和新疆生产建设兵团已建立养老保险省级统筹制度，但这并不表明全国各省区已经完全实现了城镇职工基本养老保险省级统筹。国家审计署《2012 年第 34 号公告：全国社会保障资金审计结果》显示，截至 2011 年底，部分省份企业职工基本养老保险尚未完全实现省级统筹，全国有 17 个省未完全达到省级统筹的“六统一”标准。正是由于城镇职工基本养老保险省级统筹实现程度的制约和全国统筹进程的滞后，导致了我国各地区城镇职工基本养老保险社会统筹基金收支结余不平衡，社会统筹基金结余富足地区未能调剂基金给收支缺口地区，国家财政每年对基本养老保险基金还需进行补助。

---

① 郑秉文，孙永勇. 对中国城镇职工基本养老保险现状的反思——半数省份收不抵支的本质、成因与对策. 上海大学学报（社会科学版）. 2012，3

② 国家审计署. 2012 年第 34 号公告：全国社会保障资金审计结果. 2012－08－2

2. 城镇职工基本养老保险基金收支状况

根据表7—8，2010年各省企业部门基本养老保险收支结余不均，以广东、江苏、北京等地为代表的经济发达地区和吸纳农民工就业聚集地区社会统筹养老金收入大于支出，基本养老保险基金年度结余较大；而以辽宁、黑龙江、湖南、陕西为代表的人口老龄化程度较高地区社会统筹养老金收入小于支出，基本养老保险基金存在年度缺口。由于现行城镇基本养老保险实行省级统筹分账管理，各省基本养老保险收支结余无法在省际之间流转调剂使用。在这种情况下，社会统筹基金结余地区面临资金贬值的风险，社会统筹基金缺口地区存在挪用个人账户基金的风险。为了减轻社会统筹收支缺口地区地方政府财政补贴压力和保护个人账户基金的安全性，中央财政需要不断对城镇社会统筹收支缺口进行补助。

表7—8　　2010年各省企业部门基本养老保险收支结余状况　　单位：亿元

省份	结余	省份	结余	省份	结余
全国	657.4	新疆	23.2	陕西	−27.5
广东	405.9	福建	11.3	湖南	−30.6
江苏	208.8	贵州	5.0	河南	−32.9
北京	168.8	安徽	4.8	上海	35.0
山东	153.3	甘肃	3.1	新疆兵团	−39.7
浙江	146.2	西藏	1.8	湖北	−43.2
四川	63.7	云南	0.3	重庆	−44.5
山西	49.9	内蒙古	−2.8	吉林	−50.5
河北	32.9	青海	−4.9	天津	−62.1
广西	31.2	海南	−15.1	黑龙江	−117.2
宁夏	26.0	江西	−26.0	辽宁	−146.5

资料来源：郑秉文，孙永勇．对中国城镇职工基本养老保险现状的反思——半数省份收不抵支的本质、成因与对策．上海大学学报（社会科学版），2012，3

3. 财政对城镇职工基本养老保险基金的补助状况

根据财政部预算司《2010年全国财政支出决算表》和《2011年全国财政支出决算表》，2010年和2011年国家财政对城镇基本养老保险基金的补助水平分别为 1 910.35 亿元和 2 191.72 亿元。2010 年和 2011 年财政社会保障支出分别为全国财政支出的 9 130.62 亿元和 11 109.40 亿元。财政对城镇基本养老保险基金的补助支出占财政社会保障支出的比重分别为 20.92% 和 19.73%（见表 7—9）。

表 7—9　　国家财政对城镇基本养老保险基金的补助水平　单位：亿元、%

年份	中央财政对基本养老保险基金补助	地方财政对基本养老保险基金补助	全国财政对基本养老保险基金补助	财政社会保障支出	财政对基本养老保险基金补助占财政社会保障支出的比重
1998	NA	NA	24	595.63	4.03
1999	NA	NA	175	1197.44	14.61
2000	NA	NA	338	1517.57	22.27
2001	NA	NA	349	1987.40	17.56
2002	408.2	NA	408	2636.22	15.48
2003	474.3	55.7	530	2655.91	19.96
2004	522	92	614	3116.08	19.70
2005	573	119	692	3698.86	18.71
2006	774	97	971	4361.78	22.26
2007	1000	157	1157	5447.16	21.24
2008	NA	NA	1437	6804.29	21.12
2009	NA	NA	1646	7606.68	21.64
2010	NA	NA	1910.35	9130.62	20.92
2011	1943.84	247.88	2191.72	11109.4	19.73

资料来源：郑秉文，孙永勇. 对中国城镇职工基本养老保险现状的反思——半数省份收不抵支的本质、成因与对策. 上海大学学报（社会科学版）. 2012，3；财政部预算司. 全国财政支出决算表（2010、2011）；中国统计年鉴（2012）

在现行大部分省份实行城镇基本养老保险省级统筹层次管理条件下，各省社会统筹基金并未在全国范围进行调剂使用，原则上各省若出现社会统筹收支缺口应主要由省级财政负担。然而，我们观察到在实际的国家财政对基本养老保险基金补助支出中，中央和地方财政的投入并不均衡。以 2011 年数据为例，中央财政对城镇基本养老保险基金的补助占 88.69%，地方财政对城镇基本养老保险基金的补助占 11.31%，分别比 2005 年增长 239.27%

和 107.85%[①]，这说明一些省份在出现了社会统筹基金收支缺口之后，将财政缺口补贴的压力上解给了中央财政。实际上，在城镇基本养老保险省级统筹管理中，由于各省社会统筹基金收支不均，中央财政面临不断增加财政补助省际社会统筹基金缺口的压力。在这种情况下，应当考虑尽快推进城镇基本养老保险实现全国统筹，将中央财政对省级统筹的缺口补助转化为对全国统筹的缺口补贴。

（二）养老保险现行财政投入适度性分析

根据表 7—10 所示，2010 年和 2011 年国家财政对基本养老保险基金的补助分别为 1 910.35 亿元和 2 191.72 亿元，同期全国财政支出分别为 89 874.16 亿元和 109 247.79 亿元，财政对基本养老保险基金补助占全国财政支出的比重分别为 2.13%和 2.01%。根据城镇养老保险财政支出适度水平总系数模型及参数预测，2010 年和 2011 年城镇养老保险支出适度水平总系数分别为 8.82%和 8.98%，这说明全国财政支出用于城镇养老保险的份额应保持在 8.82%和 8.98%左右为宜。经比较，2010－2011 年国家财政对基本养老保险基金的补助水平较低，远小于城镇基本养老保险财政支出的适度水平，国家财政对基本养老保险基金的补助水平还有进一步提高的空间。

表 7—10　国家财政对城镇基本养老保险基金补助的适度性状况

年份	2010	2011
国家财政对基本养老保险基金的补助（亿元）	1910.35	2191.72
全国财政支出（亿元）	89874.16	109247.79
财政对基本养老保险基金的补助占全国财政支出的比重（%）	2.13	2.01
城镇养老保险支出适度水平总系数（%）	8.82	8.98

资料来源：财政部预算司．全国财政支出决算表（2010、2011）

① 国家审计署．2012 年第 34 号公告：全国社会保障资金审计结果．2012－08－02

四、养老保险全国统筹收支缺口补贴水平及适度性分析

对养老保险全国统筹收支缺口补贴的统计要分别考察养老金收入和支出的状况。其中，城镇职工基本养老保险的收入主要受在岗职工平均工资、缴费率、缴费人口、遵缴率等因素的影响；城镇职工基本养老保险的支出则主要受个人养老金给付、养老金调整指数、退休人口等因素的影响，个人养老金的给付主要受在岗职工平均工资、替代率（缴费年限）、个人工资等因素的影响。养老保险全国统筹不同方案设计优化了个人基础养老金的给付模式，直接影响到个人基础养老金的给付金额，从而导致基础养老金支出水平的变化。本部分通过计算不同方案下养老金收支状况，探讨全国统筹不同模式的可行性。

（一）养老保险全国统筹不同方案收支预测

1. 养老保险全国统筹未来缴费人数和退休人口预测

为了模拟养老保险全国统筹未来缴费人数和退休人口变化趋势，这里假设 2010 年开始实行全国统筹，并且每个年龄段退休人口养老金的替代率都相同，养老保险制度覆盖人群的就业年龄为 20 岁，城镇男职工退休年龄为 60 岁，女职工退休年龄为 55 岁，在此基础上我们提出未来缴费人数和退休人口预测模型。

（1）未来退休人口预测模型

a. 已退休人口预测模型

假设退休职工平均预期寿命 89 岁，该部分人将在 2044 年全部死亡，在第 t 年（其中 $2010\leqslant t\leqslant 2044$）该部分人口为：

$$L_{t,O}^{T}=\sum_{x=55+(t-2009)}^{89} l_{t,x}+\sum_{y=60+(t-2009)}^{89} l_{t,y}$$

$$= \sum_{x=55+(t-2009)}^{89} l_{2009,\ x-(t-2009)\cdot(t-2009)}\, p_{x-(t-2009)}^{x}$$

$$+ \sum_{y=60+(t-2009)}^{89} l_{2009,\ y-(t-2009)\cdot(t-2009)}\, p_{y-(t-2009)}^{y} \quad (7—6)$$

其中，$L_{t,O}^{T}$为t年中国城镇已经退休的人口总数；$l_{t,x}$表示t年中国城镇存活到x岁的女性“老人”人口数；$l_{t,y}$表示t年中国城镇存活到y岁的男性“老人”人口数；$_{(x-2009)}p\ _{x-(t-2009)}^{x}$表示$x-(t-2009)$岁的女性能够存活（$x-2009$）年的概率。

b. 新退休人口预测模型

对于新退休人口来说，在t年（其中$t \geqslant 2010$）人口数为：

$$L_{t,\ N}^{T} = \sum_{x=55}^{55+(t-2010)} l_{t,\ x} + \sum_{y=60}^{60+(t-2010)} l_{t,\ y}$$

$$= \sum_{x=55}^{55+(t-2010)} l_{2009,\ x-(t-2009)\cdot(t-2009)}\, p_{x-(t-2090)}^{x}$$

$$+ \sum_{y=60}^{60+(t-2009)} l_{2009,\ y-(t-2009)\cdot(t-2009)}\, p_{y-(t-2009)}^{y} \quad (7—7)$$

其中，$L_{t,N}^{T}$表示t年中国城镇新退休的人口数。

（2）未来缴费人口预测模型

假设2010年为全国统筹初始年份，那么养老金缴费人数即为2010年之后男20～59岁、女20～54岁的城镇人口之和，见公式7—8。

$$L_{t,\ N}^{J} = \sum_{x=20}^{20+(t-2010)} l_{t,\ x} + \sum_{y=20}^{20+(t-2010)} l_{t,\ y}$$

$$= \sum_{x=20}^{20+(t-2010)} l_{2009,\ x-(t-2009)\cdot(t-2009)}\, p_{x-(t-2090)}^{x}$$

$$+ \sum_{y=20}^{20+(t-2010)} l_{2009,\ y-(t-2009)\cdot(t-2009)}\, p_{y-(t-2009)}^{y} \quad (7—8)$$

其中，$L_{t,N}^{J}$表示t年的缴费人数，$20 \leqslant x \leqslant 55$；$20 \leqslant y \leqslant 60$。

（3）未来缴费人口与退休人口的预测结果

根据上述人口预测模型，依据辽宁大学人口研究所人口预测基础数据，得到2010—2050年达到制度缴费年龄和退休年龄的人口数据，见表7—11，表7—12。

表 7—11　　全国各地区缴费人口预测　　单位：万人

地　区	2010	2015	2020	2025	2030	2035	2040	2045	2050
全　国	42514	46419	47499	46833	45608	45894	46310	45219	43402
北　京	1192	1302	1332	1313	1279	1287	1299	1268	1217
天　津	623	680	696	686	668	672	679	663	636
河　北	1997	2180	2231	2200	2142	2155	2175	2124	2038
山　西	1084	1184	1211	1194	1163	1170	1181	1153	1107
内蒙古	896	979	1001	987	962	968	976	953	915
辽　宁	1831	1999	2046	2017	1964	1977	1995	1948	1869
吉　林	940	1027	1051	1036	1009	1015	1024	1000	960
黑龙江	1349	1473	1507	1486	1447	1456	1469	1435	1377
上　海	1473	1608	1646	1623	1580	1590	1605	1567	1504
江　苏	3042	3322	3399	3352	3264	3284	3314	3236	3106
浙　江	2364	2582	2642	2605	2536	2552	2575	2515	2414
安　徽	1433	1565	1601	1579	1537	1547	1561	1524	1463
福　建	1385	1512	1547	1525	1486	1495	1508	1473	1414
江　西	1133	1237	1265	1248	1215	1223	1234	1205	1156
山　东	3025	3303	3380	3333	3246	3266	3295	3218	3089
河　南	2192	2393	2449	2414	2351	2366	2387	2331	2238
湖　北	1688	1843	1886	1859	1811	1822	1838	1795	1723
湖　南	1685	1840	1883	1856	1808	1819	1836	1792	1720
广　东	4681	5111	5230	5157	5022	5054	5099	4979	4779
广　西	1105	1206	1234	1217	1185	1192	1203	1175	1128
海　南	259	283	289	285	278	279	282	275	264
重　庆	886	967	989	976	950	956	965	942	904
四　川	1974	2155	2205	2175	2118	2131	2150	2100	2015
贵　州	672	734	751	740	721	726	732	715	686
云　南	975	1064	1089	1074	1045	1052	1062	1037	995
西　藏	45	49	50	50	48	49	49	48	46
陕　西	1067	1165	1192	1176	1145	1152	1162	1135	1089
甘　肃	569	621	635	626	610	614	619	605	580
青　海	156	170	174	172	167	168	170	166	159
宁　夏	191	208	213	210	205	206	208	203	195
新　疆	602	657	673	663	646	650	656	640	614

资料来源：根据公式 7—8 及辽宁大学人口研究所人口预测基础数据计算而得。

表 7—12　　全国各地区退休人口预测　　单位：万人

地区	2010	2015	2020	2025	2030	2035	2040	2045	2050
全国	9697	12342	15459	19659	24044	27637	30336	33388	35589
北京	270	344	431	548	670	770	845	930	991
天津	164	208	261	331	405	466	512	563	600
河北	478	608	762	969	1185	1362	1495	1646	1754
山西	213	271	339	431	527	606	665	732	780
内蒙古	177	225	282	359	439	504	554	609	649
辽宁	522	665	833	1059	1295	1488	1634	1798	1917
吉林	250	318	398	506	619	711	781	859	916
黑龙江	358	456	571	726	888	1021	1121	1234	1315
上海	391	497	623	792	969	1113	1222	1345	1434
江苏	794	1010	1265	1609	1968	2262	2483	2733	2913
浙江	459	584	731	930	1138	1308	1435	1580	1684
安徽	367	467	585	744	910	1046	1148	1263	1347
福建	247	314	394	501	613	704	773	851	907
江西	252	320	401	510	624	717	787	866	923
山东	738	939	1176	1495	1829	2102	2307	2540	2707
河南	499	635	795	1011	1236	1421	1560	1717	1830
湖北	413	526	659	838	1025	1178	1293	1423	1517
湖南	427	544	681	866	1060	1218	1337	1471	1568
广东	665	846	1060	1347	1648	1894	2079	2288	2439
广西	255	325	407	517	633	727	798	879	936
海南	49	63	79	100	122	140	154	170	181
重庆	256	326	409	520	635	730	802	882	941
四川	551	701	878	1116	1365	1569	1722	1896	2021
贵州	147	188	235	299	365	420	461	507	541
云南	211	268	336	427	522	600	659	725	773
西藏	4	6	7	9	11	13	14	15	16
陕西	235	300	375	477	584	671	737	811	864
甘肃	125	159	199	253	310	356	391	430	458
青海	29	37	46	59	72	82	90	99	106
宁夏	36	46	57	73	89	102	112	123	131
新疆	117	149	187	237	290	334	366	403	430

资料来源：根据公式 7—6、7—7 及辽宁大学人口研究所人口预测基础数据计算而得。

2. 养老保险全国统筹不同方案社会统筹收入预测

前文我们设计的养老保险全国统筹不同方案是对基础养老金计发办法的改进，主要对社会统筹支出产生影响，并不会给社会统筹收入产生影响，这意味着全国统筹不同方案的社会统筹收入都是相同的。

（1）社会统筹收入预测模型

假设在全国统筹的模式下，全国各地区以在岗职工的平均工资为缴费基数，按照统一的社会统筹 20%费率缴费；个体工商户及灵活就业人员以在岗职工的平均工资为缴费基数，按照社会统筹 12%费率缴费；个体工商户及灵活就业人员参加城镇基本养老保险人数采用比例估算法，假设 2011～2050 年个体工商户及灵活就业人员占城镇职工参保缴费人数的比例保持 2010 年的水平不变；社会统筹养老金的管理成本保持 2%不变，据此提出社会统筹养老金收入模型：

$$SB(t)=20\%\times W(t)\times a\times L_{t,N}^{J}(t)\times 98\% \qquad (7—9)$$

其中，W（t）为该年该地区社会平均工资；a 为城镇缴费人数所占城镇缴费总人口的比例。缴费人数 $L_{t,N}^{J}$可由公式 7—9 按比例估算。

（2）社会统筹收入预测结果及分析

目前，全国各地区城镇基本养老保险遵缴率[①]差异较大，未来随着经济水平发展，全国各地区的遵缴率将不断提高。在现行遵缴率基础上，我们估计了城镇基本养老保险遵缴率逐步提高的水平，见表 7—13。根据公式 7—9 及表 7—13 的遵缴率水平，我们模拟了遵缴率逐步提高条件下的社会统筹养老金收入水平，预测结果见表 7—14。

表 7—13　　全国各地区城镇基本养老保险遵缴率预测　　单位：%

地　区	2010	2015	2020	2025	2030	2035	2040	2045	2050
全　国	45.60	48.55	51.44	54.48	57.42	60.38	63.50	66.89	70.10
北　京	65.92	68.26	70.68	73.19	75.78	78.47	81.26	84.14	87.13

① 城镇职工基本养老保险遵缴率为实际缴费人数与应缴费人数（达到参保年龄职工数）的比率。

续表

地　区	2010	2015	2020	2025	2030	2035	2040	2045	2050
天　津	46.22	49.06	52.08	55.28	58.67	61.97	65.46	69.14	73.02
河　北	36.50	38.37	40.32	42.38	44.54	46.81	49.20	51.71	54.35
山　西	40.92	43.44	46.11	48.94	51.95	55.14	58.53	62.13	65.95
内蒙古	34.75	37.44	40.17	42.85	45.71	48.76	52.02	55.21	58.61
辽　宁	55.93	58.20	60.57	63.03	65.59	68.26	71.03	73.92	76.93
吉　林	41.78	45.01	48.48	52.23	56.27	60.62	65.30	81.59	83.07
黑龙江	43.68	59.43	65.72	71.28	73.95	76.62	79.28	81.95	84.62
上　海	44.62	47.36	50.28	53.37	56.09	58.95	61.96	65.12	68.44
江　苏	52.06	56.08	60.42	65.09	70.12	75.54	81.37	85.52	89.89
浙　江	62.54	64.73	68.23	71.72	75.22	78.72	82.22	85.72	89.22
安　徽	34.33	37.35	40.64	44.21	48.10	52.33	56.93	61.94	67.39
福　建	37.70	40.81	44.18	47.83	51.78	56.06	60.69	65.70	71.13
江　西	40.80	42.88	45.07	47.37	49.78	52.32	54.99	57.80	60.75
山　东	47.20	49.61	52.14	54.80	57.59	60.53	63.62	66.86	70.27
河　南	36.91	39.57	42.42	45.47	48.74	52.25	56.01	60.05	64.37
湖　北	43.74	46.43	49.28	52.31	55.52	58.93	62.56	66.40	70.48
湖　南	39.97	42.42	45.03	47.80	50.73	53.85	57.16	60.67	64.40
广　东	61.43	62.98	64.57	66.20	66.86	67.53	68.21	68.90	69.59
广　西	28.17	30.35	32.69	35.22	37.02	38.91	40.89	42.98	45.17
海　南	52.31	55.53	58.94	62.56	65.75	69.11	72.63	76.34	80.23
重　庆	44.25	47.44	50.85	54.51	58.44	62.65	67.16	71.99	77.17
四　川	43.66	45.89	48.23	50.69	53.28	55.99	58.85	61.85	65.01
贵　州	28.31	29.75	31.27	32.87	34.54	36.31	38.16	40.10	42.15
云　南	23.10	28.10	34.19	41.60	49.15	51.66	54.29	57.06	59.97
西　藏	15.07	20.16	26.98	36.11	48.32	64.67	71.40	78.83	87.03
陕　西	37.49	39.60	41.83	44.18	46.66	49.29	52.06	54.98	58.08
甘　肃	30.09	32.42	34.92	37.62	40.53	42.60	44.77	47.06	49.46
青　海	34.87	37.57	40.47	43.60	45.82	48.16	50.61	53.20	55.91
宁　夏	40.51	42.57	44.74	47.03	49.42	51.95	54.59	57.38	60.31
新　疆	45.60	47.93	50.37	52.94	55.64	58.48	61.47	64.60	67.90

资料来源：《中国统计年鉴（2011）》及趋势法估计而得。

表 7—14　　遵缴率逐步提高的社会统筹收入预测　　单位：亿元

地区	2010	2015	2020	2025	2030	2035	2040	2045	2050
全　国	13746	22868	34342	47989	63652	84041	107343	128091	144240
北　京	993	1568	2248	3010	3858	4951	6170	7207	8011
天　津	291	473	698	961	1266	1660	2113	2519	2857
河　北	437	726	1093	1527	2032	2694	3451	4122	4661
山　西	277	469	717	1017	1373	1845	2392	2890	3301
内蒙古	202	345	530	751	1014	1364	1773	2139	2442
辽　宁	659	1077	1594	2193	2876	3762	4759	5620	6289
吉　林	211	367	576	838	1158	1589	2101	2996	3286
黑龙江	324	713	1151	1689	2249	2971	3776	4456	4956
上　海	916	1423	2020	2691	3416	4366	5448	6408	7214
江　苏	1201	2003	3028	4267	5744	7723	10065	11969	13516
浙　江	1146	1847	2746	3794	4989	6536	8276	9773	10934
安　徽	300	512	790	1135	1554	2122	2805	3461	4048
福　建	324	553	854	1227	1679	2289	3017	3710	4320
江　西	242	406	615	865	1157	1539	1977	2365	2675
山　东	902	1498	2251	3144	4182	5542	7097	8474	9581
河　南	458	781	1204	1723	2347	3183	4167	5082	5862
湖　北	438	742	1136	1613	2179	2930	3801	4593	5247
湖　南	380	651	1006	1442	1962	2652	3455	4184	4783
广　东	2142	3461	5060	6878	8777	11161	13722	15737	17097
广　西	181	306	469	668	886	1170	1496	1784	2016
海　南	78	131	198	280	372	493	631	754	852
重　庆	257	446	698	1011	1391	1900	2501	3060	3534
四　川	526	884	1342	1891	2533	3376	4340	5195	5878
贵　州	112	188	283	397	531	705	905	1082	1223
云　南	125	245	431	705	1063	1418	1825	2185	2473
西　藏	7	14	25	44	73	122	162	202	240
陕　西	265	449	685	970	1307	1751	2262	2722	3095
甘　肃	94	161	251	362	496	660	848	1015	1148
青　海	37	63	97	138	183	242	309	369	417
宁　夏	55	90	132	182	239	314	399	475	536
新　疆	166	275	413	576	765	1013	1296	1547	1749

资料来源：根据公式 7—9 及相关参数假设预测而得。

3. 养老保险全国统筹不同方案社会统筹支出预测

（1）社会统筹支出预测模型

假设在 2010 年实行全国统筹，那么 2010 年之前已经退休职工的养老金给付不受全国统筹计发办法影响，而主要受养老金调整指数影响，这部分人的养老金给付模型为：

$$ZB(t)=\delta^{t-2010}Y_{2010}L_{t,O}^{T} \tag{7—10}$$

其中，$ZB(t)$ 代表 t 年养老金支出，δ 表示养老金调整指数，Y_{2010} 表示 2010 年已退休人口的养老金给付，$L_{t,O}^{T}$ 表示 t 年已退休人口数。

对于 2010 年全国统筹后的新退休职工来说，其初始养老金给付见公式 7—11。2010 年全国统筹后新退休职工的次年（如 2011 年）养老金发放是以初始养老金为基数，按照调整指数动态给付，其给付方式同公式 7—10。

$$ZB_{2010}=Y_{2010}L_{2010,N}^{T} \tag{7—11}$$

其中，Y_{2010} 表示 2010 年新退休的人的养老金给付，$L_{2010,N}^{T}$ 表示 2010 年新退休人口数。

2010 年之后每年养老金总给付（包括新退休职工初始养老金及已退休职工的指数化养老金）公式为：

$$ZB(t)=\delta\times ZB(t-1)+(L_{t,N}^{T}-L_{t-1,N}^{T})\times Y_{t} \tag{7—12}$$

其中，δ 表示养老金调整指数，Y_t 表示第 t 年的养老金给付。

（2）不同方案社会统筹支出预测结果及分析

根据公式 7—12 及退休人口数据，我们统计出 2010－2050 年全国统筹不同方案的社会统筹年度总支出水平，见表 7—15。不同方案的社会统筹总支出水平较为接近，其中方案 4、方案 5、方案 6 的社会统筹支出要小于方案 1、方案 2、方案 3。

表 7—15　　全国统筹不同方案社会统筹支出预测　　单位：亿元

年份	方案 1	方案 2	方案 3	方案 4	方案 5	方案 6
2010	9522.74	9573.67	9590.65	9497.13	9488.60	9471.52
2015	15977.24	16249.08	16242.99	15901.83	15919.31	15889.64
2020	26549.93	27234.95	27192.87	26536.68	26537.97	26531.00

续表

年份	方案 1	方案 2	方案 3	方案 4	方案 5	方案 6
2025	44568.34	45966.43	45876.94	44807.65	44779.16	44886.77
2030	70105.98	72650.10	72503.05	70893.61	70797.00	71155.28
2035	100509.22	104657.97	104447.83	102188.95	101941.57	102690.46
2040	132952.47	139255.07	138980.30	135826.01	135280.05	136503.43
2045	170777.84	180058.47	179727.27	175189.23	174185.82	175975.14
2050	205744.13	218515.20	218106.05	211847.71	210144.99	212447.14

资料来源：根据公式 7—12 及相关退休人口数据计算所得。

（3）分层平均统筹类型基础养老金水平梯度收敛

分层平均统筹类型基础养老金水平梯度收敛是指在按分层平均统筹计发基数发放基础养老金时，不同年份的退休队列会逐步向全国平均基础养老金水平收敛。在分层平均统筹类型中，方案 1 的基础养老金是以全国平均工资为计发基数计算的，方案 2 是以（全国平均工资＋个人指数化平均工资）/2 为计发基数计算的，方案 3 是以（全国平均工资＋省平均工资＋个人指数化平均工资）/3 为计发基数计算的。若按照上述全国统筹方案计发基础养老金，可能导致现行养老金水平高的地区基础养老金给付标准出现下降，现行养老金水平低的地区基础养老金给付标准出现上升。为了实现帕累托改进及社会公众认同的政策目标，国家财政需要对现行养老金水平高的地区给予补贴，以保证这些地区在全国统筹后基础养老金给付标准不下降。这就需要在分层平均统筹类型方案的基础上，设计出地区差异的基础养老金调整指数，使得现行养老金水平低的地区快些涨，现行养老金水平高的地区慢些涨，最终在某一年份实现地区间养老金水平的收敛。

分层平均统筹类型中的方案 6 是沿用计划经济时期工资趋同条件下的养老金计发办法，是以个人工资为计发基数计算的，其计发办法本身并不会产生梯度收敛效果，但是方案 6 计发的养老金会随着未来个人工资水平的趋同而收敛，这种收敛效果是经济协调发展的结果。方案 6 是未来养老金计发的理想方案，也是其他全国统筹方案自动收敛的目标模式，这里不作单独讨论。

在分层平均统筹类型方案 1 中，基础养老金直接以全国平均工资为计发基数计算，说明该方案下基础养老金直接实现了收敛，这里我们主要讨论方案 2 和方案 3 不同基础养老金计发办法所产生的不同养老金收敛效果。为了判断方案 2 不同年份退休队列养老金收敛效果，我们采用各地区每年退休人员基础养老金发放标准与全国平均基础养老金的相对系数作为指标进行比较，当该相对系数越接近于 1 时，说明各地区退休养老金水平收敛效果越好。我们选取了上海（现行养老金水平高的地区）、山东（现行养老金水平中等地区）、江西（现行养老金水平低的地区）三个典型省份，分别考察这三个典型地区 2010 年新退休人员、2015 年新退休人员、2020 年新退休人员、2030 年新退休人员的养老金收敛状况。根据图 7—3 所示，方案 2 的三个典型地区不同年份退休队列养老金都出现了向全国平均养老金水平收敛的趋势，并且都在 2030 年左右进入了稳定运行的区间，这说明它们的收敛实现点约在 2030 年。从进入退休年龄时点来看，2010 年退休队列达到收敛实现点的过程较长，2025 年退休队列达到收敛实现点的过程较短，这说明方案 2 不同地区的参保职工，越晚进入退休年龄，越早达到收敛实现点，这一

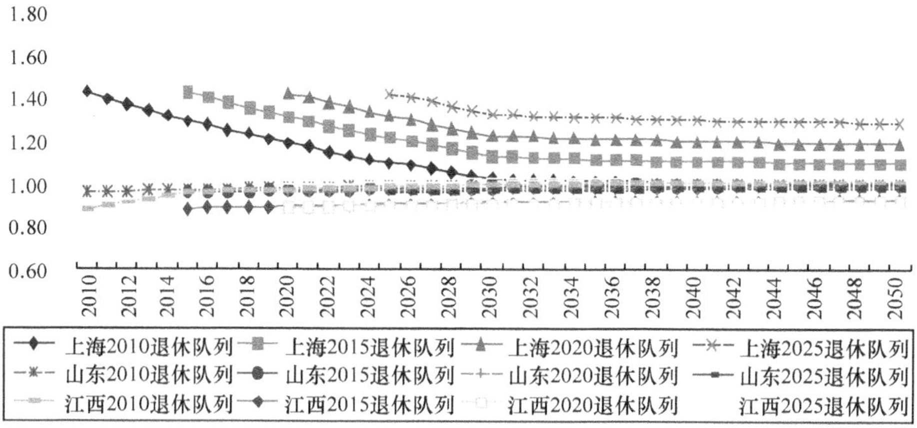

图 7—3　方案 2 典型地区不同年份退休队列养老金收敛

注：（1）退休职工在按方案 2 计发办法领取初始养老金后，以后每年养老金给付在初始养老金基础上按照一定的调整指数动态调整；（2）调整指数采取 $h=$（CPI 和工资增长率）/2 为基准指数方案，在此基础上初始养老金高的地区调整指数低一些为 $2/3\times h$，初始养老金中等的地区调整指数为 h，初始养老金低的地区调整指数为 $4/3\times h$，当不同年份退休队列指数化养老金收敛后采用统一基准指数方案。

不同退休队列收敛规律与随时间地区间收入差距缩小趋势有关。

随着地区间收入差距的缩小以及差异化的基础养老金调整指数设计（现行养老金水平低的地区快些涨，现行养老金水平高的地区慢些涨），方案 2 中的各地区基础养老金差距将不断缩小。为了验证这一变化规律，我们采用了基础养老金标准差系数指标进行分析。根据图 7—4 所示，无论参保职工哪一年进入退休年龄，各省之间的基础养老金标准差系数都在缩小，并且不同退休队列的基础养老金标准差系数下降到 2030 年左右进入稳定发展区间，这一规律与图 7—3 典型地区不同年份退休队列养老金收敛相一致。

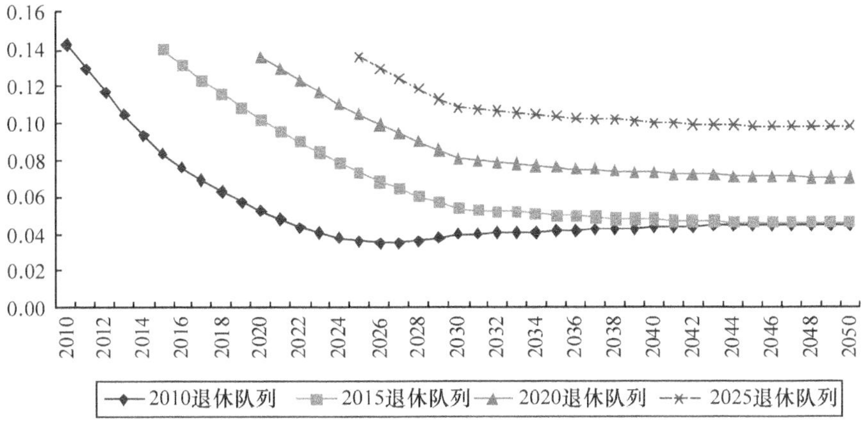

图 7—4　方案 2 各地区不同年份退休队列养老金标准差系数

注：同图 7—3。

方案 3 的不同年份退休队列养老金收敛效果及养老金标准差系数变动规律基本与方案 2 相一致，见图 7—5、图 7—6。

（二）养老保险全国统筹不同方案收支缺口财政补贴

1. 养老保险全国统筹不同方案收支缺口财政补贴模型

养老保险全国统筹不同方案收支缺口财政补贴是指当社会统筹基金累计盈余不能支付年度收支缺口时，国家财政开始对社会统筹进行缺口补助，具体收支缺口财政补贴见公式 7—13 和 7—14。

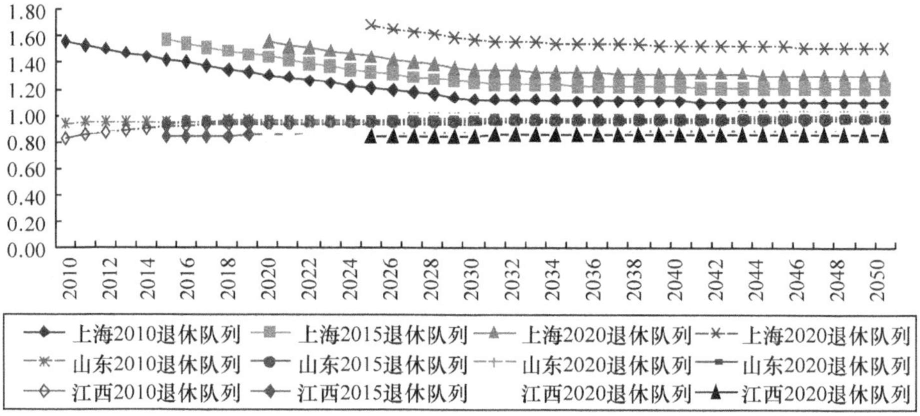

图 7—5　方案 3 典型地区不同年份退休队列养老金收敛

注：(1) 退休职工在按方案 3 计发办法领取初始养老金后，以后每年养老金给付在初始养老金基础上按照一定的调整指数动态调整；(2) 调整指数采取 $h=$（CPI 和工资增长率）/2 为基准指数方案，在此基础上初始养老金高的地区调整指数低一些为 $2/3\times h$，初始养老金中等的地区调整指数为 h，初始养老金低的地区调整指数为 $4/3\times h$，当不同年份退休队列指数化养老金收敛后采用统一基准指数方案。

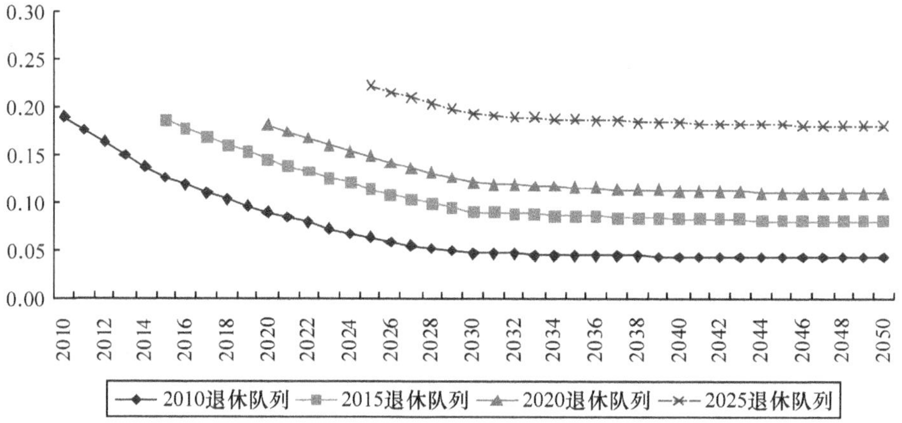

图 7—6　方案 3 各地区不同年份退休队列养老金标准差系数

注：同图 7—5。

首先，我们提炼出社会统筹基金累计盈余不能支付年度收支缺口的时点财政补贴公式，如下：

$$FS_n = \alpha[ZB_n - SB_n] + \sum_{t=2010}^{n} \alpha[SB(t) - ZB(t)] \quad (7—13)$$

其中，FS_n 表示社会统筹基金累计盈余不能支付年度收支缺口（如第 n 年）财政补贴，α 表示养老金全国统筹基金占全部社会统筹基金的比例，ZB_n 表示第 n 年基础养老金支出，SB_n 表示第 n 年基础养老金收入，$[ZB_n - SB_n]$ 表示第 n 年的基础养老金收支缺口，$\sum_{t=2010}^{n}[SB(t) - ZB(t)]$ 表示从 2010 年开始一直到第 n 年社会统筹累计盈余。

然后，我们提炼出社会统筹基金累计盈余出现亏损后（$t>n$）的财政年度补贴公式，由于累计盈余支付第 n 年收支缺口时已经出现亏损，并且这部分亏损已由第 n 年财政预算进行了补贴，那么在第 n 年之后财政只负担补助社会统筹的年度收支缺口，其公式如下：

$$FS_d = \alpha[ZB(t) - SB(t)], \ (t > n) \quad (7—14)$$

其中，FS_d 表示社会统筹年度收支缺口补贴，该补贴的时点（$t>n$）。

2. **分层平均统筹类型不同方案收支缺口财政补贴**

养老保险全国统筹分为两种类型，一是分层平均统筹类型，二是分比例统筹类型，这两种类型的财政缺口补贴内容并不相同。分层平均统筹类型主要涉及前文提及养老保险全国统筹方案 1、方案 2、方案 3 和方案 6，由中央财政对养老金累计盈余出现的亏损进行补贴（这几种方案已经实现社会统筹基金完全上解中央统一调剂使用）；分比例统筹类型主要涉及前文提及养老保险全国统筹方案 4 和方案 5，由中央财政对全国统筹所占比例的收支缺口进行补贴，由地方财政对省级统筹所占比例的收支缺口进行补贴。

（1）方案 1 社会统筹收支缺口财政补贴

根据公式 7—13、7—14 及方案 1 的基础养老金计发办法，我们统计出方案 1 的社会统筹收支缺口财政补贴，见表 7—16 和图 7—7。

表 7—16　　方案 1 社会统筹收支缺口财政补贴　　单位：亿元

年份	养老金收入	养老金支出	年度盈余	累计盈余	财政补贴
2010	13746.40	9522.74	4223.67	4223.67	0
2011	15359.02	10541.54	4817.48	9041.15	0

续表

年份	养老金收入	养老金支出	年度盈余	累计盈余	财政补贴
2012	17049.07	11681.78	5367.30	14408.44	0
2013	18864.94	12957.09	5907.85	20316.29	0
2014	20805.96	14383.86	6422.10	26738.40	0
2015	22868.48	15977.24	6891.24	33629.63	0
2016	24945.97	17655.04	7290.94	40920.57	0
2017	27117.94	19509.07	7608.88	48529.45	0
2018	29395.27	21576.66	7818.61	56348.06	0
2019	31797.89	23908.48	7889.41	64237.47	0
2020	34341.84	26549.93	7791.91	72029.38	0
2021	36841.68	29278.96	7562.73	79592.10	0
2022	39459.16	32429.66	7029.50	86621.60	0
2023	42197.45	36021.59	6175.86	92797.47	0
2024	45048.88	40064.31	4984.57	97782.04	0
2025	47988.50	44568.34	3420.16	101202.20	0
2026	50856.02	49036.39	1819.62	103021.82	0
2027	53804.34	53875.79	−71.46	102950.36	0
2028	56878.27	59052.74	−2174.48	100775.89	0
2029	60152.37	64492.77	−4340.40	96435.49	0
2030	63651.62	70105.98	−6454.36	89981.13	0
2031	67230.12	75380.24	−8150.12	81831.00	0
2032	71080.39	81027.12	−9946.72	71884.28	0
2033	75195.55	87038.17	−11842.62	60041.66	0
2034	79531.11	93443.77	−13912.66	46129.00	0
2035	84040.87	100509.22	−16468.35	29660.66	0
2036	88504.29	106588.85	−18084.55	11576.10	0
2037	93124.65	112821.33	−19696.68	−8120.58	8120.58
2038	97855.18	119206.86	−21351.68	−29472.26	21351.68
2039	102618.55	125880.49	−23261.94	−52734.20	23261.94
2040	107343.48	132952.47	−25608.99	−78343.19	25608.99
2041	111673.62	139270.45	−27596.83	−105940.01	27596.83
2042	116336.82	146256.11	−29919.29	−135859.31	29919.29

续表

年份	养老金收入	养老金支出	年度盈余	累计盈余	财政补贴
2043	120391.69	153890.02	−33498.34	−169357.64	33498.34
2044	124309.19	162099.32	−37790.13	−207147.78	37790.13
2045	128090.56	170777.84	−42687.28	−249835.06	42687.28
2046	131479.53	177581.40	−46101.87	−295936.92	46101.87
2047	134684.33	184756.23	−50071.90	−346008.83	50071.90
2048	137791.98	192071.52	−54279.54	−400288.37	54279.54
2049	140944.01	199116.19	−58172.18	−458460.55	58172.18
2050	144240.44	205744.13	−61503.68	−519964.23	61503.68

资料来源：根据表7—13和表7—15及公式7—13、7—14计算所得。

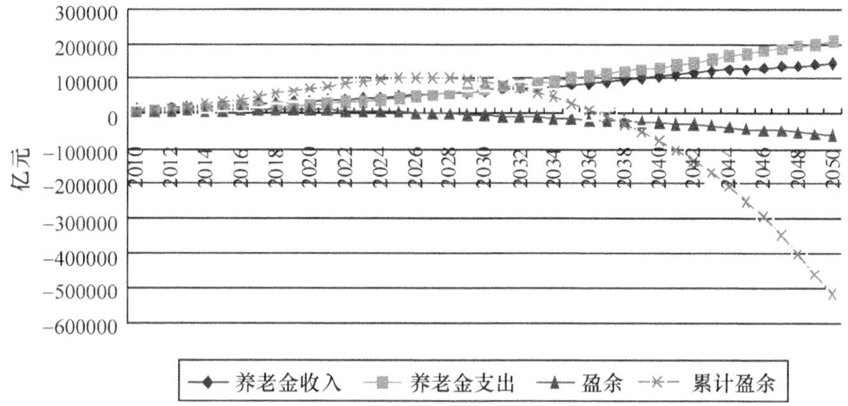

图7—7 方案1社会统筹收支缺口财政补贴

资料来源：表7—16。

（2）方案2社会统筹收支缺口财政补贴

根据公式7—13、7—14及方案2的基础养老金计发办法，我们统计出方案2的社会统筹收支缺口财政补贴，见表7—17和图7—8。

表7—17　　方案2社会统筹收支缺口财政补贴　　单位：亿元

年份	养老金收入	养老金支出	年度盈余	累计盈余	财政补贴
2010	13746.40	9573.67	4172.74	4172.74	0
2011	15359.02	10624.46	4734.56	8907.29	0
2012	17049.07	11802.14	5246.93	14154.23	0

续表

年份	养老金收入	养老金支出	年度盈余	累计盈余	财政补贴
2013	18864.94	13120.97	5743.97	19898.20	0
2014	20805.96	14598.01	6207.95	26106.15	0
2015	22868.48	16249.08	6619.40	32725.55	0
2016	24945.97	17991.26	6954.71	39680.26	0
2017	27117.94	19917.89	7200.06	46880.32	0
2018	29395.27	22067.10	7328.17	54208.49	0
2019	31797.89	24490.58	7307.31	61515.80	0
2020	34341.84	27234.95	7106.89	68622.69	0
2021	36841.68	30071.29	6770.39	75393.08	0
2022	39459.16	33344.73	6114.43	81507.52	0
2023	42197.45	37077.03	5120.42	86627.93	0
2024	45048.88	41279.91	3768.98	90396.91	0
2025	47988.50	45966.43	2022.07	92418.99	0
2026	50856.02	50628.25	227.77	92646.75	0
2027	53804.34	55681.65	−1877.32	90769.44	0
2028	56878.27	61090.70	−4212.43	86557.01	0
2029	60152.37	66779.24	−6626.86	79930.14	0
2030	63651.62	72650.10	−8998.49	70931.66	0
2031	67230.12	78198.43	−10968.31	59963.35	0
2032	71080.39	84139.95	−13059.55	46903.80	0
2033	75195.55	90473.70	−15278.15	31625.64	0
2034	79531.11	97233.26	−17702.15	13923.49	0
2035	84040.87	104657.97	−20617.09	−6693.60	6693.60
2036	88504.29	111110.47	−22606.18	−29299.78	22606.18
2037	93124.65	117737.63	−24612.98	−53912.76	24612.98
2038	97855.18	124550.86	−26695.68	−80608.44	26695.68
2039	102618.55	131687.42	−29068.87	−109677.31	29068.87
2040	107343.48	139255.07	−31911.59	−141588.90	31911.59
2041	111673.62	146094.56	−34420.94	−176009.84	34420.94
2042	116336.82	153639.82	−37303.01	−213312.84	37303.01
2043	120391.69	161870.07	−41478.38	−254791.23	41478.38

续表

年份	养老金收入	养老金支出	年度盈余	累计盈余	财政补贴
2044	124309.19	170711.28	－46402.09	－301193.32	46402.09
2045	128090.56	180058.47	－51967.91	－353161.23	51967.91
2046	131479.53	187521.58	－56042.05	－409203.28	56042.05
2047	134684.33	195382.03	－60697.70	－469900.99	60697.70
2048	137791.98	203402.83	－65610.85	－535511.84	65610.85
2049	140944.01	211173.13	－70229.12	－605740.96	70229.12
2050	144240.44	218515.20	－74274.76	－680015.72	74274.76

资料来源：根据表 7—13 和表 7—15 及公式 7—13、7—14 计算所得。

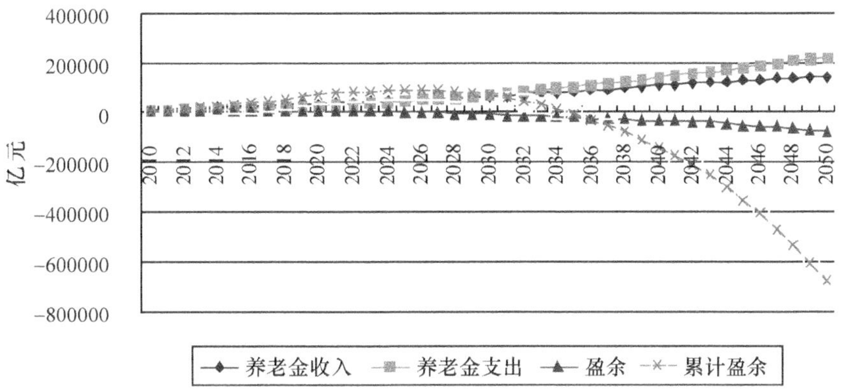

图 7—8　方案 2 社会统筹收支缺口财政补贴

资料来源：表 7—17。

（3）方案 3 社会统筹收支缺口财政补贴

根据公式 7—13、7—14 及方案 3 的基础养老金计发办法，我们统计出方案 2 的社会统筹收支缺口财政补贴，见表 7—18 和图 7—9。

表 7—18　　方案 3 社会统筹收支缺口财政补贴　　单位：亿元

年份	养老金收入	养老金支出	年度盈余	累计盈余	财政补贴
2010	13746.40	9590.65	4155.76	4155.76	0
2011	15359.02	10637.84	4721.18	8876.94	0
2012	17049.07	11811.43	5237.64	14114.58	0
2013	18864.94	13125.68	5739.27	19853.85	0

续表

年份	养老金收入	养老金支出	年度盈余	累计盈余	财政补贴
2014	20805.96	14597.59	6208.37	26062.22	0
2015	22868.48	16242.99	6625.49	32687.71	0
2016	24945.97	17978.95	6967.02	39654.73	0
2017	27117.94	19898.83	7219.12	46873.85	0
2018	29395.27	22040.81	7354.46	54228.31	0
2019	31797.89	24456.61	7341.28	61569.60	0
2020	34341.84	27192.87	7148.97	68718.57	0
2021	36841.68	30021.22	6820.46	75539.03	0
2022	39459.16	33286.11	6173.05	81712.08	0
2023	42197.45	37009.15	5188.30	86900.38	0
2024	45048.88	41201.79	3847.09	90747.47	0
2025	47988.50	45876.94	2111.56	92859.04	0
2026	50856.02	50527.17	328.85	93187.89	0
2027	53804.34	55569.15	−1764.81	91423.07	0
2028	56878.27	60966.47	−4088.20	87334.87	0
2029	60152.37	66643.25	−6490.87	80844.00	0
2030	63651.62	72503.05	−8851.44	71992.56	0
2031	67230.12	78038.26	−10808.14	61184.42	0
2032	71080.39	83966.77	−12886.37	48298.05	0
2033	75195.55	90286.97	−15091.43	33206.62	0
2034	79531.11	97032.51	−17501.40	15705.22	0
2035	84040.87	104447.83	−20406.96	−4701.74	4701.74
2036	88504.29	110887.20	−22382.91	−27084.65	22382.91
2037	93124.65	117501.67	−24377.02	−51461.67	24377.02
2038	97855.18	124301.46	−26446.27	−77907.94	26446.27
2039	102618.55	131424.63	−28806.08	−106714.02	28806.08
2040	107343.48	138980.30	−31636.82	−138350.84	31636.82
2041	111673.62	145802.48	−34128.86	−172479.71	34128.86
2042	116336.82	153333.17	−36996.35	−209476.06	36996.35
2043	120391.69	161552.13	−41160.44	−250636.50	41160.44
2044	124309.19	170385.40	−46076.21	−296712.71	46076.21

续表

年份	养老金收入	养老金支出	年度盈余	累计盈余	财政补贴
2045	128090.56	179727.27	－51636.71	－348349.42	51636.71
2046	131479.53	187173.05	－55693.52	－404042.95	55693.52
2047	134684.33	195018.81	－60334.48	－464377.42	60334.48
2048	137791.98	203026.30	－65234.32	－529611.74	65234.32
2049	140944.01	210780.38	－69836.37	－599448.11	69836.37
2050	144240.44	218106.05	－73865.61	－673313.72	73865.61

资料来源：根据表 7—13 和表 7—15 及公式 7—13、7—14 计算所得。

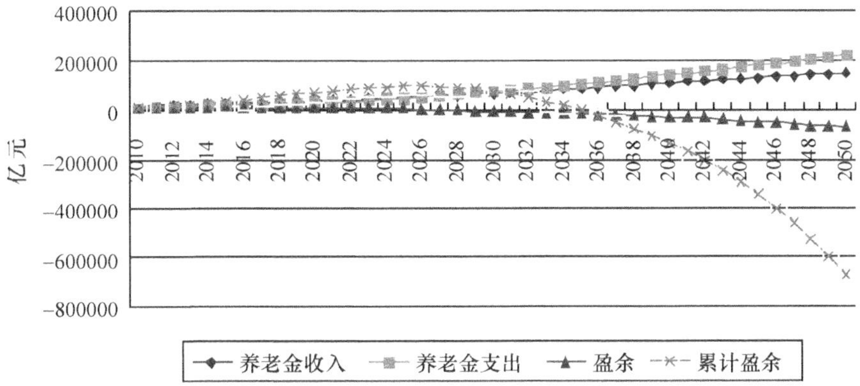

图 7—9　方案 3 社会统筹收支缺口财政补贴

资料来源：表 7—18。

（4）方案 6 社会统筹收支缺口财政补贴

根据公式 7—13、7—14 及方案 6 的基础养老金计发办法，我们统计出方案 6 的社会统筹收支缺口财政补贴，见表 7—19 和图 7—10。

表 7—19　　方案 6 社会统筹收支缺口财政补贴　　单位：亿元

年份	养老金收入	养老金支出	年度盈余	累计盈余	财政补贴
2010	13746.40	9471.52	4274.88	4274.88	0
2011	15359.02	10479.54	4879.48	9154.36	0
2012	17049.07	11610.19	5438.88	14593.25	0
2013	18864.94	12877.61	5987.34	20580.58	0
2014	20805.96	14298.78	6507.19	27087.77	0

续表

年份	养老金收入	养老金支出	年度盈余	累计盈余	财政补贴
2015	22868.48	15889.64	6978.84	34066.61	0
2016	24945.97	17568.91	7377.06	41443.67	0
2017	27117.94	19429.14	7688.80	49132.48	0
2018	29395.27	21508.88	7886.39	57018.87	0
2019	31797.89	23860.42	7937.47	64956.33	0
2020	34341.84	26531.00	7810.84	72767.17	0
2021	36841.68	29300.80	7540.89	80308.06	0
2022	39459.16	32504.21	6954.95	87263.01	0
2023	42197.45	36162.32	6035.12	93298.13	0
2024	45048.88	40285.95	4762.93	98061.06	0
2025	47988.50	44886.77	3101.74	101162.80	0
2026	50856.02	49461.94	1394.07	102556.87	0
2027	53804.34	54427.38	−623.05	101933.83	0
2028	56878.27	59750.09	−2871.82	99062.00	0
2029	60152.37	65355.35	−5202.98	93859.03	0
2030	63651.62	71155.28	−7503.66	86355.37	0
2031	67230.12	76609.29	−9379.17	76976.20	0
2032	71080.39	82457.88	−11377.49	65598.71	0
2033	75195.55	88688.86	−13493.31	52105.40	0
2034	79531.11	95333.68	−15802.57	36302.83	0
2035	84040.87	102690.46	−18649.58	17653.24	0
2036	88504.29	109020.50	−20516.21	−2862.97	2862.97
2037	93124.65	115516.17	−22391.52	−25254.49	22391.52
2038	97855.18	122170.87	−24315.69	−49570.18	24315.69
2039	102618.55	129126.86	−26508.31	−76078.49	26508.31
2040	107343.48	136503.43	−29159.94	−105238.43	29159.94
2041	111673.62	143081.74	−31408.12	−136646.55	31408.12
2042	116336.82	150363.00	−34026.18	−170672.73	34026.18
2043	120391.69	158329.04	−37937.35	−208610.08	37937.35
2044	124309.19	166904.13	−42594.94	−251205.02	42594.94
2045	128090.56	175975.14	−47884.58	−299089.60	47884.58

续表

年份	养老金收入	养老金支出	年度盈余	累计盈余	财政补贴
2046	131479.53	183066.36	−51586.83	−350676.44	51586.83
2047	134684.33	190551.36	−55867.03	−406543.47	55867.03
2048	137791.98	198186.73	−60394.75	−466938.22	60394.75
2049	140944.01	205532.28	−64588.27	−531526.49	64588.27
2050	144240.44	212447.14	−68206.69	−599733.18	68206.69

资料来源：根据表 7—13 和表 7—15 及公式 7—13、7—14 计算所得。

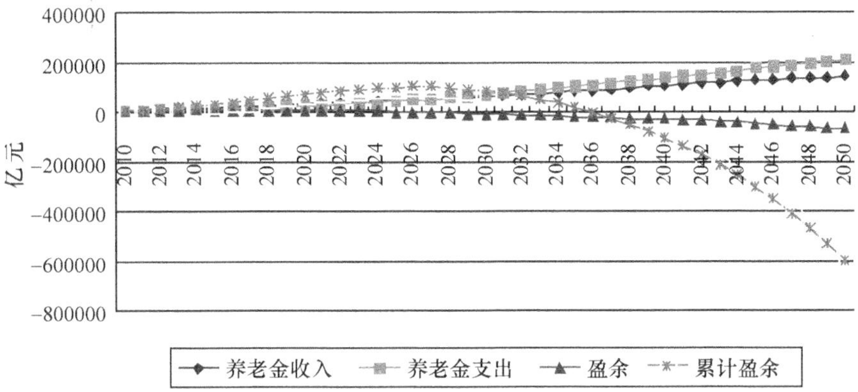

图 7—10　方案 6 社会统筹收支缺口财政补贴

资料来源：表 7—19。

3. 分比例统筹类型不同方案收支缺口财政补贴

分比例统筹类型下，各地区按照一定比例将社会统筹基金上解到中央账户实行全国统筹，中央财政仅对全国统筹基金的收支缺口进行补助，地方财政对未上解中央的社会统筹基金收支缺口进行补助。其中，方案 4 是将社会统筹替代率 15%拿到中央统筹账户，按照全国平均工资计发养老金，剩余的 15%留存地方统筹账户，按照省级统筹标准计发养老金；方案 5 是将社会统筹替代率 10%拿到中央统筹账户，按照全国平均工资计发养老金，剩余的 20%留存地方统筹账户，按照省级统筹标准计发养老金。

（1）方案 4 社会统筹收支缺口财政补贴

根据公式 7—13、7—14 及方案 4 的基础养老金计发办法，我们统计出方案 4 的社会统筹收支缺口财政补贴，分为全国统筹的中央账户养老金收支缺口补贴和省级统筹的地方账户养老金收支缺口补贴，见表 7—20 和图 7—11。

表 7—20　　方案 4 社会统筹收支缺口财政补贴　　单位：亿元

年份	中央账户养老金收入	中央账户养老金支出	中央账户收支财政补贴	地方账户养老金收入	地方账户养老金支出	地方账户收支财政补贴
2010	6873.20	4761.37	0	6873.20	4735.76	0
2011	7679.51	5261.27	0	7679.51	5239.77	0
2012	8524.54	5820.89	0	8524.54	5805.09	0
2013	9432.47	6446.96	0	9432.47	6438.80	0
2014	10402.98	7147.58	0	10402.98	7149.39	0
2015	11434.24	7930.26	0	11434.24	7944.82	0
2016	12472.99	8754.11	0	12472.99	8784.46	0
2017	13558.97	9664.84	0	13558.97	9714.57	0
2018	14697.64	10681.03	0	14697.64	10754.44	0
2019	15898.95	11827.92	0	15898.95	11930.21	0
2020	17170.92	13128.08	0	17170.92	13265.50	0
2021	18420.84	14472.06	0	18420.84	14650.40	0
2022	19729.58	16024.65	0	19729.58	16252.11	0
2023	21098.72	17795.31	0	21098.72	18081.16	0
2024	22524.44	19788.50	0	22524.44	20142.98	0
2025	23994.25	22009.16	0	23994.25	22443.38	0
2026	25428.01	24211.01	0	25428.01	24730.97	0
2027	26902.17	26596.64	0	26902.17	27213.69	0
2028	28439.13	29149.39	0	28439.13	29875.04	0
2029	30076.19	31832.55	0	30076.19	32677.67	0
2030	31825.81	34602.67	0	31825.81	35577.64	0
2031	33615.06	37201.58	0	33615.06	38304.64	0
2032	35540.20	39985.61	0	35540.20	41228.94	0
2033	37597.77	42949.46	0	37597.77	44344.43	0
2034	39765.56	46108.21	0	39765.56	47666.84	0
2035	42020.44	49600.21	0	42020.44	51345.23	0
2036	44252.15	52598.32	0	44252.15	54510.25	1431.48

续表

年份	中央账户养老金收入	中央账户养老金支出	中央账户收支财政补贴	地方账户养老金收入	地方账户养老金支出	地方账户收支财政补贴
2037	46562.32	55672.76	0	46562.32	57758.09	11195.76
2038	48927.59	58822.01	5977.75	48927.59	61085.44	12157.84
2039	51309.27	62114.01	10804.73	51309.27	64563.43	13254.16
2040	53671.74	65605.00	11933.26	53671.74	68251.71	14579.97
2041	55836.81	68717.59	12880.78	55836.81	71540.87	15704.06
2042	58168.41	72164.35	13995.94	58168.41	75181.50	17013.09
2043	60195.84	75936.27	15740.43	60195.84	79164.52	18968.67
2044	62154.59	79997.43	17842.84	62154.59	83452.06	21297.47
2045	64045.28	84294.76	20249.49	64045.28	87987.57	23942.29
2046	65739.76	87656.81	21917.05	65739.76	91533.18	25793.42
2047	67342.16	91207.75	23865.59	67342.16	95275.68	27933.51
2048	68895.99	94832.75	25936.76	68895.99	99093.37	30197.38
2049	70472.00	98325.24	27853.24	70472.00	102766.14	32294.13
2050	72120.22	101616.40	29496.18	72120.22	106223.57	34103.35

资料来源：根据表7—13和表7—15及公式7—13、7—14计算所得。

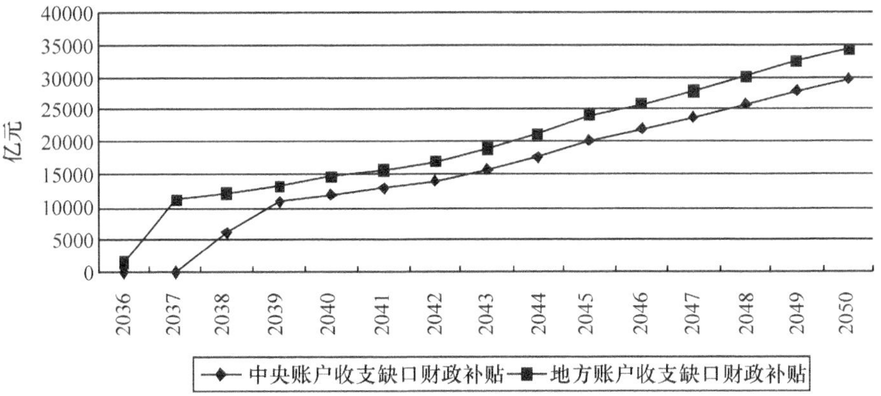

图7—11　方案4社会统筹收支缺口财政补贴

资料来源：表7—20。

（2）方案5社会统筹收支缺口财政补贴

根据公式7—13、7—14及方案5的基础养老金计发办法，我们统计出方案 5 的社会统筹收支缺口财政补贴，分为全国统筹的中央账户养老金收支缺口补贴和省级统筹的地方账户养老金收支缺口补贴，见表 7—21 和图 7—12。

表 7—21　　方案 5 社会统筹收支缺口财政补贴　　单位：亿元

年份	中央账户养老金收入	中央账户养老金支出	中央账户收支财政补贴	地方账户养老金收入	地方账户养老金支出	地方账户收支财政补贴
2010	4582.13	3174.25	0	9164.27	6314.35	0
2011	5119.67	3507.51	0	10239.35	6986.36	0
2012	5683.02	3880.59	0	11366.05	7740.13	0
2013	6288.31	4297.97	0	12576.63	8585.07	0
2014	6935.32	4765.05	0	13870.64	9532.52	0
2015	7622.83	5286.84	0	15245.66	10593.09	0
2016	8315.32	5836.07	0	16630.65	11712.61	0
2017	9039.31	6443.22	0	18078.63	12952.76	0
2018	9798.42	7120.68	0	19596.85	14339.25	0
2019	10599.30	7885.28	0	21198.60	15906.95	0
2020	11447.28	8752.06	0	22894.56	17687.33	0
2021	12280.56	9648.04	0	24561.12	19533.86	0
2022	13153.05	10683.10	0	26306.11	21669.47	0
2023	14065.82	11863.54	0	28131.63	24108.22	0
2024	15016.29	13192.33	0	30032.59	26857.30	0
2025	15996.17	14672.77	0	31992.33	29924.51	0
2026	16952.01	16140.68	0	33904.01	32974.63	0
2027	17934.78	17731.09	0	35869.56	36284.92	0
2028	18959.42	19432.93	0	37918.84	39833.39	0
2029	20050.79	21221.70	0	40101.58	43570.23	0
2030	21217.21	23068.45	0	42434.41	47436.85	0
2031	22410.04	24801.05	0	44820.08	51072.86	0
2032	23693.46	26657.07	0	47386.93	54971.92	0
2033	25065.18	28632.97	0	50130.37	59125.91	0
2034	26510.37	30738.80	0	53020.74	63555.79	0
2035	28013.62	33066.80	0	56027.25	68460.31	0
2036	29501.43	35065.55	0	59002.86	72680.33	1908.64

续表

年份	中央账户养老金收入	中央账户养老金支出	中央账户收支财政补贴	地方账户养老金收入	地方账户养老金支出	地方账户收支财政补贴
2037	31041.55	37115.17	0	62083.10	77010.78	14927.68
2038	32618.39	39214.68	3985.17	65236.79	81447.25	16210.46
2039	34206.18	41409.34	7203.16	68412.37	86084.57	17672.21
2040	35781.16	43736.67	7955.51	71562.32	91002.28	19439.96
2041	37224.54	45811.73	8587.19	74449.08	95387.82	20938.74
2042	38778.94	48109.57	9330.63	77557.88	100242.00	22684.12
2043	40130.56	50624.18	10493.62	80261.12	105552.69	25291.57
2044	41436.40	53331.62	11895.23	82872.79	111269.42	28396.63
2045	42696.85	56196.51	13499.66	85393.70	117316.76	31923.05
2046	43826.51	58437.87	14611.37	87653.02	122044.24	34391.22
2047	44894.78	60805.17	15910.39	89789.55	127034.24	37244.69
2048	45930.66	63221.83	17291.17	91861.32	132124.49	40263.17
2049	46981.34	65550.16	18568.82	93962.67	137021.52	43058.85
2050	48080.15	67744.27	19664.12	96160.30	141631.42	45471.13

资料来源：根据表7—13和表7—15及公式7—13、7—14计算所得。

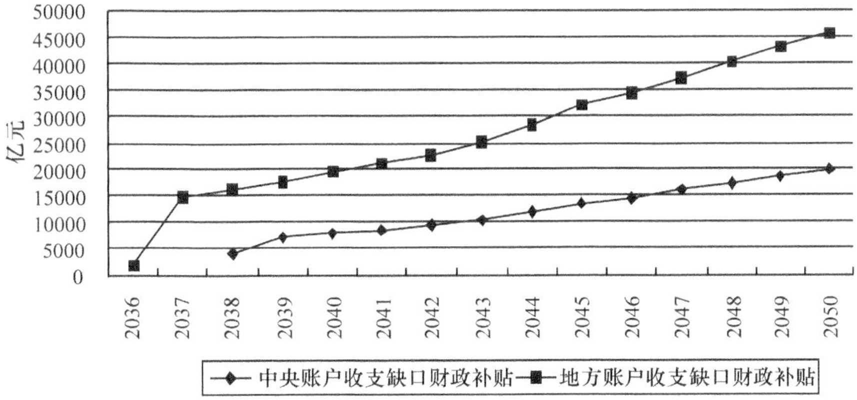

图7—12　方案5社会统筹收支缺口财政补贴

资料来源：表7—21。

（三）养老保险全国统筹不同方案收支缺口财政补贴适度性分析

通过对全国统筹不同方案财政补贴水平的比较，我们发现分比例统筹类型下的中央财政补贴水平要小于分层平均统筹类型下的中央财政补贴水平（见图7—13），这是因为在分层平均统筹类型中养老基金全部拿到中央账户在全国范围调剂使用，中央账户里面出现的收支缺口由中央财政负责补助，而在分比例统筹类型中养老金基金的一部分（10%或15%替代率基金）拿到中央账户在全国范围调剂使用，中央账户里面出现的收支缺口由中央财政负责补助，剩下的养老基金留存省级统筹调剂使用，其缺口由地方财政负责补助，所以在分比例统筹类型中中央财政对养老金收支缺口的补助负担较轻。

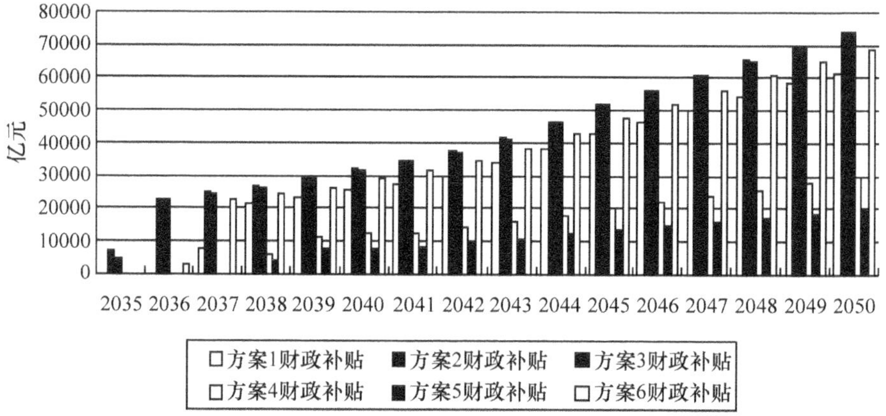

图7—13 全国统筹不同方案收支缺口中央财政补贴水平比较

资料来源：表7—16、表7—17、表7—18、表7—19、表7—20、表7—21。

同时，为了评价分层平均统筹类型和分比例统筹类型的社会统筹收支缺口财政补贴适度性状况，我们将两种类型下六种全国统筹方案的收支缺口财政补贴转化为收支缺口财政补贴占中央财政支出的相对水平系数，并将其与城镇养老保险中央财政支出适度水平进行比较，见图7—14。分比例统筹类型的社会统筹收支缺口财政补贴水平一直在城镇养老保险财政支出适度水平区间内，但分层平均统筹类型的社会统筹收支缺口财政补贴水平在 2040 年前后开始超过城镇养老保险中央财政支出适度水平。同时我们还发现，分比例统筹类型的社会统筹收支缺口出现的时间较晚，约从 2038 年前后开始需要中央财政对收支缺口进行补贴，而分层平均统筹类型的社会统筹收支缺口出现的时间较早，约从 2035 年前后先后需要中央财政对收支缺口进行补贴。

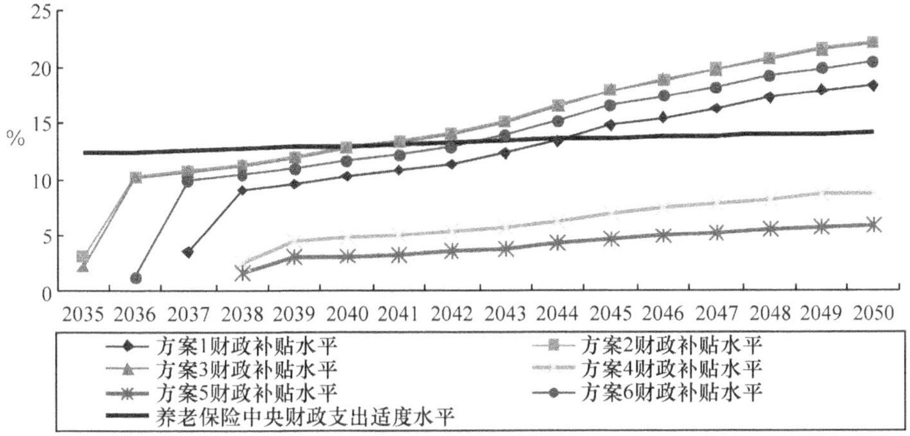

图 7—14　全国统筹不同方案收支缺口中央财政补贴水平适度性状况

注：(1) 中央财政支出水平按全国财政支出中央与地方 4.5∶5.5 方案计算；(2) 这里财政补贴水平是指不同方案的财政补贴支出占中央财政支出的比重系数。

特别应当指出的是在分比例统筹类型中，省级统筹基金的收支同样会存在缺口，这部分缺口应由地方财政进行补贴。我们将分比例统筹类型中省级统筹的地方账户收支缺口财政补贴转化为收支缺口财政补贴占地方财政支出的相对水平系数，并将其与城镇养老保险地方财政支出适度水平进行比较，见图 7—15。分比例统筹类型的社会统筹地方账户收支缺口财政补贴水平一直在城镇养老保险地方财政支出适度水平区间内，这其中在 2038 年之前方案 4 比方案 5 地方财政补贴水平要高，在 2038 年之后方案 4 比方案 5 地方财政补贴水平要低。

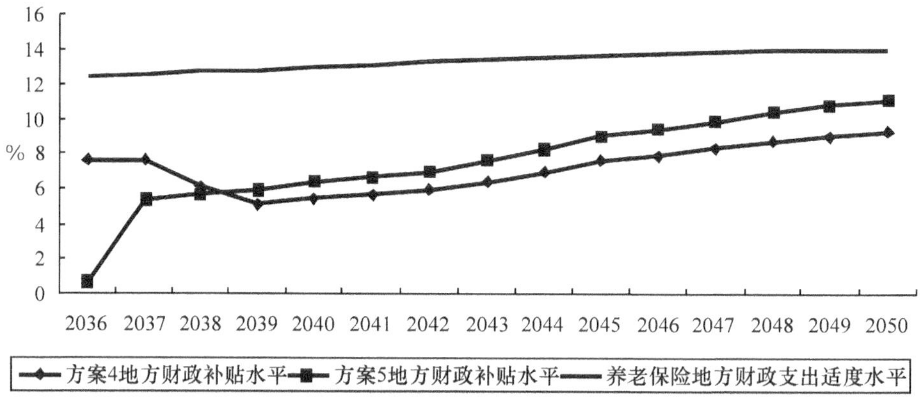

图 7—15　分比例统筹类型地方财政补贴水平适度性状况

注：(1) 中央财政支出水平按全国财政支出中央与地方 4.5∶5.5 方案计算；(2) 这里财政补贴水平是指不同方案的财政补贴支出占中央财政支出的比重系数。

五、养老保险全国统筹福利损失梯度补贴水平及适度性分析

在养老保险分层平均全国统筹类型中，可能导致现行养老金水平高的地区基础养老金给付标准出现下降，这意味着现行养老金水平高的地区退休职工在全国统筹中或存在福利损失，国家财政有责任对养老金改革过程中福利受损人群提供财政补偿，那么这部分人群的福利损失补贴即为养老保险全国统筹福利损失梯度补贴。未来随着区域经济的协调发展，省际间的基础养老金差距将逐步缩小，国家财政对全国统筹福利受损者的补贴并不会无限扩大。

（一）养老保险分层平均全国统筹类型福利损失预测

1. 分层平均全国统筹类型福利损失模型

分层平均全国统筹类型福利损失是指针对高养老金水平地区在全国统筹中基础养老金给付下降的部分，这个给付下降的部分是通过比较全国统筹前

后的基础养老金给付差距来度量的，见公式7—15。

$$S_w = ZB(t)_{统筹后} - ZB(t)_{统筹前} \quad (7—15)$$

其中，S_w表示分层平均全国统筹类型养老金福利损失，$ZB(t)_{统筹后}$表示全国统筹后养老金支出，$ZB(t)_{统筹前}$表示全国统筹前仍坚持省级统筹的养老金支出。

如果$S_w<0$，那么表示该地区在全国统筹中是养老金福利的受损者。如果$S_w>0$，那么表示该地区在全国统筹中是养老金福利的受益者，国家财政主要对养老金福利受损者进行补助（见图7—16）。

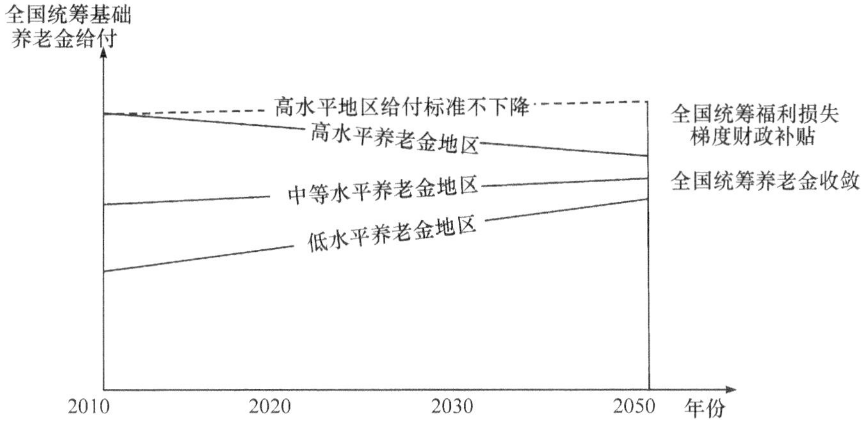

图7—16　分层平均全国统筹类型福利损失财政补贴示意图

2. 分层平均全国统筹类型福利损失测算及分析

分层平均全国统筹类型福利损失是指针对高养老金水平地区在全国统筹中基础养老金给付下降的部分，这个给付下降的部分是通过比较全国统筹前后的基础养老金给付差距来度量的。根据养老金计发办法，在分层平均全国统筹类型中涉及福利损失的有方案1、方案2和方案3。方案6是沿用计划经济时期工资趋同条件下的养老金计发办法，是未来经济协调发展工资收入差距缩小时的理想方案，以个人工资为基数计发基础养老金，不具有收入再分配的福利损失效果，这里对其不进行单独讨论。

根据公式7—15及养老金给付及调整指数基础数据，我们统计出方案1全国统筹福利损失地区有12个，这其中内蒙古、重庆、陕西一开始全国统筹后并不存在福利损失，之后随着这些地区工资水平的上涨才出现福利损失（见表7—22）；方案2全国统筹福利损失地区有13个，这其中内蒙古、辽宁、浙江、广东、陕西、青海一开始全国统筹后并不存在福利损失，之后随着这些地区工资水平的上涨才出现福利损失，内蒙古、陕西一开始存在福利损失，之后则不存在福利损失（见表7—23）；方案3全国统筹福利损失地区有15个，这其中辽宁、浙江、山东、广东、青海一开始全国统筹后并不存在福利损失，之后随着这些地区工资水平的上涨才出现福利损失，而内蒙古、安徽、陕西一开始存在福利损失，之后则不存在福利损失（见表7—24）。

表7—22　　方案1全国统筹福利损失地区及水平　　单位：亿元

年份	全国	北京	天津	内蒙古	上海	江苏	浙江	广东	重庆	西藏	陕西	青海	宁夏
2010	843	206	60	NA	361	75	64	72	NA	2	NA	1	1
2011	925	226	67	NA	394	83	70	80	NA	2	NA	1	2
2012	1016	249	74	NA	431	91	77	89	NA	3	NA	1	2
2013	1117	275	83	NA	470	100	85	99	NA	3	NA	1	2
2014	1230	303	92	NA	514	111	93	110	NA	3	NA	1	2
2015	1355	335	102	NA	562	122	103	123	NA	3	NA	1	3
2016	1485	368	113	NA	611	134	113	137	NA	4	NA	1	3
2017	1628	404	125	NA	665	147	125	153	NA	4	NA	2	3
2018	1786	444	138	NA	723	162	137	171	NA	5	NA	2	4
2019	1964	489	153	NA	788	179	152	192	NA	5	NA	2	4
2020	2164	540	170	NA	860	198	168	215	NA	6	NA	2	5
2021	2372	592	188	NA	932	217	185	240	4	6	NA	3	5
2022	2613	652	208	NA	1015	240	204	270	10	7	NA	3	6
2023	2888	720	230	NA	1108	266	227	304	17	7	NA	3	7
2024	3197	797	256	NA	1211	295	252	343	25	8	NA	4	7
2025	3541	882	284	NA	1325	327	281	387	34	9	NA	4	8
2026	3879	965	312	NA	1434	359	309	432	45	10	NA	5	9
2027	4245	1055	342	NA	1551	393	340	481	57	11	NA	6	10
2028	4635	1151	374	NA	1673	430	373	534	71	12	NA	7	11
2029	5045	1252	407	1	1799	468	408	591	86	13	NA	7	12

续表

年份	全国	北京	天津	内蒙古	上海	江苏	浙江	广东	重庆	西藏	陕西	青海	宁夏
2030	5469	1354	442	4	1927	508	444	651	103	14	1	8	14
2031	5872	1450	474	8	2043	545	478	708	120	15	7	9	15
2032	6303	1553	508	12	2167	585	515	769	138	16	14	10	16
2033	6762	1662	544	16	2298	628	554	835	158	17	21	11	17
2034	7252	1778	583	21	2436	673	596	906	180	18	29	12	18
2035	7792	1906	626	27	2587	723	643	985	205	19	39	14	20
2036	8256	2015	662	32	2713	766	683	1054	228	21	48	15	21
2037	8731	2126	699	37	2842	809	724	1125	251	22	57	16	22
2038	9219	2240	738	42	2974	854	766	1198	275	23	67	17	24
2039	9729	2360	777	48	3112	901	810	1275	301	24	77	18	25
2040	10270	2487	820	54	3259	951	857	1356	327	25	88	20	26
2041	10753	2600	857	59	3389	996	899	1428	351	27	98	21	28
2042	11288	2725	899	65	3535	1045	946	1509	377	28	108	22	29
2043	11874	2862	944	72	3695	1099	997	1596	406	29	119	23	31
2044	12505	3010	993	78	3868	1158	1051	1691	436	31	132	25	32
2045	13173	3167	1045	85	4052	1219	1110	1790	468	32	144	27	34
2046	13696	3290	1085	90	4197	1268	1155	1868	493	34	154	28	35
2047	14249	3420	1128	96	4351	1319	1203	1949	519	35	164	29	37
2048	14813	3553	1172	101	4510	1371	1252	2032	544	36	174	30	38
2049	15358	3681	1215	106	4665	1421	1298	2111	568	38	182	32	40
2050	15871	3803	1255	111	4814	1468	1342	2184	590	39	190	33	41

资料来源：根据公式 7—15 及养老金给付调整指数等相关参数预测而得。

表 7—23　　方案 2 全国统筹福利损失地区及水平　　单位：亿元

年份	全国	北京	天津	内蒙古	辽宁	上海	江苏	浙江	广东	重庆	西藏	陕西	青海	宁夏
2010	397	115	36	5	NA	198	38	NA	NA	2	1	1	NA	2
2011	450	132	43	3	NA	225	41	1	NA	2	1	NA	NA	3
2012	516	150	51	1	NA	254	45	9	NA	2	1	NA	NA	3
2013	590	171	59	NA	NA	285	50	17	NA	3	1	NA	NA	3
2014	671	193	69	NA	NA	318	55	27	NA	4	2	NA	NA	3
2015	761	218	79	NA	NA	355	60	38	NA	5	2	NA	NA	4
2016	855	244	90	NA	NA	392	66	50	NA	7	2	NA	NA	4

续表

年份	全国	北京	天津	内蒙古	辽宁	上海	江苏	浙江	广东	重庆	西藏	陕西	青海	宁夏
2017	967	273	102	NA	NA	431	72	63	9	9	2	NA	NA	5
2018	1095	304	116	NA	NA	474	79	78	26	12	3	NA	NA	5
2019	1237	338	130	NA	NA	520	87	94	44	15	3	NA	NA	6
2020	1395	376	146	NA	NA	570	97	112	65	19	3	NA	NA	6
2021	1556	415	163	NA	NA	619	106	131	88	24	4	NA	NA	7
2022	1739	459	181	NA	NA	674	116	152	115	30	4	NA	NA	8
2023	1946	508	202	NA	NA	736	128	176	146	37	5	NA	NA	8
2024	2179	563	225	NA	NA	803	142	204	183	45	5	NA	NA	9
2025	2440	623	250	NA	NA	877	157	235	228	55	6	NA	NA	10
2026	2706	683	276	NA	NA	949	172	268	277	65	6	NA	NA	11
2027	2994	747	303	NA	NA	1025	188	304	332	76	7	NA	NA	12
2028	3303	816	332	NA	NA	1104	204	344	394	88	8	NA	NA	13
2029	3630	887	363	NA	NA	1186	222	387	462	101	9	NA	NA	14
2030	3968	960	394	NA	NA	1268	241	431	536	115	9	NA	NA	15
2031	4311	1031	425	NA	NA	1348	258	480	615	129	10	NA	0	15
2032	4679	1108	457	NA	NA	1434	276	532	701	143	11	NA	0	16
2033	5077	1189	492	NA	NA	1526	296	590	795	159	12	NA	1	17
2034	5509	1277	530	NA	NA	1625	317	654	898	176	13	NA	1	18
2035	5964	1370	569	NA	NA	1726	340	721	1008	195	14	NA	2	19
2036	6400	1456	606	NA	0	1822	361	789	1117	212	15	NA	3	20
2037	6858	1546	644	NA	3	1922	382	861	1232	229	16	NA	3	20
2038	7340	1640	685	NA	6	2028	403	937	1353	246	17	NA	4	21
2039	7850	1740	727	NA	9	2141	426	1017	1480	264	19	NA	5	22
2040	8389	1846	772	NA	12	2261	450	1102	1615	283	20	NA	5	23
2041	8920	1949	817	NA	14	2381	472	1189	1749	299	21	NA	6	24
2042	9489	2059	865	NA	17	2510	496	1280	1891	317	23	NA	6	25
2043	10095	2178	915	NA	20	2649	522	1376	2041	337	24	NA	7	26
2044	10735	2304	969	NA	23	2796	550	1477	2198	358	26	NA	8	27
2045	11406	2436	1025	NA	26	2951	580	1582	2362	380	27	NA	9	28
2046	12022	2555	1077	NA	28	3095	604	1683	2517	397	29	NA	9	29
2047	12661	2678	1130	NA	30	3245	629	1788	2677	415	30	NA	10	30

续表

年份	全国	北京	天津	内蒙古	辽宁	上海	江苏	浙江	广东	重庆	西藏	陕西	青海	宁夏
2048	13313	2804	1185	NA	33	3399	654	1894	2839	433	32	NA	11	31
2049	13967	2930	1240	NA	34	3556	678	2001	3002	449	33	NA	11	32
2050	14604	3052	1294	NA	36	3708	701	2106	3162	465	35	NA	12	33

资料来源：根据公式 7—15 及养老金给付调整指数等相关参数预测而得。

表 7—24　　方案 3 全国统筹福利损失地区及水平　　单位：亿元

年份	全国	北京	天津	内蒙古	辽宁	上海	江苏	浙江	安徽	山东	广东	重庆	西藏	陕西	青海	宁夏
2010	318	84	28	10	NA	144	25	NA	9	NA	NA	7	0	7	NA	3
2011	356	99	34	9	NA	166	27	NA	5	NA	NA	7	0	5	NA	3
2012	398	114	41	8	NA	189	30	NA	1	NA	NA	8	1	2	NA	3
2013	448	131	49	6	NA	215	33	NA	NA	NA	NA	10	1	NA	NA	3
2014	505	150	57	4	NA	242	36	NA	NA	NA	NA	11	1	NA	NA	4
2015	571	170	66	3	NA	270	40	2	NA	NA	NA	13	1	NA	NA	4
2016	644	192	76	0	NA	300	43	11	NA	NA	NA	16	1	NA	NA	5
2017	726	215	87	NA	NA	330	47	21	NA	NA	NA	19	2	NA	NA	5
2018	816	241	98	NA	NA	363	52	33	NA	NA	NA	22	2	NA	NA	6
2019	914	268	111	NA	NA	398	57	45	NA	NA	NA	27	2	NA	NA	6
2020	1022	299	125	NA	NA	436	62	59	NA	NA	NA	32	2	NA	NA	7
2021	1130	330	139	NA	NA	472	68	73	NA	NA	NA	38	3	NA	NA	7
2022	1252	365	155	NA	NA	512	75	89	NA	NA	0	45	3	NA	NA	8
2023	1409	404	172	NA	NA	556	82	107	NA	NA	22	53	3	NA	NA	9
2024	1588	447	192	NA	2	604	91	128	NA	NA	49	63	4	NA	NA	10
2025	1790	494	213	NA	5	657	100	152	NA	NA	82	73	4	NA	NA	11
2026	1999	540	235	NA	8	707	109	179	NA	NA	120	84	5	NA	NA	11
2027	2224	590	258	NA	11	760	118	207	NA	NA	165	96	5	NA	NA	12
2028	2466	643	282	NA	14	815	129	239	NA	NA	216	110	6	NA	NA	13
2029	2725	698	308	NA	17	871	139	274	NA	NA	274	124	6	NA	NA	14
2030	2994	754	333	NA	22	926	151	311	NA	NA	337	139	7	NA	NA	15
2031	3274	810	360	NA	25	984	161	352	NA	NA	407	153	7	NA	NA	16
2032	3576	870	387	NA	30	1044	172	397	NA	NA	483	168	8	NA	NA	16
2033	3905	934	417	NA	34	1110	184	448	NA	NA	568	184	9	NA	NA	17
2034	4263	1004	448	NA	39	1182	197	504	NA	NA	661	201	10	NA	NA	18

续表

年份	全国	北京	天津	内蒙古	辽宁	上海	江苏	浙江	安徽	山东	广东	重庆	西藏	陕西	青海	宁夏
2035	4638	1075	480	NA	45	1252	212	564	NA	NA	761	220	11	NA	NA	19
2036	5009	1145	512	NA	49	1323	224	626	NA	NA	862	236	11	NA	NA	19
2037	5398	1218	545	NA	54	1397	238	692	NA	NA	969	253	12	NA	0	20
2038	5815	1294	580	NA	59	1478	252	762	NA	4	1081	270	13	NA	1	21
2039	6260	1377	617	NA	64	1565	266	836	NA	12	1200	287	14	NA	1	21
2040	6730	1463	656	NA	69	1658	282	914	NA	19	1325	305	15	NA	2	22
2041	7201	1550	695	NA	73	1754	295	995	NA	25	1450	321	17	NA	2	23
2042	7702	1643	737	NA	78	1858	311	1079	NA	31	1582	339	18	NA	3	23
2043	8233	1742	781	NA	83	1968	328	1168	NA	38	1721	357	19	NA	3	24
2044	8791	1846	827	NA	88	2085	346	1261	NA	45	1866	377	20	NA	4	25
2045	9376	1956	876	NA	94	2208	365	1358	NA	52	2017	398	22	NA	5	26
2046	9928	2057	923	NA	98	2329	381	1453	NA	57	2163	414	23	NA	5	27
2047	10497	2163	970	NA	102	2454	397	1550	NA	61	2312	430	24	NA	5	27
2048	11077	2271	1019	NA	106	2584	413	1649	NA	66	2463	447	26	NA	6	28
2049	11664	2380	1069	NA	110	2717	429	1750	NA	69	2616	463	27	NA	6	29
2050	12238	2486	1118	NA	113	2848	443	1849	NA	73	2765	477	28	NA	7	30

资料来源：根据公式 7—15 及养老金给付调整指数等相关参数预测而得。

（二）养老保险分层平均全国统筹类型福利损失梯度补贴

养老保险分层平均全国统筹类型涉及福利损失财政补贴的分别为方案1、方案 2 和方案 3，这部分福利损失应当由中央财政全额补贴负担。根据表 7—22、表 7—23、表 7—24 测算的全国统筹福利损失，结合中央财政支出水平，我们统计出方案 1、方案 2 和方案 3 的福利损失财政补贴水平系数，见表 7—25。

表 7—25　　养老保险分层平均全国统筹福利损失财政补贴水平　单位：亿元

年份	方案 1 财政补贴	方案 2 财政补贴	方案 3 财政补贴	中央财政支出	方案 1 财政补贴水平系数	方案 2 财政补贴水平系数	方案 3 财政补贴水平系数
2010	842.67	397.21	317.62	41593.76	2.03	0.95	0.76
2011	924.80	450.39	356.23	48757.29	1.90	0.92	0.73

续表

年份	方案1财政补贴	方案2财政补贴	方案3财政补贴	中央财政支出	方案1财政补贴水平系数	方案2财政补贴水平系数	方案3财政补贴水平系数
2012	1016.07	516.17	397.88	54493.90	1.86	0.95	0.73
2013	1117.44	589.53	447.80	60737.99	1.84	0.97	0.74
2014	1230.06	671.42	505.49	67589.24	1.82	0.99	0.75
2015	1354.97	761.29	570.63	65697.17	2.06	1.16	0.87
2016	1485.04	855.43	644.47	72899.52	2.04	1.17	0.88
2017	1627.80	966.96	726.44	78002.49	2.09	1.24	0.93
2018	1786.08	1095.27	815.92	83462.66	2.14	1.31	0.98
2019	1963.67	1237.25	913.89	89305.05	2.20	1.39	1.02
2020	2163.91	1395.01	1021.62	95556.40	2.26	1.46	1.07
2021	2372.31	1555.92	1129.63	109548.59	2.17	1.42	1.03
2022	2613.47	1739.31	1252.37	116436.73	2.24	1.49	1.08
2023	2888.19	1946.09	1409.27	122987.78	2.35	1.58	1.15
2024	3197.01	2179.11	1588.32	129137.17	2.48	1.69	1.23
2025	3540.55	2440.48	1790.45	135594.03	2.61	1.80	1.32
2026	3879.08	2706.32	1998.55	142373.73	2.72	1.90	1.40
2027	4244.89	2993.76	2223.51	149492.42	2.84	2.00	1.49
2028	4635.19	3302.63	2466.12	156967.04	2.95	2.10	1.57
2029	5045.01	3629.73	2724.77	164815.39	3.06	2.20	1.65
2030	5469.46	3968.24	2994.05	173056.16	3.16	2.29	1.73
2031	5871.86	4310.78	3274.01	187765.93	3.13	2.30	1.74
2032	6302.93	4679.06	3575.94	195840.91	3.22	2.39	1.83
2033	6762.11	5077.41	3904.75	202966.92	3.33	2.50	1.92
2034	7251.80	5508.82	4263.20	209055.93	3.47	2.64	2.04
2035	7792.41	5963.58	4637.91	215327.60	3.62	2.77	2.15
2036	8255.97	6400.45	5009.18	221787.43	3.72	2.89	2.26
2037	8731.39	6858.28	5398.24	228441.05	3.82	3.00	2.36
2038	9218.83	7340.12	5814.95	235294.29	3.92	3.12	2.47
2039	9728.84	7850.05	6260.11	242353.11	4.01	3.24	2.58
2040	10270.04	8389.01	6730.11	249623.71	4.11	3.36	2.70
2041	10752.84	8919.77	7200.84	257112.42	4.18	3.47	2.80

续表

年份	方案1财政补贴	方案2财政补贴	方案3财政补贴	中央财政支出	方案1财政补贴水平系数	方案2财政补贴水平系数	方案3财政补贴水平系数
2042	11287.96	9488.78	7702.19	264825.79	4.26	3.58	2.91
2043	11873.92	10094.58	8232.96	272770.57	4.35	3.70	3.02
2044	12505.10	10734.51	8791.31	280953.68	4.45	3.82	3.13
2045	13173.33	11406.36	9376.18	289382.29	4.55	3.94	3.24
2046	13696.34	12022.45	9927.54	298063.76	4.60	4.03	3.33
2047	14248.99	12660.91	10496.80	307005.67	4.64	4.12	3.42
2048	14813.41	13312.55	11077.48	316215.84	4.68	4.21	3.50
2049	15357.74	13967.12	11664.02	325702.32	4.72	4.29	3.58
2050	15870.65	14603.86	12237.66	335473.39	4.73	4.35	3.65

资料来源：根据表7—22、表7—23、表7—24及相关数据计算而得。

（三）分层平均全国统筹类型福利损失财政补贴适度性分析

在养老保险分层平均全国统筹类型中，方案1、方案2和方案3的财政补贴占中央财政支出的比重都相对较低，2010－2050年基本在1%～5%的区间内发展，都没有超过城镇养老保险财政支出适度水平中央分系数，见图7—17。从养老保险分层平均全国统筹类型三种方案福利损失财政补贴水平高低比较来看，从大到小排列顺序依次为方案1、方案2、方案3。

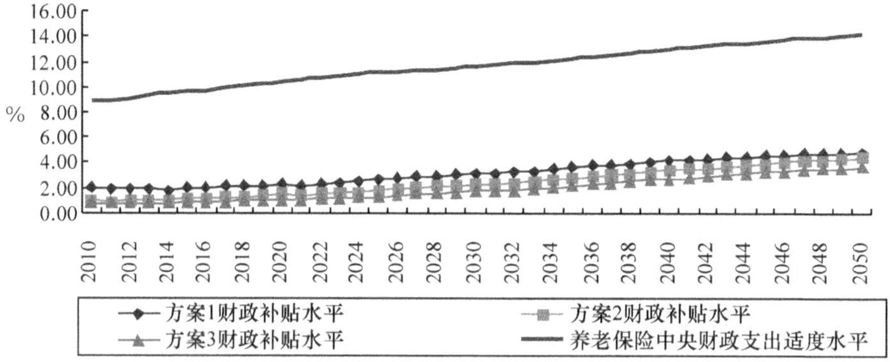

图7—17　分层平均全国统筹类型福利损失财政补贴适度性状况

注：（1）中央财政支出水平按全国财政支出中央与地方4.5∶5.5方案计算；（2）这里财政补贴水平是指不同方案的财政补贴支出占中央财政支出的比重系数。

六、养老保险全国统筹不同类型财政补贴水平评价

前文我们按养老保险全国统筹类型分别分析了不同方案下的养老金财政补贴水平，这里需要对各类方案的财政补贴水平及适度性状况进行一个总结，同时依据财政总补贴水平、劳动负担系数、财政补贴收入再分配系数，综合选择出适度、可行的养老保险全国统筹方案。

（一）养老保险全国统筹不同类型财政总补贴水平比较

养老保险分层平均统筹类型包括方案 1、方案 2、方案 3 和方案 6，这些方案都采用将社会统筹基金完全上解到中央全国统筹账户统一收支管理发放，这些方案的收支缺口应由中央财政负担。此外，分层平均统筹类型还涉及对方案 1、方案 2、方案 3 的福利受损地区进行财政补贴，这些财政补贴也由中央财政负担，这样方案 1、方案 2、方案 3 的财政总补贴是收支缺口补贴与福利损失补贴之和，方案 6 的财政总补贴仅包括收支缺口补贴。

养老保险分比例统筹类型包括方案 4 和方案 5，这两种方案都采用将社会统筹基金的一部分（如 10%或 15%替代率基金）上解到中央全国统筹账户统一收支管理发放，剩余的社会统筹基金留存在省级统筹地方账户收支管理发放。方案 4 和方案 5 的中央账户收支缺口应由中央财政负担，地方账户收支缺口应由地方财政负担。在前文中我们分析了方案 4 和方案 5 的中央与地方账户财政补贴适度性状况，这两种方案的中央账户和地方账户对收支缺口补贴都在适度区间内。为了与分层平均统筹类型进行比较，这里我们主要讨论方案 4 和方案 5 的中央账户财政补贴水平及适度性状况。

根据表 7—26 和图 7—18 所示，方案 1、方案 2、方案 3 的财政总补贴从全国统筹初始年份开始一直延续到 2050 年，且这三种方案的财政总补贴占中央财政支出比重在 2010－2035 年左右一直保持相对较低水平，从 2035 年之后开始上升，这主要是因为方案 1、方案 2、方案 3 在 2035 年之后增加

表 7—26　养老保险全国统筹不同方案财政补贴总水平及适度性比较　单位：%

年份	方案 1 财政补贴总水平	方案 2 财政补贴总水平	方案 3 财政补贴总水平	方案 4 中央账户财政补贴总水平	方案 5 中央账户财政补贴总水平	方案 6 财政补贴总水平	养老保险中央财政支出适度水平
2010	2.03	0.95	0.76	0	0	0	8.82
2011	1.90	0.92	0.73	0	0	0	8.98
2012	1.86	0.95	0.73	0	0	0	9.13
2013	1.84	0.97	0.74	0	0	0	9.29
2014	1.82	0.99	0.75	0	0	0	9.44
2015	2.06	1.16	0.87	0	0	0	9.6
2016	2.04	1.17	0.88	0	0	0	9.74
2017	2.09	1.24	0.93	0	0	0	9.89
2018	2.14	1.31	0.98	0	0	0	10.04
2019	2.20	1.39	1.02	0	0	0	10.2
2020	2.26	1.46	1.07	0	0	0	10.35
2021	2.17	1.42	1.03	0	0	0	10.54
2022	2.24	1.49	1.08	0	0	0	10.71
2023	2.35	1.58	1.15	0	0	0	10.85
2024	2.48	1.69	1.23	0	0	0	10.97
2025	2.61	1.80	1.32	0	0	0	11.08
2026	2.72	1.90	1.40	0	0	0	11.18
2027	2.84	2.00	1.49	0	0	0	11.28
2028	2.95	2.10	1.57	0	0	0	11.37
2029	3.06	2.20	1.65	0	0	0	11.47
2030	3.16	2.29	1.73	0	0	0	11.58
2031	3.13	2.30	1.74	0	0	0	11.7
2032	3.22	2.39	1.83	0	0	0	11.83
2033	3.33	2.50	1.92	0	0	0	11.96
2034	3.47	2.64	2.04	0	0	0	12.09
2035	3.62	5.88	4.34	0	0	0	12.23
2036	3.72	13.08	12.35	0	0	1.29	12.38
2037	7.38	13.78	13.03	0	0	9.80	12.53
2038	12.99	14.47	13.71	2.54	1.69	10.33	12.68

续表

年份	方案1财政补贴总水平	方案2财政补贴总水平	方案3财政补贴总水平	方案4中央账户财政补贴总水平	方案5中央账户财政补贴总水平	方案6财政补贴总水平	养老保险中央财政支出适度水平
2039	13.61	15.23	14.47	4.46	2.97	10.94	12.82
2040	14.37	16.14	15.37	4.78	3.19	11.68	12.95
2041	14.92	16.86	16.07	5.01	3.34	12.22	13.1
2042	15.56	17.67	16.88	5.28	3.52	12.85	13.24
2043	16.63	18.91	18.11	5.77	3.85	13.91	13.39
2044	17.90	20.34	19.53	6.35	4.23	15.16	13.52
2045	19.30	21.90	21.08	7.00	4.66	16.55	13.64
2046	20.06	22.84	22.02	7.35	4.90	17.31	13.75
2047	20.95	23.89	23.07	7.77	5.18	18.20	13.84
2048	21.85	24.96	24.13	8.20	5.47	19.10	13.91
2049	22.58	25.85	25.02	8.55	5.70	19.83	13.98
2050	23.06	26.49	25.67	8.79	5.86	20.33	14.06

资料来源：根据表7—22、表7—23、表7—24及相关数据计算而得。

注：(1) 中央财政支出水平按全国财政支出中央与地方4.5：5.5方案计算；(2) 这里财政补贴水平是指不同方案的财政补贴支出占中央财政支出的比重系数。

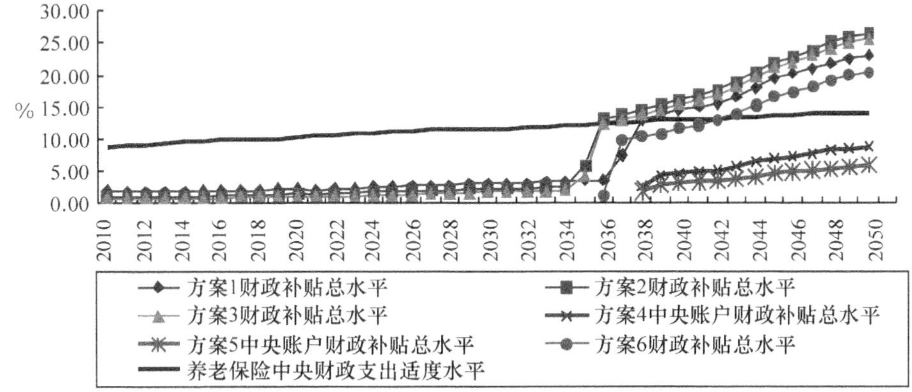

图7—18　养老保险全国统筹不同方案中央财政总补贴适度性状况A

注：(1) 中央财政支出水平按全国财政支出中央与地方4.5：5.5方案计算；(2) 这里财政补贴水平是指不同方案的财政补贴支出占中央财政支出的比重系数。

了福利损失补贴支出。方案 4 和方案 5 的财政补贴从 2038 年开始并一直保持相对较低水平，这是因为在 2038 年之前全国统筹中央账户收支未出现缺口。方案 6 实际上是全国统筹基金管理、按省级平均工资为基数发放养老金，该方案的财政补贴只是涉及对收支缺口的补贴，从 2036 年开始补贴水平逐步提高。

为了分析国家财政支出结构对全国统筹不同方案适度性状况的影响，我们专门模拟了中央财政与地方财政 6∶4 支出结构下的全国统筹不同方案中央财政总补贴水平。根据我国 1994 年分税制改革提出的目标，要逐步提高中央财政收入水平，将中央财政收入占全国财政收入的比重提高至 60%的目标值。与财政收入结构目标相对应，中央财政支出占全国财政支出的比重可能也将随之提高，由此我们模拟了中央财政与地方财政 6∶4 的支出结构。根据图 7—19 所示，国家财政支出结构并不影响社会统筹不同方案的财政补贴趋势，但是由于中央财政支出份额的增加，不同方案的财政总补贴占中央财政支出的比重均有所降低。在图 7—18 中，方案 1、方案 2、方案 3 约在 2035 年超过财政支出适度水平，而在图 7—19 中，方案 1、方案 2、方案 3 约在 2042 年超过财政支出适度水平。

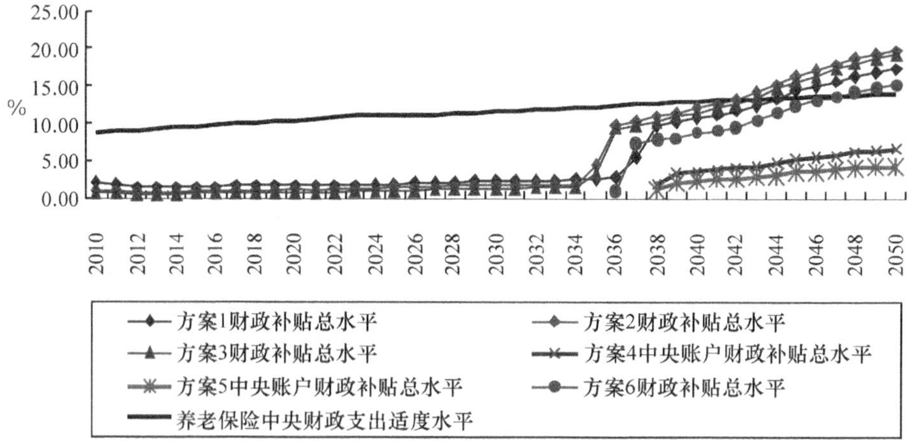

图 7—19　养老保险全国统筹不同方案中央财政总补贴适度性状况 B

注：中央财政支出水平按全国财政支出中央与地方 6∶4 方案计算。

（二）养老保险全国统筹不同类型劳动负担系数比较

根据穆怀中（1998）提出的社会保障适度水平理论，可以用劳动负担系数来判断一个国家或地区社会保障负担水平。这里，我们沿用这一概念，将养老保险劳动负担系数表示为基础养老金支出占职工工资总额的比重，用来度量现收现付模式下养老保险支出对职工的负担水平。通过指标之间的相互转化，养老保险劳动负担系数可以用养老金实际替代率乘以制度赡养比表示，见公式 7—16：

$$H=\frac{S_a}{W}=\frac{Y\times O}{w\times N}=\frac{Y}{w}\times\frac{O}{N}=\rho\times c \tag{7—16}$$

其中，H 表示劳动负担系数，Sa 表示养老金支出，W 表示职工工资总额，Y 表示养老金人均给付，O 退休职工人数，w 表示人均工资，N 表示在岗职工人数，ρ 表示养老金实际替代率，c 表示制度赡养比。

根据公式 7—16 及相关数据我们可以统计出全国统筹不同方案下的各地区劳动负担系数（见表 7—27、表 7—28、表 7—29、表 7—30、表 7—31、表 7—32）。劳动负担系数主要与养老金实际替代率和制度赡养比两个指标有关。在养老保险全国统筹后，社会统筹基金在全国各地之间进行调剂使用，在现收现付模式下这相当于全国的在岗职工负担全国的退休职工养老金，各地区制度赡养率可以看成是与全国的制度赡养率相同。受不同全国统筹方案影响，各地区养老金给付和缴费工资存在差异，因此二者比值（即实际的养老金替代率）不同。由此可见，各地区劳动负担系数的差异主要体现在养老金的实际替代率上。

表 7—27　　方案 1 全国各地区养老保险劳动负担系数　　单位：%

地区	2010	2015	2020	2025	2030	2035	2040	2045	2050
全国	6.03	7.46	9.19	11.93	15.09	17.35	19.00	21.57	24.12
北京市	3.41	4.29	5.35	7.03	8.98	10.41	11.46	13.05	14.60
天津市	4.23	5.29	6.59	8.63	11.00	12.72	13.99	15.91	17.81
河北省	6.93	8.39	10.15	12.96	16.18	18.42	20.02	22.63	25.27

续表

地区	2010	2015	2020	2025	2030	2035	2040	2045	2050
山西省	6.68	8.02	9.64	12.25	15.23	17.27	18.74	21.14	23.60
内蒙古	6.31	7.64	9.24	11.81	14.74	16.78	18.25	20.63	23.04
辽宁省	6.39	7.79	9.49	12.19	15.28	17.46	19.03	21.54	24.07
吉林省	7.62	9.03	10.73	13.50	16.64	18.75	20.25	22.79	25.43
黑龙江省	7.57	8.95	10.61	13.33	16.41	18.48	19.94	22.43	25.02
上海市	3.12	4.08	5.28	7.14	9.35	11.04	12.32	14.14	15.86
江苏省	5.53	6.84	8.44	10.96	13.86	15.95	17.47	19.83	22.17
浙江省	5.40	6.64	8.14	10.53	13.26	15.22	16.63	18.86	21.08
安徽省	6.52	7.97	9.72	12.52	15.71	17.97	19.61	22.20	24.81
福建省	6.86	8.33	10.10	12.93	16.17	18.43	20.06	22.68	25.34
江西省	7.70	9.25	11.11	14.11	17.52	19.87	21.55	24.32	27.15
山东省	6.64	8.04	9.74	12.45	15.54	17.70	19.26	21.76	24.31
河南省	7.39	8.89	10.70	13.61	16.93	19.22	20.86	23.54	26.29
湖北省	6.87	8.25	9.90	12.57	15.61	17.69	19.18	21.64	24.16
湖南省	7.35	8.72	10.36	13.04	16.07	18.12	19.57	22.02	24.57
广东省	5.55	6.74	8.18	10.49	13.12	14.96	16.29	18.42	20.58
广西	7.03	8.57	10.43	13.40	16.79	19.18	20.91	23.66	26.44
海南省	7.22	8.75	10.58	13.53	16.90	19.24	20.93	23.66	26.42
重庆市	6.34	7.51	8.90	11.19	13.78	15.52	16.76	18.85	21.03
四川省	6.76	8.10	9.70	12.30	15.24	17.26	18.70	21.09	23.54
贵州省	7.12	8.58	10.33	13.15	16.35	18.57	20.16	22.76	25.42
云南省	7.42	8.86	10.59	13.40	16.58	18.76	20.30	22.88	25.54
西藏	4.12	5.14	6.38	8.34	10.60	12.24	13.45	15.29	17.11
陕西省	6.53	7.81	9.35	11.85	14.68	16.62	18.00	20.29	22.65
甘肃省	7.57	9.08	10.89	13.82	17.16	19.45	21.08	23.78	26.54
青海省	6.02	7.34	8.93	11.47	14.38	16.42	17.90	20.25	22.63
宁夏	5.72	7.07	8.72	11.31	14.30	16.45	18.01	20.44	22.86
新疆	6.92	8.40	10.18	13.04	16.30	18.58	20.22	22.86	25.54

资料来源：根据公式7—16及相关数据计算而得。

表 7—28　　方案 2 全国各地区养老保险劳动负担系数　　单位：%

地区	2010	2015	2020	2025	2030	2035	2040	2045	2050
全国	6.03	7.46	9.19	11.93	15.09	17.35	19.00	21.57	24.12
北京市	4.58	5.79	7.25	9.65	12.38	14.25	15.49	17.53	19.52
天津市	4.87	6.16	7.72	10.22	13.11	15.21	16.69	18.90	21.08
河北省	6.39	7.77	9.43	12.07	15.15	17.45	19.18	21.81	24.48
山西省	6.09	7.40	8.97	11.48	14.50	16.78	18.42	20.97	23.58
内蒙古	5.73	7.06	8.66	11.21	14.30	16.62	18.30	20.82	23.37
辽宁省	6.17	7.54	9.21	11.84	14.95	17.16	18.80	21.36	23.95
吉林省	6.93	8.21	9.77	12.34	15.26	17.38	18.99	21.63	24.36
黑龙江省	6.79	8.04	9.58	12.13	15.09	17.18	18.80	21.42	24.14
上海市	4.44	5.83	7.51	10.16	13.18	15.24	16.63	18.66	20.58
江苏省	5.80	7.17	8.83	11.48	14.52	16.68	18.24	20.70	23.15
浙江省	6.23	7.53	9.13	11.74	14.65	16.37	17.73	20.14	22.54
安徽省	5.94	7.35	9.05	11.76	14.94	17.39	19.12	21.73	24.35
福建省	6.96	8.32	10.00	12.69	15.61	17.61	19.24	21.88	24.54
江西省	6.75	8.15	9.84	12.58	15.74	18.05	19.82	22.55	25.34
山东省	6.39	7.73	9.37	11.99	15.01	17.18	18.81	21.39	24.01
河南省	6.60	7.98	9.65	12.35	15.50	17.84	19.51	22.19	24.93
湖北省	6.24	7.55	9.14	11.68	14.64	16.89	18.63	21.21	23.84
湖南省	6.87	8.12	9.65	12.15	15.07	17.10	18.65	21.25	23.93
广东省	6.66	7.86	9.38	11.75	14.33	15.99	17.37	19.76	22.17
广西	6.60	8.03	9.78	12.49	15.71	18.03	19.73	22.42	25.13
海南省	6.62	8.02	9.73	12.39	15.49	17.84	19.64	22.34	25.07
重庆市	5.96	7.13	8.54	10.88	13.67	15.69	17.22	19.64	22.15
四川省	6.34	7.61	9.16	11.68	14.64	16.73	18.35	20.90	23.51
贵州省	6.46	7.82	9.46	12.10	15.21	17.48	19.17	21.81	24.50
云南省	7.24	8.52	10.12	12.68	15.54	17.53	19.11	21.76	24.48
西藏	5.37	6.62	8.15	10.65	13.44	15.10	16.37	18.55	20.70
陕西省	5.99	7.25	8.77	11.24	14.18	16.34	17.99	20.49	23.06
甘肃省	7.24	8.58	10.23	12.84	15.83	17.94	19.57	22.27	25.03
青海省	6.29	7.60	9.20	11.76	14.71	16.71	18.22	20.71	23.23
宁夏	5.59	6.99	8.67	11.34	14.50	16.84	18.50	21.00	23.48
新疆	6.66	8.04	9.73	12.41	15.46	17.61	19.32	21.96	24.64

资料来源：根据公式 7—16 及相关数据计算而得。

表 7—29　　方案 3 全国各地区养老保险劳动负担系数　　单位：%

地区	2010	2015	2020	2025	2030	2035	2040	2045	2050
全国	6.03	7.46	9.19	11.93	15.09	17.35	19.00	21.57	24.12
北京市	4.97	6.29	7.88	10.52	13.51	15.53	16.83	19.02	21.16
天津市	5.08	6.45	8.09	10.74	13.82	16.03	17.59	19.90	22.18
河北省	6.21	7.56	9.19	11.77	14.81	17.12	18.89	21.54	24.22
山西省	5.90	7.19	8.75	11.22	14.25	16.62	18.32	20.92	23.57
内蒙古	5.54	6.87	8.46	11.01	14.15	16.57	18.31	20.88	23.48
辽宁省	6.10	7.46	9.11	11.73	14.84	17.07	18.72	21.31	23.91
吉林省	6.71	7.93	9.45	11.96	14.81	16.92	18.56	21.24	24.00
黑龙江省	6.52	7.74	9.24	11.73	14.65	16.75	18.42	21.08	23.84
上海市	4.88	6.41	8.26	11.17	14.46	16.65	18.06	20.17	22.15
江苏省	5.88	7.28	8.96	11.66	14.75	16.93	18.50	21.00	23.48
浙江省	6.51	7.83	9.46	12.14	15.11	16.75	18.10	20.56	23.03
安徽省	5.74	7.15	8.83	11.51	14.68	17.20	18.96	21.57	24.19
福建省	6.99	8.32	9.97	12.62	15.43	17.34	18.97	21.61	24.28
江西省	6.44	7.78	9.42	12.07	15.14	17.45	19.25	21.96	24.74
山东省	6.30	7.63	9.24	11.83	14.83	17.01	18.66	21.27	23.91
河南省	6.34	7.68	9.30	11.93	15.03	17.38	19.06	21.74	24.48
湖北省	6.03	7.32	8.88	11.38	14.32	16.63	18.44	21.06	23.73
湖南省	6.71	7.92	9.41	11.85	14.73	16.76	18.34	20.99	23.72
广东省	7.02	8.24	9.78	12.17	14.73	16.34	17.73	20.20	22.70
广西	6.46	7.85	9.56	12.19	15.34	17.65	19.33	22.00	24.70
海南省	6.41	7.78	9.45	12.01	15.01	17.37	19.22	21.90	24.61
重庆市	5.83	7.00	8.42	10.78	13.63	15.75	17.37	19.90	22.52
四川省	6.20	7.45	8.99	11.48	14.44	16.55	18.24	20.84	23.50
贵州省	6.24	7.56	9.17	11.75	14.83	17.12	18.84	21.50	24.20
云南省	7.18	8.41	9.96	12.44	15.20	17.12	18.72	21.39	24.13
西藏	5.79	7.12	8.74	11.43	14.39	16.05	17.34	19.64	21.90
陕西省	5.81	7.07	8.58	11.03	14.01	16.25	17.99	20.56	23.19
甘肃省	7.13	8.41	10.01	12.51	15.39	17.43	19.06	21.76	24.52
青海省	6.37	7.68	9.30	11.86	14.82	16.80	18.33	20.87	23.43
宁夏	5.55	6.96	8.66	11.34	14.57	16.98	18.67	21.19	23.69
新疆	6.57	7.92	9.58	12.21	15.18	17.29	19.02	21.66	24.34

资料来源：根据公式 7—16 及相关数据计算而得。

表 7—30　　方案 4 全国各地区养老保险劳动负担系数　　单位：%

地区	2010	2015	2020	2025	2030	2035	2040	2045	2050
全国	6.03	7.46	9.19	11.93	15.09	17.35	19.00	21.57	24.12
北京市	4.73	5.88	7.28	9.50	12.05	13.89	15.24	17.31	19.36
天津市	5.02	6.38	7.90	10.29	13.05	15.04	16.50	18.74	20.96
河北省	6.47	7.91	9.65	12.43	15.61	17.87	19.50	22.09	24.70
山西省	6.24	7.72	9.39	12.07	15.13	17.29	18.85	21.35	23.86
内蒙古	6.11	7.53	9.20	11.85	14.90	17.05	18.62	21.09	23.58
辽宁省	6.23	7.61	9.33	12.05	15.17	17.39	19.01	21.55	24.09
吉林省	6.86	8.22	9.93	12.68	15.83	18.02	19.60	22.17	24.77
黑龙江省	6.85	8.17	9.87	12.60	15.71	17.88	19.45	21.99	24.57
上海市	4.58	5.81	7.28	9.58	12.26	14.23	15.69	17.87	19.99
江苏省	5.80	7.15	8.81	11.45	14.47	16.65	18.24	20.70	23.15
浙江省	5.78	7.04	8.66	11.22	14.17	16.28	17.82	20.21	22.60
安徽省	6.22	7.71	9.45	12.21	15.39	17.65	19.30	21.88	24.46
福建省	6.43	7.88	9.63	12.42	15.61	17.88	19.52	22.12	24.73
江西省	6.75	8.33	10.13	13.00	16.28	18.59	20.26	22.93	25.63
山东省	6.33	7.74	9.45	12.17	15.30	17.51	19.12	21.66	24.21
河南省	6.78	8.16	9.92	12.75	15.99	18.26	19.92	22.55	25.20
湖北省	6.28	7.83	9.52	12.23	15.32	17.50	19.08	21.59	24.14
湖南省	6.74	8.06	9.74	12.45	15.54	17.70	19.26	21.78	24.34
广东省	5.86	7.09	8.67	11.19	14.09	16.14	17.64	19.99	22.35
广西	6.56	8.01	9.80	12.65	15.93	18.26	19.95	22.61	25.28
海南省	6.36	8.09	9.87	12.72	15.97	18.28	19.96	22.61	25.27
重庆市	6.17	7.45	9.01	11.53	14.40	16.41	17.86	20.20	22.57
四川省	6.33	7.76	9.42	12.09	15.14	17.28	18.84	21.32	23.83
贵州省	6.63	8.00	9.74	12.52	15.70	17.94	19.57	22.16	24.77
云南省	6.77	8.14	9.86	12.64	15.81	18.03	19.63	22.21	24.83
西藏	5.12	6.30	7.79	10.14	12.85	14.80	16.23	18.43	20.61
陕西省	6.28	7.61	9.25	11.86	14.85	16.96	18.48	20.92	23.38
甘肃省	6.93	8.25	10.02	12.85	16.10	18.38	20.02	22.66	25.33
青海省	6.10	7.39	9.05	11.69	14.72	16.87	18.44	20.91	23.37
宁夏	5.84	7.27	8.95	11.62	14.69	16.90	18.51	21.00	23.49
新疆	6.39	7.92	9.67	12.47	15.68	17.95	19.60	22.21	24.83

资料来源：根据公式 7—16 及相关数据计算而得。

表 7—31　　方案 5 全国各地区养老保险劳动负担系数　　单位：%

地区	2010	2015	2020	2025	2030	2035	2040	2045	2050
全国	6.03	7.46	9.19	11.93	15.09	17.35	19.00	21.57	24.12
北京市	5.17	6.42	7.93	10.32	13.07	15.05	16.50	18.73	20.95
天津市	5.28	6.75	8.34	10.85	13.74	15.82	17.34	19.69	22.01
河北省	6.32	7.75	9.49	12.25	15.43	17.68	19.33	21.91	24.50
山西省	6.10	7.62	9.31	12.01	15.10	17.30	18.89	21.41	23.95
内蒙古	6.05	7.50	9.19	11.87	14.95	17.14	18.74	21.25	23.76
辽宁省	6.18	7.56	9.27	12.00	15.14	17.37	19.00	21.55	24.10
吉林省	6.61	7.94	9.66	12.41	15.56	17.78	19.39	21.96	24.55
黑龙江省	6.61	7.91	9.62	12.35	15.48	17.68	19.28	21.84	24.42
上海市	5.07	6.38	7.94	10.40	13.24	15.30	16.81	19.11	21.36
江苏省	5.89	7.25	8.94	11.61	14.68	16.88	18.49	20.99	23.47
浙江省	5.91	7.18	8.83	11.46	14.47	16.63	18.21	20.66	23.11
安徽省	6.11	7.62	9.36	12.11	15.28	17.55	19.20	21.77	24.35
福建省	6.29	7.73	9.47	12.24	15.43	17.69	19.34	21.93	24.52
江西省	6.44	8.03	9.80	12.62	15.87	18.16	19.83	22.47	25.13
山东省	6.23	7.63	9.35	12.08	15.22	17.45	19.07	21.62	24.18
河南省	6.58	7.91	9.67	12.46	15.67	17.95	19.60	22.21	24.84
湖北省	6.09	7.69	9.40	12.11	15.23	17.43	19.04	21.58	24.13
湖南省	6.53	7.84	9.54	12.25	15.37	17.57	19.16	21.70	24.27
广东省	5.96	7.20	8.84	11.43	14.41	16.54	18.09	20.51	22.94
广西	6.40	7.82	9.59	12.41	15.64	17.95	19.63	22.26	24.89
海南省	6.07	7.87	9.63	12.44	15.67	17.96	19.63	22.26	24.89
重庆市	6.11	7.43	9.05	11.64	14.60	16.70	18.22	20.64	23.09
四川省	6.19	7.64	9.33	12.02	15.10	17.29	18.88	21.39	23.93
贵州省	6.47	7.80	9.54	12.31	15.48	17.73	19.37	21.95	24.55
云南省	6.55	7.89	9.62	12.38	15.55	17.78	19.41	21.99	24.59
西藏	5.46	6.69	8.26	10.74	13.60	15.66	17.16	19.48	21.78
陕西省	6.19	7.54	9.21	11.87	14.91	17.07	18.64	21.13	23.63
甘肃省	6.71	7.97	9.73	12.53	15.74	18.02	19.67	22.29	24.93
青海省	6.13	7.41	9.09	11.76	14.83	17.03	18.62	21.12	23.62
宁夏	5.88	7.33	9.03	11.73	14.82	17.05	18.67	21.19	23.70
新疆	6.22	7.75	9.50	12.28	15.47	17.74	19.39	21.99	24.59

资料来源：根据公式 7—16 及相关数据计算而得。

表 7—32　　方案 6 全国各地区养老保险劳动负担系数　　单位：%

地区	2010	2015	2020	2025	2030	2035	2040	2045	2050
全国	6.03	7.46	9.19	11.93	15.09	17.35	19.00	21.57	24.12
北京市	6.06	7.48	9.21	11.96	15.11	17.37	19.02	21.58	24.12
天津市	5.81	7.47	9.21	11.95	15.11	17.37	19.02	21.57	24.12
河北省	6.01	7.43	9.16	11.90	15.05	17.32	18.98	21.55	24.12
山西省	5.81	7.42	9.15	11.88	15.04	17.31	18.97	21.55	24.12
内蒙古	5.92	7.43	9.16	11.90	15.05	17.32	18.98	21.55	24.12
辽宁省	6.07	7.44	9.17	11.91	15.06	17.33	18.99	21.56	24.12
吉林省	6.10	7.40	9.13	11.86	15.02	17.29	18.96	21.54	24.12
黑龙江省	6.13	7.39	9.12	11.86	15.01	17.29	18.96	21.54	24.12
上海市	6.05	7.54	9.27	12.02	15.18	17.43	19.06	21.60	24.12
江苏省	6.06	7.46	9.19	11.93	15.09	17.35	19.00	21.57	24.12
浙江省	6.16	7.45	9.18	11.92	15.08	17.34	19.00	21.56	24.12
安徽省	5.91	7.44	9.17	11.91	15.07	17.33	18.99	21.56	24.12
福建省	6.01	7.43	9.16	11.90	15.06	17.32	18.98	21.56	24.12
江西省	5.81	7.42	9.15	11.88	15.04	17.31	18.97	21.55	24.12
山东省	6.02	7.43	9.16	11.90	15.05	17.32	18.98	21.55	24.12
河南省	6.18	7.42	9.15	11.89	15.04	17.31	18.97	21.55	24.12
湖北省	5.70	7.41	9.14	11.88	15.04	17.31	18.97	21.55	24.12
湖南省	6.12	7.40	9.13	11.86	15.02	17.29	18.96	21.54	24.12
广东省	6.16	7.43	9.16	11.90	15.06	17.32	18.98	21.56	24.12
广西	6.08	7.44	9.17	11.91	15.06	17.33	18.99	21.56	24.12
海南省	5.50	7.43	9.16	11.90	15.05	17.32	18.98	21.55	24.12
重庆市	6.00	7.40	9.12	11.86	15.01	17.29	18.96	21.54	24.12
四川省	5.90	7.41	9.14	11.88	15.03	17.30	18.97	21.55	24.12
贵州省	6.14	7.42	9.15	11.89	15.04	17.31	18.97	21.55	24.12
云南省	6.12	7.41	9.14	11.87	15.03	17.30	18.97	21.55	24.12
西藏	6.13	7.47	9.20	11.95	15.10	17.36	19.01	21.57	24.12
陕西省	6.02	7.41	9.14	11.88	15.03	17.30	18.97	21.55	24.12
甘肃省	6.28	7.41	9.14	11.88	15.04	17.31	18.97	21.55	24.12
青海省	6.18	7.44	9.17	11.91	15.06	17.33	18.99	21.56	24.12
宁夏	5.96	7.46	9.19	11.93	15.09	17.35	19.00	21.57	24.12
新疆	5.87	7.43	9.16	11.90	15.05	17.32	18.98	21.56	24.12

资料来源：根据公式 7—16 及相关数据计算而得。

（三）养老保险全国统筹财政补贴收入再分配系数比较

在分层平均统筹类型中，方案 1、方案 2、方案 3 都有较明显的收入再分配效果。但是考虑政策实施的可行性，在分层平均统筹类型中国家财政要对养老金给付下降的福利受损者提供补贴，即利用财政补贴控制高养老金平地区全国统筹养老金给付标准不下降。财政补贴将减弱方案设计本身的收入再分配效果，根据表 7—33 所示，对于方案 1、方案 2、方案 3 财政补贴后的收入再分配系数要比财政补贴前的收入再分配系数要小。

表 7—33　　分层平均统筹类型财政补贴收入再分配系数

年份	方案 1 收入再分配系数	财政补贴后方案 1 收入再分配系数	方案 2 收入再分配系数	财政补贴后方案 2 收入再分配系数	方案 3 收入再分配系数	财政补贴后方案 3 收入再分配系数
2010	0.1804	0.1219	0.0961	0.0657	0.0797	0.0537
2011	0.1726	0.1163	0.0946	0.0624	0.0794	0.0522
2012	0.1677	0.1115	0.0898	0.0582	0.0746	0.0478
2013	0.1629	0.1068	0.0853	0.0556	0.0703	0.0465
2014	0.1583	0.1023	0.0810	0.0519	0.0662	0.0429
2015	0.1538	0.0980	0.0772	0.0484	0.0625	0.0379
2016	0.1494	0.0938	0.0736	0.0453	0.0590	0.0349
2017	0.1453	0.0898	0.0703	0.0410	0.0560	0.0348
2018	0.1418	0.0863	0.0671	0.0384	0.0533	0.0326
2019	0.1383	0.0830	0.0643	0.0359	0.0508	0.0305
2020	0.1350	0.0798	0.0617	0.0336	0.0485	0.0286
2021	0.1318	0.0757	0.0595	0.0318	0.0463	0.0268
2022	0.1286	0.0725	0.0577	0.0303	0.0444	0.0235
2023	0.1257	0.0695	0.0550	0.0285	0.0418	0.0220
2024	0.1231	0.0668	0.0527	0.0269	0.0393	0.0204
2025	0.1207	0.0643	0.0511	0.0253	0.0374	0.0194
2026	0.1185	0.0620	0.0493	0.0238	0.0355	0.0186
2027	0.1164	0.0599	0.0479	0.0224	0.0338	0.0177
2028	0.1144	0.0578	0.0464	0.0209	0.0327	0.0172

续表

年份	方案1收入再分配系数	财政补贴后方案1收入再分配系数	方案2收入再分配系数	财政补贴后方案2收入再分配系数	方案3收入再分配系数	财政补贴后方案3收入再分配系数
2029	0.1125	0.0553	0.0454	0.0198	0.0322	0.0168
2030	0.1107	0.0526	0.0445	0.0187	0.0317	0.0164
2031	0.1089	0.0506	0.0437	0.0169	0.0312	0.0158
2032	0.1073	0.0488	0.0435	0.0163	0.0312	0.0152
2033	0.1058	0.0470	0.0435	0.0158	0.0314	0.0149
2034	0.1043	0.0453	0.0437	0.0154	0.0316	0.0145
2035	0.1032	0.0441	0.0439	0.0152	0.0318	0.0143
2036	0.1022	0.0430	0.0441	0.0148	0.0319	0.0140
2037	0.1013	0.0420	0.0442	0.0147	0.0320	0.0127
2038	0.1005	0.0411	0.0444	0.0145	0.0321	0.0118
2039	0.0997	0.0403	0.0445	0.0145	0.0321	0.0116
2040	0.0990	0.0395	0.0446	0.0144	0.0319	0.0114
2041	0.0984	0.0388	0.0446	0.0144	0.0317	0.0111
2042	0.0978	0.0382	0.0446	0.0144	0.0315	0.0109
2043	0.0973	0.0376	0.0447	0.0144	0.0313	0.0107
2044	0.0969	0.0371	0.0447	0.0144	0.0310	0.0104
2045	0.0965	0.0368	0.0448	0.0145	0.0308	0.0102
2046	0.0962	0.0364	0.0448	0.0145	0.0306	0.0100
2047	0.0960	0.0362	0.0449	0.0145	0.0303	0.0098
2048	0.0958	0.0360	0.0449	0.0146	0.0302	0.0096
2049	0.0957	0.0358	0.0450	0.0146	0.0300	0.0095
2050	0.0956	0.0358	0.0451	0.0147	0.0299	0.0094

资料来源：根据养老保险全国统筹不同方案计发基数及相关数据计算而得。

根据图 7—20 所示，在不包括财政对分层平均统筹福利损失补贴条件下，各方案的收入再分配系数从高到低分别是：方案 1、方案 4、方案 2、方案 3、方案 5；在包括财政对分层平均统筹福利损失补贴条件下，各方案的收入再分配系数出现了交叉，在 2025 年之前各方案收入再分配系数从高到低分别是方案 1、方案 4、方案 5、方案 2、方案 3，在 2025 年之后从高到低分别是：方案 4、方案 1、方案 5、方案 2、方案 3。

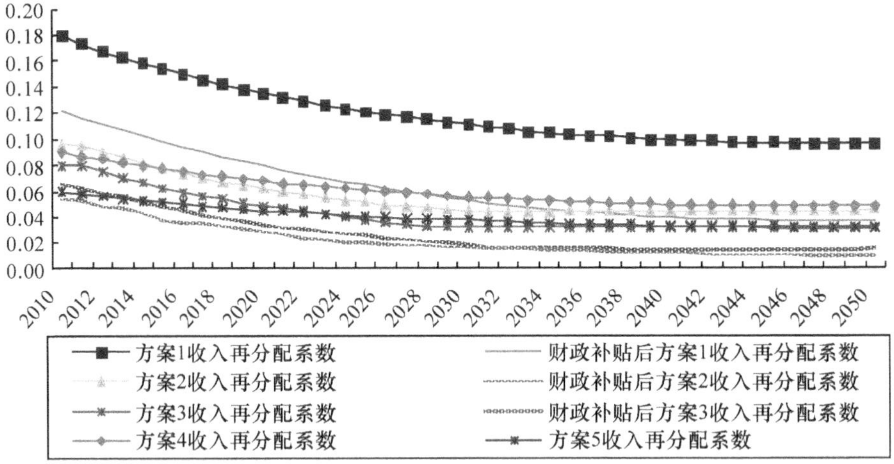

图 7—20　养老保险全国统筹不同方案财政补贴收入再分配系数比较

资料来源：表 7—33。

（四）基于财政补贴的养老保险全国统筹不同方案评价

财政补贴水平及能力状况对全国统筹方案的选择具有重要的参考意义，它关系到全国统筹方案运行的稳定性与可持续性。通过对前文关于财政补贴分析结果的总结与提炼，我们归纳出基于财政补贴的全国统筹方案指标框架，用以比较和判断哪种全国统筹方案更可行、更能实现收入再分配效果，该指标框架由三个层面的指标构成，分别是中央财政总补贴水平、中央财政总补贴适度性状况及包含财政补贴的收入再分配系数（见表 7—34）。

表 7—34　　基于财政补贴的养老保险全国统筹不同方案效果比较

项目	2010—2035 年	2036—2050 年
中央财政总补贴水平排序	方案 1>方案 2>方案 3>方案 6=方案 4=方案 5=0	方案 2>方案 3>方案 1>方案 6>方案 4>方案 5
中央财政总补贴小于养老保险财政支出适度水平中央分系数	方案 1、2、3、6、4、5	方案 4、5
包含财政补贴收入再分配系数排序	方案 1>方案 4>方案 5>方案 2>方案 3>方案 6	方案 4>方案 1>方案 5>方案 2>方案 3>方案 6

养老保险全国统筹方案的选择既要考虑实际的收入再分配效果，又要考

虑财政的支付能力。如果收入再分配效果非常好，但是需要的财政补贴超过了财政支付能力，这样的全国统筹方案可能不具有现实操作性；如果财政补贴水平非常低，但收入再分配效果很弱，这样的全国统筹方案可能不具有改革的价值。因此，综合考量后选择的全国统筹方案很可能是收入再分配效果和财政补贴水平都适中的次优选择。

根据表 7—34 所示，中央财政总补贴最小并且始终保持在养老保险财政支出适度水平区间的全国统筹方案为方案 4 和方案 5。同时，方案 4 和方案 5 的收入再分配效果在全部方案中也属于中上等水平。综合考虑，方案 4 和方案 5 是最容易实现、被社会公众支持、财政负担可行的养老金全国统筹方案。如果考虑到财政低水平投入起步的原则，可以优先选择方案 5 作为全国统筹的起步方案。随着财政实力的提升和地区间收入差距的缩小，可以在方案 5 的基础上逐步提高全国统筹中央账户的比例，如从 10%的替代率水平逐步提高到 15%或以上。

第八章 养老保险异地接转统筹收入再分配效应

劳动力资源的合理流动是市场经济的内在要求，随着经济的高速发展和城市化水平的不断提高，劳动力资源跨地区流动规模越来越大。养老保险制度作为化解劳动力老年时期生活风险的制度安排，应适应人口流动需要，确保其养老保险关系异地转移接续。然而，我国目前养老保险统筹层次过低，在一定程度上限制了劳动力的合理流动，由于不同统筹区域之间在资金来源、资金筹集、缴费方式、缴费主体及养老金给付等方面存在较大差异，使得流动人口的养老保险不能在异地之间顺利转移衔接，造成其便携性损失，极大地影响了养老保险收入再分配功能的发挥。

一、养老保险异地接转统筹收入再分配效应研究框架

养老保险全国统筹模式下，流动人口基础养老金可以在地区和省际之间自由转移接续，极大地减少了便携性损失，增强了养老保险统筹层次收入再分配功能。基础养老保险全国统筹增加了异地接转人口退休时的养老金给付水平，即养老保险异地接转统筹差额，体现了养老保险微观福利水平的改进，是一种绝对值的变化。此外，养老保险全国统筹会增强养老保险在流动区域间的收入再分配效果，表现为养老保险统筹层次收入再分配总系数的变化，是一种相对值的变化。两种变动共同形成了养老保险异地接转的收入再分配效应，主要表现为统筹前后基尼系数以及收入再分配调节力度的变化。

依据"两检验""一对接"原则设计两种养老保险全国统筹类型：分层平均统筹类型和分比例统筹类型。分层平均统筹类型主要包括方案 1 即全国平均工资模式、方案 2 即（全国平均工资＋个人工资）/2 模式、方案 3 即（全国平均工资＋省平均工资＋个人工资）/3 模式。分比例统筹类型主要包括方案 4（15％中央统筹模式）和方案 5（10％中央统筹模式）。

由于目前我国已经基本实现省级统筹，因此养老保险异地接转只考虑省际之间，同时将异地接转人口分为城乡流动人口和城际流动人口两类，其中城际流动人口指城镇之间流动的企业职工，城乡流动人口包括农民工和个体工商户，二者差别主要体现在养老金计发标准上，个体工商户养老金给付标准为上一年社会平均工资水平的 60％。养老保险异地接转统筹收入再分配效应研究框架如图 8—1 所示。

二、养老保险异地接转现状分析

养老保险异地接转是指劳动者在就职期间因工作调动导致养老保险关系

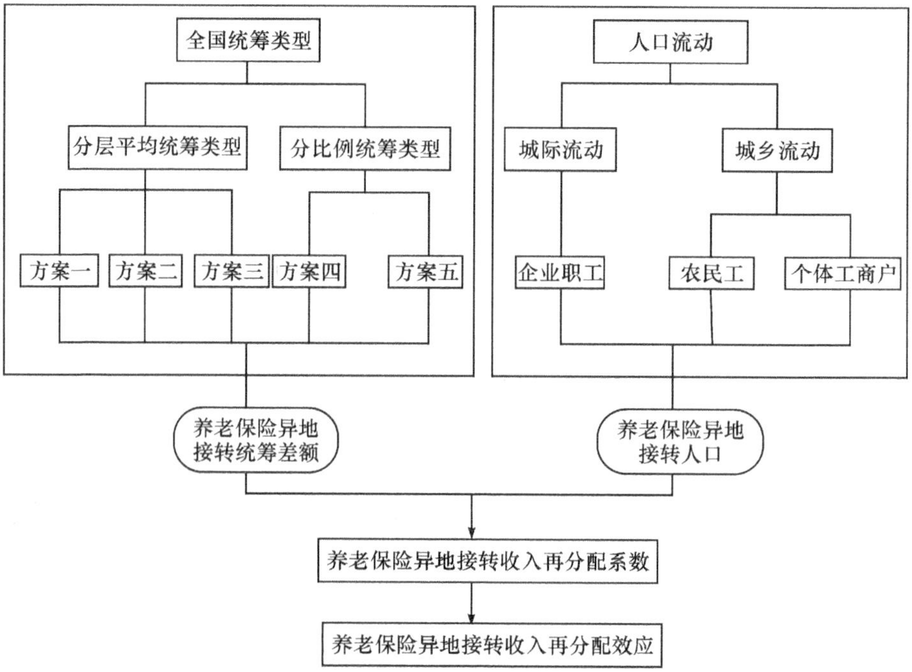

图8—1　养老保险异地接转统筹收入再分配效应研究框架

在社保经办机构的转移接续过程。由于养老保险统筹层次较低，劳动者跨区域流动时不能顺利“转走”或“提取”社会统筹部分的养老金，造成“便携性损失”，严重损害了流动人口退休后的养老保险权益，违反了劳动公平和生存公平原则。

（一）养老保险异地接转现实水平

国家人口计生委2009年重点地区流动人口监测试点调查数据显示（采用重点抽样和多阶段与规模成比例抽样相结合的方法），北京、上海、深圳、太原、成都5个城市流动人口参加养老保险的比例分别为14%、18.1%、31.7%、7.3%和16.8%。大部分流动人口无论户籍性质如何，都更倾向于返回户籍地养老，其中农业流动人口这种返乡倾向更为明显，63.9%的农业流动人口希望未来返乡养老，只有10.4%的农业流动人口选择在流入地养老；而非农流动人口中有39.6%选择回到户籍地养老，30.2%选择在流入地养老。①

经济发达地区流动人口养老保险异地接转比例很低，退保问题较为严重。2007年深圳市参加基本养老保险的劳动者数量达到493.97万人次，顺利转接养老保险关系的仅有9672人次，不足退保人数的1%，而退保人数高达83万人，即使在2009年底国家出台“暂行办法”后深圳农民工的退保比例仍居高不下。2007年东莞市退保人次高达60多万人次，最多时一天退保现金流达30多万元（吴兵，2008）。据广东省社保部门统计，2002—2006年广东省退保人数逐年上升，年平均增长率为16.95%，净退保率稍有下降，2006和2007年分别为31.25%和25%。2006年流动人口成功办理异地转移手续的只有7.68万人，其中省内接转比例为52.80%，跨省接转比例为47.2%。截至2007年底，江苏省参保农民工人数为282.5万人，占全省参保职工的24.2%，成功办理转移手续的农民工只占总人次的14.04%，大约占退保总人次的1/7，全省退保人次高达11.12万人，退保金额达1.99亿元。江苏省吴江市2006年在册登记流动人口为36万人，到2007年增加到76万人，2009年统计资料显示，吴江市外来从业人员中仍有约21万人处于“断保”状态，其中18.7万人是外地农村户口。②

乡城流动人口比城际流动人口的养老保险“参保率低，退保率高”，他们主要从事非农职业，工作稳定性差，平均就业时间大概为8、9个月，大部分人倾向于返回户籍地养老。武汉大学“农民工养老保险研究”课题组抽样调查数据显示，乡城流动人口的参保率非常低，2005年农民工参保比例为1.8%，2007年增至3.2%，分别比意愿参保率低26.6个百分点和58.1个百分点。可以看出，虽然农民工养老保险参保率非常低，但这并不说明他们不想参加养老保险，只是现实条件还不能实现。

---

①　国家人口计生委流动人口服务管理司．中国流动人口生存发展状况报告——基于重点地区流动人口监测试点调查．人口研究．2010，1

②　人力资源和社会保障部社会保险事业管理中心2008年数据。

（二）养老保险异地接转现行制度

针对流动人口中途退保甚至不愿参加养老保险的现实情况，2009 年人力资源和社会保障部与财政部联手出台了《城镇企业职工基本养老保险关系转移接续暂行办法》，使得我国养老保险跨省、跨地区转移接续问题有了实质性进展。而 2011 年 7 月 1 日正式施行的《社会保险法》则将相关政策上升为法律，十九条指出："个人跨统筹地区就业的，其基本养老保险关系随本人转移，缴费年限累计计算。个人达到法定退休年龄时，基本养老金分段计算、统一支付。"按照上述法律法规的要求，我国基本养老保险关系的跨地区转移遵循下列原则：

（1）参保人员返回户籍所在地（指省、自治区、直辖市）就业参保的，户籍所在地的相关社保经办机构应为其及时办理转移接续手续。

（2）参保人员未返回户籍所在地就业参保的，由新参保地的社保经办机构为其及时办理转移接续手续。但对男性年满 50 周岁和女性年满 40 周岁的，应在原参保地继续保留基本养老保险关系，同时在新参保地建立临时基本养老保险缴费账户，记录单位和个人全部缴费。

（3）参保人员再次跨省流动就业或在新参保地达到待遇领取条件时，将临时基本养老保险缴费账户中的全部缴费本息，转移归集到原参保地或待遇领取地。

（4）个人跨统筹地区就业的，当达到法定退休年龄时，基本养老金分段计算、统一支付。由于我国各地收入水平相差较大，企业和个人缴费基数差距也较大，因此《社会保险法》确定了分段计算的原则，将养老金待遇与缴费挂钩，从而更加公平合理，最终的待遇领取根据以下规则：基本养老保险关系在户籍所在地的，由户籍所在地负责办理养老保险金的领取；基本养老保险关系不在户籍所在地，而在其养老保险关系所在地累计缴费满 10 年可在该地享受基本养老保险待遇；基本养老保险关系不在户籍所在地，且在其基本养老保险关系所在地累计缴费年限不满 10 年的，将其基本养老保险关系转回上一个缴费 10 年的原参保地办理待遇领取手续；基本养老保险关系不在户籍所在地，且每个参保地的累计缴费年限均不满 10 年的，将其基本养老保险关系及相应资金归集到户籍所在地，在户籍所在地办理养老保险金的领取。

（三）养老保险异地接转制约因素

在地区经济发展不平衡和养老保险统筹层次很低的双重约束条件下，“划江而治”的养老保险碎片化制度格局造成了流动人口养老保险便携性损失，成为劳动力跨省流动的桎梏。

1. 养老保险统筹层次低造成流动人口养老金“便携性” 损失

随着人口城市化合理而有序地推进，我国的人口流动规模不断增加，人口流动范围不断扩大，流动人口几乎分布在全国所有的省（市、区）。一般而言，劳动力流动数量与养老保险统筹层次具有高度相关关系，劳动力流动范围广泛客观要求提升养老保险统筹层次以维护流动人口的养老保险权益；随着统筹层次的提高，劳动力流动障碍也会随之减小，流动规模不断扩大。

在同一统筹区域内，养老保险基金模式处于一种相对独立、封闭环境之下，参保者共同缴纳、使用统筹基金，当年支付退休人员养老金的不足部分统一由当地政府财政负责。当在同一统筹范围内随同工作变动而转移其养老保险关系时，统筹基金与当地财政都不会受到影响，劳动者养老保险关系的转移接续就很容易。而一旦跨越统筹区转移养老保险关系，就会引起各统筹区养老基金统筹数额的变化，相应各地政府所承担的财政责任也随之发生变化。

各统筹区根据不同经济发展水平制定了不同的资金筹集比例，导致各统筹区社会统筹养老金水平“高低不同”，各地政府财政负担责任“轻重有别”，结果跨统筹区的养老保险关系转移接续变得更复杂。基本养老金中的个人账户部分可以完全带走，但是基础养老金账户却无法随身带走，对于经济发达、人口流入规模大的地区是一种贡献，而对于人口回流的落后地区则是一种损失。因此，统筹层次偏低是制约养老保险关系顺利转移接续的根本原因，如果实行全国统筹的养老金筹资给付模式则会消除人口流动中养老金的“便携性损失”，增强养老保险基金调剂和风险抵御能力，降低财政结构性资金缺口，实现养老金跨区域无障碍流转，提高养老保险制度的公平性。

2. 流动人口聚集区呈现养老保险制度“碎片化”格局

面对规模巨大的流动人口，地方政府结合自身实际情况各尽所能解决流动人口的养老保障问题，采取了迥异的流动人口养老保险模式。在不同模式框架下，流动人口养老保险缴费基数、缴费比率、缴费期限及养老金计发办法等方面差异很大，形成了流动人口养老保险制度的“碎片化”格局。

广东等沿海省市形成了“城保碎片”，即将流动人口纳入城镇职工基本养老保险制度。这种模式跨越了户籍限制，取消了对流动人口身份的制度歧视，将流动人口完全纳入当地城镇职工基本养老保险制度之内，但统账结合制度下流动人口只能带走个人账户部分，社会统筹养老金转移接续困难，便携性损失严重。东部沿海地区省份形成了“农保碎片”，即将流动人口纳入到农民基本养老保险制度，这种模式门槛较低，但便携性也不高，养老保险异地接转障碍较大。

流动人口不仅被分割在城保、农保碎片中，而且还存在于诸多小碎片中。以“城保”模式为例，很多地方政府调整城镇职工基本养老保障制度以适应流动人口参保。比如江苏省吴江市采取的“城保”模式中养老保险缴费比例差异很大：雇佣外地城镇户籍人口的企业按19%交纳基础养老金；雇佣外地农村户籍人口的城镇企业按13%交纳基础养老金；雇佣外地农村户籍人口的开发区企业按10%交纳基础养老金。可见，流动人口处于各种养老保险制度“碎片”之中，根本无法顺利实现跨地区转移接续。

3. 流动人口逆向选择中的道德风险形成“趋富”效应

按照养老金计发办法，退休人员的基础养老金按照上一年度当地职工平均工资的一定比例发放，退休地的社会平均工资对养老金给付水平影响很大，退休地的工资水平越高，基础养老金给付水平就越高，流动人口在经济发达地区退休时领取的养老金要比欠发达地区多。如果允许流动人口养老金异地自由转移接续，必然会出现很多人将其养老保险关系转移到经济发达地区的情况。这种“趋富”现象必然导致不同地区养老负担不平衡的问题，而反过来阻碍养老保险关系的顺利转移接续。因此，养老保险关系转移接续机制设立必须克服这种道德风险，要充分有效地保护个人养老生存权利，但不能过度扩大个人利益差别，否则必然出现道德选择产生趋富效应，阻碍养老保险异地有序流转。

综上，地区经济发展差异、统筹层次偏低、“碎片化”的养老保险制度格局、劳动者逆向选择中的道德风险阻碍了流动人口养老保险关系的转移接续。解决养老保险跨统筹地区转移接续问题的关键就是提高统筹层次，实现全国统筹。养老保险全国统筹一方面可以削弱地区差异实现更高层次的社会公平，另一方面可以在全国范围内实现养老保险制度的统一，打破碎片格局，提高流动人口养老保险的便携性，保障其养老保险生存权益。

三、养老保险异地接转人口发展趋势

2010 年我国各省、自治区、直辖市已基本实现基本养老保险省级统筹[①]，所以养老保险异地接转主要涉及的是省际之间的流动人口，包括乡城流动人口和城际流动人口两类人群。人口的省际流动是全国人口数量在不同省份之间的动态分配过程，我国现阶段的省际人口流动仍以农村户籍外出务工的劳动力为主体，并逐步向其家庭成员和城市居民扩展，乡城流动依然是流动的主要形式。

（一）省际人口流动状况及特征

流动人口的活跃代表了一个国家的经济发展水平和开放程度，随着人口城市化合理而有序地推进，我国的人口流动规模不断增加，人口流动范围不断扩大，流动人口几乎分布在全国所有的省（市、区）。

1. 省际人口流动规模持续扩大

第六次人口普查数据资料显示，我国人户分离人口已达到 26 139 万人，

① 人力资源和社会保障部. 2010 年度人力资源和社会保障事业发展统计公报

与2000年第五次人口普查相比增加了11 700万人，增幅高达81.03%。省际间流动人口数量为8 588万人，比2000年增加了4 347万人。1995—2000年省际间流动人口数量为3 228.21万人，2005—2010年省际间人口流动数量为5 499.39万人，10年间增长了2 271.18万人，共增长了70.35%，具体情况见表8—1。

表8—1　　中国省际人口流动规模及其增长变化　　单位：万人

地区	流出人口			流入人口		
	1995—2000	2005—2010	增长数量	1995—2000	2005—2010	增长数量
全国	3228.21	5499.39	2271.18	3228.21	5499.39	2271.18
北京市	17.44	40.60	23.16	188.97	382.78	193.81
天津市	10.43	21.34	10.91	49.20	149.71	100.51
河北省	87.22	201.74	114.52	76.99	92.41	15.42
山西省	33.36	79.37	46.01	38.27	49.82	11.55
内蒙古	44.11	64.76	20.65	32.55	82.77	50.22
辽宁省	37.99	68.54	30.55	75.48	117.19	41.71
吉林省	52.93	85.39	32.46	25.40	33.84	8.44
黑龙江省	93.98	146.32	52.34	30.12	32.19	2.07
上海市	16.29	40.10	23.81	216.78	490.05	273.27
江苏省	124.10	189.35	65.25	190.84	488.73	297.89
浙江省	96.92	133.94	37.02	271.47	837.29	565.82
安徽省	289.30	552.56	263.26	31.35	82.21	50.86
福建省	62.45	111.37	48.92	134.62	244.99	110.37
江西省	268.06	348.33	80.27	23.59	69.84	46.25
山东省	87.82	201.50	113.68	90.41	133.56	43.15
河南省	230.90	543.04	312.14	46.99	42.97	—4.02
湖北省	221.02	380.42	159.40	60.62	84.35	23.73
湖南省	326.12	459.19	133.07	36.26	68.84	32.58
广东省	43.80	161.29	117.49	1150.11	1387.44	237.33
广西	183.81	282.05	98.24	28.75	59.78	31.03
海南省	12.96	23.59	10.63	21.77	33.77	12.00
重庆市	110.31	184.41	74.10	44.78	73.56	28.78
四川省	439.55	498.81	59.26	58.96	105.28	46.32

续表

地区	流出人口			流入人口		
	1995—2000	2005—2010	增长数量	1995—2000	2005—2010	增长数量
贵州省	123.19	268.08	144.89	26.15	59.19	33.04
云南省	39.81	108.91	69.10	73.27	62.09	−11.18
西藏	3.54	6.25	2.71	7.07	9.20	2.13
陕西省	71.93	134.75	62.82	42.30	73.40	31.10
甘肃省	56.08	104.69	48.61	20.36	26.02	5.66
青海省	12.32	15.00	2.68	7.69	18.25	10.56
宁夏	8.74	15.07	6.33	12.88	23.90	11.02
新疆	21.68	28.67	6.99	114.22	83.98	−30.24

数据来源：王桂新. 中国省际人口迁移区域模式变化及其影响因素——基于2000年和2010年人口普查资料的分析. 中国人口科学. 2012，5

注：表中流动人数根据第五次人口普查和第六次人口普查的长表数据乘以10得到。

2. 人口流入区域分布呈现集中趋势

人口流动是人口从一个地区到另一个地区的空间位移活动，其流向涉及流入地和流出地，流动人口的流入地分布趋势对于把握人口流动规律至关重要。20世纪90年代以来，人口流入地域分布比流出更加集中，由西向东的区域分布模式未发生明显变化，中西部地区人口主要向京津冀、长三角和珠三角三大都市圈流动。

我国省际流动人口规模分布不均，人口主要流入广东、浙江、上海、江苏、北京、福建、天津、山东等经济发达地区，2010年这八个省份省际流动人口规模高达6 614万人，占全国省际流动人口77%。西藏、青海、宁夏和甘肃等地省际流动人口最低，均不超过50万人，合计仅为129万人，还不足全国省际流动人口的1.5%。[①] 其中北京、上海、广东、江苏、浙江5个省份是我国最主要的人口流入地，各省迁入人口占全国省际迁移人口比例都在6%以上，接收的流动人口占当地常住总人口的比例分别为34%、26%、23%、20%和19%，平均每5个人甚至每3个人中就有一个流动人口。1995年至2000年，广东省流入人口数量为1 150万人，占全国省际流

① 马红旗，陈仲常. 省际流动人口、地区人口负担及基于人口负担的均等化转移支付方案. 经济科学. 2012，4：92

入人口的35%，10年后广东的省际流入人口数量达到了1 387万人，共增加了237万人。与此同时，长三角地区的上海、江苏和浙江的增长规模都超过了270万人，相比之下广东流入人口的基数虽然很大，但是其增幅却小于长三角地区。可见，我国近期人口流入的集中趋势非常稳定，但是省际流动人口的分布重心已经由珠三角都市圈逐渐向长三角都市圈转移。

3. 人口流出区域分布逐渐向多极化发展

第六次人口普查数据资料显示，传统人口流出大省流出规模持续增长，同时典型人口流入省份的流出规模也在不断扩大。四川、湖南、安徽、江西和河南五大传统人口流出省份在1995－2000年流出人口数量分别为439.55万人、326.12万人、289.3万人、268.06万人和230.9万人，2005－2010年流出人口数量分别为498.81万人、459.19万人、552.56万人、348.33万人和543.04万人，分别增长了59.26万人、133.07、263.26万人、80.27万人和312.14万人。[①] 从数据中可以看出，安徽和河南的人口流出速度加快，而四川、江西和湖南流出增幅相对较小，其中四川10年流出人口只增长了不到60万人。相比而言，像广东和江苏这样的人口流入大省流出规模增长幅度较大，10年内广东省的流出人口增加了117.49万人，增长了近3倍，江苏省也增加了65.26万人，增长了50%，这说明了我国人口流动方向发生细微的变化，由于国内外的经济、就业以及社会保障制度的完善程度等一系列因素的影响，发达地区流动人口的回流比重有所提高，流动人口的稳定性有所减弱。

（二）养老保险异地接转人口未来发展趋势预测依据

养老保险异地接转收入再分配效应一方面取决于不同统筹模式的养老金给付水平，另一方面取决于未来流动人口的数量和年龄构成。本书将在人口流动现实状况基础上，结合人口发展特征与规律预测未来省际流动人口数量及结构。

---

① 王桂新.中国省际人口迁移区域模式变化及其影响因素——基于2000年和2010年人口普查资料的分析.中国人口科学.2012，5

1. 区域经济发展不平衡决定省际人口流动规模不会减少

我国东、中、西部资源禀赋和经济基础等方面存在较大差异，而且由于经济转型和非均衡区域发展战略等原因，三大经济区域间的经济发展水平差距较大。

1978 年东、中、西部地区 GDP 比重分别为 51.22%、29.57%、19.21%，之后东部 GDP 比重逐年上升，2005 年 3 个地区的 GDP 比重分别为 59.52%、23.37%、17.11%，东部地区 GDP 总量远远超过中、西部地区之和；2010 年 3 个地区 GDP 比重分别为 61.53%、25.3%、13.17%，东部和中部地区分别上升近 2 个百分点，而西部地区下降了 4 个百分点。可见，从 GDP 所占份额来看我国东部和中西部地区的经济差距显示出“东强西弱”的总格局，而且呈现出“不断扩大”的发展趋势。

通常测度区域经济差距采用地区基尼系数和泰尔指数（Theil Index）两种方法，其中泰尔指数能够把总体差异分解为区内差距与区间差距，进而比较不同分类对区域总差异的贡献和影响，这种可加分解特性可用于分析地区和省际之间的经济差异水平。因此，本书采用泰尔指数分解方法将全国 1978—2010 年的经济总差距分解成东、中、西部地区内部经济差距（区内差距）和地区之间经济差距（区间差距），见公式 8—1。

$$I=\sum_{i=1}^{3}\mu_i I_{ik}+\sum_{i=1}^{3}\mu_i LN(\mu_i/u_i) \qquad (8—1)$$

其中，I 为区域总差距，I_w 为区内差距，I_B 为区间差距，y 是某个区域内第 i 个省市的人均 GDP，$\bar{y}$ 是该区域所有省市人均 GDP 的平均值，i 表示全国所有省市分成 i 个区域（此处表示东、中、西部 3 个区域），ni 表示 i 区域省市的数量，μ_i 表示第 i 个区域人口占全国总人口的比重，u_i 表示第 i 个区域 GDP 占全国总 GDP 的比重。

利用全国各省、自治区和直辖市的相关数据资料和公式 8—1，可测算 1990—2010 年我国东、中、西部地区内部和地区之间的经济差距，测算结果见表 8—2 和图 8—2。

表 8—2　　全国区域经济总差异、区内差异与区间差异

年份	东部 I_1	中部 I_2	西部 I_3	区内差距 I_w	区间差距 I_B	泰尔指数 I
1990	0.1004	0.0231	0.1169	0.0779	0.0409	0.1188
1995	0.0827	0.0169	0.1284	0.0720	0.0731	0.1451
1996	0.0861	0.0166	0.1244	0.0722	0.0701	0.1423
1997	0.0917	0.0165	0.1249	0.0745	0.0721	0.1466
1998	0.0957	0.0158	0.1231	0.0753	0.0745	0.1498
1999	0.0854	0.0165	0.1207	0.0711	0.0794	0.1505
2000	0.0762	0.0199	0.1189	0.0685	0.0726	0.1411
2001	0.0819	0.0215	0.1241	0.0726	0.0834	0.1560
2002	0.0824	0.0204	0.1250	0.0727	0.0862	0.1589
2003	0.0797	0.0201	0.1290	0.0726	0.0907	0.1633
2004	0.0786	0.0180	0.1305	0.0719	0.0883	0.1602
2005	0.1024	0.0127	0.0380	0.0552	0.0837	0.1389
2006	0.0977	0.0120	0.0421	0.0544	0.0814	0.1358
2007	0.0934	0.0116	0.0460	0.0538	0.0761	0.1299
2008	0.0842	0.0116	0.0555	0.0529	0.0685	0.1214
2009	0.0793	0.0103	0.0599	0.0518	0.0659	0.1176
2010	0.0767	0.0099	0.0578	0.0502	0.0636	0.1138

数据来源：根据《中国统计年鉴 1991—2011》中相关数据计算而得。

说明：东部省份包括辽宁、河北、北京、天津、山东、江苏、浙江、上海、福建、广东、广西和海南；中部省份包括黑龙江、吉林、内蒙古自治区、山西、河南、湖北、江西、安徽和湖南；西部省份包括陕西、甘肃、青海、宁夏回族自治区、新疆维吾尔自治区、四川、重庆、云南、贵州和西藏自治区。

东部和中西部的经济发展水平依然存在较大差距。东部地区在过去一段时间取得了巨大经济发展成果，表现为经济增长速度较快，工业化、城市化和产业化发展阶段较高，市场发育和对外开放程度较深，经济体制的转换也很彻底，具备了吸引资本、技术、人才的绝对优势，这在短时间内不会发生明显变化，只有当其吸纳能力接近饱和时，中、西部地区才可能凭借成本优势和资源优势抢夺资本、技术和人才等资源。尽管近 20 年宏观经济政策一直在朝着区域平衡的方向努力，全国范围的经济结构转型和西部大开发等战略正在积极地推进，但我国的经济发展格局仍然不能实现区域平衡，国家的

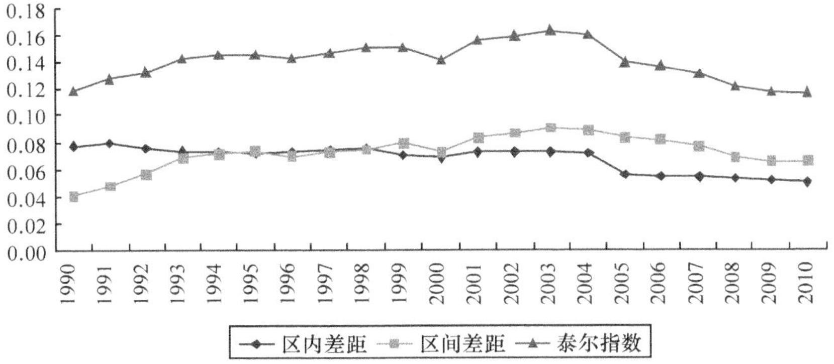

图 8—2　全国区域总差距、区内差距与区间差距

区域政策和产业政策不可能违反经济发展的基本规律，也不可能通过抑制东部发达地区的发展来达到区域平衡，而只能在政策层面上给予相同的发展机遇，在财政支出方面进行适度转移，从而加快中、西部的发展步伐。

因此，虽然未来地区间经济差距会随着经济发展和政策调整趋于收敛，但是由于深刻的社会经济原因未来相当长的时期内区域和省际之间的收入差距还将存在，东部发达地区如北京、上海、广东、浙江、江苏和山东等地经济发展优势仍然十分明显，经济收入水平依然会高于中西部地区，流动人口向东南沿海地区集中的趋势很难在短期内发生根本改变。

2. 地区人口负担差异决定未来流动人口趋于"均衡型"

第六次人口普查数据显示，全国、省内和省际流动人口的平均年龄分别为 32.68 岁、32.95 岁和 31.51 岁，省际流动人口比全国流动人口年轻 1.17 岁，比省内流动人口年轻 1.44 岁。省际和省内人口流动结构如图 8—3 所示，省内 20～60 岁的流动人口为 11 865 万人，占所有省内流动人口的比重为 67.78%，而省际 20～60 岁的流动人口为 7 016 万人，占所有省际流动人口的比重为 82.25%，比省内高出 6.47 个百分点。其中省内 20～45 岁的年轻劳动力流动数量为 9 176 万人，占所有省内流动人口的比重为 52.42%，而省际 20～45 岁的年轻劳动力为 6 059 万人，占所有省际流动人口的比重为 70.26%，比省内高出 17.58 个百分点。

流动人口年龄越小流动范围越广，年龄较大的流动人口基于"就近原

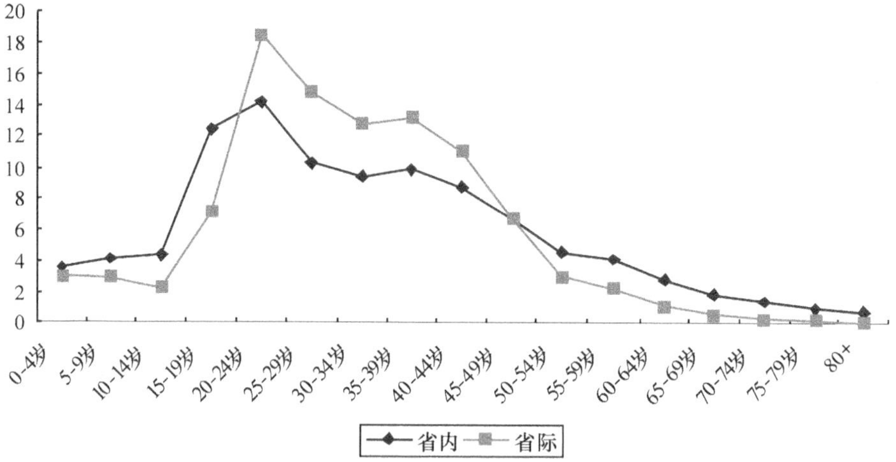

图 8—3　2010 年省际与省内人口流动结构

则”更倾向于省内流动，较年轻的劳动力从中西部地区流入经济发达的东部地区，规模庞大、地域集中、年龄较轻的省际流动人口会改变流入地和流出地的人口结构，减轻经济发达地区的少儿抚养负担和老年赡养负担，但相对加重了经济欠发达地区人口负担。

经济发达地区作为年轻劳动力的流入地，少儿负担系数和老年负担系数相对下降，政府财政用于少儿的教育支出和老年人口的养老支出相对减少，另一方面年轻劳动力的流入增加了该地区创造经济产值的能力，从而增加了地区财政支付能力水平。而经济欠发达地区，作为年轻劳动力的流出地，少儿负担系数和老年负担系数相对增加，地方政府要为留守儿童支付更多的教育，医疗和相关生活支出，为老年人口支付更多的医疗和养老费用，同时由于年轻劳动力减少地方财政支付能力出现了一定程度的下降。因此，省际人口流动从财政需求和财政供给两个方面增加了流出地的人口负担压力，减弱了流入地的人口负担压力。

目前我国流动人口“年轻化”主要是源于户籍制度及相应的公共服务提供方式。随着经济的发展和劳动力市场的完善，人口流动性大大增强，劳动者可以自由选择自己的职业地域空间，但户籍制度仍严格限制着流动人口的户口迁移，出现了大规模的“人户分离现象”。一方面劳动力资源得到了充分有效的利用，另一方面在公共资源有限状态下，人口流动形成的公共物品消费拥挤效应也会不断加剧。因此，地方政府往往把就业制度、社会保障制度和教育服务等多项内容附加到户籍制度之上，流动人口很难享有与当地人口相同的待遇，“举家迁移”的劳动力流动方式受到严格限制，逐渐形成子女在户籍地求学，老人在户籍地养老，流动人口呈现“年轻化”的趋势。

随着落后地区年轻的劳动力源源不断地流入发达地区，地区和省际之间人口负担差别会逐渐加大，形成劳动力供养结构的地区失衡，进而造成养老金缴费水平的失衡。与此同时，人口流出大省随着年轻劳动力的不断流出，其劳动力供给的年龄结构也会有所改变，为发达地区提供青壮年劳动力的供给能力会越来越小。此外，随着户籍制度及与之相关联的社会保障制度、教育制度和就业制度的不断完善，子女及老人随迁的比例会越来越大，因此，未来流动人口年龄结构应趋于“均衡”，少儿和老年人口比重将不断增长。

3. 链式流动方式决定人口流动空间格局趋于稳定

我国现阶段人口流动在空间上表现出较强的地域性。我国人口流动方式主要有从农村直接流入城市的“随机性直接流动”、通过亲戚、朋友等介绍迁入各级城市的“链式流动”、从农村流入小城镇再流入小城市、中等城市和大城市的“递进式”、政府引导的有组织性流动和因拆迁等原因而不得不进行的非意愿性流动等。北京等城市的抽样调查数据显示，我国目前的主要人口流动方式为“链式流动”，因此在空间上表现出较强的地域性，即人口主要流入附近特定的若干省份，大部分发达省份也主要吸纳特定省份的流动人口，总之，人口流动的地域格局基本上属于稳态发展，未见明显变动。如北京的流动人口主要来自于山东和河南两省，而上海的流动人口主要来自于江苏和安徽两省。人口流出地也表现出类似的结构，四川人口主要流入广东和重庆两地，安徽人口主要流入江苏省，贵州人口主要流入浙江省。因此，在链式流动方式的主导下，我国人口流动的空间格局比较稳定。

（三）养老保险异地接转人口未来发展趋势预测结果

鉴于地区经济发展不平衡和未来相关制度体系的完善，省际流动人口数量短期内不会减少；人口流动扩大了地区之间的人口负担差距，不利于区域间人口均衡发展，未来的人口流动年龄结构应向“均衡型”转变，少儿和老年人口比重将逐步加大；“链式流动”方式导致人口流动地域分布集中，未来人口流向不会发生太大的改变。

1. 人口流向及典型省份选取

我国人口流动遍布全国各地，流向错综复杂，没有一定的规律可遵循，所以省际流动人口未来发展趋势预测应突出重点地区，了解少数地区就能掌握多数流动人口，了解前4个吸收流动人口最多的省份，就能掌握全国60%的流入人口，了解前4个流出人口最多的省份，就能掌握全国30%的流出人口。①

经济发达地区主要吸收省际流动人口，具有典型代表意义的有广东、上海、江苏和浙江等地，所吸收的跨省流动人口数倍甚至数十倍于其他人口流入省份，2005—2010年四个省份总共吸纳了3 203.51万人，占全国省际流动人口的58.25%，其中广东省人口流入数量最多，具有全国性特征，2005—2010年吸纳流动人口为1 387.44万人，占全国省际流入人口的25.23%。省际流动人口主要来自四川等经济发展相对滞后的中西部省份，与省际流入分布高度集中（仅广东省就吸收了全国近1/3的跨省流动人口）相比，省际流出人口地分布则较为分散。2005—2010年四川、安徽、贵州和重庆四个省份共流出人口1 503.86万人，相当于省际流出人口的近30%，其中四川流出人口规模最大为499万人，占省际流动人口近10%。②

总体来看，人口流入最多的省份是广东、上海、江苏和浙江，人口流出最多的省份是四川、安徽、贵州和重庆，因此异地接转人口预测选取以上八个省份。从人口流向看乡城人口流动主要是四川⟶广东，安徽⟶江苏，

①② 文中数据根据2010年第六次人口普查数据资料计算而得

贵州──→浙江，重庆──→上海，而城际流动则是四对省份之间对流。四川至广东的流动人口相当于广东流入人口的 6.87%，是四川流出人口的 30.37%；安徽至江苏的流动人口相当于江苏流入人口的 14.02%，是安徽流出人口的 25.87 %；贵州至浙江的流动人口是浙江流入人口的 7.5%，是贵州流出人口的 39.96 %；重庆至上海的流动人口相当于上海流入人口的 17.76%，是重庆流出人口的 6.63%[①]，具体见表 8—3。

表 8—3　　2010 年典型省份人口流动数量　　单位：万人

地区	上海流入人口	其中重庆流入	江苏流入人口	其中安徽流入	广东流入人口	其中四川流入	浙江流入人口	其中贵州流入
总数	1221860	216710	16952270	2377110	36221200	2489220	19883830	1493350
城镇	11142150	177430	13701910	1729020	33457110	2302560	15902050	952990
农村	1119710	39280	3250360	648090	2764090	186660	3981780	540360

数据来源：根据 2010 年第六次人口普查数据乘以 10 得到。

2. 人口流动数量梯次变动趋势

目前城际流动人口变动趋势相对稳定，由于西部大开发的全面推进和中西部得天独厚的资源优势，地区之间收入差距会有所收敛，城际流动人口增长速度会逐渐放缓。与此同时，随着城市化和工业化进程加快，人力资本的流动性会大大增强，而且社会保障制度、就业制度和户籍制度的逐渐完善也会促进劳动力在地区之间流动。两种正反力量作用导致未来的城际流动人口数量相对稳定，增长速度在现实基础上不断放缓，因此假定城际流动人口以 2000—2010 年的平均增长速度 5%[②]为基点不断下调，至 2050 年达到 1%。

当前我国流动人口的主体是“乡一城”流动人口，即由农村流入城镇，假定城镇化进程决定乡城人口流动速度，即城市化率的增长能反映乡城人口流动的强度。农村劳动力转移的一个重要特征是“候鸟式迁移”，由于社会经济发展状况和就业的不稳定，近 20%的农民工不能在城镇实现长期就业

① 文中数据根据 2010 年第六次人口普查数据资料计算而得

② 根据“1995 年全国 1%人口抽样调查数据资料”和“2010 年第六次人口普查数据资料”计算得来。

而形成回流。[①] 因此，未来城市化的首要目标是将乡城流动人口逐渐稳定在城镇，人口城市化发展速度应逐渐减缓，实现深度而稳定的城市化，而非一直保持虚假的城市化增长速度。因此，假定未来的乡城人口流动规模呈梯次稳步增长模式，增长速度逐渐减小。与此同时，经济欠发达地区的农村剩余劳动力并非“无穷大”，现在一些主要的人口流出省份（如四川、安徽、河南等地）由于多年来农村人口大量外出，已经出现了“民工荒”和“空心村”现象，人口流出规模的“拐点”可能会提前到来，据相关人口预测，像安徽和四川这样的人口输出大省，大概在 2025 年其劳动力比重将下降到抚养比的极限值 50%。因此，未来的乡城流动人口增长速度会越来越慢，到 2025 年前后甚至出现下降的趋势。此外，随着城乡之间体制障碍的逐渐消除，经济差距的不断缩减，农民可能更愿意回流到原户籍地的城镇或乡村借助更好的自然资源条件改善生活水平，因此假定未来农村流出人口的回流比例由现在的 20%线性增长到 2050 年的 30%。

3. **流动人口年龄结构梯度均衡变动趋势**

用全国第六次人口普查资料中户口登记地在外乡镇人口的年龄构成作为流动人口的年龄构成。2010 年全国乡城流动人口中 0～14 岁少儿人口和 60 岁及以上老年人口的比例分别为 10.73%和 6.06%，而 15～59 岁劳动力人口比重高达 83.21%，相当于 2 个劳动力随迁 0.25 个孩子和 0.15 个老人。按照流动人口年龄结构的梯度变动趋势，假定 2010—2020 年为城乡经济和社会制度统分阶段，流动人口年龄结构稍作调整，2 个劳动力随迁 0.5 个孩子和 0.25 个老人；2021—2030 年为城乡经济和社会制度整合阶段，农村家庭流动以核心家庭为主，2 个劳动力随迁 1 个孩子和 0.5 个老人；2031—2050 年为城乡经济与社会制度统一阶段，2 个劳动力随迁 1.5 个孩子和 1 个老人。同时对 0～14 岁、15～59 岁和 60 岁及以上三组内流动人口进行分解处理时采用户口登记地在外乡镇的分年龄性别人口剔除市区内人户分离后所计算的分年龄性别迁移率进行组内拆分，具体年龄结构见表 8—4。

① 国家统计局. 2011 年我国农民工调查监测报告。

表 8—4　　2010—2050 年乡城流动人口年龄结构

年龄组	2011—2020	2021—2030	2031—2050
0～4 岁	0.0577	0.0907	0.1058
5～9 岁	0.0623	0.0979	0.1142
10～14 岁	0.0618	0.0971	0.1133
15～19 岁	0.0948	0.0745	0.0579
20～24 岁	0.1387	0.1090	0.0848
25～29 岁	0.1037	0.0815	0.0634
30～34 岁	0.0911	0.0716	0.0557
35～39 岁	0.0947	0.0744	0.0579
40～44 岁	0.0822	0.0646	0.0502
45～49 岁	0.0575	0.0451	0.0351
50～54 岁	0.0343	0.0270	0.0210
55～59 岁	0.0304	0.0238	0.0185
60～64 岁	0.0343	0.0539	0.0838
65～69 岁	0.0215	0.0337	0.0525
70～74 岁	0.0160	0.0252	0.0392
75～79 岁	0.0103	0.0162	0.0253
80 岁以上	0.0088	0.0138	0.0215

数据来源：根据文中假设计算而得。

4. 养老保险异地接转人数发展趋势

根据未来流动人口总量和年龄结构变动趋势可以获得养老保险异地接转人数，在此基础上还需要用年龄别生存概率测算其死亡人数和生存人数。用预期寿命结合死亡模式作为死亡水平的参数，未来全国平均预期寿命以 2010 年第六次人口普查资料统计结果为基年数据，并根据联合国不同水平的出生预期寿命每 5 年变化情况[①]以及全国 1982—2010 年平均预期寿命增长趋势决定未来平均预期寿命，进而决定年龄别生存概率，由此获得典型省

① 刘延年主编. 现代人口统计与分析. 北京：中国统计出版社，1991，344

份城际流动和城乡回流的养老保险异地接转人数（见表 8—5 和表 8—6）。

表 8—5　2010－2050 年典型省份城际养老保险异地接转人数　单位：人

年份	2010	2015	2020	2025	2030	2035	2040	2045	2050
江苏一安徽	17877	19737	21792	24060	26564	27919	29343	30840	32413
安徽一江苏	263952	291424	321756	355245	392219	412226	433254	455354	478581
四川一广东	354836	391768	432544	477563	516980	543351	571068	600198	630814
广东一四川	9922	10954	12094	13353	14743	15495	16285	17116	17989
贵州一浙江	71805	79279	87530	96640	106699	112142	117862	123874	130193
浙江一贵州	4706	5196	5736	6333	6992	7349	7724	8118	8532
重庆一上海	17768	19617	21659	23913	26402	27749	29164	30652	32215
上海一重庆	14782	16320	18019	19894	21965	23085	24263	25501	26801

数据来源：根据文中假设计算而得。

表 8—6　2010－2050 年典型省份城乡回流养老保险异地接转人数　单位：人

年份	2010	2015	2020	2025	2030	2035	2040	2045	2050
江苏一安徽	8127	8973	9907	10938	12076	13333	14721	16253	17945
广东一四川	2904	3206	3540	3908	4315	4764	5260	5808	6412
浙江一贵州	1432	1581	1746	1927	2128	2349	2594	2864	3162
上海一重庆	1472	1625	1794	1981	2187	2415	2666	2944	3250

数据来源：根据文中假设计算而得。

城际养老保险异地接转人数呈现稳定而缓慢的增长趋势。江苏至安徽的城际异地接转人数从 2010 年的 17 877 人增长至 2050 年的 32 413 人，共增加了 14 536 人；安徽至江苏的城际异地接转人数从 2010 年的 263 952 人增长至 2050 年的 478 581 人，共增加了 214 629 人，年均增长 5 366 人。四川至广东的城际异地接转人数从 2010 年的 354 836 人增至 2050 年的 630 814 人，共增长了 275 978 人，年均增长 6 899 人；广东至四川的城际异地接转人数从 2010 年的 9 922 人增至 2050 年的 17 989 人，共增长了 8 068 人。贵州至浙江的城际异地接转人数从 2010 年的 71 805 人增至 2050 年的 130 193 人，共增长 58 388 人，浙江至贵州的城际异地接转人数从 2010 年的 4 706 人增至 2050 年的 8 532 人，共增长 3 826 人。重庆至上海的城际异地接转人数从 2010 年的 17 768 人增至 2050 年的 32 215 人，共增长 14 448 人，上海至重庆的城际异地接转人数从 2010 年的 14 782 人增至 2050 年的 26 801 人，共增长 12 020 人。

城乡回流养老保险异地接转人数较城际基数小但增长速度较快。江苏至安徽的城乡回流异地接转人数从 2010 年的 8 127 人增长至 2050 年的 17 945 人，共增加了 9 818 人；广东至四川的城乡回流异地接转人数从 2010 年的 2 904 人增至 2050 年的 6 412 人，共增长了 3 508 人；浙江至贵州的城乡回流异地接转人数从 2010 年的 1 432 人增至 2050 年的 3 162 人，共增长 1 730 人；上海至重庆的城乡回流异地接转人数从 2010 年的 1 472 人增至 2050 年的 3 250 人，共增长 1 778 人。

四、养老保险异地接转统筹差额测算

在现行养老保险统筹模式下，如果参保人缴费年限未满 15 年，其基础养老金不能在异地转移，造成了参保人的"便携性损失"。如果实行养老保险全国统筹，则基础养老金可以随参保人员异地接转，不仅会保证养老保险制度的公平性，也会缩小地区间养老保险收入差距。根据流动人口地域分布特征选取 8 个典型省份江苏、广东、上海、浙江、安徽、四川、贵州和重庆，并测算全国统筹不同方案较省级统筹养老保险异地接转的福利改进水平即养老保险异地接转统筹差额。表 2—5 中设计的养老保险全国统筹方案 6 为省平均统筹模式，主要作为全国统筹的参照模式，方案 1 至方案 5 的异地接转福利差额均以方案 6 为基准，因此数据分析过程中方案 6 不做讨论。

（一）城乡回流人口养老保险异地接转统筹差额

由于目前我国已经基本实现省级统筹，因此养老保险异地接转只考虑省际之间，同时将异地接转人口分为城乡流动人口和城际流动人口两类，其中城际流动人口为城镇之间流动的企业职工，城乡流动人口分为进城务工人员和个体工商户。假定城乡流动人口会在城市缴纳城镇职工养老保险后的某个时间返乡，如果养老金缴费未满 15 年，则现行统筹模式下其基础养老金无法随身携带。

1. 农民工养老保险异地接转统筹差额

农民工异地流动中养老金社会统筹部分不能带走，大多数人达不到最低缴费年限 15 年，于是出现了退保和不参保现象，若我国城镇职工养老保险制度达到了全国统筹层次，农民工的基础养老金可以随身携带，则退休时养老金收益就会大大增加，参保率也会有很大提高。假设一种合意状态，养老金替代率为 30%，最低缴费年限为 15 年，而参保人员在城市缴纳了 10 年的城市职工养老保险，中途返回农村，并缴纳了 20 年农村养老保险。

假设所有农村人口组成 1 个大省，即“农村省”，基础养老金给付水平取决于农民的劳动人均收入，其未来值根据物价指数（CPI）和农村人均纯收入增长率预测。假定未来 CPI 为 3%，农村人均纯收入增长率 2011 年到 2020 年为 8%，2021 年到 2030 年为 6%，2031 年到 2050 年为 4%，CPI 与农村人均纯收入增长率的和为农村基础养老金增长率，农村基础养老金预测[①]结果见表 8—7。

表 8—7　　农村劳动人均收入及基础养老金动态调整　　单位：元/年

年份	农民劳均收入	基础养老金动态调整	年份	农民劳均收入	基础养老金动态调整
2011	8671	660	2031	35393	4338
2015	11902	1001	2035	43233	5969
2020	17929	1676	2040	55281	9033
2025	24085	2590	2045	67728	13681
2030	33140	3930	2050	81799	19135

注：农村基础养老金调整指数为 CPI 和劳动人均纯收入增长率的和，其中 CPI 设为 3%，2011—2020 年、2021—2030 年、2031—2050 年收入增长率为分别为 8%、6%、4%。

假定农民工个人养老金共缴费 30 年，其中在农村缴纳 20 年，统筹前后基础养老金没有变化，而在城镇缴纳 10 年后回农村，统筹前在城镇企业的基础养老金不可以带走，统筹后这部分可以带走，构成了统筹前后基础养老

① 穆怀中，沈毅. 中国农民养老生命周期补偿理论即补偿水平研究. 中国人口科学. 2012，2

金差额，即养老保险异地接转的福利改进水平。由于假定农村为一个省，则农村劳均收入相当于省平均工资水平，根据式5—6、式5—7、式5—8、式5—9、式5—10获得合意状态下全国统筹各方案农民工基础养老金给付水平差额计算公式，见表8—8。

表8—8　全国统筹不同方案农民工基础养老金异地接转统筹差额公式

方案	统筹模式	农民工基础养老金异地接转统筹差额
1	$\overline{W_{全国}}$	$\Delta Y_1^{城乡}=\frac{1}{3}\times\frac{W_{城}+W_{农}}{2}\times 30\%-B_{农}$
2	$\frac{\overline{W_{全国}}+W_{个人}}{2}$	$\Delta Y_2^{城乡}=\frac{1}{3}\times\left(\frac{W_{农}+(W_{城}+W_{农})/2}{2}\right)\times 30\%-B_{农}$
3	$\frac{\overline{W_{全国}}+\overline{W_{省}}+W_{个人}}{3}$	$\Delta Y_3^{城乡}=\frac{1}{3}\times\left(\frac{W_{个人}+W_{农}+(W_{全}+W_{农})/2}{3}\right)\times 30\%-B_{农}$
4	$15\%\overline{W_{全国}}+15\%\frac{\overline{W_{省}}+W_{个人}}{2}$	$\Delta Y_4^{城乡}=\frac{1}{3}\times\left[\frac{W_{城}+W_{农}}{2}\times 15\%+\frac{W_{农}+W_{个人}}{2}\times 15\%\right]-B_{农}$
5	$10\%\overline{W_{全国}}+20\%\frac{\overline{W_{省}}+W_{个人}}{2}$	$\Delta Y_5^{城乡}=\frac{1}{3}\times\left[\frac{W_{城}+W_{农}}{2}\times 10\%+\frac{W_{农}+W_{个人}}{2}\times 20\%\right]-B_{农}$

其中$W_{城}$为上一年全国城镇在岗职工平均工资水平，$W_{农}$为上一年全国农村劳均收入水平，$W_{个人}$为个人工资水平，$\Delta Y_i^{城乡}$为全国统筹i方案农民工养老保险异地接转统筹差额。由于方案6为省平均统筹方案，其异地接转福利差额为零，因此，其他各类人群福利差额测算时不再讨论方案6。根据表8—8中全国统筹各方案对应差额公式获得农民工基础养老金异地接转统筹差额见表8—9、表8—10。

表 8—9　　典型省份农民工养老保险异地接转统筹差额　　单位：元

省份	方案	2011	2015	2020	2025	2030	2035	2040	2045	2050
江苏安徽回流	方案 1	10484	12596	14753	16672	18164	18958	18727	16911	14290
	方案 2	3463	4336	5245	6030	6691	6926	6360	4340	1671
	方案 3	2983	3784	4630	5364	6007	6254	5724	3755	1157
	方案 4	5432	6721	8210	9594	10908	11847	12027	10763	8875
	方案 5	5239	6478	7944	9310	10623	11577	11784	10554	8709
广东四川回流	方案 1	10484	12596	14753	16672	18164	18958	18727	16911	14290
	方案 2	3622	4499	5409	6166	6778	6960	6382	4365	1698
	方案 3	3196	4002	4848	5546	6123	6299	5753	3789	1193
	方案 4	5424	6758	8255	9647	10968	11915	12103	10846	8966
	方案 5	5229	6528	8003	9380	10703	11668	11885	10665	8830

注：根据表 8—8 中全国统筹各方案农民工养老保险统筹差额公式计算得出。

表 8—10　　典型省份农民工养老保险异地接转统筹差额　　单位：元

省份	方案	2011	2015	2020	2025	2030	2035	2040	2045	2050
上海重庆回流	方案 1	10484	12596	14753	16672	18164	18958	18727	16911	14290
	方案 2	3885	4859	5884	6808	7604	7952	7501	5597	3044
	方案 3	3546	4481	5482	6401	7225	7622	7246	5431	2988
	方案 4	7330	8961	10944	12827	14657	16129	16853	16141	14813
	方案 5	7000	8583	10460	12232	13934	15261	15829	14953	13453
浙江贵州回流	方案 1	10484	12596	14753	16672	18164	18958	18727	16911	14290
	方案 2	3576	4454	5366	6156	6808	6986	6399	4383	1718
	方案 3	3135	3942	4791	5533	6163	6334	5775	3813	1219
	方案 4	5482	6784	8287	9684	11011	11964	12157	10906	9032
	方案 5	5306	6563	8046	9430	10761	11733	11957	10745	8918

注：根据表 8—8 中全国统筹各方案农民工养老保险统筹差额公式计算得出。

就时间趋势而言，所有全国统筹方案的养老保险异地接转福利差额均呈现出先升后降的发展趋势。由于统筹前职工养老保险的基础养老金无法带走，无论实行全国统筹哪一种方案都会形成较大的异地接转福利差额。农村进城务工人员从发达地区回流到落后地区，统筹前后异地接转福利差额在2011—2030年呈现逐渐扩大的趋势，这主要是由于城乡收入差异所致，2035年以后随着农村的发展和我国城市化水平的提高，农村人口的基础养老金水平增长速度要快于城市，城乡养老金收入差距逐渐缩小，农民工统筹前后的异地接转福利差额也不断缩小。

就地区差异而言，上海到重庆回流的养老金福利差额远远大于像浙江、江苏、广东等发达省份，2050年方案1中上海回流至重庆的养老金福利差额为3 205元，比其他地区高出50%～60%，这主要是源于两个地区收入差距较大，可见，流入地与流出地收入差距越大，则现实条件下农民工返乡时养老保险福利损失就越大，养老保险全国统筹的福利改进水平就越高。

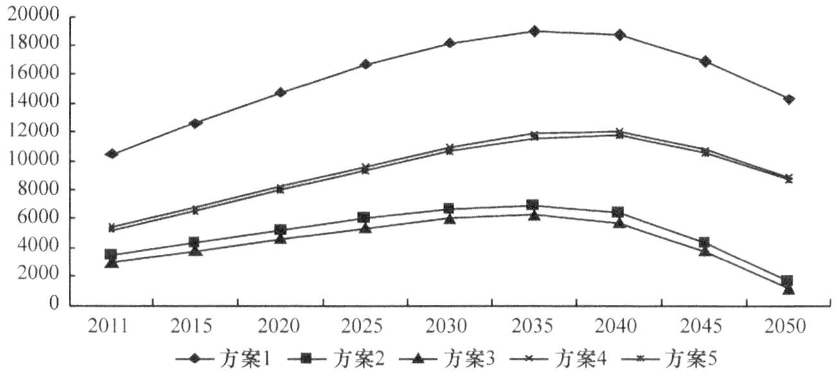

图8—4　江苏—安徽农民工养老保险异地接转统筹差额

注：根据表8—8中全国统筹各方案农民工养老保险异地接转统筹差额公式计算得出。

就不同统筹方案而言，方案1即全国平均工资模式的异地接转福利差额最大，方案3即（全国平均工资＋省平均工资＋个人工资）/3模式的福利差额最小，各种方案异地接转福利差额数量关系为：方案1＞方案4＞方案5＞方案2＞方案3。各个省份方案1的异地接转统筹差额相同是因为统筹前各省农民工基础养老金给付水平相同，均以全国农村劳均收入水平为基准对基础养老金进行指数化调整，而统筹后都以全国城乡总工资水平为养老金计发基数，所以统筹前后各省养老金福利差额相同。

不同方案比较而言，基本养老保险实现全国统筹后，分层平均统筹类型的福利差额小于分比例统筹类型。以江苏至安徽回流为例（见图 8—4），在分层平均统筹类型中各方案的福利差额数量关系为（全国平均工资+个人工资）/2 模式>（全国平均工资+省平均工资+个人工资）/3 模式。分比例统筹类型中，15%中央统筹类型的福利差额>10%中央统筹类型，中央统筹比例越大基础养老金福利改进水平越高。对比两种统筹类型，分比例统筹类型的福利改进效果普遍大于分层平均统筹类型，15%中央统筹>10%中央统筹>（全国平均工资+个人工资）/2 模式>（全国平均工资+省平均工资+个人工资）/3 模式，因此，从城乡流动人口的福利改进水平看分比例统筹类型优于分层平均统筹类型。

2. 个体工商户养老保险异地接转统筹差额

城乡回流人口包括农民工和个体工商户。个体工商户养老保险异地接转统筹差额计算方法与农民工基本相同，差别就在于养老金给付水平按照在岗职工工资的 60%计发，充分体现了多缴多得，少缴少得的公平原则，因此个体工商户异地接转统筹差额的变动趋势与农民工完全相同，只不过在数值上小于农民工，具体测算结果见表 8—11 和表 8—12。

表 8—11　典型省份个体工商户养老保险异地接转养老金统筹差额　单位：元

省份	方案	2011	2015	2020	2025	2030	2035	2040	2045	2050
江苏安徽回流	方案 1	6290	7557	8852	10003	10899	11375	11236	10147	8574
	方案 2	3218	4040	4889	5614	6216	6394	5772	3693	964
	方案 3	2658	3390	4155	4809	5374	5544	4940	2893	214
	方案 4	4496	5572	6849	8026	9150	9915	9934	8515	6481
	方案 5	4317	5361	6567	7668	8698	9355	9251	7704	5533
广东四川回流	方案 1	6290	7557	8852	10003	10899	11375	11236	10147	8574
	方案 2	3314	4138	4987	5695	6268	6414	5785	3707	980
	方案 3	2785	3520	4286	4918	5443	5571	4957	2913	236
	方案 4	4486	5621	6908	8096	9230	10006	10034	8626	6602
	方案 5	4310	5398	6612	7720	8758	9423	9327	7787	5624

注：根据表 8—8 中全国统筹各方案养老保险统筹差额公式计算得出，养老金计发基数为相应工资水平的 60%。

表 8—12　典型省份个体工商户养老保险异地接转养老金统筹差额　单位：元

省份	方案	2011	2015	2020	2025	2030	2035	2040	2045	2050
上海重庆回流	方案 1	6290	7557	8852	10003	10899	11375	11236	10147	8574
	方案 2	3472	4354	5273	6080	6763	7009	6457	4447	1788
	方案 3	2995	3808	4666	5431	6104	6365	5853	3898	1313
	方案 4	6587	8055	9849	11543	13184	14467	15003	14101	12584
	方案 5	5886	7223	8817	10306	11724	12769	13053	11894	10111
浙江贵州回流	方案 1	6290	7557	8852	10003	10899	11375	11236	10147	8574
	方案 2	3287	4111	4962	5689	6286	6430	5795	3718	992
	方案 3	2749	3484	4252	4910	5467	5592	4971	2927	252
	方案 4	4563	5657	6951	8146	9288	10071	10107	8705	6689
	方案 5	4367	5425	6644	7758	8802	9471	9381	7847	5689

注：根据表 8—8 中全国统筹各方案养老保险统筹差额公式计算得出，养老金计发基数为相应工资水平的 60%。

由于个体工商户养老保险计发工资水平为在岗职工工资的 60%，因此其统筹前后基础养老金差额小于农民工，但是总体变动趋势与农民工相同。由于计发标准不同个体工商户的福利差额都小于农民工，以上海至重庆回流人口为例，2050 年方案 1 的农民工福利差额为 14 290 元，而个体工商户仅为 8 574 元，两者相差 5 716 元。

从时间发展趋势看，个体工商户和农民工一样，养老保险异地接转福利差额均呈现出先升后降的发展趋势，这主要是由城乡收入差距先扩大后缩小的变动趋势所致。其中方案 1、方案 2 和方案 3 养老保险统筹差额在 2035 年达到峰值，而方案 4 和方案 5 在 2045 年达到峰值后缓慢下降。

不同统筹方案比较而言，方案 1 即全国平均工资模式的异地接转福利差额最大，方案 3 即（全国平均工资＋省平均工资＋个人工资）/3 模式的福利差额最小，各种方案异地接转福利差额数量关系为：方案 1＞方案 4＞方案 5＞方案 2＞方案 3。不同统筹类型比较来看，分层平均统筹类型的福利差额小于分比例统筹类型。以江苏至安徽回流为例（见图 8—5），分比例统筹类型的福利改进效果普遍大于分层平均统筹类型，15%中央统筹＞10%中央统筹＞（全国平均工资＋个人工资）/2 模式＞（全国平均工资＋省平均工资＋个人工资）/3 模式。

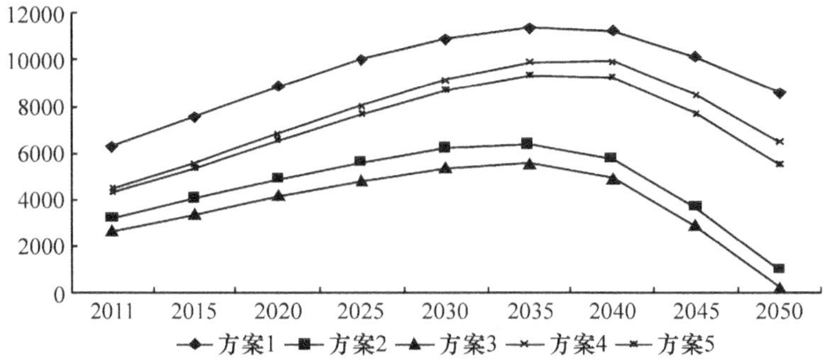

图 8—5 江苏—安徽个体商户养老保险异地接转统筹差额

注：根据表 8—8 中养老保险统筹差额公式计算得出，养老金计发基数为相应工资水平的 60%。

（二）城际流动人口养老保险异地接转统筹差额测算

城际流动人口养老保险异地接转统筹差额很大程度上取决于异地接转人员的流动方向。国务院关于城镇企业职工基本养老保险关系转移接续问题规定："基本养老保险关系不在户籍所在地，而在其基本养老保险关系所在地累计缴费年限满 10 年的，在该地办理待遇领取手续，享受当地基本养老保险待遇；基本养老保险关系不在户籍所在地，且在其基本养老保险关系所在地累计缴费年限不满 10 年的，将其基本养老保险关系转回上一个缴费年限满 10 年的原参保地办理待遇领取手续，享受基本养老保险待遇；基本养老保险关系不在户籍所在地，且在每个参保地的累计缴费年限均不满 10 年的，将其基本养老保险关系及相应资金归集到户籍所在地，由户籍所在地按规定办理待遇领取手续，享受基本养老保险待遇。"[①] 这一规定虽然减少了缴费年限长短对养老保险异地接转的不利影响，但是如果流入地和流出地的缴费年限都达到了 10 年，则在退休地领取养老金，并累计缴费年限。在这种制度标准下，在发达地区退休领取的养老金会高于落后地区，这样参保人一般都会迁往发达地区退休，形成趋富效应，对发达地区财政产生巨大的压力。

① 国务院办公厅关于转发人力资源社会保障部财政部城镇企业职工基本养老保险关系转移接续暂行办法的通知国办发［2009］66 号。

如果实行养老保险全国统筹，基础养老金可以在异地接转，养老金给付水平只与缴费水平相关，与最终退休地无关，在一定程度上减小了发达地区的财政压力。

典型省份之间人口流动有两种流动方向，一种是落后地区流向发达地区，另一种是发达地区流向落后地区。假定缴费年限为合意水平30年，在流出地缴纳10年，在流入地缴纳20年，现行统筹模式养老金给付水平取决于流入地，与流出地养老金缴费水平无关，不符合养老保障制度的公平性原则，如果实现全国统筹，则基础养老金水平只与缴费水平相关，与流入地工资收入水平无关。因为最终在退休地领取养老金，所以在流入地缴费20年的养老金待遇统筹前后相同，差别仅仅体现在流出地10年的养老金待遇水平上。不同全国统筹方案下城镇企业职工养老保险异地接转统筹差额计算公式如表8—13。

表8—13　全国统筹不同方案城际流动人口基础养老金给付差额

方案	统筹模式	城际流动人口基础养老金给付差额
1	$\overline{W_{全国}}$	$\Delta Y_1^{城际}=\frac{1}{3}\times 30\%\left(W_{城}^{国}-\frac{W_{城}^{b省}+W_{城}^{个人}}{2}\right)$
2	$\frac{\overline{W_{全国}}+W_{个人}}{2}$	$\Delta Y_2^{城际}=\frac{1}{3}\times 30\%\left(\frac{W_{城}^{国}+W_{城}^{个人}}{2}-\frac{W_{城}^{b省}+W_{城}^{个人}}{2}\right)$
3	$\frac{\overline{W_{全国}}+\overline{W_{省}}+W_{个人}}{3}$	$\Delta Y_3^{城际}=\frac{1}{3}\times 30\%\left(\frac{W_{城}^{国}+W_{城}^{a省}+W_{城}^{个人}}{3}-\frac{W_{城}^{b省}+W_{城}^{个人}}{2}\right)$
4	$15\%\overline{W_{全国}}+15\%\frac{\overline{W_{省}}+W_{个人}}{2}$	$\Delta Y_4^{城际}=\frac{1}{3}\times 30\%\left(\frac{1}{2}W_{城}^{国}+\frac{1}{2}\frac{W_{城}^{a省}+W_{城}^{个人}}{2}-\frac{W_{城}^{b省}+W_{城}^{个人}}{2}\right)$
5	$10\%\overline{W_{全国}}+20\%\frac{\overline{W_{省}}+W_{个人}}{2}$	$\Delta Y_5^{城际}=\frac{1}{3}\times 30\%\left(\frac{1}{3}W_{城}^{国}+\frac{2}{3}\frac{W_{城}^{a省}+W_{城}^{个人}}{2}-\frac{W_{城}^{b省}+W_{城}^{个人}}{2}\right)$

其中a为流出省，b为流入省，$\Delta Y_i^{城际}$为i方案下城际流动人口养老保险异地接转统筹差额，$W_{城}^{国}$为全国城镇职工平均工资水平，$W_{城}^{a省}$、$W_{城}^{b省}$分别

为流出地 a 和流入地 b 省职工平均工资水平，$W^{个人}_{城}$ 为城镇个人平均工资水平。

为了比较不同流向养老保险异地接转统筹差额变动趋势，8 个典型省份之间设计两种流动方向：落后地区至发达地区有重庆至上海和四川至广东；发达地区至落后地区有江苏至安徽和浙江至贵州，计算结果见表 8—14 和表 8—15。

表 8—14　落后地区至发达地区养老保险城际异地接转统筹差额　单位：元

省份	方案	2011	2015	2020	2025	2030	2035	2040	2045	2050
重庆至上海	方案 1	−10418	−11956	−14446	−16937	−19428	−21919	−24410	−26900	−29391
	方案 2	−8864	−10238	−12371	−14504	−16637	−18741	−20891	−23036	−25169
	方案 3	−8346	−9666	−11679	−13693	−15707	−17682	−19718	−21748	−23762
	方案 4	−9268	−10498	−12629	−14662	−16644	−18770	−20903	−23044	−25175
	方案 5	−8885	−10012	−12023	−13904	−15717	−17720	−19734	−21758	−23771
四川至广东	方案 1	−1287	−1520	−1837	−2154	−2470	−2787	−3104	−3428	−3742
	方案 2	−719	−826	−1120	−1517	−1967	−2487	−2835	−3131	−3421
	方案 3	−638	−767	−1089	−1548	−2078	−2702	−3096	−3421	−3737
	方案 4	−1206	−1391	−1681	−1971	−2261	−2551	−2841	−3136	−3426
	方案 5	−963	−1005	−1214	−1424	−1633	−1843	−2052	−2261	−2471

注：基础养老金城际异地接转统筹差额根据表 8—13 计算得来。

城镇企业职工从落后地区流入发达地区，分别在两地参加城镇职工养老保险 10 年和 20 年，按照现行制度规定其养老保险待遇水平参照流入地即发达地区的计发标准，则在流动过程中获得额外收益，见表 8—14。如果实行全国统筹，养老金给付水平取决于全国平均工资水平或各省平均工资水平或个人工资水平，与流入地与流出地之间的收入差距没有必然联系。因此，全国统筹模式下落后地区流向发达地区的企业职工养老保险异地接转统筹差额为负，其养老金福利受损。

以重庆至上海为例，上海工资水平远远大于重庆，统筹前企业职工在上海退休，其养老金收入水平较高，实行全国统筹后养老金给付水平下降，表现为各种全国统筹方案下养老金统筹差额为负，2050 年方案 1 至方案 5 的养老保险统筹差额分别为－29 391 元、－25 169 元、－23 762 元、－25 175 元和－23 771 元。与四川至广东间养老保险异地接转统筹差额相比，重庆至上海流动的企业职工利益损失更大，这主要是因为重庆与上海的收入差距大于四川与广东。可见，在发达地区退休的职工因为退休地工资水平高导致基础养老金水平较高，统筹之后分段计费原则造成了养老金异地接转中不仅仅接转缴费年限，而且基础养老金随身全部带走，这样不发达地区的累计缴费年限不再按照退休地工资水平计算，缴费年限不再向一个地区累计，而是按照当地工资水平计算，从而造成了统筹后的养老金水平降低，越是发达地区退休的参保人统筹后养老金水平降低得越多。

城镇企业职工从发达地区流入落后地区，按照现行制度规定其养老保险待遇水平参照流入地即落后地区的计发标准，在流动过程中养老金收益受损。如果实行全国统筹，养老金给付水平会较统筹前大大提高，养老保险异地接转统筹差额为正（见表 8—15）。以江苏至安徽为例（见图 8—6），2050 年方案 1 至方案 5 的养老保险统筹差额分别为 3 841 元、2 882 元、2 562 元、2 891 元和 2 571 元。

表 8—15 发达地区至落后地区养老保险城际异地接转统筹差额 单位：元

省份	方案	2011	2015	2020	2025	2030	2035	2040	2045	2050
江苏至安徽	方案 1	842	1563	1888	2214	2539	2865	3190	3516	3841
	方案 2	375	1025	1270	1532	1813	2190	2410	2637	2882
	方案 3	220	845	1064	1305	1571	1966	2151	2345	2562
	方案 4	729	1172	1416	1661	1905	2197	2420	2645	2891
	方案 5	692	1042	1259	1476	1693	1979	2170	2356	2571
浙江至贵州	方案 1	1707	3106	3753	4400	5047	5694	6341	6989	7636
	方案 2	1356	2265	2737	3208	3680	4152	4624	5096	5568
	方案 3	1239	1984	2398	2811	3225	3638	4051	4465	4878
	方案 4	1578	2830	3298	3734	4143	4368	4652	5109	5579
	方案 5	1535	2738	3146	3512	3842	3926	4089	4475	4887

注：基础养老金城际异地接转统筹差额根据表 8—13 计算得来。

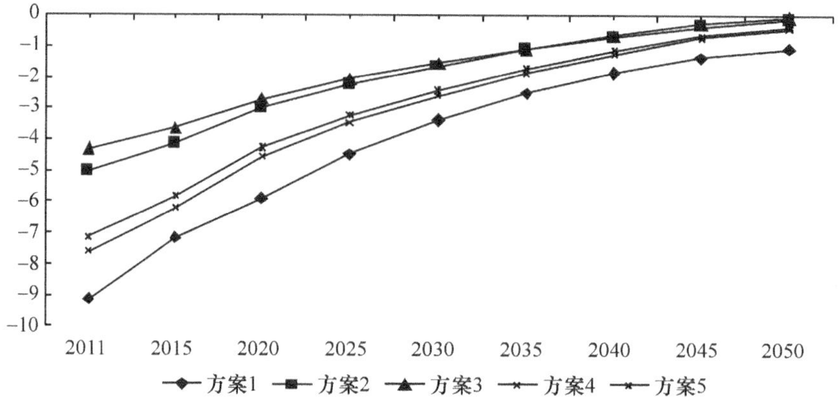

图 8—6　江苏—安徽养老保险城际异地接转统筹差额

注：基础养老金城际异地接转统筹差额根据表 8—13 计算得来

不同统筹方案比较来看，2020 年之前方案 1 即全国平均工资模式的异地接转福利差额最大，方案 3 即（全国平均工资＋省平均工资＋个人工资）/3 模式的福利差额最小，各种方案城际异地接转福利差额数量关系为：方案 1＞方案 4＞方案 5＞方案 2＞方案 3，与城乡异地接转福利差额结果相同。对比两种统筹类型，分比例统筹类型的福利改进效果普遍大于分层平均统筹类型，15％中央统筹＞10％中央统筹＞（全国平均工资＋个人工资）/2 模式＞（全国平均工资＋省平均工资＋个人工资）/3 模式。

2020 年以后，由于省际之间收入差异不断缩小，（全国平均工资＋个人工资）/2 模式的基础养老金统筹差额超过了 10％中央统筹，2045—2050 年与 15％分比例统筹类型收敛，而（全国平均工资＋省平均工资＋个人工资）/3 模式与 10％分比例统筹模式的养老金统筹差额收敛。到 2050 年两种统筹类型的养老金统筹差额数量关系为：15％中央统筹＞（全国平均工资＋个人工资）/2 模式＞10％中央统筹＞（全国平均工资＋省平均工资＋个人工资）/3 模式。可见，随着时间的推移，各地工资水平差距逐渐缩小，分层平均统筹类型与分比例统筹类型的福利差别不断趋同，最后呈收敛趋势。

五、养老保险统筹层次收入再分配异地接转分系数测算

养老保险异地接转主要涉及省际流动人口，包括乡城流动和城际流动两类人群。实行全国统筹后，流动人口可以在异地接转携带基础养老金，与现行省级统筹模式相比，其养老金收入明显提高，收入再分配系数绝对值随之增大，收入再分配效果不断增强。

（一）养老保险统筹层次收入再分配城乡异地接转分系数

养老保险实行全国统筹后，基础养老金可以在异地自由接转，其便携性大大提高，增加了统筹养老金收入水平，收入再分配力度加大，收入再分配系数也随之增大，养老保险统筹层次收入再分配异地接转分系数用见公式8—2。

$$SR_{接转} = \frac{(\alpha w^{A}_{个人} + \beta w^{B}_{个人}) - (\alpha w^{A}_{统筹} + \beta w^{B}_{统筹})}{(\alpha w^{A}_{个人} + \beta w^{A}_{个人})} \qquad (8—2)$$

其中 $w^{A}_{个人}$、$w^{B}_{个人}$ 分别表示流动人口在 A、B 两地的养老金收入水平，$w^{A}_{统筹}$、$w^{B}_{统筹}$ 为流动人口在 A、B 两地的统筹养老金水平，$\alpha\beta$ 为流动人口在 A、B 两地缴费年限的比例，假定缴费年限为 30 年，在流出地 A 缴费 10 年，流入地 B 缴费 20 年，$\alpha\beta$ 分别为 1/3 和 2/3。

1. 农民工养老保险统筹层次收入再分配异地接转分系数

根据公式 8—2 可以获得全国统筹不同方案下农民工养老保险统筹层次收入再分配异地结转分系数，具体计算结果如表 8—16。从农民工养老保险异地接转收入再分配分系数结果可以看出，全国统筹各方案下农民工养老金给付水平高于现实水平，其在异地接转中获得收益，属于收入再分配获得系数。

表 8—16　农民工养老保险统筹层次收入再分配异地接转分系数

年份	方案 1	方案 2	方案 3	方案 4	方案 5
2011	−15.885	−5.4644	−4.8107	−9.0105	−8.7316
2015	−12.5829	−4.5015	−4.0068	−7.4421	−7.1039
2020	−8.8026	−3.2483	−2.9208	−5.4963	−5.1959
2025	−6.437	−2.4168	−2.1893	−4.231	−3.9407
2030	−4.622	−1.767	−1.6146	−3.2345	−2.9647
2035	−3.1761	−1.205	−1.1073	−2.3342	−2.1339
2040	−2.0731	−0.7363	−0.6766	−1.6234	−1.4476
2045	−1.2361	−0.3406	−0.3057	−0.9978	−0.8755
2050	−0.7468	−0.1056	−0.0848	−0.6416	−0.5364

方案 6 为省平均统筹模式，收入再分配系数为 0，即不存在收入再分配，可以将方案 6 看作是基准值，其他全国统筹方案收入再分配系数与方案 6 的差异，反映了统筹层次变动对收入再分配效果的影响。

收入再分配异地接转分系数根据公式 8—2 计算得出，方案 6 为现实省级统筹模式，所以没有收入再分配效果，其收入再分配系数为 0。

收入再分配系数的绝对值反映了不同统筹方案收入再分配效果的递进关系：全国平均工资模式＞15％分比例统筹模式＞10％分比例统筹模式＞（全国平均工资＋个人工资）/2 模式＞（全国平均工资＋省平均工资＋个人工资）/3 模式＞省平均统筹模式，即方案 1＞方案 4＞方案 5＞方案 2＞方案 3。

全国统筹各方案的收入再分配系数呈现出逐渐收敛的趋势（见图 8—7）。方案 1 的收入再分配效果最好，是最大程度的收入再分配，2011 年收入再分配系数为－15.885，分别是 15％中央统筹和 10％中央统筹类型的 1.76 倍和 1.81 倍，是（全国平均工资＋个人工资）/2 模式的 2.9 倍，是（全国平均工资＋省平均工资＋个人工资）/3 模式的 3.3 倍。随着时间的推移地区间收入差距逐渐缩小，全国统筹各方案的收入再分配系数逐渐收敛，其收入再分配效果差异不断减小。2050 年方案 1 的收入再分配系数为－0.7468，15％中央统筹和 10％中央统筹类型的收入再分配系数为－0.6416 和－0.5364，（全国平均工资＋个人工资）/2 模式的收入再分配系数为

0.1056，（全国平均工资＋省平均工资＋个人工资）/3模式的收入再分配系数为－0.0848。

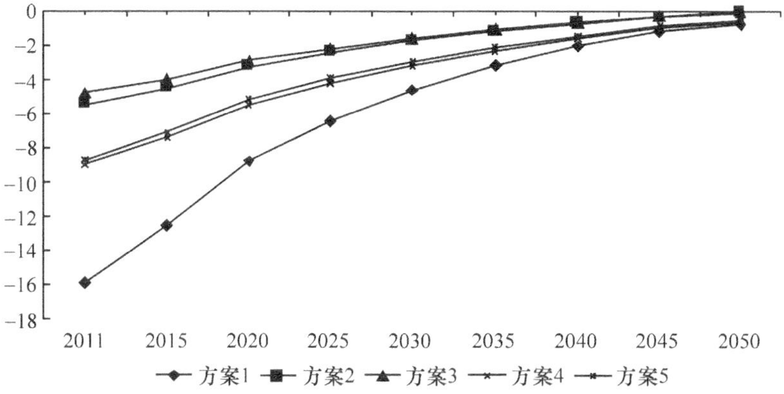

图8—7　农民工养老保险统筹层次收入再分配异地接转分系数

随着地区间初次分配差距的缩小，不同统筹方案下的养老金给付差异逐渐降低，收入再分配系数也会不断收敛。农民工养老保险异地接转分系数绝对值普遍大于1是因为现行统筹模式下并没有将农村养老保险纳入统筹范围，城乡收入差距很大，但是随着收入差距的不断缩小，不同统筹模式的收入再分配系数趋同，2040至2050年均处于－1和0之间，表明随着城市化的发展和农村经济快速增长，未来城乡收入差距将不断减小，农村基础养老金收入水平会大幅度提高，从而收入再分配系数绝对值减小，全国统筹收入再分配效果减小。

2. **个体工商户养老保险统筹层次收入再分配异地接转分系数**

个体工商户与农民工的养老保险统筹层次收入再分配异地接转分系数计算方法相同，只是其在城镇养老金给付水平的计发基数为城镇相应工资水平的60%，具体计算结果见表8—17和图8—8。个体工商户养老保险统筹层次收入再分配异地接转分系数绝对值小于农民工，收入再分配效果相对较小主要原因是个体工商户的缴费基数和计发基数均为相应方案下工资水平的60%，充分体现了多交多得，少交少得的分配原则，因此，养老保险全国统筹对这类人群收入再分配力度相对较弱。

表 8—17 个体工商户养老保险统筹层次收入再分配异地接转分系数

年份	方案 1	方案 2	方案 3	方案 4	方案 5
2011	−9.1310	−5.0072	−4.3255	−7.6064	−7.1369
2015	−7.1498	−4.1379	−3.6470	−6.1992	−5.8304
2020	−5.8815	−2.9884	−2.6991	−4.5428	−4.2609
2025	−4.4622	−2.2206	−2.0517	−3.4450	−3.2203
2030	−3.3732	−1.6202	−1.5424	−2.5898	−2.4095
2035	−2.5056	−1.0979	−1.0880	−1.8554	−1.7129
2040	−1.8439	−0.6952	−0.6583	−1.2428	−1.1314
2045	−1.3417	−0.3520	−0.2840	−0.7264	−0.6412
2050	−1.0481	−0.1474	−0.0614	−0.4200	−0.3501

注：根据公式 8—2 计算得出。

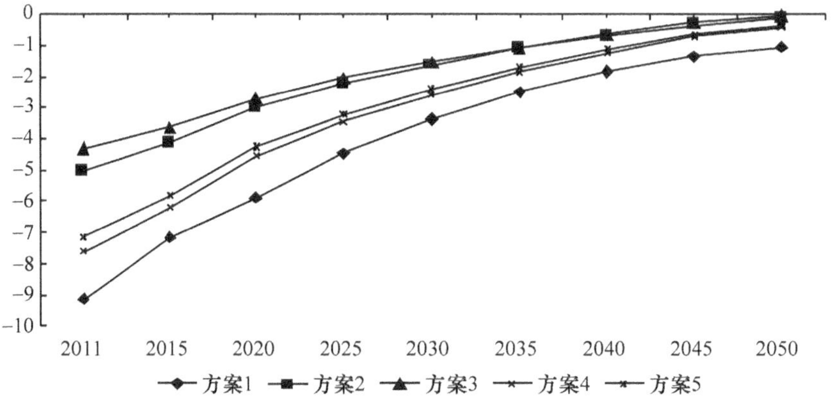

图 8—8 个体工商户养老保险统筹层次收入再分配异地接转分系数

注：根据公式 8—2 计算得出。

全国统筹各方案下个体工商户养老金给付水平高于现实水平，在异地接转中获得收益，属于收入再分配获得系数。不同方案收入再分配系数变动规律与农民工相似，收入再分配效果递进关系为：全国平均工资模式＞15％分比例统筹模式＞10％分比例统筹模式＞（全国平均工资＋个人工资）/2 模式＞（全国平均工资＋省平均工资＋个人工资）/3 模式＞省平均统筹模式，即方案 1＞方案 4＞方案 5＞方案 2＞方案 3。此外，随着地区之间和城乡之间的收入差距不断减小，分层平均统筹类型与分比例统筹类型的个体工商户养老保险统筹层次收入再分配异地结转分系数差距越来越小，逐渐呈收敛趋势。

（二）养老保险统筹层次收入再分配城际异地接转分系数

城际异地接转人口流动方向、流动地区间收入差距是影响异地接转收入再分配系数的主要因素。全国统筹各方案的收入再分配城际异地接转分系数值均为正数，城镇企业职工全国统筹养老金给付水平低于现实水平，在异地接转中福利受损，属于收入再分配贡献系数，典型省份养老保险统筹层次收入再分配城际异地接转分系数的计算结果见表 8—18 和图 8—9。

表 8—18　　养老保险统筹层次收入再分配城际异地接转分系数

年份	方案 1	方案 2	方案 3	方案 4	方案 5
2011	0.1654	0.1495	0.1454	0.1504	0.1456
2015	0.1523	0.1381	0.1369	0.1421	0.1380
2020	0.1468	0.1258	0.1274	0.1331	0.1298
2025	0.1450	0.1156	0.1185	0.1250	0.1261
2030	0.1397	0.1075	0.1093	0.1169	0.1167
2035	0.1364	0.1012	0.1033	0.1117	0.1093
2040	0.1342	0.0967	0.0966	0.1061	0.0987
2045	0.1323	0.0940	0.0907	0.1014	0.0908
2050	0.1305	0.0930	0.0865	0.0981	0.0886

注：根据公式 8—2 计算得出。

不同统筹方案比较来看，方案 1 即全国平均工资模式的收入再分配异地接转分系数最大，方案 3 即（全国平均工资＋省平均工资＋个人工资）/3 模式的收入再分配异地接转分系数最小，2020 年之前各种方案收入再分配城际异地接转分系数递进关系为：方案 1＞方案 4＞方案 5＞方案 2＞方案 3。2020 年以后，由于省际之间收入差异不断缩小，（全国平均工资＋个人工资）/2 模式的收入再分配城际异地接转分系数超过了 10％中央统筹类型，2045 年以后与 15％分比例统筹类型收敛，而（全国平均工资＋省平均工资＋个人工资）/3 模式与 10％分比例统筹模式收敛。到 2050 年两种统筹类型

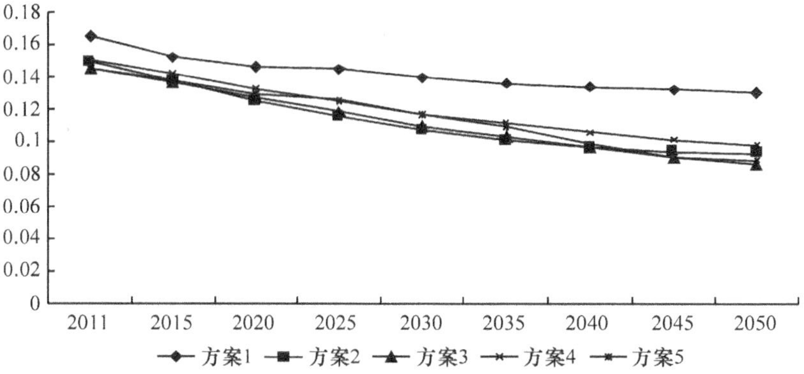

图 8—9 养老保险收入再分配城际异地接转分系数

注：根据公式 8—2 计算得出。

的收入再分配异地接转分系数递进关系为：15%分比例统筹模式＞（全国平均工资＋个人工资）/2 模式＞10%分比例统筹模式＞（全国平均工资＋省平均工资＋个人工资）/3 模式。可见，随着地区间初次分配差距的缩小，分层平均统筹类型与分比例统筹类型的收入再分配系数不断趋同，最后呈收敛趋势。

六、养老保险异地接转统筹收入再分配效应检验

养老保险统筹差额体现的是养老保险微观福利水平的改进，是一种绝对值的变化，养老保险异地接转的收入再分配效应体现在地区间养老金收入差距变动上，是一种相对值的变化，通过测算养老保险全国统筹不同方案与现实统筹模式的基尼系数值和相应的收入再分配调节力度来检验全国统筹的收入再分配效应。

（一）城乡回流人口养老保险异地接转统筹收入再分配效应检验

基尼系数是按人口分布划分的收入差距对收入总体期望偏离的相对程度，但是绝对值的计算方法非常复杂，较难实现，因此采用比较常用的基尼

系数协方差法来测量养老保险异地接转统筹收入再分配效应，并以此为基础检验全国统筹各方案的收入再分配效果。

1. 农民工养老保险异地接转统筹收入再分配效应检验

基尼系数的大小主要取决于人口数量和养老金收入水平，不同方案下的养老金给付水平参照表 8—8，典型省份城际流动人口与城乡回流的农民工和个体工商户人数参照表 8—6，基尼系数的计算方法参照公式 2—24，由此获得农民工养老保险异地接转统筹基尼系数值如表 8—19 和图 8—10。

表 8—19　典型省份农民工养老保险异地接转基础养老金基尼系数

	方案 1	方案 2	方案 3	方案 4	方案 5	方案 6
2011	0.0000	0.2644	0.2827	0.1848	0.1879	0.4542
2015	0.0000	0.2498	0.2669	0.1714	0.1746	0.4424
2020	0.0000	0.2367	0.2517	0.1586	0.1611	0.4215
2025	0.0000	0.2261	0.2386	0.1484	0.1503	0.3995
2030	0.0000	0.2112	0.2225	0.1332	0.1351	0.3698
2035	0.0000	0.1982	0.2061	0.1200	0.1218	0.3333
2040	0.0000	0.1850	0.1901	0.1067	0.1082	0.2869
2045	0.0000	0.1721	0.1753	0.0941	0.0954	0.2298
2050	0.0000	0.1586	0.1616	0.0814	0.0824	0.1623

注：根据表 8—8 和公式 2—24 计算而来，人口流动数据参照表 8—6。

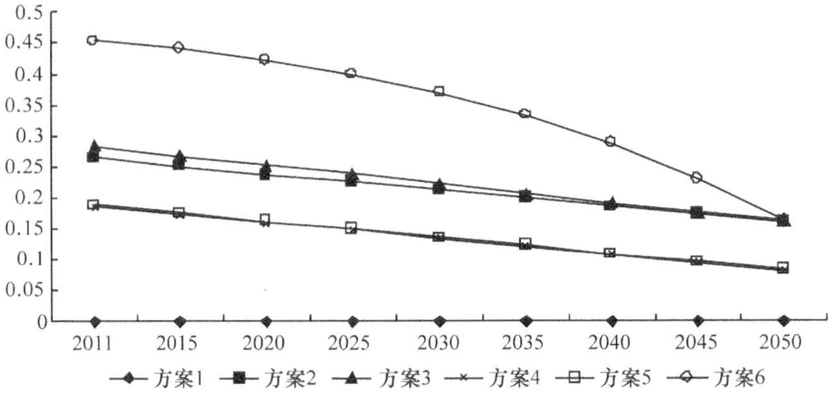

图 8—10　典型省份农民工养老保险异地接转基础养老金基尼系数

注：根据表 8—8 和公式 2—24 计算而来，人口流动数据参照表 8—6。

全国统筹后各模式的城乡基础养老金收入差距显著减小，不同方案的基尼系值反映了收入再分配效果差异。省平均统筹模式即方案6的基尼系数值最大，收入再分配效果最小，而方案1以全国平均工资水平作为养老金计发基数，收入再分配效果最大，基尼系数为0。不同方案基尼系数值变动规律是：省平均统筹模式＞（全国平均工资＋省平均工资＋个人工资）/3模式＞（全国平均工资＋个人工资）/2模式＞10%分比例统筹模式＞15%分比例统筹模式＞全国平均工资模式。基尼系数值越大收入再分配效果就越差，由此获得不同统筹方案的收入再分配效果为：全国平均工资模式＞15%分比例统筹模式＞（全国平均工资＋个人工资）/2模式＞10%分比例统筹模式＞（全国平均工资＋省平均工资＋个人工资）/3模式＞省平均统筹模式。

通过基尼系数测量不同统筹方案下养老保险异地接转收入再分配效果的大小，需要引入收入再分配调节力度这一指标，即统筹前后基尼系数的变动程度，见公式8—3。

$$G' = \frac{G_1 - G_2}{G_1} \tag{8—3}$$

其中G'表示收入再分配调节力度，G_1表示省级统筹基尼系数值，G_2表示全国统筹基尼系数值。根据表8—19中基尼系数值和公式8—3获得农民工养老保险异地接转统筹收入再分配调节力度，如表8—20。

表8—20 典型省份农民工养老保险异地接转统筹收入再分配调节力度

年份	方案1	方案2	方案3	方案4	方案5
2011	1.0000	0.4180	0.3775	0.5931	0.5863
2015	1.0000	0.4352	0.3966	0.6126	0.6053
2020	1.0000	0.4385	0.4028	0.6237	0.6178
2025	1.0000	0.4341	0.4027	0.6285	0.6238
2030	1.0000	0.4289	0.3983	0.6398	0.6347
2035	1.0000	0.4051	0.3815	0.6400	0.6346
2040	1.0000	0.3551	0.3373	0.6281	0.6229
2045	1.0000	0.2512	0.2373	0.5905	0.5849
2050	1.0000	0.0223	0.0043	0.4985	0.4923

注：根据表8—19和公式8—3计算得出。

典型省份不同统筹方案养老保险异地接转的收入再分配调节力度数量关系为：全国平均工资模式＞15％分比例统筹模式＞（全国平均工资＋个人工资）/2 模式＞10％分比例统筹模式＞（全国平均工资＋省平均工资＋个人工资）/3 模式＞省平均统筹模式。其中全国平均工资模式即方案 1 的收入再分配调节力度为 1，完全消除了省际之间的养老金收入差异；而省平均统筹模式即方案 6 由于基尼系数没有发生变化，无收入再分配效果，收入再分配调节力度为 0；由于城乡之间收入差距过大，分比例统筹类型的收入再分配力度大于分层平均统筹类型。

如图 8—11 所示，分比例统筹类型中 15％中央统筹＞10％中央统筹类型，因为计发基础养老金时中央的统筹比例越大，按照全国平均工资发放的基础养老金比重越大，收入再分配调节力度就越大。而分层平均统筹类型中的（全国平均工资＋个人工资）/2 模式＞（全国平均工资＋省平均工资＋个人工资）/3 模式，分层削减考虑的因素越多，地区收入差异就越大，养老保险统筹层次收入再分配效果就越好。可见，养老保险统筹层次提升是扩大收入再分配效应，提高社会公平程度的最佳途径之一，从收入再分配效果看，分比例统筹类型优于分层平均统筹类型。

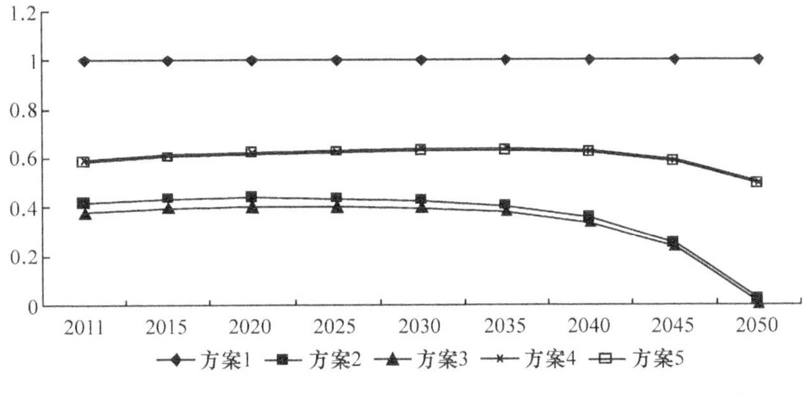

图 8—11　典型省份农民工养老保险异地接转统筹收入再分配调节力度

注：根据表 8—19 和公式 8—3 计算得出。

2. 个体工商户养老保险异地接转统筹收入再分配效应检验

个体工商户养老保险异地接转的收入再分配基尼系数较农民工大，其他变动趋势与农民工相同，具体计算结果见图 8—12。全国统筹模式下个体工商户养老金给付水平为相应计发基数的 60%，城乡收入差距缩小的程度小于农民工，因此全国统筹的收入再分配效果减弱，基尼系数值小于农民工。以 2050 年为例，（全国平均工资＋个人工资）/2 模式下个体工商户异地接转的基尼系数为 0.1643，而农民工为 0.1586。

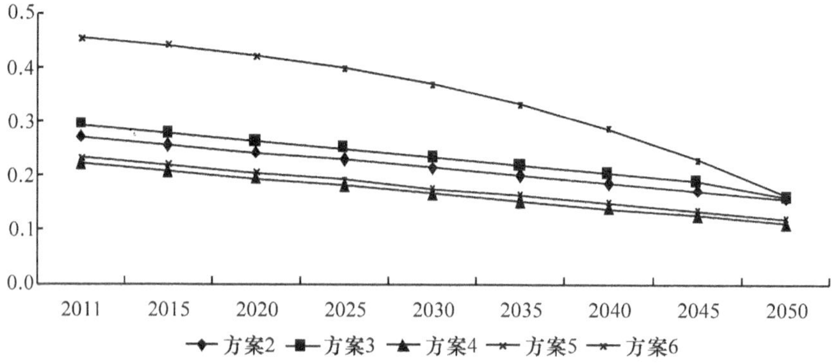

图 8—12　典型省份个体工商户养老保险异地接转基础养老金基尼系数

注：根据表 8—8 和公式 2—24 计算而来，人口流动数据参照表 8—6。

不同统筹方案之间基尼系数数量关系和农民工相同，即省平均统筹模式＞（全国平均工资＋省平均工资＋个人工资）/3 模式＞（全国平均工资＋个人工资）/2 模式＞10%分比例统筹模式＞15%分比例统筹模式＞全国平均工资模式。此外，随着收入差距的缩小，分层平均统筹类型与分比例统筹类型的基尼系数值均呈现出不断减小的趋势，地区间养老金收入水平差距越来越小。

典型省份不同统筹方案个体工商户养老保险异地接转的收入再分配调节力度大于农民工（见图 8—13），不同方案收入再分配力度数量关系与农民工相同：全国平均工资模式＞15%分比例统筹模式＞（全国平均工资＋个人工资）/2 模式＞10%分比例统筹模式＞（全国平均工资＋省平均工资＋个人工资）/3 模式＞省平均统筹模式，其中分比例统筹类型的收入再分配力度大于分层平均统筹类型。

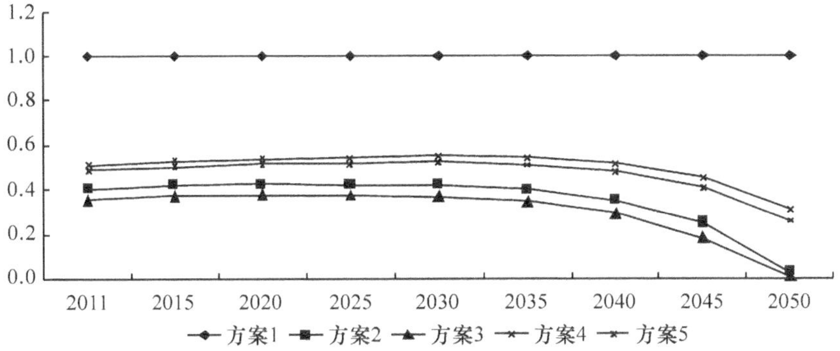

图 8—13　典型省份个体商户养老保险异地接转统筹收入再分配调节力度

注：根据表 8—19 和公式 8—3 计算得出。

（二）城际流动人口养老保险异地接转统筹收入再分配效应检验

与城乡流动人口的养老保险异地接转统筹收入再分配效应测算不同，城际之间主要根据四组省份的流动方向，比较各组之间不同统筹方案下的基础养老金收入差距，具体计算结果如表 8—21 和图 8—14。

由于城际初次分配的收入差异大于城乡，所以城际流动人口养老保险异

表 8—21　典型省份城际流动人口养老保险异地接转基础养老金基尼系数

年份	方案 1	方案 2	方案 3	方案 4	方案 5	方案 6
2011	0.000	0.0354	0.0537	0.0408	0.0469	0.2721
2015	0.000	0.0353	0.0536	0.0382	0.0468	0.2495
2020	0.000	0.0350	0.0533	0.0371	0.0463	0.2249
2025	0.000	0.0348	0.0532	0.0368	0.0461	0.2041
2030	0.000	0.0346	0.0530	0.0350	0.0458	0.1870
2035	0.000	0.0345	0.0528	0.0336	0.0454	0.1739
2040	0.000	0.0343	0.0526	0.0323	0.0451	0.1487
2045	0.000	0.0341	0.0525	0.0310	0.0448	0.1287
2050	0.000	0.0338	0.0523	0.0297	0.0445	0.1087

注：根据表 8—8 和公式 2—24 计算而来，人口流动数据参照表 8—5。

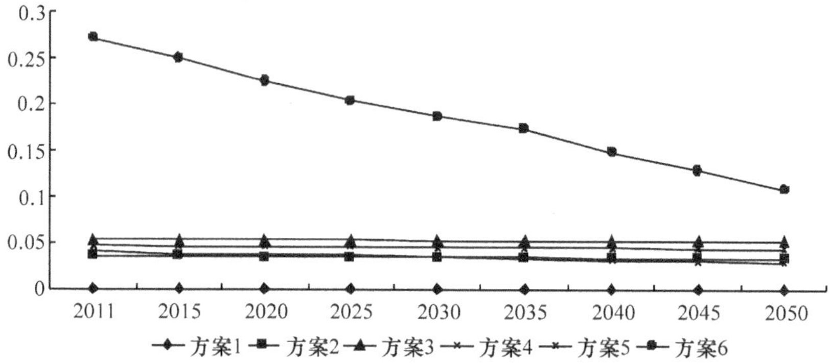

图 8—14　典型省份城际流动人口养老保险异地接转基础养老金基尼系数

注：根据表 8—8 和公式 2—24 计算而来，人口流动数据参照表 8—5。

地接转的收入再分配基尼系数小于城乡。不同统筹方案之间的基尼系数变动关系和农民工相同，即省平均统筹模式＞（全国平均工资＋省平均工资＋个人工资）/3 模式＞10％分比例统筹模式＞（全国平均工资＋个人工资）/2 模式＞15％分比例统筹模式＞全国平均工资模式。此外，随着收入差距的缩小，（全国平均工资＋个人工资）/2 模式与 15％分比例统筹模式的基尼系数值趋同，而（全国平均工资＋省平均工资＋个人工资）/3 模式与 10％分比例统筹模式的基尼系数值接近。

图 8—14 显示出省平均统筹与全国统筹各模式的基尼系数值差距很大，省平均统筹的基础养老金基尼系数在 0.2 和 0.3 之间，而全国统筹各模式的基础养老金基尼系数在 0.1 以下，这说明原来的统筹模式造成地区基础养老金收入差距很大，不能够充分实现养老保险的收入再分配功能，全国统筹不同模式在本质上提高了城际养老保险异地接转的公平性，减少了参保人趋利避害，避免了参保人在退休前大规模流向发达地区的现象发生。

养老保险城际异地接转的收入再分配力度如表 8—22 和图 8—15。虽然城际异地接转的基础养老金基尼系数小于城乡，但由于统筹前后基尼系数变动的比率较大，所以城际养老保险异地接转的收入再分配力度大于城乡。2050 年分层平均统筹类型中的方案 2 城际收入再分配调节力度为 0.6891，而城乡收入再分配调节力度仅为 0.0223。不同统筹模式比较而言，收入再分配调节力度关系为：全国平均工资模式＞15％分比例统筹模式＞（全国平均工资＋个人工资）/2模式＞10％分比例统筹模式＞（全国平均工资＋省平均工资＋个人工资）/3模式。

表8—22　典型省份城际养老保险异地接转统筹收入再分配调节力度

	方案1	方案2	方案3	方案4	方案5
2011	1.0000	0.8699	0.8276	0.8758	0.8240
2015	1.0000	0.8585	0.8124	0.8749	0.8253
2020	1.0000	0.8444	0.7941	0.8662	0.8075
2025	1.0000	0.8295	0.7741	0.8540	0.8035
2030	1.0000	0.8150	0.7551	0.8398	0.7872
2035	1.0000	0.8016	0.7389	0.8428	0.7790
2040	1.0000	0.7693	0.6967	0.8182	0.7420
2045	1.0000	0.7350	0.6519	0.7916	0.7025
2050	1.0000	0.6891	0.5906	0.7561	0.6502

注：根据表8—19和公式8—3计算得出。

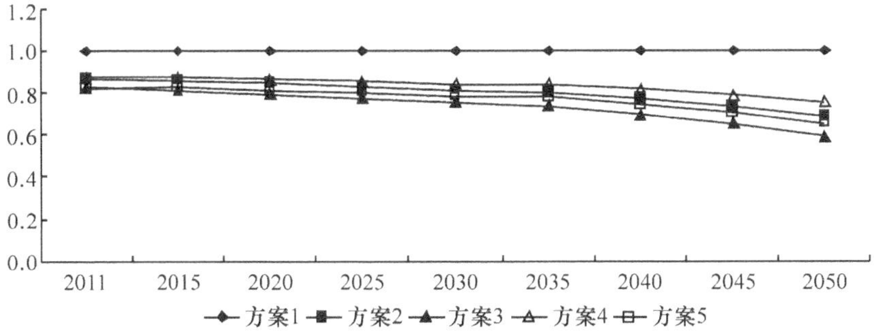

图8—15　典型省份城际养老保险异地接转统筹收入再分配调节力度

注：根据表8—19和公式8—3计算得出。

七、全国统筹类型异地接转收入再分配效应评价

养老保险若实现全国统筹，流动人口基础养老金可以在地区之间自由转移接续，极大地减少了便携性损失，增强了养老保险统筹层次收入再分配功能。养老保险异地接转统筹收入再分配效应主要体现在养老保险异地接转统筹差额和养老保险统筹层次收入再分配异地接转分系数两个方面，前者体现

的是养老保险微观福利水平的改进，是一种绝对值的变化，后者体现的是收入差距缩小的程度，是一种相对值的变化，两者共同构成了养老保险统筹层次收入再分配效应的检验标准。

养老保险异地接转统筹收入再分配效应测度主要涉及城镇之间流动的企业职工、农民工和个体工商户三类人群，通过比较全国统筹各方案下这三类人群的养老保险异地接转统筹差额和收入再分配异地接转分系数来评价分层平均统筹和分比例统筹两大全国统筹类型的收入再分配效果。研究结果发现，就农民工和个体工商户而言，不同统筹方案的收入再分配效果递进关系为全国平均工资模式＞15％分比例统筹模式＞10％分比例统筹模式＞（全国平均工资＋个人工资）/2 模式＞（全国平均工资＋省平均工资＋个人工资）/3 模式＞省平均统筹模式，即方案 1＞方案 4＞方案 5＞方案 2＞方案 3＞方案 6。就城镇流动企业职工而言不同统筹方案的收入再分配效果递进关系为全国平均工资模式＞15％分比例统筹模式＞（全国平均工资＋个人工资）/2 模式＞10％分比例统筹模式＞（全国平均工资＋省平均工资＋个人工资）/3 模式＞省平均统筹模式，即方案 1＞方案 4＞方案 2＞方案 5＞方案 3＞方案 6。

总体来看，全国平均工资统筹模式的收入再分配效果最好，收入再分配力度最大，但是与现实省级统筹模式差距太大，对接比较困难，虽然实现了生存公平最大化，但是不能确保劳动公平。分层平均统筹类型即（全国平均工资＋个人工资）/2 模式和（全国平均工资＋省平均工资＋个人工资）/3 模式的收入再分配效果普遍低于分比例统筹类型。分比例统筹类型主要包括 10％中央统筹和 15％中央统筹两个模式，农民工和个体工商户两种模式的收入再分配效果差距较小，均高于分层平均统筹类型，城际流动企业职工两种模式的收入再分配效果差距相对较大，分层平均统筹类型中的（全国平均工资＋个人工资）/2 模式介于两者之间。可见，分比例统筹类型基本上优于分层平均统筹类型，其中对于城乡流动人口而言，基础养老金 10％中央统筹类型收入再分配效果好而且财政负担小是最优选择，对于城际流动人口而言，基础养老金 10％中央统筹类型收入再分配效果稍差但是财政负担相对较小。

第九章
养老保险全国统筹路径选择及政策建议

养老保险全国统筹路径选择既要体现统筹层次提升的收入再分配效应，同时也要立足于现实财政支持能力，实现与现行省级统筹的平稳过渡。综合考量各统筹方案的统筹层次收入再分配系数、异地接转收入再分配分系数以及财政补贴水平，最终确定养老保险分比例全国统筹合意模式，并针对养老保险全国统筹合意模式，建立相应的统筹推进机制和配套措施。

一、养老保险全国统筹路径选择

养老保险全国统筹具有多种模式，如何根据收入再分配效应、财政补贴水平等标准选取既能体现统筹目标，又能够满足现实可行性的统筹模式是实现养老保险全国统筹的关键步骤。

（一）养老保险全国统筹模式设计

收入再分配既是养老保险全国统筹的基本目标，也是养老保险全国统筹模式设计的基本标准。以收入再分配理论体系为指导，以收入再分配效应为基本原则可以得到不同养老保险全国统筹模式。

1. 养老保险统筹层次收入再分配理论框架

养老保险统筹的基本目标是实现高低收入地区以及高低收入群体之间的养老金收入再分配，养老保险统筹层次、统筹模式与不同收入再分配程度之间具有对应关系，所以养老保险统筹层次的选择以及统筹模式设定要以收入再分配理论为指导。收入再分配理论体系框架包括：养老保险统筹层次收入再分配功能理论；养老保险统筹层次收入差距与收入再分配系数联动理论；养老保险统筹层次收入再分配生存公平和劳动公平理论；养老保险统筹给付适度水平检验理论。养老保险统筹层次收入再分配功能理论是由养老保险统筹层次收入再分配“广度系数”、养老保险统筹层次收入再分配“深度系数”、养老保险统筹层次“收入差距缩小系数”、养老保险统筹层次收入再分配“劳动负担系数”共同组成的“宏观功能系数”体系。养老保险统筹层次收入差距与收入再分配系数联动理论说明以统筹模式为连接点，收入差距与收入再分配系数之间存在联动关系，收入差距变小，收入再分配系数也随之变小，最终导致不同养老保险全国统筹模式收入再分配系数收敛。养老保险统筹层次收入再分配生存公平和劳动公平理论构成了统筹养老金给付适度水平上、下限的标准，是养老保险全国统筹模式阶段性调整的基本依据。养老保险统筹给付适度水平检验理论是判定养老保险全国统筹不同模式统筹养老金给付是否合理的根本标准，也是选择合意方案的重要原则，其具体方法包括适度水平检验法、基尼系数法、帕累托检验法和卡尔多—希克斯检验法。

2. 养老保险全国统筹“两类型” 模式设计

养老保险全国统筹要求在全国范围内实行统一的养老保险给付模式，实现高低收入地区之间和高低收入群体之间的收入再分配。根据收入再分配机制不同可以划分为分层平均统筹类型和分比例统筹类型。

分层平均统筹类型是以分层平均要素增减、层次高低改变收入再分配程度，分层平均统筹延续了省级统筹的逻辑框架，省级统筹以省平均工资和个人指数化工资的均值为计发基数，实现省内各地区之间以及各群体之间的收入再分配，分层平均统筹分别建立以全国平均工资、全国平均工资结合个人指数化工资、全国平均工资结合省级平均工资和个人指数化工资、个人指数化工资为计发标准的养老保险全国统筹“四模式”。以全国平均工资为计发基数消除了地区间和各群体之间的收入差距，收入再分配力度最大，但要面对巨大的财政补贴压力以及高收入地区的“抵触”压力；以全国平均工资结合个人指数化工资为计发基数将收入再分配范围扩大到省际之间，收入再分配力度较省级统筹有所增大；以全国平均工资、省平均工资和个人指数化工资为计发基数既扩大了收入再分配范围，同时也考虑了各地区经济发展差异；以个人指数化工资为计发基数不存在收入再分配效应，是在地区间和群体间收入差距完全消除情况下的养老保险全国统筹方案。未来选择不同的养老保险全国统筹模式可以视不同阶段收入再分配需求以及财政负担能力等方面的具体情况而定。分比例统筹类型是将基础养老金替代率按比例分配养老金给付层次、水平的养老保险全国统筹类型，其中10%或15%上缴中央账户，实行全国统筹一元化发放，剩余部分留存地方，实行省级统筹发放，在体现生存公平的基础上，充分体现“多缴多得”的劳动公平原则，既促进劳动力的合理流动，也体现地方经济发展差异。在地方收入差距较大的情况下，分比例统筹类型能够减少财政补贴压力，减小高收入地区对养老保险全国统筹的阻碍压力，更容易与省级统筹模式对接。

养老保险全国统筹“两类型”可以进一步转化为养老保险全国统筹的六

种方案。第一种全国统筹方案为统筹养老金按全国平均工资发放，高收入地区向低收入地区、高收入群体向低收入群体的收入再分配程度最高，最大限度体现生存公平；第二种方案为统筹养老金按（全国平均工资＋个人指数化平均工资）/2 的模式发放，此种方案将个人指数化工资引入养老金发放模型中，在体现生存公平基础上，进一步体现劳动公平；第三种方案为统筹养老金发放采用（全国平均工资＋省平均工资＋个人指数化平均工资）/3 模式，在考虑个人收入差异的基础上，进一步反映省际收入差异，收入再分配程度低于前两种方案；第四种方案和第五种方案是第三种方案的变形，第四种方案将基础养老金替代率 15%采用全国统筹一元化发放，将基础养老金替代率 15%留存地方，采用省级统筹发放；第五种方案将基础养老金替代率 10%采用全国统筹一元化发放，剩余 20%留存地方，采用省级统筹发放。第四种方案和第五种方案属于分比例统筹类型，采取按比例方式分配养老金给付。第六种方案为统筹养老金以个人指数化平均工资计发，完全体现“多缴多得”的劳动公平原则。第一、二、三和六方案属于养老保险全国统筹分层平均类型，不同方案以分层平均要素增减、层次高低体现收入再分配程序差异。

（二）基于收入再分配系数标准全国统筹路径选择

收入再分配是养老保险统筹层次提升的重要目标，养老保险由省级统筹模式过渡到全国统筹模式，将会导致更大范围内的收入再分配，实现高收入地区养老金福利向低收入地区的转移，不同的养老保险全国统筹方案具有不同的收入再分配效应，也决定了各统筹方案的合理性程度。

1. 养老保险统筹层次的收入再分配效应分析

养老保险统筹层次的收入再分配效应体现在四个方面：收入再分配“广度系数”，即参与收入再分配的人口占劳动力总人口的比重，收入再分配“广度系数”体现了收入再分配范围的变化；收入再分配“深度系数”，即参与收入再分配的最低收入群体养老金收入提高幅度占人均养老金收入的比重，收入再分配“深度系数”反映了养老保险统筹层次提升引发的低收入群体养老金福利改进程度；收入再分配“缩小收入差距系数”，即统筹前高低收入群体养老金收入差额与统筹后高低收入群体养老金收入差额之差和人均养老金收入的比值，养老保险统筹的基本功能是实现群体间的收入再分配，缩小收入差距，收入再分配“缩小收入差距系数”验证了养老保险统筹层次提升的收入再分配效应；收入再分配“劳动负担系数”，即当期劳动力养老金缴费占工资总额的比重，收入再分配“劳动负担系数”反映养老保险统筹导致的代际收入再分配效应。

由“广度系数”“深度系数”“缩小收入差距系数”和“劳动负担系数”构成的宏观功能系数体系是对养老保险统筹层次导致的收入再分配范围、代际收入再分配效应、代内收入再分配效应的系统体现。以“深度系数”和“缩小收入差距系数”为例，通过剔除物价影响的具体测算，养老保险全国统筹“深度系数”方案 5（基础养老金替代率 10％全国统筹，剩余 20％省级统筹）＜方案 3（全国平均工资、省平均工资、个人指数化工资的均值为计发基数）＜方案 4（基础养老金替代率 15％全国统筹，剩余 15％省级统筹）＜方案 2（全国平均工资与个人指数化工资的均值为计发基数）＜方案 1（以全国平均工资为计发基数）。养老保险全国统筹“缩小收入差距系数”方案 2 和方案 4 接近，方案 3 和方案 5 接近，方案 5 处于各方案的中间位置，而方案 1 情况下以全国平均工资为计发基数的养老保险全国统筹模式完全消除收入差距，其“缩小收入差距系数”为 0。

2. “一核心”“四序列” 的收入再分配系数分析

养老保险统筹层次收入再分配功能不仅体现在收入再分配范围、收入再分配深度、缩小群体间收入差距以及劳动负担程度等宏观收入再分配效应层面，同时也体现在统筹前后个人福利变动程度的微观收入再分配效应。这种微观收入再分配效应通过收入再分配总核心系数和收入再分配四序列分系数得以体现。收入再分配总核心系数是统筹前后养老金收入差额与统筹前养老金收入的比值，反映养老保险统筹导致的个人养老金福利水平变动。根据福利变动正负差异，收入再分配总核心系数可以进一步划分为收入再分配贡献系数和收入再分配获得系数，收入再分配贡献系数是指养老保险统筹后的养老金给付水平低于统筹前的养老金给付水平，收入再分配获得系数是指养老保险统筹后的养老金给付水平高于统筹前的养老金给付水平。养老保险全国统筹不同模式的收入再分配力度不同，导致不同模式收入再分配总核心系数也存在差异，所以收入再分配总核心系数可以按照养老保险全国统筹模式演化为“四序列”分系数模式，分别为全国平均工资模式、（全国平均工资＋个人指数化工资）/2 模式、（全国平均工资＋省平均工资＋个人指数化工资）/3 模式以及个人指数化工资模式。根据对收入再分配核心总系数的测算，得到各方案收入再分配效果：方案 1＞方案 2＞方案 4＞方案 3＞方案 5＞方案 6。

3. 以“适度水平” 和“帕累托改进” 为核心的收入再分配检验

养老保险全国统筹模式选择一方面要以收入再分配力度为依据，另一方面也要以各统筹模式下的养老金给付水平是否适度为标准进行检验。养老保险适度水平是生存公平和劳动公平的具体体现，其中，养老保险微观适度给付水平下限以生存公平为依据，养老保险微观适度给付水平上限和宏观适度给付上下限以劳动公平为依据。对全国统筹各方案养老金给付适度性进行具体测算，方案 1 至方案 5 均已进入微观适度区间，而以宏观适度性角度分析，方案 1＝方案 2＞方案 3＞方案 4＝方案 5。

“帕累托改进”是指一项社会制度变革提升部分群体福利水平，却未造成任何人的福利损失。在养老保险全国统筹层面，“帕累托改进”的测量以统筹前后进入宏、微观适度区间地区数为判定标准，是“适度水平”检验的延伸。养老保险全国统筹各方案使得进入适度区间的省份越多，“帕累托改进”效果越好。具体测算过程中得到：方案 1＝方案 2＞方案 3＝方案 4＝方案 5。

4. 养老保险异地接转收入再分配分系数检验

养老保险异地接转收入再分配分系数是由养老保险全国统筹收入再分配系数分化出来、测定养老保险异地接转收入再分配程度的指标。养老保险异地接转收入再分配分系数按统筹之后养老金福利增减情况，可以分为收入再分配获得系数和收入再分配贡献系数。经过推倒得到，异地接转收入再分配分系数等于统筹前后劳动力在流出地和流入地养老保险统筹前后养老金差异之和除以统筹前个人养老金水平。流出地养老保险统筹前后养老金差异等于劳动力流出地养老保险缴费年限乘以劳动力流出地养老金个人收入与统筹养老金之差，流入地统筹前后养老金差异同样按流出地方法计算。在城乡回流人口养老保险异地接转类型中，无论是农民工还是个体工商户，方案1至5均属于收入再分配获得系数，其中农民工2011年方案1的收入分配获得系数为15.89、方案2的收入再分配获得系数为5.46、方案3的收入再分配获得系数为4.81、方案4的收入再分配获得系数为8.83、方案5的收入再分配获得系数为8.73，按收入分配获得系数排序各方案为方案1＞方案4＞方案5＞方案2＞方案3；农民工2050年各个方案按收入分配获得系数排序方案5超过方案4，其余方案位置未发生变化，而由于省际收入差距逐渐缩小，每个方案的收入再分配获得系数数值均有所下降。个体工商户的各个方案收入再分配获得系数纵向和横向分布情况与农民工完全相同。在城际流动人口养老保险异地接转类型中，2011－2050年各个方案收入再分配获得系数大小呈动态变化趋势，方案1始终处于最高水平，方案3始终处于最低水平，方案5逐渐发展至中间位置。

养老保险异地接转的方案选择不仅要考虑统筹前后养老金统筹差额，还应同时考虑养老金全国统筹异地接转所带来的地区间养老金收入差距缩小的收入再分配效应。养老保险异地接转收入再分配效应以基尼系数法和收入再分配调节力度进行度量，基尼系数法包括城乡回流人口养老保险异地统筹基尼系数和城际流动人口养老保险异地统筹基尼系数两种类型，随着地区间收入差距的缩小，城乡养老保险异地统筹和城际流动人口养老保险异地统筹各个方案的基尼系数在2011－2050年间均逐年降低，其中城乡回流人口养老保险异地统筹基尼系数（全国平均工资＋省平均工资＋个人工资）/3模式＞（全国平均工资＋个人工资）/2模式＞10％分比例统筹模式＞15％分比例统筹模式＞全国平均工资模式。基尼系数值越大收入再分配效果就越差，由此获得不同统筹方案的收入再分配效果为：全国平均工资模式＞15％分比例统筹模式＞（全国平均工资＋个人工资）/2模式＞10％分比例统筹模式＞（全国平均工资＋省平均工资＋个人工资）/3模式。判定养老保险全国统筹的异地接转收入再分配效应。城际流动人口养老保险异地接转基尼系数（全国平均工资＋省平均工资＋个人工资）/3 模式＞10％分比例统筹模式＞（全国平均工资＋个人工资）/2 模式＞15％分比例统筹模式＞全国平均工资模式。此外，随着收入差距的缩小，（全国平均工资＋个人工资）/2 模式与15％分比例统筹模式的基尼系数值趋同，而（全国平均工资＋省平均工资＋个人工资）/3 模式与 10％分比例统筹模式的基尼系数值接近。

（三）基于财政补贴水平标准全国统筹路径选择

财政补贴能力是养老保险全国统筹能够实现的关键，养老保险全国统筹各方案对财政补贴的依赖程度越高，所造成的财政压力越大，全国统筹越不容易实现。所以，财政补贴水平是对养老保险全国统筹各方案择优选择的主导标准之一。

1. 养老保险全国统筹财政补贴总水平

养老保险全国统筹财政补贴包括两个部分，一是养老保险全国统筹带来的高给付、低缴费之间的收支缺口，二是针对养老保险全国统筹导致高收入地区养老金收入在分配贡献的福利梯度补贴，福利损失梯度补贴主要涉及方案 1、方案 2 和方案 3。收支缺口财政补贴和福利损失梯度补贴构成了养老保险全国统筹财政补贴总水平，各统筹方案的财政补贴总水平越高意味着财政压力越大，其现实可行性越低。经过具体测算分析得到，方案 1、方案 2、方案 3 的财政总补贴从全国统筹初始年份开始一直延续到 2050 年，且这三种方案的财政总补贴占中央财政支出比重在 2010－2035 年左右一直保持相对较低水平，从 2035 年之后开始上升，这主要是因为方案 1、方案 2、方案 3 在 2035 年之后增加了福利损失补贴支出。方案 4 和方案 5 的财政补贴从 2038 年开始并一直保持相对较低水平，这是因为在 2038 年之前全国统筹中央账户收支未出现缺口。方案 6 实际上是全国统筹基金管理、按省级平均工资为基数发放养老金，该方案的财政补贴只是涉及对收支缺口的补贴，从 2036 年开始逐步提高补贴水平。

2. 养老保险全国统筹财政补贴收入再分配系数

养老保险统筹层次的提升实现了高低收入地区之间的收入再分配，高收入地区养老金福利下降部分和低收入地区养老金福利上升部分构成了收入再分配总效应，其水平体现为收入再分配系数。然而，随着财政对福利损失地区进行补偿，消除了高收入地区养老金福利下降对收入再分配总效应的作用，导致收入再分配系数发生变动。在不包括财政对分层平均统筹福利损失补贴的情况下，各方案的收入再分配系数从高到低分别是：方案1、方案4、方案2、方案3、方案5；在包括财政对分层平均统筹福利损失补贴的情况下，各方案的收入再分配系数出现了交叉，在2025年之前各方案收入再分配系数从高到低分别是方案1、方案4、方案5、方案2、方案3，在2025年之后从高到低分别是：方案4、方案1、方案5、方案2、方案3。

（四）基于省级统筹平稳对接全国统筹路径选择

实现与现行省级统筹模式的平稳对接是养老保险全国统筹能否顺利进行的重要保证。与省级统筹平稳对接体现为“一对接”标准，即全国统筹各方案与现行省级统筹模式对接的难易程度，养老保险全国统筹模式与现行省级统筹模式差别越大，其制度转换成本越高。以筹资模式变更为例，养老保险筹资模式的改变需要设置配套的管理机构，执行新的运行机制，涉及更新人员配置，养老保险筹资模式与现行模式差异程度决定了转制成本的高低。通过对养老保险全国统筹各方案进行具体分析，养老保险全国统筹各方案与省级统筹对接由易到难排序为：方案5＝方案3＞方案4＝方案2＞方案1。养老保险全国统筹方案5属于分比例统筹模式，基础养老金合意替代率10％实行全国统筹，剩余20％实行省级统筹，保留了现行省级统筹模式的部分运行机制，更容易与省级统筹模式对接。方案5是以“一对接”为标准的合意统筹模式。

（五）基于“双标准”与“一对接”全国统筹路径选择

养老保险全国统筹需要建立以收入再分配系数和财政补贴水平为“双标

准”、以“一对接”为原则的路径选择机制。养老保险全国统筹的基本目标是实现省际间、群体间的收入再分配，收入再分配水平是衡量各统筹方案是否合理的基本依据，但并不是收入再分配水平越高养老保险全国统筹方案效果越好，一般来讲高收入再分配水平意味着高财政补贴需求和较难的制度对接操作，所以养老保险全国统筹方案选择同时要以财政支持现实可行性和制度对接现实可行性为评价标准。养老保险全国统筹各方案的收入再分配功能依赖于财政对收支失衡以及利益受损地区进行养老保险收支缺口补贴和福利损失梯度补贴，鉴于现行养老保险基金缺口导致的财政压力，财政补贴水平较低的方案更具有现实可行性。而养老保险全国统筹制度与现行养老保险省级统筹制度的对接难易程度是养老保险全国统筹能否实现的关键，制度差异过大会导致养老保险筹资和给付模式、养老保险水平等制度要素波动超过转制承受力，最终导致养老保险全国统筹受阻。

养老保险全国统筹收入再分配系数反映养老金福利变动情况的具体指标，收入再分配系数越大表示收入再分配程度越高，要求的财政补贴水平也相应较高，与现行省级统筹模式差异较大，所以养老保险全国统筹方案应以收入再分配系数“适中”为原则，立足于现实负担能力基础上，体现统筹层次提升带来的收入再分配效果。经过测算得到：2010—2035年收入再分配系数方案1>方案2>方案4>方案3>方案5>方案6，经过对福利受损地区进行福利损失梯度补贴之后，收入再分配系数方案1>方案4>方案5>方案2>方案3>方案6；2036—2050年收入再分配系数方案1>方案4>方案2>方案5>方案3>方案6，经过对福利受损地区进行福利损失梯度补贴之后，收入再分配系数方案4>方案1>方案5>方案2>方案3>方案6（见表9—1）。在进行财政补贴之后，方案5（10%进行全国统筹，20%实行省级统筹）更加符合“适中”标准。

养老保险异地接转收入再分配分系数是对劳动力流动群体养老金福利变动的具体体现，根据流动前后养老金福利正向变动和负向变动差异可以进一步划分为养老保险异地接转收入再分配获得系数和养老保险异地接转收入再分配贡献系数。在对各统筹方案异地接转收入再分配分系数进行具体测算之

表 9—1　　　　　　养老保险全国统筹路径选择标准

类别	项目	2010—2035	2036—2050
统筹层次收入再分配水平	收入再分配系数	方案 1>方案 2>方案 4>方案 3>方案 5>方案 6	方案 1>方案 4>方案 2>方案 5>方案 3>方案 6
	收入再分配“两检验、一对接”标准	两检验标准：方案 1=方案 2>方案 3=方案 4=方案 5 一对接标准：方案 5=方案 3>方案 4=方案 2>方案 1	—
异地接转收入再分配系数	城乡回流人口收入再分配分系数	方案 1>方案 4>方案 5>方案 2>方案 3>方案 6	方案 1>方案 4>方案 5>方案 2>方案 3>方案 6
	城际流动人口收入再分配分系数	方案 1>方案 4>方案 2>方案 5>方案 3>方案 6	方案 1>方案 4>方案 5>方案 3>方案 2>方案 6
财政补贴水平	中央财政总补贴水平排序	方案 1>方案 2>方案 3>方案 6=方案 4=方案 5=0	方案 2>方案 3>方案 1>方案 6>方案 4>方案 5
	中央财政总补贴小于养老保险财政支出适度水平中央分系数	方案 1、方案 2、方案 3、方案 6、方案 4、方案 5	方案 4、方案 5
	包含财政补贴收入再分配系数排序	方案 1>方案 4>方案 5>方案 2>方案 3>方案 6	方案 4>方案 1>方案 5>方案 2>方案 3>方案 6

注：根据第五章、第六章、第七章、第八章内容总结。

后，得到其收入再分配效果：2010—2035 年城乡回流人口收入再分配分系数方案 1>方案 4>方案 5>方案 2>方案 3>方案 6，城际流动人口收入再分配分系数方案 1>方案 4>方案 2>方案 5>方案 3>方案 6；2036—2050 年城乡回流人口收入再分配分系数方案 1>方案 4>方案 5>方案 2>方案 3>方案 6，城际流动人口收入再分配分系数方案 1>方案 4>方案 5>方案 3>方案 2>方案 6（见表 9—1）。在沿用方案选择的统筹层次收入再分配系数原则情况下，方案 5 同样符合“适中”标准。

养老保险全国统筹方案选择要以财政补贴现实可行性和养老保险财政支出适度性为关键标准，养老保险全国统筹财政补贴可以分为收支缺口财政补贴和福利损失梯度补贴，收支缺口财政补贴是对统筹层次提升导致养老保险收不抵支部分的财政支持，福利损失梯度补贴是维持福利受损地区养老保险水平不下降所需的财政补贴。经过具体测算，2010—2035年全国统筹中央财政补贴水平方案1>方案2>方案3>方案6=方案4=方案5=0；2036—2050年全国统筹中央财政补贴水平方案2>方案3>方案1>方案6>方案4>方案5（见表9—1）。养老保险财政支出适度性是对养老保险全国统筹财政补贴合理性和现实可行性的体现，中央财政总补贴最小并且始终保持在养老保险财政支出适度水平区间的全国统筹方案为方案4和方案5。综合财政补贴水平和养老保险财政支出适度性的双标准检验，方案5是合意的养老保险全国统筹方案。

根据“双标准”“一对接”的路径选择标准，以及对收入再分配系数、异地接转收入再分配分系数、财政补贴水平的具体测算，养老保险全国统筹初期应以基础养老金替代率10%全国统筹、20%省级统筹（方案5）模式起步，既能够体现收入再分配效果，同时也能够降低财政补贴压力，实现与省级统筹的平稳对接。根据统筹模式与收入再分配、收入差距联动的内在逻辑关系，随着地区间、群体间收入差距逐渐缩小以及财政支持能力持续提高，全国统筹部分可以逐渐向15%发展，养老保险全国统筹合意模式逐渐靠近方案4，然后进一步向分层平均统筹模式收敛。

二、养老保险全国统筹政策建议

养老保险全国统筹要依靠政策引导来完成，根据养老保险全国统筹合意模式，确定适当的全国统筹推进机制，妥善处理现行制度存在的问题，不断完善配套管理措施，提高全国统筹合意模式的现实操作性，最终实现养老保险由省级统筹向全国统筹的平稳过渡。

（一）实行养老保险分比例全国统筹方案

通过对养老保险全国统筹各方案的统筹层次收入再分配效应、财政补贴效应和异地接转收入再分配效应进行检验得到，基础养老金替代率10%全国统筹、剩余20%实行省级统筹（方案5）是养老保险全国统筹起步阶段的最优方案。养老金全国统筹部分能够实现生存公平，保证劳动力在全国范围内的自由流动，避免迁移对劳动力的养老金福利损失，同时也能够避免收入再分配力度过大造成中央财政负担超度。20%养老金实行省级统筹能够实现与现行省级统筹模式的平稳对接，充分反映地方经济发展差异，体现“多劳多得”的劳动公平原则。随着地区间经济发展水平收敛，收入差距缩小，养老保险全国统筹最优模式由基础养老金替代率10%全国统筹模式向15%全国统筹模式进而向（全国平均工资＋省平均工资＋个人指数化工资）/3、（全国平均工资＋个人指数化工资）/2、全国平均工资的分层平均统筹模式转化。

（二）实现与现行省级统筹模式平稳对接

基础养老金替代率10%全国统筹和20%省级统筹的养老保险全国统筹模式，省级统筹部分维持现有养老保险统筹模式、养老金筹资和给付机制以及配套管理制度不变，充分体现地方经济发展差异，保证地方财政养老保险支付负担不上升，鼓励、促进劳动力进行养老保险缴费。10%全国统筹部分实行养老金全国统筹一元化发放，保障老年人口的生存公平权利，养老金给付消除地区经济发展差异，全国统筹部分在全国范围内实行统一的养老保险管理体制、筹资和给付模式。为保证养老保险全国统筹模式与现行省级统筹模式的平稳对接，基础养老金替代率10%全国统筹部分养老金筹资可以由地方财政完成，最终上解中央财政，保持现行省级统筹的养老保险筹资机制。

（三）建立养老保险统筹模式收敛机制

养老保险统筹模式与收入差距之间具有联动关系，收入差距缩小将会导致统筹模式的收敛，降低养老保险财政补贴压力，实现养老保险全国统筹的帕累托改进。针对现阶段各地区和不同群体间收入差距过大的现实，建立收入差距缩小机制势在必行。《十八大报告》指出，要缩小收入分配差距，实现中等收入群体持续扩大的收入分配格局。为达到这一收入分配目标，要从提高工资性收入、缩小行业收入差距以及缩小城乡差距三个方面着手。

1. **提高工资性收入**

保持不断提高工资性收入，通过“多劳多得”的收入分配机制，实现有差别的公平，既能够提高劳动收入在收入分配结构中的比重，也能够体现劳动公平原则。我国现行工资性收入占国民收入比重偏低，一方面是因为部分企业中存在利润侵占工资的行为，另一方面是因为在改革开放30年来实现经济快速增长的过程中没有发展高资源禀赋的劳动密集型产业，创造就业能力不足，导致工资性收入占国民收入比重偏低①。在加快工业化进程的过程中，要规范企业经营行为，以立法保障劳动力的基本权益，减少企业以福利替代工资的行为。同时优化经济结构，要注重发展具有资源禀赋优势的产业，以创造更多的就业机会。

2. **缩小行业间收入差距**

缩小行业间福利待遇差距，打破行业壁垒，促进劳动力行业间自由流动，保障劳动力收入获取的机会公平。其中缩小行业间收入差距的关键是打破行业垄断，避免制度因素造成的行业间收入差距过大，保证劳动力在行业间的合理转移，建立以供需为主导的劳动力市场机制。缩小行业收入差距另一个重点是提高落后行业劳动生产率，提高投入的边际产出，增加就业人员的工资收入②。行业收入差距是总收入差距的一部分，行业间收入差距缩小不仅能够保证劳动力的“劳动公平”权利，实现同工同酬，同时也能够有效改善现阶段我国收入分配状况，为实现建设小康社会的伟大目标提供必要的稳定机制。

3. **缩小城乡收入差距**

城乡收入差距大主要是因为农村经济发展相对滞后，居民收入水平较低。在实现快速迈向城市化的过程中要不断加大农村公共财政支出水平，加强农村基础设施建设，提高农村居民收入，缩小城乡收入差距。同时要提高

---

① 龚刚，杨光. 论工资性收入占国民收入比例的演变. 管理世界. 2010，5

② 郭娜，祁怀锦. 中国行业收入差距的度量及其对经济增长的效应. 2010，3

农村居民的非农就业能力，通过财政转移支付建设农村职业教育体系，不断提高农村居民的劳动技能[①]。为乡镇企业提供政策支持，实行税收减免优惠，努力增加农村居民收入来源，提高农村工业化进程。

（四）提高养老保险全国统筹财政补贴能力

中央财政承担着补充收支缺口和补偿福利损失的责任，财政补贴能力直接关系到养老保险全国统筹的现实可行性和可持续性。财政补贴能力的提升一方面可以通过扩展养老保险财政支出来源来实现，将国有企业部分利润以及国有资产减持获得部分收入投入到养老保险全国统筹财政补贴之中，确保养老保险全国统筹收支缺口补充和福利损失梯度补偿的顺利进行。财政补贴能力的提升还可以通过增强财政收入来完成，财政收入是养老保险财政支出的根源，财政收入的提升要求不断加快工业化进程，逐步实现产业结构升级，保证经济快速、持续、健康发展，合理分配中央和地方财政收入比重。

养老保险全国统筹要求合理分配中央财政和地方财政分担责任，以分比例统筹类型为例，根据两种统筹类型的收入再分配程度和财政负担系数以及与现行省级统筹模式合理对接情况的差异，选择特定比例采取全国统筹一元化发放，由中央财政负担，剩余部分由地方财政和个人、企业缴费分担。在实行分税制以来，中央财政和地方财政实行分级管理，在此情况下，需要将养老保险全国统筹收支纳入财政预算体系，采取设定针对养老保险全国统筹税种的方式确保养老保险全国统筹的顺利实施。

（五）建立养老保险全国统筹推进机制

现行养老保险制度在运行过程中面临着诸如基金缺口、个人账户“空账”运行等一系列问题，只有在妥善解决这些问题的基础上，才能够顺利实现全国统筹。通过建立合理的推迟退休年龄方案、改革财政体制、合理解决历史欠账以及扩大养老保险覆盖面等措施的建立，既是对现行问题的有效解

---

① 王亚红. 中国城乡居民工资性收入差距及解决. 湖南社会科学. 2010，4

决，也是推动全国统筹的重要机制。

1. **建立合理的推迟退休年龄方案**

由于人口预期寿命的不断延长和人口老龄化的压力，法定退休年龄调整势在必行。推迟退休年龄可以形成参保人员的缴费激励，缓解人口老龄化带来的养老保险全国统筹基金缺口，弥补我国人口红利向人口亏损转变过程中的劳动力短缺。为保障推迟退休年龄方案顺利进行，必须制定合理、有序的政策机制。在退休年龄调整之前，必须确保严格执行现有的退休年龄标准；对于男女退休年龄10岁差异的问题上，逐步合理扭转退休年龄制度的不平等。对于男女退休年龄调整上采用分阶段、循序渐进式地延迟退休：首先可以将女工人的退休年龄提高到55岁，实现女性群体同龄退休，进而再推迟女性退休年龄与男性一致；在推迟退休年龄的过程中，退休年龄的调整要考虑到行业的不同和劳动者的职业特点，采取灵活的弹性退休制度，在最低、最高以及法定退休年龄之间设立一个弹性区间，允许在弹性区间内做出自由选择，同时确保退休年龄和养老金水平之间的挂钩制度，以形成有效的激励约束机制。

2. **合理解决全国统筹前的历史欠账**

我国个人账户“空账”化现象根源于养老保险制度改革的转轨成本。制度改革前的离退休职工没有完全积累的个人账户。在“统账结合”模式实施之后，养老保险基金既要为自己积累养老保险基金，还要负担离退休职工的养老保险指出。在社会统筹基金收不抵支的情况下，大量地动用了个人账户基金，形成了个人账户的“空账”运行。参保人员的个人账户“空帐”运行势必对个人养老保险关系的跨地区转移产生影响，制约劳动力的正常流动。因此，在真正实现全国统筹之前，通过变现部分国有资产，基金投资、基金结余等办法填补基金空账。

3. **进一步扩大养老保险覆盖面**

随着城市化进程加快和产业结构调整，劳动力由一产业向二、三产业转移，非农业劳动人口数量快速增加，这类人群既具有养老保险费的支付能力且具有参加养老保险需求，这为进一步扩大养老保险制度覆盖面提供了有利时机。更重要的是养老保险覆盖面扩大表示在更大的范围内实现了收入再分配功能。养老保险制度具有互助互济、保障公平的固有特性。养老保险制度从人人都可能成为弱者的层面上体现了公平的原则，而我们国家目前基本养老保险制度狭窄未能在更广泛的人群范围内实现收入再分配。因此，将更多的人群纳入到基本养老保险体制中，可以提供更多群体的养老保障，实现更广泛的收入再分配。

（六）健全养老保险全国统筹配套措施

养老保险全国统筹配套措施的建立与完善是保证全国统筹顺利实施的重要影响因素，建立完善的管理和服务体系能够扩大养老保险覆盖面，降低管理成本，进而降低养老保险全国统筹财政支出；将全国统筹纳入社会保障法律轨道对于确立明确的统筹模式、计发标准具有重要作用；而基本养老保险管理体制是保障基本养老保险制度正常运行的重要保证机制。

1. 建立综合配套的管理和服务体系

全国统筹的实现需要建立综合配套的管理和服务体系。综合配套的管理和服务体系主要包括建立全国统筹实现机制、养老保险信息系统、全国联网的计算中心等内容。通过这些机制的整合来推动全国统筹的实现。按照分阶段、逐步的原则确立全国统筹方案后，还需要建立一套全国养老保险信息管理联网系统，社会保险卡就可以在当地缴纳养老保险且缴纳情况可以在全国统一的查询，同时这套系统要能够解决之前养老保险的接续问题，完善相关的功能。同时，要尽快建立起全国联网的结算中心，负责流动人口社保的汇集、累加，并最终将资金转移到流动人口退休时的定居地再由基层社保机构。由基层社保机构对流动人口的社会保险负责。同时，为了对业务开展情况进行实时掌控，还应该建立劳动者流动转移情况采用统计报告制度，有效地对各项业务进行监管。

综上所述，综合配套的社会保障管理和服务体系的建立，是扩大城乡居民社会保障覆盖范围的很大力量。从建立覆盖城乡居民社会保障的根本要求出发，必须加快速度进行综合配套的社会保障管理和服务体系建设，通过多种方式引导和推动广大城乡居民积极参保，从而有效促进社会保障覆盖面的扩大。

2. **将全国统筹纳入到社会保障法律轨道**

社会保障关系到人人的切身利益，具有特别强的政策性、原则性，国家的法制规范就是对社会保障制度的可靠性、安全性的一种担保责任。完善的社会保障法律制度是新型社会保障制度定性发展的必备，也是居民对社会保障制度不失去信心的重要保证。世界发达国家的一贯做法是社会保障制度立法先行，先制订社会保障方面的一些法律，然后再确立这个制度，是以法律确立制度，而在我国却是先进行改革、实践，再上升到政策，最后来考虑立法的问题，这与我国渐进式的改革的方式是不可分开的。

就目前来看，我国的社会保障法律法规尚不健全。养老保险制度的实施的主要依据是一些单行“条例”和大量的政策性文件，这样很难把养老保险政策的开展实施与企业和个人行为约束起来。因此，这就需要在《社会保险法》的基础上对我国长期的社会保障实践进行总结，指引我国社会保障的发展方向，才能从心理上人们以安全稳定感，调节、改善居民的心理预期和未来的消费倾向。

养老保险全国统筹制度设计、参数选择及配套制度都需要提到法律规范的层次上来，对于参保人群、缴费率、缴费基数、退休年龄、计算和调整津贴水平的公式给出明确的规定。尤其是在全国统筹初期实行分段计费的情况下落实中央政府补贴各省养老保险基金的数额、计算公式及依据，为推进养老保险制度的发展提供权威的依据。各省级立法机构也可以同时根据自己省的实际情况，制定符合自己省经济和社会发展的一些相关规定和细则，促进养老保险全国统筹的尽快实现与不断完善。

3. **完善养老保险的管理体制**

基本养老保险管理体制是保障基本养老保险制度正常运行的很重要的保证。按照完善养老保险制度和保证养老保险基金保值、增值的要求，就要完善这个管理体制，具体来说，由政府统一管理、劳动和社会保障部门管理政策、财政部门管理社保基金、税务部门管理社会保险费征收、社会保险经办机构管理社会保险业务办理、基层平台负责退休人员社会化管理的新的社会保险管理体制。全国统筹的实现要求各部门之间有严密的制约措施，严格按照各自的职责进行管理，实现数据共享。各级政府要加大对社会保险基金的督导力度，切实担负起管理、服务的责任。

在真正实现全国统筹“六个统一”之前，养老保险的管理体系可以按照现有行政区划由各省的社会保障部门具体管理。对于跨地区流动需要转接养老保险关系的参保人，无须在省际间转移其养老保险关系，只需依据社保机构相关部门的信息记录，退休时通过退休地的社保机构享受养老金待遇。

主要参考文献

一、中文文献（含译著译文）

（一）著作

1. 保罗·A·萨谬尔森，威廉·D·诺德豪斯. 经济学. 北京：首都经济贸易大学出版社，1996

2. 鲍德威，威迪逊. 公共部门经济学. 北京：中国人民大学出版社，2000

3. 陈功. 我国养老方式研究. 北京：北京大学出版社，2003

4. 陈佳贵. 中国社会保障发展报告（1997—2001）. 北京：社会科学出版社，2001

5. 陈宗胜，周云波. 再论改革与发展中的收入分配. 北京：经济科学出版社，2002

6. 邓大松. 社会保险. 北京：中国劳动社会保障出版社，2001

7. 邓子基. 养老保险改革与资本市场. 北京：中国财政经济出版社，1996

8. 丁冰. 当代西方经济学流派. 北京：北京经济学院出版社，1993

9. 丁开杰. 社会保障体制改革. 北京：社会科学文献出版社，2004

10. 董克用. 养老保险. 北京：中国人民大学出版社，2000

11. 高鸿业. 西方经济学. 北京：中国人民大学出版社，2001

12. 高培勇. 收入分配：经济学界如是说. 北京：经济科学出版社，2002

13. 高山晟. 经济学中的分析方法. 北京：中国人民大学出版社，2001

14. 古扎拉蒂. 计量经济学. 北京：中国人民大学出版社，2000

15. 郭伟合. 福利经济学. 北京：经济管理出版社，2001

16. 国际劳工局. 2000 年世界劳动报告. 北京：中国社会劳动保障出版社，2001

17. 国家统计局. 第六次人口普查数据资料. 北京：中国统计出版社，2010

18. 韩良诚，焦凯平. 企业养老保险制度的统一与实施. 北京：中国人事出版社，1997

19. 何平. 企业改革中的社会保障制度. 北京：经济科学出版社，2000

20. 和春雷. 社会保障制度的国际比较. 北京：法律出版社，2001

21. 黄安年. 当代美国的社会保障政策. 北京：中国社会科学出版社，1998

22. 黄有光. 福祉经济学——一个趋于更全面分析的尝试. 北京：东北财经大学出版社，2005

23. 黄有光. 效率、公平与公共政策——扩大公共支出势在必行. 北京：社会科学文献出版社，2003

24. 橘木俊诏. 日本的贫富差距——从收入与资产进行分析. 北京：商务印书馆，2003

25. 考斯塔·艾斯平一安德森. 福利资本主义的三个世界. 北京：法律出版社，2003

26. 劳动部课题组. 中国社会保障体系的建立与完善. 北京：中国经济出版社，1994

27. 劳动和社会保障部社会保险研究所. 世纪抉择——中国社会保障体系构架. 北京：中国劳动社会保障出版社，2000

28. 劳伦斯·汤普森. 老而弥智——养老保险经济学. 北京：中国劳动社会保障出版社，2003

29. 李连龙. 社会保险基金运行论. 成都：西南财经大学出版社，2000

30. 李绍光. 养老金制度与资本市场. 北京：发展出版社，1998

31. 李实等. 中国居民收入分配实证分析. 北京：社会科学文献出版社，2000

32. 李银河. 穷人与富人——中国城市家庭贫富分化调查. 上海：华东师范大学出版社，2004

33. 李珍. 社会保障制度与经济发展. 武汉：武汉大学出版社，1998

34. 李仲生. 中国的人口与经济发展. 北京：北京大学出版社，2004

35. 理查德·斯通. 社会科学中的数学和其他论文. 北京：首都经济贸易大学出版社，2001

36. 林羿. 美国的私有退休金体制. 北京：北京大学出版社，2002

37. 林治芬，高文敏. 社会保障预算管理. 北京：中国财政经济出版社，2006

38. 刘纪新. 拉美国家养老金制度改革研究. 北京：中国劳动社会保障出版社，2004

39. 刘俊霞. 收入分配与我国养老保险制度改革. 北京：中国财政经济出版社，2004

40. 刘延年. 现代人口统计与分析. 北京：中国统计出版社，1991

41. 刘子兰. 养老保险制度和养老基金管理. 北京：经济科学出版社，2005

42. 柳清瑞. 中国养老保险替代率适度水平研究. 沈阳：辽宁大学出版社，2004

43. 柳清瑞. 中国养老金替代率适度水平研究. 沈阳：辽宁大学出版社，2004

44. 卢嘉瑞. 中国现阶段收入分配差距问题研究. 北京：人民出版社，2003

45. 吕学静. 各国社会保障制度. 北京：经济管理出版社，2001

46. 罗伯特·霍尔茨曼，约瑟夫·E·斯蒂格利茨. 21世纪可持续发展的养老金制度. 北京：中国劳动社会保障出版社，2004

47. 罗伯特·伊斯特：《社会保障法》，北京：中国劳动社会保障出版社

2003年版。

48. 罗云峰，肖人彬. 社会选择的理论与进展. 北京：科学出版社，2003

49. 马培生. 劳动经济学. 北京：中国劳动社会保障出版社，2002

50. 迈克尔·I·杜克等. 基于Excel的宏观经济学. 北京：中国人民大学出版社，2004

51. 穆怀中. 中国社会保障适度水平研究. 沈阳：辽宁大学出版社，1998

52. 萨缪尔森. 经济学（第12版，上册）. 北京：中国发展出版社，1990

53. 宋晓梧. 养老保险制度改革. 北京：改革出版社，1997

54. 孙炳耀. 当代英国瑞典社会保障制度. 北京：法律出版社，2000

55. 孙小系. 总量平衡、收入分配与宏观调控. 北京：中国计划出版社，2002

56. 汪行福. 分配正义与社会保障. 上海：上海财经大学出版社，2003

57. 王维国. 计量经济学. 大连：东北财经大学出版社，2002

58. 王晓军. 社会保障精算原理. 北京：中国人民大学出版社，2000

59. 王晓军. 中国基本养老保险基金统筹层次的探讨. 北京：北京大学出版社，2005

60. 王晓军. 中国养老保险制度及其精算评价. 北京：经济科学出版社，2000

61. 王亚柯. 中国养老保险制度改革的经济绩效：再分配效应与储蓄效应. 上海：上海人民出版社，2008

62. 杨方方. 从缺位到归位——中国转型期社会保险中的政府责任. 北京：商务印书馆，2006

63. 张俊山. 现代资本主义国家年金制度研究. 天津：南开大学出版社，2001

64. 张平. 增长与分享——居民收入分配理论和实证. 北京：社会科学文献出版社，2003

65. 赵满华，王尚义. 收入差距与两极分化问题研究. 北京：中国经济

出版社，2002

66. 郑秉文，和春雷. 社会保障分析导论. 北京：法律出版社，2001

67. 郑秉文. 当代东亚国家、地区社会保障制度. 北京：法律出版社，2001

68. 郑功成，郑宇硕. 全球化下的劳工与社会保障. 北京：中国劳动社会保障出版社，2002

69. 郑功成. 社会保障学. 北京：商务印书馆，2003

70. 郑功成. 中国社会保障制度变迁与评估. 北京：中国人民大学出版社，2002

71. 中国经济改革研究基金会，中国经济体制改革委员会联合专家组. 中国社会养老保险体制改革. 上海：上海远东出版社，2006

（二）论文

72. 白维军，童星. “稳定省级统筹，促进全国调剂”我国养老保险统筹层次及模式的现实选择. 社会科学. 2011，5

73. 边恕，孙雅娜. 辽宁省养老保险制度改革与财政支付能力分析. 辽宁经济. 2007，2

74. 边恕. 养老保险缴费水平与财政负担能力——以辽宁养老保险改革试点为例. 市场与人口分析. 2005，3

75. 财政部社会保障司课题组. 社会保障支出水平的国际比较. 财政研究. 2007，10

76. 蔡昉. 人口红利能持续多久. 人民日报，2006－08－24

77. 曹信邦. 我国地区间社会保障利益冲突及其协调. 中国行政管理. 2009，9

78. 陈宝成. 消除经济障碍，实现养老金全国统筹. 新京报. 2007，1

79. 陈彩霞. 经济独立才是农村老年人晚年幸福的首要条件. 人口研究. 2000

80. 陈晓云. 福利保障的理论演变及其现实意义. 世界经济研究. 2001，3

81. 陈银娥. 西方福利经济理论的演变. 华中师范大学学报. 2000，4

82. 邓大松. 新旧养老保险政策的替代率测算及其敏感性. 经济与管理. 2008，7

83. 杜鹏，张文娟. 对中国流动人口“梯次流动”的理论思考. 人口学刊. 2010，3

84. 段成荣，杨舸，张斐，卢雪. 改革开放以来我国流动人口变动的九大趋势. 人口研究. 2008，6

85. 段平忠，刘传江. 人口流动对经济增长地区差距的影响. 中国软科学. 2005，12

86. 樊彩耀. 完善社会保障体系，促进居民消费增长. 宏观经济研究. 2000，7

87. 方丽强. 对养老保险省级统筹运作模式的设想. 决策与信息. 2007，10

88. 封进. 公平与效率的交替和协调——中国养老保险制度的再分配效应. 世界经济文汇. 2004，1

89. 高敏雪. 从初次分配再分配到第三次分配. 中国统计. 2006，3

90. 龚刚，杨光. 论工资性收入占国民收入比例的演变. 管理世界. 2010，5

91. 龚秀全. 中国基本养老保险全国统筹的制度转换成本与路径研究. 人口与经济. 2007，6

92. 郭娜，祁怀锦. 中国行业收入差距的度量及其对经济增长的效应. 2010，3

93. 郭熙保. 购买力平价与我国收入水平估计——兼评克拉维斯对中国收入的估计结果. 管理世界. 1998，4

94. 国家人口计生委流动人口服务管理司. 中国流动人口生存发展状况报告——基于重点地区流动人口监测试点调查. 人口研究. 2010，1

95. 国家审计署. 2012 年第 34 号公告：全国社会保障资金审计结果. 2012－08－02

96. 何立新. 中国城镇养老保险制度改革的收入分配效应. 经济研究. 2007，3

97. 何庆光. 基于扩展线性支出模型的广西城镇居民消费需求分析. 改革与战略. 2005，11

98. 胡晓义. 关于逐步提高养老保险统筹层次. 中国社会保障. 2004，1

99. 胡晓义. 有关逐步提高养老保险统筹层次——十六届三中全会《决定》学习札记之二. 中国社会保障. 2004，1

100. 贾军. “统筹范围”对养老保险制度建设的影响. 中国社会保障. 2002，12

101. 贾康，杨良初. 可持续养老保险体制的财政条件. 管理世界. 2001，3

102. 江春泽，李南雄. 中国养老保险省级统筹实施以后的矛盾分析与对策研究. 改革. 2000，1

103. 江小涓，李辉. 我国地区之间实际收入差距小于名义收入差距——加入地区间价格差异后的一项研究. 经济研究. 2005，9

104. 金沙. 我国农村外出劳动力回流研究. 兰州大学博士论文. 2009，4

105. 李建民. 中国社会养老保障政策和社会经济政策的协调. 市场与人口分析. 2000，6

106. 李绍光. 养老金：现收现付制和基金制的比较. 经济研究. 1998，1

107. 李雪，陈元刚. 我国基本养老保险实现全国统筹的方案设计. 科学发展. 2010，12

108. 李雪，陈元刚. 我国基本养老保险实现全国统筹的方案设计. 中共宁波市委党校学报. 2011，1

109. 李艳丽、李利军：《基本养老保险省级统筹出路何在》，《经济论坛》2001 年第 3 期。

110. 李元旭. 论我国转轨时期的代际契约与养老模式的变革. 学术月刊. 2001，5

111. 李珍. 养老保险的平衡问题分析. 中国软科学. 1999，12

112. 林毓铭. 完善养老保险省级统筹管理体制的思考. 市场与人口分析. 2007，4

113. 刘昌平，殷宝明. 基本养老保险关系城乡转续方案研究及政策选择. 中国人口科学. 2010，6

114. 刘传江，程建林. 养老保险“便携性损失”与农民工养老保障制度研究. 中国人口科学. 2008，4

115. 刘德浩. 养老保险统筹层次问题的产生机理及其解决思路. 江西财经大学学报. 2010，6

116. 刘贵平. “统账结合”式基本养老保险制度的缺欠及改进措施研究. 人口与经济. 1999，4

117. 刘贵平. 人口变化与我国城镇职工养老保险的代际再分配. 人口学刊. 1999，5

118. 刘贵平. 养老保险的理论与模式. 人口研究. 1996，4

119. 刘俊霞. 论中国养老保险统筹基金筹资方式的选择. 经济评论. 2003，5

120. 刘玉荣. 农村外出劳动力回流问题研究综述. 经济问题探索. 2011，12

121. 卢驰文. 基本养老保险统筹层次对人才流动影响的经济学分析. 桂海论丛. 2007，1

122. 陆解芬，朱玉林. 对提高养老保险基金统筹层次的探讨. 财会研究. 2002，1

123. 马丁·费尔德斯坦，杰弗里·利伯曼. 实现中国养老保险体制的潜力. 中国经济时报. 2006，3

124. 马红旗，陈仲常. 省际流动人口、地区人口负担及基于人口负担的均等化转移支付方案. 经济科学. 2012，4

125. 毛广雄，颜俊. 试论社会保险全国统筹的制度体系创新. 南京人口管理干部学院学报. 2009，3

126. 穆怀中，邹丽丽. 养老金统筹层次提高中的计发基数研究——以辽宁省为例. 社会保障研究. 2010，1

127. 穆怀中. 社会保障适度水平研究. 经济研究. 1997，2

128. 彭浩然，申曙光. 改革前后我国养老保险制度的收入再分配效应比较研究. 统计研究. 2007，2

129. 宋晓梧. 中国城镇职工养老保险制度改革的目标和方向. 管理世界. 1997.1

130. 汤晓莉. 自愿储蓄、强制储蓄和“税收——债券发行”安排. 金融研究. 2000，12

131. 万春，邱长溶. 我国养老保险体系的全国统筹模型建立及预测分析. 预测. 2006，3

132. 王桂新. 中国省际人口迁移区域模式变化及其影响因素——基于2000和2010年人口普查资料的分析. 中国人口科学. 2012，5

133. 王虎峰. 中国社会医疗保险统筹层次提升的模式选择——基于国际经验借鉴的视角. 经济社会体制比较. 2009，6

134. 王利军. 浅析养老金缺口财政负担的收入再分配效应. 理论界. 2006，12

135. 王少国，李伟. 再分配机制对城镇居民收入差距调节作用的实证分析. 经济纵横. 2009，3

136. 王文军. 关于16个省级统筹单位省级养老保险调剂办法的分析说明. 中国劳动. 1998，9

137. 王晓军，赵彤. 中国社会养老保险的省区差距分析. 人口研究. 2006，2

138. 王晓军. 中国基本养老保险的地区差距分析. 社会保障制度. 2005，2

139. 王晓军. 对中国城镇养老保险制度目标模式的讨论. 中国人民大学复印期刊资料. 2000，12

140. 王晓军. 中国基本养老保险的地区差距分析. 社会保障制度. 2005，2

141. 王亚红. 中国城乡居民工资性收入差距及解决. 湖南社会科学. 2010，4

142. 习明，洪兴建. 基尼系数的一种简便计算方法——协方差公式. 统计与决策. 2007，21

143. 杨菊华. 城乡差分与内外之别：流动人口社会保障研究. 人口研究. 2011，5

144. 易纲，张燕姣. 以购买力平价测算基尼系数的尝试. 经济学. 2007，1

145. 张利军. 我国提高养老保险统筹层次的改革路径与发展方向探讨. 理论与现代化. 2009，4

146. 赵耀辉，徐建国. 我国城镇养老保险体制改革中的激励机制问题. 经济学（季刊）. 2001，1

147. 郑秉文，孙永勇. 对中国城镇职工基本养老保险现状的反思——半数省份收不抵支的本质、成因与对策. 上海大学学报（社会科学版）. 2012，3

148. 郑秉文. 改革开放 30 年中国流动人口社会保障的发展与挑战. 中国人口科学. 2008，5

149. 郑秉文. 关于加快推进省级社保统筹的建议. 中国经贸导刊. 2007，18

150. 郑功成. 实现全国统筹是基本养老保险制度刻不容缓的既定目标. 理论前沿. 2008，18

151. 郑功成. 中国养老保险制度的未来发展. 劳动保障通讯. 2003，3

152. 周林刚. 流动人口管理与社会保障问题研究综述. 中国人口科学. 2008，6

153. 邹湘江. 基于"六普"数据的我国人口流动与分布分析. 人口与经济. 2011.6

二、外文文献

154. Anderw A. SaMwick, "New evidence on pensions, social security, and the timing of retirement", Journal of Public Economics, 1998.

155. Ando, A. & Modigliani, F. (1957): "Tests of the life cycle hypothesis of saving: comments and suggestions". Oxford Institute of Statistics.

156. Aroal H J., "The Social Insurance Paradox", Canadian Journal of Economics, vol. 32, 1996.

157. Arrow, K. J., "Social Choice and Individual Values", MIT Press, 1986.

158. Barr, Nicholas. 2005, "National Defined Contribution Pensions:

Mapping the Terrain." In Pension Reform through NDCs: Issues and Prospects for Non—Financial Defined Contribution Schemes, ed. Robert Holzmann and Edward Palmer. Washington, D. C: World Bank.

159. Barro R., "Are Government Bonds Net Wealth", Journal of Political Economy, vol. 82, 1974.

160. Barry Friedman, Estelle James, "How CanChina Provide Income Security for Its Rapidly Aging Population", Selected Papers from Pension System Reform Workshops, World Bank, 1998.

161. BorJas and TreJos, "Immigrant Participation in Welfare System", Industrial and Labor Relations Review, Vol. 44, 1991.

162. D. W. Johnson, "The Functional Distribution of Income in the United States, 1850—1952", The Review of Economic and Statistics. 36 (2), 1954, pp. 175—182.

163. David Lindeman, "Incentives and Design Issues in Pension Reform", Selected Papers from Pension System Reform Workshops, World Bank, 1998.

164. Estelle James, "New Models for Old Age Security and How Can They be Applied inChina?", Selected Papers from Pension System Reform Workshops, World Bank, 1998.

165. Franco. Modigliani (1986), "Life Cycle, Individual Thrift, and the Wealth of Nations", American Economic Review, Vol. 76, No. 3., pp. 297—313.

166. Helmuth Cremer, Pierre Pestieau, "Reforming our pension system: Is it a demographic, financial or political problem?", European Economic Review, 44 (2000).

167. Jan Ekberg, "Immigration and the Public Sector: Income Effects for the Native population inSweden", Journal of Population Economics, August 17, 1999.

168. Jayasri Dutta, Sandeep Kapur, J. Michael Orszag, "A portfolio approach to the optimal funding of pensions", Economics Letters, 2000.

169. Liebman, Jeffrey B, "Redistribution in the current U. S. social security system", NBER Working Paper, 2001. No. 8625.

170. Martin Feldstein, "Social Security and the Distribution of Wealth", Journal of the American Statistical Association, 1976.

171. Michael Tanner, "Privatizing Social Security: A Big Boost for the Poor", Cato Institute Social Security, 1996.

172. Michael Tanner, "Saving Social Security Is Not Enough", Cato Institute Social Security, 2000.

173. Miller, David, "Social Justice", Oxford: Oxford University, 1976.

174. Nicholas Barr and Peter Diamond, 《Pension Reform—A Short Guide》, OXFORD UNIVERSITY PRESS 2010: 81—93.

175. Richard R. Nelson, "A theory of the low—level equilibrium trap in underdeveloped economies", American Economic Review, Vol 46, 1956, pp. 894 - 908.

176. Samulson . P A., "The Pure Theroy of Public Expanditure", Review of Economic and Statistics, 1954.

177. Samulson. P A., "An Exact Consumption Loan Model of Interest with or without the Social Contrivance of Money", Journal of Political Economy, vol. 67, 1958.

178. Tamara Trinh, "China' s pension system Caught between mounting legacies and unfavorable demographics", Deutsche Bank Research, 2006.

179. The World Bank, "Old Age Security: Pension Reform inChina, China 2020 Series", Washington, DC: TheWorld Bank, 1997Vincenzo Galasso, Paola Profeta, "The political economy of social security: a survey", European Journal of Political Economy, Vol. 18 (2002): 1—29.

180. Wildasin David E, "Income Redistribution and Migration", Canadian Journal of Economics, Vol. 27, No. 3, 1994.

181. World Bank, "Averting the Old Age Crisis", Oxford University

Press, 1994.

182. Yvonne Sin, "China Pension Liabilities and Reform Options for Old Age Insurance", The World Bank, WashingtonDC, USA, Paper No. 2005—1 p. 34.

三、统计年鉴及主要网站

184.《中国人口统计年鉴（历年）》，中国统计出版社。

185.《中国劳动与社会统计年鉴（2008—2011年）》，中国统计出版社。

186.《中国人力资源和社会保障统计年鉴（1999—2012）》，中国劳动与社会保障出版社。

187.《中国统计年鉴（1999—2012）》，中国统计出版社。

188.《中国劳动统计年鉴（1999—2012）》，中国统计出版社。

189.《中国人口和就业统计年鉴（2010）》，中国统计出版社。

190.《辽宁省统计年鉴（2010—2011）》，中国统计出版社.

191.《四川省统计年鉴（2011）》，中国统计出版社。

192.《甘肃省统计年鉴（2011）》，中国统计出版社。

193.《黑龙江省统计年鉴（2011）》，中国统计出版社。

194.《广东省统计年鉴（2011）》，中国统计出版社。

195. 中国社会保障 http://www.cnss.cn/

196. 中华人民共和国人力资源和社会保障部 http://www.mohrss.gov.cn/

197. 中华人民共和国国家统计局 http://www.stats.gov.cn